人びとの学びと人間的・地域的紐帯の構築
―地域・まちづくりと生涯学習・社会教育―

目　次

プロローグ　地域・まちにおける生涯学習・社会教育実践とコミュニティ・ガバナンスの構築による「新しい公共性」の獲得…………（益川浩一）…1

Ⅰ　生涯学習・社会教育実践の足跡

第1章　長野県における私の社会教育実践 ……………………（水谷　正）…12
　はじめに　12
　1.　職業としての社会教育をめざして　12
　2.　はじめに担当した公民館事業　13
　3.　公民館は自分たちのもの　14
　4.　地域の変貌の中で　15
　5.　住民意識の多様化の中で　16
　6.　学校教育に助けられながら　18
　7.　職業人としての公民館職員の苦悩　19
　おわりに―この経験は生かせるか―　21

第2章　地域活性化と社会教育の仕事
　　　　　―何をどのように取りくんできたか― ……………（加藤良治）…23
　はじめに　23
　1.　地域を歩くことから　24
　2.　広がる地域づくりネットワーク―熱田ふるさとづくり交流会が契機に―　25
　3.　ふれあい・学びあいの場づくり―地域学習リーダーの養成―　26
　4.　地域への関心・愛着を生み出す―地域史の講座―　29
　5.　地域にねざす平和の語り部づくり―戦争・空襲の語り継ぎをきっかけに―　32
　6.　地域の高齢化への対応―様々な学習から実践活動へ―　33
　7.　地域活性化につながる社会教育の仕事―心がけたこと―　36
　おわりに―今日的時点に立って―　39

II 岐阜県内の取り組み

第3章 まちづくりの拠点として進化する羽島市の公民館 ……（大平橘夫）…42
1. 都市化の進展でも衰退しない羽島市の公民館活動　42
2. 羽島市の公民館も連帯感希薄化の危機に直面していた　43
3. 活発な活動と躍進を続ける公民館活動　43
4. まちづくりの拠点に位置づく公民館　45
5. まちづくりを支える住民の意識の中核は'存在感'と'夢'　47
6. まちづくりの継承は実践によって育む　49
7. まちづくりの拠点として進化する公民館　50

第4章 岐阜県羽島市江吉良地区公民館における子ども講座4年間の足跡
………………………………………………（奥田玲子）…52
1. はじめに　52
2. 実施内容と成果　53
3. 今後の課題　58

第5章 市民が学びあう生涯学習のまちを目指して
―岐阜県多治見市文化振興事業団の試み―……………（加藤英治）…60

第6章 市民が主役の生涯学習まちづくりを目指して …………（丸山英子）…78
1. 生涯学習との関わりと法人設立の経緯　78
2. NPO法人生涯学習かにの概要　79
3. NPO法人生涯学習かにの事業計画（2005年度の事業計画書より）　81
4. 生涯学習かにの主な活動内容　82
5. 生涯学習かに今後の活動に向けて　96

第7章　地域が支える子どもの居場所づくり
―岐阜県岐阜市における地域子ども教室の現状と課題―
....（内田晴代）…105

はじめに　　105
1. 地域子ども教室実施の背景と経緯　　105
2. 岐阜市地域子ども教室実施状況　　107
3. 岐阜市の特色ある企画　　110
4. アンケート調査から得られた成果と課題　　112
5. 継続への課題と今後の展望　　115

おわりに　　117

第8章　日韓生涯学習交流の経緯と今後の発展に向けて ………（内田晴代）…118
1. 日韓生涯学習交流の経緯　　118
2. 韓国における生涯学習とまちづくり　　127
3. 生涯学習交流の継続と発展に向けて　　129

第9章　ITを活用して地域社会を紡ぐ ....（中山治喜）…131
1. はじめに　　131
2. 団体の概要　　131
3. 活動紹介　　133
4. おわりに　　141

第10章　地域の活力があふれる「さいえんすふぇすてぃばるIN柳津」
....（宮嶋靖之）…142

1. はじめに　　142
2. 柳津町の概要　　142
3. 柳津町生涯学習の概要　　143
4. 「さいえんすふぇすてぃばるIN柳津」の概要　　143
5. 「さいえんすふぇすてぃばるIN柳津」の現状　　144
6. 「さいえんすふぇすてぃばるIN柳津」の分析　　146

7. 町公民館（行政）としての関わり　　148
　　8. 今後の展望　　150

第11章　子どもたちのために社会教育ができること
　　　　―自分の可能性を伸ばす子どもの姿をめざして―…（林　明彦）…151
　　はじめに　151
　　1. 2004年度までの取り組み　　151
　　2. 2005年度の実施状況　　163
　　3. 今後の展望　　174

第12章　岐阜県郡上市の誕生時における社会教育の取り組み　（小田松尚）…177
　　1. はじめに　　177
　　2. 合併までの流れと新市教育委員会の組織　　178
　　3. 事例Ⅰ：新市郡上市における社会教育委員の会について　　179
　　4. 事例Ⅱ：大和町における青少年育成とNPO　　181
　　5. おわりに　　184

第13章　岐阜県郡上市における子育て支援の取り組み
　　　　―郡上市大和町―………………………………（奥田圭子）…186
　　1. はじめに　　186
　　2. 大和町子育て支援「子育て学級」について　　186
　　3. おわりに　　194

第14章　岐阜県関市の生涯学習　………………………（輿　英樹）…195
　　1. 岐阜県関市の概要　　195
　　2. 住民の学び　　197
　　3. 生涯学習推進体制の整備の流れ　　203
　　4. 関市における生涯学習施策推進の基本的な考え方と方向　　205
　　5. 生涯学習推進ボランティアアドバイザー協議会　　218
　　6. 桜ヶ丘ふれあいセンター　―ふれあいセンターの事例―　　220

第15章　岐阜県各務原市における高齢者大学・大学院の取り組み
　　　　　　　　　　　　　　　　　　　　　　　　　　　　（益川浩一）…224
1. （旧）各務原市の概要　*224*
2. 各務原市の生涯学習事業の概要　*225*
3. 各務原市の高齢者大学・大学院　*229*
4. 小括　*237*

第16章　大人（地域）と子ども（学校）の協働による環境学習の取り組み
　　　　　　　　　　　　　　　　　　　　　　　　　　　（小林由紀子）…238
1. NPO法人e-plus生涯学習研究所の設立　*238*
2. 学校における環境学習の実践　*240*
3. 学校における環境学習の方向性　*243*

第17章　岐阜県生涯学習コーディネーター養成講座事業　……（苅谷孝弘）…245
1. はじめに　*245*
2. コーディネーター養成講座　*247*
3. 今後の課題と展望　*262*
4. おわりに　*264*

第18章　地域の生涯学習と大学開放
　　　　　―岐阜大学生涯学習セミナーの取り組みをとおして―
　　　　　　　　　　　　　　　　　　　　　　　　　　　　（益川浩一）…266
1. 地域に開かれた大学　*266*
2. 岐阜大学における取り組み　*267*
3. 生涯学習セミナーの取り組み　*269*
4. 生涯学習セミナーの評価　*273*
5. まとめ　*277*

III 愛知・三重県内の取り組み

第19章　愛知県瀬戸市における公民館活動 ……………………（熊谷由美）…284
 1. はじめに　*284*
 2. 瀬戸市における公民館の沿革　*284*
 3. 中央公民館の活動　*285*
 4. 地区公民館の活動　*285*
 5. 瀬戸市公民館協議会の活動　*289*
 6. 瀬戸における公民館活動の意義と課題・問題点　*290*
 7. 課題解決の方向性ないし必要な施策・取り組み　*291*
 8. おわりに　*292*

第20章　愛知県瀬戸市における健康診断時を利用した親子ふれあい遊び事業
　………………………………………………………（熊谷由美）…294
 1. はじめに　*294*
 2. 瀬戸市の概要　*295*
 3. 瀬戸市の子育て支援の現状　*296*
 4. 子を持つ親の現状・課題　*297*
 5. 問題解決の方向性ないし必要な施策・取り組み　*298*
 6. 1歳6か月健康診断時を利用した親子ふれあい遊び事業　*300*
 7. おわりに　*301*

第21章　愛知県豊田市井郷地区交流館における「井郷子ども塾」の取り組み
　………………………………………………………（益川浩一）…303
 1. 子ども・若者の変容と「居場所」　*303*
 2. 「週休2日制対応事業『井郷子ども塾』」の活動内容　*305*
 3. 「井郷子ども塾」のメンバー（参加者）と職員・地域講師　*307*
 4. 活動の様子　*308*
 5. 「週休2日制対応事業『井郷子ども塾』」の意義　*314*

第22章 地域住民が綴る郷土史
　　　　―豊明市史総集編の取り組み―……………………（粂　和広）…320
1. はじめに　320
2. 豊明市の概要　320
3. 豊明市史について　321
4. 総集編の内容　322
5. 執筆補助員の活動　326
6. 今後の展望　335

第23章 愛知県犬山市における全市博物館構想……………（兼松佳代）…337
1. はじめに　337
2. 全市博物館構想の考えと展開　338
3. 犬山市民総合大学歴史文化学部　340
4. 全市博物館構想の意義　349

第24章 自治体史編纂と社会教育
　　　　―三重県多度町史編纂をとおして―………………（石神教親）…355
1. はじめに　355
2. 三重県内における自治体史編纂　358
3. 多度町史における史資料の収集　359
4. これまで行ってきた諸活動　360
5. おわりにかえて　361

エピローグ　人びとの学びと人間的・地域的紐帯の構築………（益川浩一）…363
1. 人びとの学びをめぐる現状・問題点　363
2. 趣味・教養学習と現代的課題学習をめぐって　364
3. 学びをとおして人間関係を地域・まちに蓄える　372
4. 地域・まちづくりと生涯学習・社会教育　374

人びとの学びと人間的・地域的紐帯の構築
――地域・まちづくりと生涯学習・社会教育――

プロローグ

地域・まちにおける生涯学習・社会教育実践とコミュニティ・ガバナンスの構築による「新しい公共性」の獲得

"汝の足元を掘れ。そこに泉が湧く。"（F. ニーチェ）[1]

　21世紀を迎え、生涯学習・社会教育は、進むべき方向性を改めて見直し、その性格の抜本的な変革をも必要としているといわれている。しかし、そのことはそのまま、戦後教育改革の理念と、それをベースに進化・発展してきた生涯学習・社会教育実践・取り組みの到達点を無視することであってはならない。むしろ、戦後教育改革の理念とそれを継承・発展させるかたちで蓄積されてきた実践を再評価し、その積極的な価値を捉えなおし、さらに発展させることによって、今日及び今後の生涯学習・社会教育のさらなる発展・深化を達成できるのではないかと思う。そのためには、地域・まちに根ざしつつ個性的・創造的に展開されてきた生涯学習・社会教育実践が蓄積してきた成果と課題が振り返られなければならない。一方で生涯学習・社会教育をめぐる政策的展開をマクロ視点から正確にとらえながら、他方で生涯学習・社会教育を「足元」（地域・まち）からミクロに見つめなおし、地域・まちにおける生涯学習・社会教育実践を着実に広げ、深めていくことがことのほか必要になっていると考えられる。

　編者（益川浩一）は、かつて、「生涯学習・社会教育の諸相を、『地域―日本―世界を串刺しにして（上原専禄）』捉え」、「人びとの生涯学習活動及びその中核となる社会教育活動を支援・援助する人材、人びとの生涯学習活動・社会教育活動支援の専門家養成のための」読物として、『生涯学習・社会教育の理念と施策』（大学教育出版、2005年）を著した。しかし、『生涯学習・社会教育の理念と施策』において、「地域」については、地方自治体（行政）の生涯学習・社会教育推進施策の動

向を概観するにとどまり、「地域」独自に培われてきた生涯学習・社会教育実践、具体的な「地域」の自助的・互助的な営みの実態にまで、十分に言及することができなかった。

そこで、次のような願いをもって、本書を編集することとした。

　主に、東海三県、すなわち、愛知・岐阜・三重県内の地域・まち、地方自治体（行政）、公民館をはじめとする各種学習・教育施設、さまざまなグループ・団体等において独自に培われてきた生涯学習・社会教育実践、自助的・互助的な営みの歴史と蓄積を確かめ、その成果と課題を明らかにし、未来に向けての可能性を拓いていきたい。そして、東海三県内の地域・まち、地方自治体（行政）、グループ・団体等における取り組み・実践を、全国に向けて発信していきたい。

本書は、東海三県内において、地方自治体行政職員、公的施設の職員、第三セクター（財団法人等）職員、行政・公的施設の正規職員以外の嘱託・非常勤職員、ボランティア・NPO関係者、学校教員、地域・まちに住み、働く住民・市民など、さまざまな立場で、生涯学習・社会教育実践に積極的に取り組み、関わっている多彩なメンバーによって執筆されている。地方自治体行政ないし公的施設による取り組みだけでなく、さまざまなセクター・人によって進められている実践を取り上げ、本書に収録した。今や、複雑・多岐化する地域・まちの課題・ニーズに対する行政の限界性とNPO・市民活動の活発化等を背景として、市民と行政が地域・まちの課題やニーズに対して、より適切な対応を共に考え、実践していくための「パートナーシップ」をどうつくっていくのか、すなわち、行政と市民の「協働」の必要性が声高に叫ばれている。「協働」は、管理や統治の「補助」・「補完」（行政の合理化や下請け化）として吸収されるものではなく、それらに代わる新しい社会編成原理として「新しい公共性」（「自律的公共性」・「市民的公共性」）の獲得を試みる概念として考えられる。そのような中で注目を浴びているのが、統治する主体としての行政、統治される対象としての市民、という統治・被統治のタテ関係である伝統的な統治スタイルである「ガバメント」から、行政、市民、ボランティア・NPO団体（市民活動団体）、企業等、多様な主体が相互に協働関係を持ちながら、社会や地域の問題解決に向かって役割を担い合う統治スタイルである「ガバナン

ス」への移行、すなわち、パートナーシップ、協働により育成された市民、ボランティア・NPO団体（市民活動団体）、企業等の多元的な主体が、行政と対等の立場に立ち、地域・まちや公共の課題に対応するために、一定のルールの下、各々が社会的役割と責任を担っていくという、多元的主体による社会の統治秩序形成機能である「コミュニティ・ガバナンス」・「ローカル・ガバナンス」への移行である（例えば、神野直彦他編著『ソーシャル・ガバナンス 新しい分権・市民社会の構図』東洋経済新報社、2004年などを参照）。地域の生涯学習・社会教育においても、行政、市民、ボランティア・NPO団体（市民活動団体）、第三セクター、民間教育事業者等、多様な主体が相互に協働関係を持ちながら、互いに支えあい、協力しあうというパートナーシップを形成して活動を推進する動きが見られるようになってきている。地方自治体行政や公的施設といった行政セクター及び専門性に裏打ちされた公的な職員（正規職員）による生涯学習・社会教育の条件整備・支援・援助や取り組みの重要性・必要性を十分認識しつつも、生涯学習・社会教育の「公」（「公共性」）対「私」（「私事性」）、という二項対立的な（二分法的）認識を止揚し、それらを介在する地域住民等を主体とする「共」ないし「共同性」（協同性）という、いわば市民社会の論理を組み込み、いかなる地域の現実や住民の生活実態にかかわる学習実践をとおして、いかに地域・自治体の住民の共同の営みとしての生涯学習・社会教育実践を創出したのか、その筋道を明らかにしていきたいと考えたのである。こうした日常的実践の蓄積により、「新しい公共性」は獲得されていくものと思われる。

　一般に、「公共性」という言葉が用いられる主要な意味は、次の三つに大別されると言う。第一に、国家や行政に関係する公的な（"official"）ものという意味。第二に、特定の誰かにではなく、すべての人びとに関係する共通のもの（"common"）という意味。この意味での「公共性」は、共通の利益・財産、共通に妥当すべき規範、共通の関心事などを指す。第三に、誰に対しても開かれている（"open"）という意味。これまでの生涯学習・社会教育実践においては、「公共性」の意味が"official"に偏って捉えられることで、"common"や"open"といった意味合いが希薄になり、その結果、「公共的なもの＝国家的なもの・行政的なもの」という形で、「公共性」の意味が矮小化されて捉えられてきたのではないだろうか（齋藤純一『公共性』岩波書店、2000年、佐々木毅・金泰昌編『公共哲学』全10巻、東京

大学出版会、山脇直司『公共哲学とは何か』ちくま新書、2004年などを参照)。公的セクター・行政セクターによる公的条件整備という意味での「公共性」とともに、広く社会的に開かれ多くの人びとの参加を差別なく保障し、同じ時代・社会に生きる者として共有された課題を協働して解決していくという意味での「公共性」の視点が、今日の生涯学習・社会教育実践において、とりわけ求められていると思われる。広く社会的に開かれた多くの人びとのちょっとした思い、個別・具体的な興味、関心、楽しみ、喜び、おもしろみ、疑問、不安、悩み、苦悩、問題、必要等から抽出された学習・教育課題が、他者の個別・具体的な学習・教育課題を通過することで共有化され変容しつつ主体である個人に還り、ひとつの関係性を形成し、さらに、その関係性が再生産されることによって、きわめて個別・具体的な興味、関心、楽しみ、喜び、おもしろみ、疑問、不安、悩み、苦悩、問題、必要等から抽出された学習・教育課題が、各個人の個別・具体的な興味、関心、楽しみ、喜び、おもしろみ、疑問、不安、悩み、苦悩、問題、必要等に支えられて、個別・具体性を保持しながらも、普遍化し客観化される。このような過程の蓄積によって、人びとの学びの場(生涯学習・社会教育実践)における「新しい公共性」は獲得されていくものと思われる(新海英行・牧野篤・益川浩一他『現代的課題に対応する学習プログラム』名古屋市生涯教育センター、1994年の牧野篤執筆箇所を参照。)。

「公共性」は、1990年代を経て、国家や行政機関が独占するものから、市民の側へとその圏域を拡張していっている。とりわけ、ボランティア団体、NPOといった市民によるボランタリー・アソシエーションの活動が、「市民的公共性」、すなわち「新しい公共性」の生成、醸成におおいに貢献してきている。今日、地域・まちには様々な課題が山積し、人びとの不安が広がっている中、地域・まちの課題やニーズに対応した人びとの手による活動が広がり、それらと行政等の様々な組織が協力して活動する動きや「協働」が普及しつつあると言われている。国や地方自治体といった「官」が創り上げてきた単一の「公共」に対して、福祉や地域・まちづくりなどにおける特定の問題に関心をもち目的を共有する人びとが自発的に活動して創り出す「公共」はいくつもあり、それらが複層的に存在するような状況、そして、それら人びとの自発的で多様な活動を中心として、地域・まちの様々な組織が対等の立場で協働することで創り出されるネットワーク型の社会が「新しい公共」として捉えられている(内閣府『国民生活白書』2004年)。生涯学習・社会教育実

践においても、これまでともすれば行政や公的セクターに依存しがちな発想を転換し、個人やNPO等の団体が社会の形成に主体的に参画し、互いに支えあい、協力し合うという互恵の精神に基づく「新しい公共」の観点が重要であり、生涯のあらゆる段階・機会における学習・学びと、その成果を社会で生かすことによって、自らが社会の主体となってその形成に参画する「公」の意識が育まれることが期待されている（中央教育審議会生涯学習分科会「今後の生涯学習の振興方策について（審議経過の報告）」2004年）。

　このような中で、地域住民や地域・まちに関わる人びと、NPO・ボランティア団体、小学校・中学校・高等学校等の学校教育機関、公民館等の社会教育機関、社会教育関係団体等の各種機関、大学等の高等教育機関、民間事業者、財団法人等の第三セクター、行政機関などさまざまな主体が、互いに支えあい、協力しあい、パートナーシップを形成して活動する「新しい公共」（地域づくり支援アドバイザー会議『地域を活性化し、地域づくりを推進するために―人づくりを中心として―（提言）』2004年8月23日）の姿の一端を示してみたいと考えたのである。もちろん、このような「公共」ないし「公共性」の問い直しは、一面では、地域・まちにおける人びとの学習・学びと参画を大きく拓く可能性がある反面、他方では、受益者負担を基本とした自己決定・自己責任・自助努力を唱えつつ学習・学びの市場化を進め、地域・まちの問題解決が国家的な要請として企図され、行政が経営の効率追及を余儀なくされる中で、力量を高めた人びとが自発的に活動して創り出す「公共」ないし「公共性」までもが、安上がり行政の代替（行政への従属的関係・行政活動の安価な代替）として、行政体質の中で選別・統制・活用されるというプロセスをたどりながら（石井山竜平「社会教育行政の再編とボランタリーセクター」佐藤一子編『NPOの教育力』東京大学出版会、2004年など）、「国民統合」・「社会統合」のための手段として、搾取・侵食される危険性も孕んでいるとの指摘もある。そうした生涯学習・社会教育実践の二面性に留意しながらも、とくに前者に着眼し、その可能性（"光"）の実質化を導きながら、双方の矛盾を、地域・まちにおける人びとの地平からとらえ返しつつ止揚し、かつ、地域・まちにおける人びとの立場から組み換えることを志向する中で、いかなる地域・まちの現実や人びとの生活実態に関わる学習実践をとおして、いかに生涯学習・社会教育の公共化（人びとの共同の営みとしての生涯学習・社会教育実践）を創出してきたのか（あるいは創

出しえなかったのか)、その筋道を明らかにしたいと思う。そこでは、行政の経営効率追及に対する生涯学習・社会教育実践の多様性や効率性・柔軟性という質ばかりが強調されるのではなく、「新しい公共性」を人びとの主体的参画と共同的討議を通していかに獲得し得るのか、すなわち、人びとの参画と自己決定・共同決定の過程を通じていかに「新しい公共」が創造されるか（高橋満「NPOをめぐる公共性論」佐藤一子編『NPOと参画型社会の学び』エイデル研究所、2001年など）という視点が重要となるであろう。

人びとの参画の過程は、一方で新自由主義による自己決定・自己責任・自助努力論へとからみとられ（すりかえられ）、行政参画論へとずらされつつ、国家的な統合へと組み込まれていく危険性を孕んでいる（参加を取り込みつつ管理・支配を実行するいわゆる"参加封じ込め論"）（渋谷望『魂の労働　ネオリベラリズムの権力論』青土社、2003年及び牧野篤『＜わたし＞の再構築と社会・生涯教育』大学教育出版、2005年）。すなわち、人びとの自発的な意思による参加の建前をとりつつ、行政サービスを住民自身の自己責任へと切り替えていく、参加論の裏側に内在する自己責任論である。さらに、行政主導の活動に住民をどう参加させるか、つまり客体として住民を位置づけ、行政主導で参加論をふりまき、行政と住民の間の体質的な従属的関係がつくられる危険性もある。

しかし、他方で、「学び」をとおして、強い目的意識を持ち、問題を自主的に解決できる力を蓄えた人びとの民主的かつ健全な参画と、そうした人びとの自己決定・共同決定の過程（共同性）を徹底的に担保・確保することによって、自己決定・自己責任・自助努力論に立脚した安上がり行政の代替（行政への従属的関係・行政活動の安価な代替）として「新しい公共」が国家的な統合へと組み込まれていく事態を組み換え、真の意味での住民参画のしくみを創りあげていくことにつながっていくのではないかと思われる。そこでは、住民と行政の「協働」（公私協働・官民パートナーシップ）の質、そして、人びとの参加・参画の質が問われるべきであり、また、そこでの行政セクター（地方自治体行政や公的施設）の役割及び公的な職員（正規職員・公務労働）の専門性の内実が問われることとなる[補注]。

こうした「新しい公共性」の獲得は、地域・まちでの人と人とのつながりを広め、個人や家庭だけでは解決困難な問題が増大している今日において、人びとの間に安全・安心感・信頼感に支えられた人間関係を生み出し、それらを媒介にして地

域・まちの抱える問題解決の方向性を模索する中で、地域・まちの活力を生み出すものでもある。また、地域・まちの社会的・歴史的・文化的・経済的基盤を基底としたそれぞれの地域・まち独自の「新しい公共性」が獲得されることにより、それが地域・まちの個性を生み出すことにもつながる。そうした地域・まちの個性を形成することで、そこに住み、働く人びとが、地域・まちに関心や愛着・誇りをもち、そこに住み、働き続けたいと思い、次の世代にも誇りうるような地域・まちを、また、新たに人を惹きつけるような地域・まちを創造すべく新たな活動が展開される。まさに、地域・まちづくりの取り組みである。

　本書は、世代や立場の違う者が、「日々、地域・まち、あるいは自治体（行政）、団体・グループ等で専念している取り組み・実践、これまでの経験等について、創造の翼を拡げて自由に執筆する」ことに主眼を置いている。したがって、各論文は相互に緊密な調整を行ったうえで作成されたものではなく、いずれの論文も独立した論文である。詳細に見れば論者間に視点の違いもあり、それぞれの切り口や構成は必ずしも全体をとおして整合的で、一貫しているとはいえないことをお断りしておきたい。しかし、すべての論文が、具体的な生涯学習・社会教育に関わる実践・取り組みの実態をとらえ、その意義と成果、特徴的な性格を浮き彫りにすること、そして、課題・今後の展望を見据えるよう努めている。その過程で、地域・まちに根ざしつつ展開されてきた生涯学習・社会教育実践の個性・創造性が明らかにされているといえる。

　本書が、生涯学習・社会教育、そして地域・まちづくりに関心を寄せ、熱心に取り組んでおられる住民や関係者のみなさんに少しでもお役に立つことができれば幸いである。

　なお、本書の出版については、株式会社大学教育出版の佐藤守氏、安田愛氏に大変お世話になった。末尾ながら、記して感謝を申し上げたい。

注
1) 『悦ばしき知識』、「たわむれ、たばかり、意趣ばらし」の「三　ひるまずに」、『ニーチェ全集　第八巻』、p.20、理想社、信太正三訳/『華やぐ知慧』、「たわむれ・たくらみ・しかえし」の「三　怯むなかれ」、『ニーチェ全集　第十巻』、p.26、白水社、氷上英廣訳。

補注

　公的職員（例えば、学校教員や社会教育職員）の専門性は、今、大きく揺らいでいる。
　学校教育の分野においては、教員の専門性を担保する教員免許状を有しない民間人校長が登用され、授業においてもゲストティーチャーやボランティアの活用、特別免許状制度にもとづく社会人の活用が積極的に進められている。
　社会教育の分野について言えば、公民館主事等をはじめとする社会教育職員の非常勤・嘱託化が進み、また、行政・住民の協働と住民参加の積極的促進が謳われ、人びとの学習・教育活動を支えるボランティア・NPO や市民ネットワークの形成も進んでいる。最近では、中央教育審議会中間報告「新しい時代を切り拓く生涯学習の振興方策について」（2007 年 1 月）において、地域社会全体で学習活動を支援する具体的方策のひとつとして、学校教育・家庭教育支援を行う「教育サポーター」及び「教育サポーター」と学校や社会教育施設等の活躍の場への橋渡し役となる「学習コーディネーター」の整備が提起されている。日本社会教育学会プロジェクト研究（専門職大学院構想と社会教育の役割）においては、「地域や職場での学習するコミュニティ」（コミュニティは、「地域という意味だけでなく、地域や職場における学習を組織し展開する仲間という意味」を有している）において学習を支援する「コミュニティ学習支援専門職」の養成及びその力量形成の必要性が提起されている（『日本社会教育学会・学会通信』No.182、2007 年）。そのような中にあって、改めて、社会教育主事や公民館主事等の公的社会教育職員（公務労働）の専門性の内実が問われているのである。これまで、公権力作用としての社会教育行政（活動）とこれとは敵対する国民の自己教育運動との間に矛盾（「外在的矛盾」）が存在し、これが公教育形態としての社会教育活動そのものの内部の矛盾（「内在的矛盾」）を生み出しており、その「内在的矛盾」は、自治体公務労働者でありながら教育専門職でもある公的社会教育職員の立場や職務に現れることが、小川利夫によって指摘されていたが（小川利夫「社会教育の組織と体制」、小川利夫・倉内史郎編『社会教育講義』明治図書出版、1964 年）、職員体制の非常勤・嘱託化とボランティア・NPO や市民ネットワークの参加が進み、人びとの学びを支えるスタッフが多彩・多様化しつつある今日、公的社会教育職員が自らの専門性（もっと言えば、自らの存在価値・存在証明）をどこに見据えていくかという「新しい内在的矛盾」を抱えるに至っているのである。社会教育を支える人的な体制を、公的社会教育職員だけでなく、非常勤・嘱託職員やボランティア・NPO 等を含めて、全体的なネットワークとして多彩に編成していくこと自体に間違いはないであろうが、そこに果たす公的社会教育職員の役割、いいかえるならば、公的社会教育職員の専門性の内実が、さらにいうならば、公的社会教育職員が指導・助言する目的意識的・価値志向的な「教育」の意義が、今、改めて検討されるべきである（ボランティア・NPO 等、多彩に編成される人的体制をコーディネイトする役割に終始してよいのか。日本社会教育学会第 53 回研究大会プロジェクト研究「自治体改革と社会教育の再編」における討議では、「人びとの自主的・能動的な学習活動や種々の取り組みに公共性を認めて支援すること」・「行政を住民のために使うことのできる力量」を公的社会教育職員の今日的専門性とする意見が出された。）。この点に関連して、成熟した市民社会における人びとの「自主的な」「学習」活動への社会教育行政による「介入」を批判し、市民社会における社会教育行政不要論・社会「教育」不

要論を提起した松下圭一『社会教育の終焉』（筑摩書房、1986年）を、今日的視点から再度批判的に検討すべきである。また、大橋謙策と佐藤進によるいわゆる「公民館主事論争」（小川利夫）についても、今日的視点から再検討が必要であろう。大橋は、「公民館は、……なかでも一九六五年以降……分裂、混迷したのではないか」とした上で、「公民館事業の企画まで住民に委ねることにより、職員は施設管理の担当者か、経理の担当者といっても過言ではない状況も出てきた」と述べる（「公民館職員の原点を問う」、『月刊社会教育』1984年6月号）。これに対して、佐藤は、公民館事業の企画を住民が行うことは、職員の仕事を住民に「委ねる」ということではなく、「権利としての社会教育理念の具体化であ」り、「住民自身による企画は、本来の権利行使ではないのか」と反論する（「『原点』を問われている立場から—六月号、大橋論文を読んで—」、『月刊社会教育』1984年8月号）。なお、佐藤進は、公民館の運営・管理に関わる職員、公民館運営審議会や利用者懇談会、事業面での各種委員会・市民スタッフ・委託業者・助言者・チューター等、公民館が機能するためにそれぞれ役割を果たしている人びと全体を視野にいれた「公民館スタッフ論」を展開する必要性を提起している（日本公民館学会編『公民館・コミュニティ施設ハンドブック』エイデル研究所、2006年）。NPO関係者からも、公的社会教育職員の「行政的・制度的専門性」に加えて、社会教育に関わるボランティア・NPO等の市民的な立場からの専門性（「市民的専門性」）の重要性が指摘されている（小林文人「公民館60年の歩みが問いかけるもの」。日本公民館学会主催：公民館60周年記念講演、2006年7月1日、於：中央大学。）。

　なお、これまで、社会教育職員の専門性については、次のような議論がなされている。宮坂広作は、住民の生活課題を教育課題として編成するために、社会教育職員が特定の問題領域についての専門的知識を持つという専門性を求めた。島田修一は、住民の自主的な学習活動を組織し現代的な社会問題を学習課題に設定し学習内容を編成するという専門性を求めた。これらの宮坂・島田の諸論の中では、「学習者にとって学習課題・学習内容はすでに設定され、職員はそれを普及する役割を担う」こととされた。これに対して、1980年代に入ると、学習過程に関わる学習者と職員の相互主体的な関係の中で、学習者が共同で自らの学習課題を探っていくことが重要であるとされるようになってきた。（日本社会教育学会第53回研究大会プロジェクト研究「専門職大学院構想と社会教育の役割」における倉持伸江の報告「専門職像の転換と省察的実践論」より（2006年9月8日。於：福島大学。））。しかし、そのプロセスにおいて公的社会教育職員の果たす役割、すなわち、公的社会教育職員の専門性の内実や公的社会教育職員が指導・助言する目的意識的・価値志向的な「教育」の意義については、未だ十分に議論が展開されているとはいいがたい（例えば、三輪建二らは、D. ショーンの省察的実践者のモデルを援用して、社会教育職員の専門性について言及している。例えば、日本社会教育学会編『成人の学習』東洋館出版社、2004年等を参照）。なお、人びとの様々な学習・教育活動に随伴しながら「伴奏（伴走）」するのが、社会教育職員の役割（専門性）だとする提起もある（末本誠・小林文人。「伴奏者（伴走者）としての社会教育職員」）。

　公民館主事については、周知のとおり、長野県飯田・下伊那主事会が「公民館主事の性格と役割」（下伊那テーゼ）を提起し、公民館の仕事の基本を「民主的な社会教育活動の発展」に尽くすこととした上で、公民館主事は、「学習・文化活動がもっとも充実した形で行われるための積極的な

援助者」であるとした（1965年）。

　また、大橋謙策は、「公民館職員に求められる力量」は、「コミュニティ・ワーカー」としての役割であるとし、その職務として、次の5つをあげた（5C）。すなわち、①住民の相談相手、生活診断者としての機能（Counsellor, Consultant）、②住民の生活課題や学習課題を明確化する力を持つこと（Clarifier）、③各関係機関・団体の連絡調整能力（Coordinator）、④ケースワーカー（Case-Worker、⑤一住民としての協同者（Copartner）である（大橋「公民館職員の原点を問う」、『月刊社会教育』1984年6月号）。大橋の「公民館主事＝コミュニティ・ワーカー」論に対しては、小川利夫が次のように批判している。「（大橋は、）社会教育で公民館主事等は、みんなコミュニティ・ワーカーになれって書いているんだよ。確かに福祉に結びつくことに一面いい面もあるけどね。福祉に全部結びついたら戦争中の更正運動になっちゃうんだよ。だから、教育＝福祉っていう議論は、教育の持っている独自性がなくなってしまうんだ。だから、分けるべきなんだ」（第5回現代生涯学習研究セミナー運営委員会『地域生涯学習の創造』1993年）。

　鈴木敏正を中心とする北海道大学のメンバーは、学習が公共的なものへと組織化されていくプロセスの展開に沿って、職員を「地域のリーダー」・「社会教育関係労働者」・「社会教育専門労働者」と重層的に捉え、その「社会的分業、協業論」を展開している。すなわち、「生産、生活、健康、福祉、教育問題が構造的、しかも重層的に発生し、住民の日常生活に影響を及ぼ」している現状を踏まえて、それらの問題を「役場・市役所・教育委員会は総合的に捉え、むしろ問題によっては総合的に、組織的に解決する」方が望ましく、社会教育を公務労働とする「社会教育専門職員」のほかに、例えば保健師等は地域課題の解決に向けて社会教育活動を実践しているという認識から、職員を「地域のリーダー」・「社会教育関係労働者」・「社会教育専門労働者」と重層的に捉える必要性とそれらの連携を提起している。その上で、「公民館職員に求められる資質」（8つ）と「今後の新しい『公民館主事論』構築のための」3つの視角を提起する（山田定市・鈴木敏正編著双書『地域生涯学習の計画化』筑摩書房、1992年）。

　片野親義は、「公民館職員に求められる専門的力量」として、次の5点を指摘した（片野「公民館職員の専門性」日本社会教育学会編『現代公民館の創造』東洋館出版社、1999年）。①社会や地域の動向を分析し、住民の生活課題と学習要求を科学的、客観的に把握することができる力量、②住民の生活課題を学習に結びつけ、その学習が発展していくために適切な援助を行うことのできる力量、③地域の未来を構想し「地域づくり」の視点を構築することができる力量、④公民館活動の発展に必要な知識と技術を積極的に習得しようと努力する力量、⑤自治体を住民本位のものにつくり変えていくことと地域の学習活動の発展を統一して考えることができる力量。

I

生涯学習・社会教育実践の足跡

第1章

長野県における私の社会教育実践

はじめに

　私は長野県中野市で、35年間にわたり社会教育職員として勤務し、そのほとんどを公民館職員として過ごし定年退職した。定年後は郷里の桑名市で7年間嘱託職員として公民館に勤務し、退任後の現在も三重県公民館連絡協議会の役員に選ばれて、いまだに公民館にかかわり続けている。一生を公民館で過ごす稀有な人生になりそうである。どうしてこのようなことができたのか、公民館をとりまくさまざまな条件の移り変わりを、私がどのように受け止めどのように行動してきたかを現在の立場から振りかえって見たい。

1. 職業としての社会教育をめざして

　私が大学生であった1950年代の後半（昭和30年代前半）ごろは、社会教育の仕事は職業として考えられていなかった。社会教育は学校教育のように制度として確立していなかったからである。学校が施設、職員（専門職としての教師）、財政などが制度としてきちんと決められていることに対して、社会教育は当時さまざまな活動は展開されていても、行政的な援助・支援は市町村まかせになっていて、教育学の授業を受けた海後宗臣先生などは、用語も「学校制度と社会教育活動」と厳密に区別して使用しておられた。教師という仕事が一生を託せる職業となっているのに対し、社会教育職員は重要な職務であっても、その身分は団体の役職員であったり、役場の職員人事の一環であったり、教師が一時的にその役割を担う職種であって、専門職としてその仕事に一生専念することは考えられなかった。

ところが1959（昭和34）年の社会教育法大改正によって、市町村に社会教育主事が必置になると、社会教育を重視する市町村やそれらを指導する都道府県の教育委員会の中には、この資格を必要とする職種を置くことによって社会教育活動を活性化しようとするところも出てきた。また社会教育主事が、教師、教育長、指導主事とならんで、教育公務員特例法に位置づけられた専門的教育職員であること、また選考によって採用が可能なことに、社会教育職員が専門職化していくステップとして期待をかける人たちも出てきたが、必要な資格が取得できる機関は少数の大学しかなかった。

　早くから社会教育主事必置の動きを注目し、社会教育主事養成の講座を持つ大学と接触をはじめていた長野県教育委員会は、社会教育主事を採用する希望のある市町村の窓口になっていた。

　長野県では、県の一般行政の中でも専門職を重視していて、保健所の保健師（当時：保健婦）、農政の農業改良普及員、生活改良普及員など、行政啓発活動に従事する職員が専門職として別枠で公務員に採用されて、社会教育的な活動を展開していたので、住民が専門職を理解し身近に感じかつ大事にする風土が先行してつくられていたといえる。

　このような流れの中で、1959（昭和34）年から数年間にかけて、いくつかの大学で社会教育主事資格を取得した卒業生たちが県内の市町村に配置されていった。私はこの中の一人であるが、大学で社会教育を学んだとはいうものの、現場で行われている社会教育の実態がよくわからず、もっと現場で社会教育を知りたいというアクションリサーチの発想が強かったが、恩師である宮原誠一先生のお勧めもあって、主事の退職で新しい公民館主事を求めていた中野市公民館へ採用された。

2. はじめに担当した公民館事業

　社会教育主事として採用（一年間は社会教育主事補）されても、実際に社会教育活動が行われているのは、ほとんど公民館においてであった。とくに小さな市町村では、公民館と教育委員会事務局が同じで、人員の面からも職務の面でも社会教育主事と公民館主事を区分することが困難なことであった。そこで多くの市町村では社会教育主事に公民館主事や青年学級主事を兼務させることになった。私の場合

は、前任者との関係からまず公民館主事に採用され、あわせて社会教育主事（補）を兼務という形式になっている。

当時公民館で行われていた事業は、まず青年学級であった。高校進学率が50％に満たない時代の青年を対象にしたこの事業は、1953（昭和28）年の青年学級振興法によって、国庫補助事業となり予算がつきやすい事業であったが、特にきまった学科やカリキュラムがあるわけでもなく、身の回りの問題を出してお互いに考え合う「共同学習」が中心で、町村合併前の旧村役場の建物（市役所の支所）ごとに行われていた。またこの影響を受けて、女性を対象にした婦人学級も地域婦人会の基礎単位である集落ごとに「小集団学習」を繰り返していた。長野県ではこの集落の公民館が市町村の公民館の分館として位置づけられているところが多く、公民館の活動組織となっていた。いずれも学習の方法は「話し合い学習」が中心になっていた。

公民館主事の仕事は、自分の勤務する公民館の中での仕事よりも、外の学習会へ出かけていって、話し合いの相談を受け助言をする役目で、重労働ではないのだが、集まりの行われる場所が多いので連日連夜の出張になる。また町村合併で市町村の面積が広くなり、中には僻地もあって交通機関がないところもある。当時はまだ乗用車が普及する以前で、やっと導入されはじめたオートバイやバイクに乗って管轄区内をとび回るという形の勤務であった。私もこの時に自動二輪の免許を取得したので、今でもナナハンに乗ることができる。

3. 公民館は自分たちのもの

そもそも長野県の公民館は、寺中構想を先取りして早くから設置がはじまり、最も身近にあった農村公会堂を公民館とするなど、公民館が社会教育法に位置づけられる以前から、村落自治の活動全体を公民館と称してきた伝統があり、公民館活動は公民館運動だといわれるほどに地域住民運動の性格を持っていた。したがって公民館は自分たちのものという意識が強い。

このような自分たちの地域の公民館のネットワークが市町村の中心となるいわゆる中央公民館をも支えていると考えられている。分館や地域の公民館のための予算を獲得し、新しい情報を提供するために公民館報を発行し、役員の研修事業もし

なければならないことは当然のことである。

　公民館職員も地域の公民館や分館のために働くことが当然と見られていて、とくに公民館主事や社会教育主事は、住民の生活や生産の場に出かけてきて、住民とともに考えて意見をのべ助言することが求められることが多い。住民の側からもいろいろ意見がのべられる。いわゆる議論好きといわれる県民性であるが、こうした議論（討論）を通じて、この職員は仲間だと思われるようになれば大きな信頼を得ることになる。反対に、条件を考えないで空論をのべたり上から言われたことをそのまま指導すると総すかんを食うこともある。つまり職員の動きにきびしい目が注がれていると同時に、そうさせている行政にもきびしい注文がつけられる。

　私は、就任後一年足らずの内に教育委員会事務局へ異動になった。理由は「社会教育主事は教育委員会の事務局に置く」という法律の通りにしたというのだが、関係者からは直ちに反対運動が起きた。「教育委員会に居れば、社会教育主事が分館や地域に出にくくなる」、要するに「いつも来てくれる公民館主事が来なくなるのは困る」という主旨で反対署名運動もおこなわれ、議会でもとりあげられ、メーデーのスローガンにもかかげられた。いつも接しているごく普通の青年たちが震える手ではじめての署名運動をしている姿を見て、私がいかに地域の人たちに要望されていたかを自覚したものである。

4. 地域の変貌の中で

　こうした地域での集まりを基盤にした公民館活動は、高度経済成長によって1965（昭和40）年ごろから危機にさらされることになった。具体的には公民館に人が集まらなくなってきたのである。

　地域の青年から通勤する人たちが増加して都市へ就職も増え、日常的な青年団の活動が停滞し、女性も職場進出やパート勤務が増えて、在宅の専業主婦層が激減し婦人会が消滅していく。この結果地域社会全体が変貌をはじめ、これまで経験しなかったさまざまな問題が地域の中に起こってくる。公民館も改めてその存在意義を確認し脱皮しなければならなくなった。全国公民館連合会では1967（昭和42）年に「公民館のあるべき姿と今日的指標」を出したほか、各地で公民館や社会教育にかかわる提言やテーゼと言われる論文が出されるなど公民館の近代化がはかられ

た。長野県では飯田・下伊那主事会が「下伊那テーゼ」と呼ばれる提言を出して注目されたが、県全体の公民館主事会でも、公民館活動の内容を　①公害と健康　②地域課題　③同和教育を柱とすることを提案した。これは新しく身の回りに起ってきた生活課題や地域課題への取り組みをしようという呼びかけであり、学習方法としてはそれまでの話し合い学習から「系統的学習」を必要とする大きな転換である。中野市でもこの頃から「家庭教育学級」や、「高齢者学級」「老人学級」が公民館事業に導入され、女性対象の事業も生活課題を系統的に学習する学級に変わってくる。

　私は、家庭教育学級については、女性の職場進出を抑えるための家庭教育重視の傾向が見られる中で、働くことによる子育て不安が当時の親の当面の問題であると考え、「子どもを理解する系統的学習」を開設の目的に掲げて多くの受講者を集めたし、高齢者学級については、老人福祉法が制定された当時すでに公民館で取り上げていた経過から、先進地の伊那市の老人学級を参考にして、県内市町村では早くから開設をしてきた方である。

　こうした生活課題や地域課題についての学習は、学習者にとって解決のための実践をともなうものである。これまでも公民館が取り上げてきた生活改善運動などは、身近な課題についての地道な学習と地域での勇気ある実践が結びついて効果を表し、一時期の公民館結婚式のように公民館事業を代表するものとして広くおこなわれ、住民の信頼を得てきたものもあるが、公害学習や「環境保護実践講座」となると実践運動への展望はきわめて困難であった。しかし一つの分館で実際におこなわれた「カドミウム公害」の学習においては、その所在地住民全体の被害という課題であったので、その地域の公害反対運動の学習的側面として位置づけることができた。

5. 住民意識の多様化の中で

　地域の変貌は住民意識の多様化をもたらした。これまで周辺農村部の活動を重点としてきた中野市では、「農業夏季大学」のような農業生産にかかわる公民館事業が開設されてきたが、その内容は、広く農家全体を対象とした農政や農業に関する一般教養から、少数にはなったが熱心な農業経営者を重点とする農業技術と農業

経営へと徐々にしぼられていき、エノキダケなど新しい作物の導入のきっかけとなって、地域農業の発展と農業経営の近代化に果たした役割は大きいものがある。

　地域課題・生活課題の学習をすすめる一方で、生活水準の向上、余暇時間の増加などを背景にして、市民の趣味活動・文化活動が盛んになってきた。そしてこの分野から公民館へ学習（練習）施設（場所）の提供にかかわる要望が出されてくるようになった。「どうぞ自由にどんどんおやりください」といっているだけの事実上の放任では、会場も不足してくるし種目によっては混乱も生じる。公民館としては活動内容の細部にまではかかわれないとしても、活動の援助や施設利用の調整が必要になってくる。

　そこでこうした文化活動団体と協議して、調整を利用団体が自主的に行えるように「文化芸術協会」という団体を組織し、公民館とこの団体の共催事業として文化祭を、日頃個人的に行われている活動を公共的な場に参加するための事業として位置づけ、舞台部門、展示部門に分けて開催する「総合文化祭」に発展させた。

　しかし、これまで古い施設の「転用」で過ごしてきた公民館の施設は限界にきていたので、かねてから内部で検討してきた新公民館建設計画の実現をめざす事になった。これまでの利用状況、市民からの要望、市の財政状況から検討して、中学校区単位に3館構想をつくり、中央公民館は勤労青少年ホーム等類似の施設との複合施設とする計画を持っていた。

　国庫補助の条件等から、1976（昭和51）年に中央公民館が完成し、その後北部、西部と15年間にわたって建設事業がおこなわれたが、建設事務は行政がおこなわずすべて公民館で担当した。公民館ですでに高齢者学級を開設していた経験から、当時の公共施設としてはめずらしいことであり、ぜいたくだという反対もあったが中央公民館にはエレベーターを設置した。

　建物が新しくなり大型化すると、新しくその管理の問題が起こってくる。管理のための職員を増員することは拒否され、事業を担当する職員が管理もあわせて担当することになり、暖房のためのボイラー技師や冷房のための冷凍保安技師など別の資格も必要になってくるので、社会教育主事資格を持つ職員にこれらの資格を取得させた。また、防火管理者協議会や冷凍保安協会など、管理のための組織に加入しなければならないなど、思いがけない負担も増えることになった。

　公民館設備についても、新しい学習方法に使えるものを導入するよう工夫した。

16mmの映写機は、初期の「ナトコ映写機」から数えて何台も巡回映画に活躍してきたが、教材に便利な8mm映写機の導入もはかり、女性対象に放送利用の学習をはじめたときには、NHKからオープンのビデオレコーダーを借用して利用し、予算がついたときには新しく開発されたUマチックのカラーカセットビデオレコーダーを購入して講座などの教材に利用した。

公民館としても、「NHK婦人学級」に協力してきた関係から、放送利用の研究会に参加したり、民間放送教育研究協議会（民教協）の集会に協力をしてきた。また信越放送の長野県教育委員会提供番組「伸びよ三歳児」の制作にかかわったこともある。

ITについても早くから関心を持ち、まだあまりパソコンが普及しない1985（昭和60）年にコンピューターを理解する講座を開き、受講希望者が多すぎてお断りするのに苦労したが、公民館の講座としては長野県下では最初の試みであった。このように生活水準の向上にともなう利用者の意識の変化に対応するように施設・設備の近代化にも努めてきたつもりである。

6. 学校教育に助けられながら

長野県は学校教育（特に初等教育）にすぐれた実践の伝統を誇る県である。公民館施設が十分でない時代には講堂や体育館、音楽室など、施設をお借りしなければならないことがたびたびあった。また学校の教師たちが青年学級や家庭教育学級や成人講座の講師として、また音楽や芸能や美術のサークルの指導者として活躍をされていることは、とかく人材不足の社会教育にとってとてもありがたいことである。私もこうした事業にかかわって、多くの優れた教師を知り友人になることができた。その意味では学社連携ということが自然な形で行われてきたと言えるだろう。

しかし、学校の管理面からの制約はきびしいものがあり、「学校教育に支障のないかぎり…」の解釈があまりにも強くて悔しい思いをしたこともたびたびある。長野県の学校教育重視はよいことなのだが、学社連携や学社融合は一部の学校や熱心な先生に限られた傾向であったことは否めない。

しかし長野県では、地域の人たちが一般的に学習好きであり、学習をすることに

抵抗が少なく、「学習は大切なことだ」と学習の事業に周囲からの理解や支援が得られやすいという地域性がある。このことは社会教育の事業をスタートさせるときには好条件となる。例えば誰かが「読書会をはじめようか」とよびかけると、「それはいいことだ」「やろう」「私も入れて」と反応がある時と、「そんな堅いことをしても」と消極的であったり「本なんか読みたくない」と拒否される場合があるが、長野県の場合は概して積極的な返事があって、「じゃあ何を読もうか」と次の行動に発展していくことが多い。かつて「長野県では岩波文庫が東京に次いでよく売れる」と言われたように、勤労青年の学習が盛んであった歴史もある。このことは、「読み・書き・話す」の基本的な能力が初等中等教育で着実に伸ばされたことを示していて、「郷土教育」の伝統からはじまる地域学習の実践と合わせて、学校教育のこれまでの成果があらわれているものと言えよう。

　学校教育と社会教育の相互関係は、形の上での連携・協力や、原則を無視した融合ではなくて、それぞれが機能を十分に発揮することを前提として築かなければならない、ということを優れた教師や校長の経験者とたびたび話し合ったことがある。このことから、私は社会教育というものは学校教育の成果の上に成り立つものだと考えるようになった。

7.　職業人としての公民館職員の苦悩

　公民館職員としての生活は決して楽なものではなかった。まず当時の地方公務員の給与は、大都市を除いて、国家公務員に比べて一段と低かった。給与全体を上げるために労働組合は「人事院勧告を守らせる」運動に取り組んでいたが、私は自分自身の問題としても重視して組合活動には積極的に参加し、公民館の仕事とも重なる分野である自治研（地方自治研究）部で活動した。

　あわせて勤務時間の不規則、長時間、夜間勤務の問題がある。公民館勤務では逃れられない悪条件であるが、無原則におこなわれている慣行のままでは何も解決しないと考え、超過勤務手当、振替勤務の制度をきちんと守らせる交渉もおこなった。地方自治体の労働組合の連合体「自治労」は行政職員が主となった運動であるが、その中で、社会教育施設の職員や学校事務職員、用務員、給食関係の職員など教育にかかわる自治体職員を合わせた「教育自治研」を組織して集会に取り組んだ

こともある。

　次に、公民館職員の職務を向上する課題である。職員の職務研修は任命権者がおこなうことになっているが、実際は県教育委員会へ委託する形式で研修会へ派遣する程度である。この研修の内容を改善していくために、公民館の組織である郡市や県の公民館連絡協議会の組織を重視することにした。近隣市町村や県内で同じような条件のなかで活動をしている公民館主事や館長どうしの連帯を強め、公民館の立場でみずからが研修の計画を立てる自主研修がおこなえるように、基礎集団である主事会・館長会へも積極的にかかわり、役員もなるべく引き受けるようにした。長野県では県公連にあたる長野県公民館運営協議会が、公民館職員の職能集団としてしっかりしていたので、県公連が主導をしながら県教委と共催して研修事業を続ける体制ができてきたと言える。

　公務員生活では、公民館職員を長く続けていると同じポストで昇進していかないという問題がある。定期昇給はあっても職階制の中では給与や権限に大きな格差が生じて不利になることは確かである。そこでまず公民館主事から公民館長になる人事が考えられなければならない。図書館では国庫補助を受ける図書館長には司書の資格が前提とされたことがあったが、公民館長は行政の課長職のポストの一つであったり、教員や行政の退職者や地域の有力者を嘱託する役職と見られている。私は38歳で市の公民館長に任命されたが、当時県下では最も若い公民館長となって、公民館主事から一般職の公民館長になる道を拓いた、という意味で関係者に歓迎され、また励まされた。

　いま公務員には、係長、課長、部長、局長という職階の他に、主査、主幹、参事に任命する職階がある。この制度の適用を公正な人事面からおこなっていく必要があるだろう。私の場合公民館主事の時に、主査から続いて主幹に任用され、館長時代には、主幹からのちに参事になり、退職前には参事幹になっていた。権限では部長職に及ばないが給与では部長以上であった。

　人事の常識では、同じポストに同一人物が長く就いていることを避けている。職務がマンネリ化しがちになるのと、権限が大きい職務では汚職など腐敗に陥りやすいからである。長期の勤務を前提とする専門的な職員は、絶えず注意し自戒して克服しなければならない問題である。同じような事業をしていても、いつも内容や方法に新しい視点を取り入れていく努力をしなければならない。また新しい分野の仕

事をすることも職務を見直すよい機会となる。

　私の場合は、新しい事業に国庫補助金がつくなど予算的に恵まれた時代で、「青年学級」や「婦人学級」の停滞が見られるようになったときに、検討を重ねて「家庭教育学級」や「高齢者学級」をいち早く始めることができた。また市民生活の変化を見つつ「ボランティア養成講座」や「環境保護実践講座」にも手をつけることができた。新しい機材の導入にも協力を得られたし、文化団体や女性団体の再組織にも各団体や市民の賛同と協力でゆっくりと切り替えていくことができた。

　中央公民館が、勤労青少年ホームと働く婦人の家との三館複合の施設になったことで、私はそれらの館長も併任することになった。表面上は似たような事業を展開しているこれらの施設が統一して運営されることを期待されたのだが、このことで給与が上がったわけでもなく、むしろ教育施設としての公民館と労働福祉施設である二館との微妙な違いに悩まされたことの方が大きかったが、一般行政が住民サービスをどう考えているかを知るにはとてもよい機会であった。また必然的に私自身の活動の重点が、ある年には勤労青少年ホームに移っていたり、別の年度では働く婦人の家になっていたりして、同じ年度の繰り返しをしていることができず、個人的にもマンネリズムに陥ることが避けられたように思う。

おわりに――この経験は生かせるか――

　こうして私は1994（平成6）年に定年退職した。35年間勤め上げた職場を去る時には、嬉しかった思い出や辛かった経験を超えた、大きな達成感のようなものを味わうことができた。中野市教育委員会が慰留して新しい立場を考えてくれたにもかかわらず、かねてからわが家族がかかえていた家庭事情である母親の介護のために郷里の桑名市に帰らざるを得なかった。

　桑名市教育委員会から嘱託職員として中央公民館長を委嘱されたが、桑名市の公民館予算は人口規模が同じ上田市や飯田市に比べて、ほぼ1/3であることにまず驚いた。事業や施設に関してもいろいろの不備が多いにもかかわらず、あまり文句もいわれないし抗議もされない。不満はあるのだが「公民館はこんなもんだろう」という市民が多くて歯痒くなった。熱心に市民活動をしている人たちは公民館をあてにせずあまり寄ってきてくれない。同じ公民館という名称でも地域によって、また

つくられ方によってずいぶん違うものになっていることを改めて認識せざるを得なかった。

　もし長野県でこんな状態では、住民側から問題にされ抗議や糾弾の対象になってしまうだろう。公民館として初歩のことからはじめ時間をかけて組みなおす必要があると考え、事業としては「市民大学講座」の名称ですこし堅い学習内容の成人講座を始めた。また、三重県の公民館連絡協議会（三公連）を重視して会議にはなるべく出席するようにしたら、まもなく役員に選出されてしまった。県の役員として三重県内や全国の状況を見ると、桑名市のような公民館が多くて、長野県の公民館のほうがむしろ特殊なのだとさえ思えてくる現状である。

　このままでは、きびしい地方財政の中でピンチの公民館を誰も助けてくれなくなるだろう。住民が公民館を必要だと意識し、行政を動かして公民館を支援してくれるようになるには長い時間が必要だが、私自身がすでに退役老人であり生涯の持時間は少なく責任がもてない。長期にわたった中野市とはちがっていさぎよく7年で桑名市を退任させていただいたが、三公連の役員はなり手がないので続けざるを得ない。本来は現職の公民館職員が役員を引受けるべきであるが、そのことさえ困難な団体になってしまっている現状の中で、三重県でも公民館は大事だと確信している少数のOBたちとともに、無給で公民館連絡協議会の組織を守っている。

第2章

地域活性化と社会教育の仕事
―何をどのように取りくんできたか―

はじめに

　筆者は20年間にわたって、名古屋市の4つの生涯学習センター（1997年3月までは施設名は社会教育センター。2000年3月までは社会教育法上の公民館）に勤務し、地域とむきあい、ささやかながら地域活性化につながる社会教育事業の企画・実施に努めてきた。そうした事業のねらいというのは、あえて述べるならば、住民のくらしの質向上にむすびつくような様々な学習（つどい・交流も含む）機会拡充を図り、主体的な生活姿勢や、様々な世代の人々と親しい人間関係を取り結んだり協同して事をなす社会性が培われること、また、できれば生活環境の改革をこころざす地域づくりの積極的なにない手が生み出されることでもあった。それは学習者の自治能力向上をめざした社会教育の推進といってよい。

　特に、最初の職場である熱田社会教育センター（現・熱田生涯学習センター）においては、市内16区のうち最も人口が少なく、エリアが小さいため、比較的地域にねざし、少しは地域活性化に結びつく事業展開を図ることができたように思う。ここでは、地域を歩き、数多くの人々との対話を重ねながら、事業内容のイメージをふくらませ、極力住民とともにその編成に取り組んできた。また、学習により知恵と力を身につけた人たちに対しては、求めに応じ各自にふさわしい地域実践の諸活動に円滑に参画できるよう、地域内の関係の団体（グループ）や行政機関とも連絡・調整するなど不充分ながら支援してきた。

　本章では、地域活性化につながる社会教育の仕事として、何をどのように取り組んできたのか、いくつかの社会教育事業の実践事例（熱田社会教育センターでの仕事に限定）を概略的に紹介し、また、そうした実践をすすめる上で職員として心が

けたことを記してみる。

1. 地域を歩くことから

　熱田社会教育センターへ配置換えになった当時、社会教育センターでの事業というのは、より地域に関わるべきではないかと施設職員の間でささやかれていた。また、名古屋市社会教育委員協議会提言「名古屋市社会教育行政の当面の課題と将来方向」（1982年）の中でも、社会教育施設職員の役割が重視され、次のように記されていた。

> 社会教育は地域住民の生活上の諸問題を把握することをつねに念頭におくことが大切である。そのためには、社会教育関係施設職員は、地域に足を運んで地域の中で行われる諸行事などをつぶさに調査して地域の特性をつかみ、また、区政協力委員の会など地域諸団体とも接触を深めて地域の実情を知ることが必要とされよう

　地域の特性や住民の学習ニーズを把握するには、大半はアンケート等の調査によるが、統計で把握できない事柄も多い。だが、提言が指摘するように、日常、社会教育職員が地域にでかけ、世代をこえて様々な人々と膝を突き合わせて対話できれば、よりリアルに生活意識や地域の諸課題、学ぶべき課題をつかむことができよう。

　そうした考え方を土台にしながら、日々の仕事に従事することになる。経理や事業にかかわるデスクワークを早々とすませ、センターロビーでつどう人々、あるいは、地域の人々との対話の時間をできるだけ重視する。筆者はもともと歴史（地域史や民俗など）に興味をもっていたせいか、郷土史講座などで区内の歴史散策で、寺、神社など各所を訪ねるおりに、地元のことをよく知る人たちと話し込むこともしばしばであった。また、地域青年会活動にはげむ若者たちとも積極的にかかわり、夏休みの子ども対象の映画会に協力したり、町内で取り組む行事にもよく顔をだした。そのせいか、都市開発による歴史的景観の変容、高齢者の増加にともなう福祉施策のおくれやコミュニティの弱体化等々様々な地域課題を自分なりに肌で感じ取れるようになった。

　このように、不断に地域内を歩いていると、様々な人たちに出会い、世間話等で

親しく交流できる地域住民が少しずつ増えてくる。徐々にではあるが、地域づくりに関心をもつ建築家や郵便局長、写真家、郷土資料を収集している古老、青年会員、社会教育に関心のある区政協力委員など、様々な人たちとのつながりをもたらすようになる。そうした人脈を足がかりに、地域にうずまく課題が浮かび上がると同時に、学習内容編成のイメージをふくらませ、それをセンターの主催講座等社会教育事業の企画に反映させることに努めた。

2. 広がる地域づくりネットワーク―熱田ふるさとづくり交流会が契機に―

その一つに、1985（昭和60）年に国際青年年にちなんで実施した「熱田ふるさとづくり交流会」がある。これは、青年講座や高齢者教室を担当する中で出会った若者や高齢の人たち、また、地域でまちづくり活動をすすめているグループや青年会役員と親しく対話することがきっかけで実現した取り組みである。ちなみに開催要項は図2-1のとおりである。

集いの出席者は30名程度。青年講座を受講する若者、地元で活動を続ける青年会員、郷土史家、まちづくりに関心のある住民、建築家、高齢者教室受講者など多彩な顔ぶれであった。後半のディスカッションでは、青年会への期待にとどまることなく、熱田に生まれ、育ち、このまちを少しでもよくしたい、熱田で生涯にわたって住み続けたいと願う、地域への愛着をもつ人たちの発言が目立ち、また堀川端景観を保全すること、歴史性を生かしたまちづくりの重要性や、空襲の記録を後世に語り継ぐ資料館の建設、古くから取り組まれてきたまつりの復活などそれぞれが自分の思いを出し合い、語り合う交流会になった。

このつどいでは、様々な地域の諸課題が出し合われると同時に、世代を越えて、様々な人たちが一堂に会し、つながり、相互に交流し、まちづくりを考えるネットワーク形成の足がかりにもなった。以降、青年会への協力関係、高齢者と若者相互が交流する世代間交流事業の開設への機運、熱田のまちづくり研究会の組織づくり、地域の中に突如問題化したラブホテルに対する反対運動、堀川の浄化と景観保全の取り組みが生み出されるなど様々な地域づくりの実践活動が徐々に活性化していった。

> ### 熱田ふるさとづくり交流会
> ―熱田のまちを若者と語り合いましょう―
>
> 　今年、1985年は、「参加、開発、平和」をテーマとする国際青年年であります。
> 　熱田社会教育センターでは、この「青年年」にちなんで「熱田ふるさとづくり交流会」を開催いたします。本交流会では、熱田に在住する方々から、熱田のまちのこと、若い人たちへの期待など中心にお話いただき、それをふまえて、これからのまちづくりについて、ひとつふたつ考えあうことをねらいとします。
> 　こうした交流会を契機に、熱田地域の青年の諸活動の充実を少しでも図ることができ、また、まちづくりに関心をお持ちの方々の交流を深め、つながりを広めることができていくよう、本交流会を実りあるものにしたいと考えております。
> ○と　　き　昭和60年10月27日（日）午後1時30分〜4時30分
> ○ところ　熱田社会教育センター
> ○内　　容
> 　・特別講演「若者とふるさとづくり」（名古屋大学助教授　新海英行氏）
> 　・パネルディスカッション
> 　　＊テーマ「熱田のまちを知り、若ものたちとまちづくりを考える」
> 　　＊パネラー　岩重秀幸さん（はたや青年会）「青年会をとおして」
> 　　　　　　　　鈴木　学さん（熱田区在住）
> 　　　　　　　　　「熱田のまちに住んで思うこと〜私のあつた史考」
> 　　　　　　　　小島　守さん（熱田区在住）「空襲、そのころ」
> 　＊司会　西浦則政さん（はたや青年会）

図 2-1　熱田ふるさとづくり交流会

3.　ふれあい・学びあいの場づくり―地域学習リーダーの養成―

　センター利用者、地域で出会った人たちから、高齢世帯（特に独居の高齢者）の孤立化傾向が高まりつつあることをしばしば耳にしていたこともあり、社会教育センターが主催して、不安や孤立しがちな人々が外へ出て、学びあい、交流し元気になれるような場づくりができないかと思い立ち、事業案を模索することになった。

　しばらく検討した結果、1986（昭和61）年に講座「地域学習リーダー養成」を開設。本講座は、地域のコミュニティセンターや集会所などで学びあい・ふれあう場を開設するリーダーを養成し、その人たちが知恵や技能を教えることをとおし、自らの生きがい創造を図りながら、自発的に場づくりに取り組むという方向をめざすものであった。ここでいう地域学習リーダーとは、ふれあい・学びあう場づくりの世話人と言ってよい。少し詳細に述べるならば次のとおりである。

　「地域の中で、学習と仲間づくりの輪を広げる取り組みを行い、住民相互の交

流や親ぼくを深め、コミュニティ活動を推進します。(例)『ペン習字クラブ』という学習と仲間づくりの集団をコミュニティセンターや学区の集会所で組織し、住民相互の交流や親ぼくを深めます。この場合、ペン習字の学習を指導する機能をもつ指導者、クラブの会員募集やクラブの運営にたずさわる人、学習プログラムをつくる人等数人が役割分担を行い、学習集団を作り育てていく。このような学習活動をお世話する人たちを『学習リーダー』と呼びます」
(講座チラシより)

なお、学習プログラムの概要については下記のとおりである。

講座「地域学習リーダー養成」の学習プログラム

(あらまし)
　地域社会で、学習と親ぼくの輪を広げる学習リーダーを養成し、コミュニティづくりを推進します。社会教育センターで学習経験を積まれたみなさん！学んだことを地域に生かしてみませんか

(学習内容)
　第1回「地域学習リーダーとは」
　第2回「社会教育センターとコミュニティセンター」
　第3回「名古屋市港区の大手コミュニティセンター見学」
　第4回「名古屋市のコミュニティ計画/地域での実践を準備する①」
　第5回「地域での実践を準備する②/まとめ」
　　　　　　※いずれの回も講師による講義と話し合い

図2-2　講座「地域学習リーダー養成」の学習プログラム

　もともと少人数のゼミナール方式講座をすすめることになっていたため、受講者は11名で、そのうち9名が高齢者教室の受講者(特に、自らの知恵・技能を生かし、地域参画を希望している人)、1名が町役員、1名が青年会のリーダーであった。それぞれ受講動機はおよそ次のようであった。

・町内会の役員改選があり、町内会副会長をやることになった。これまで町内会にタッチしたことがないので、いろいろ勉強したい。
・名古屋市高年大学(鯱城学園)を受講しており、年をとっても学習しなければならないと思っている。地域で学んだことをいつか生かしていきたい。
・名古屋市高年大学を受講しており、学習するのが楽しい。地域、町内で学んだことを生かしていきたい。

- 地元のコミュニティセンターの設立まで一時期かかわっていた。コミュニティ、コミュニティセンターに関心を持っている。
- 社会教育センターでは卓球同好会の世話役活動をしている。地域で何かできないか考えている。
- 婦人会長をしていたが、自分の思わぬところに能力があることを知った。現在消費者グループに所属しているが、社会参加していきたい。
- 区政協力委員、保健委員の仕事をしていたことがある。コミュニティセンターをより有効に利用する方法を考えたい。
- 区政の仕事は経験したことがない。趣味は写真、盆栽である。
- 青年会の活動をしている。青年会では「であい、ふれあい、わかちあい」を大切にしている。地域でわかちあいをつくっていきたい。
- 社会教育センターで陶芸クラブの活動をしている。現在、区内で町内会長をしている。老人クラブを町内会でつくった経験がある。陶芸をつうじて地域の人たちと交流したい。

　講座での話し合いでは、地元のコミュニティセンターの問題・課題について理解を深めながら、今後その場所を拠点にして、学習とふれあいの輪を広げる取り組みをしていこうということになった。受講する人たちの何人かと地域の高齢の人たちがそのスタッフになり、学習のねらい、プログラム、運営などを議論し、自主開設事業「ふれあい手芸教室」を開催する運びとなる。ここでは、「ちぎり絵」「紙ひも細工」などの手芸のほか、映画鑑賞、保健所保健師の協力を得て、食と健康を考える料理教室など多岐にわたって学びあうものであった。また、受講者が相互に自己紹介や近況報告するなどの交流の場づくりが重視される。近隣の独居の高齢者へも働きかけたため30名近い人たちが受講した。

　こうした取り組みから大いに刺激を受けた他の受講者も学習リーダーとして、陶芸や習字など、それぞれ得意とする技能を自らの生きがいづくりに結びつけながら地域の人たちへ還元することをねらって、ふれあいと学びあいの場づくりの実践が各所で広がりを見せるようになる。

4. 地域への関心・愛着を生み出す―地域史の講座―

（1） 古老と地域の昔を語りあう会

地域の中を歩いていると、熱田区内は歴史と文化遺産にめぐまれた土地であることが一目瞭然とわかる。区内の歴史や行政資料にしばしば目をとおしたが、当時の名古屋市の熱田区推進計画・地域別計画によれば、21世紀を展望した区の望ましい将来像について次のように記していた。

> 宮の渡し、熱田神宮など恵まれた歴史・文化遺産や堀川・新堀川の水辺を生かしつつ再開発などをすすめ、快適な居住環境の整備や商業・業務機能、生産・研究開発機能の向上をはかり、歴史・文化の厚みと活気のあるこころ豊かなまちをめざす

歴史性をいかしたまちづくりがこの区の課題であることは言うまでもないが、地元の古老に訪ねると、郷土資料にも掲載されておらず、ほとんど知られていない伝承や放置しておけば破壊されてしまう古代遺跡などが少なくないとのことであった。そうした問題が意識化されるようまずは地域の歴史を知り、できれば新たな史実をほりおこす事業、また、地域の歴史や文化遺産への愛着やまちづくりへの関心を高める事業を模索することになった。

その一つとして、前述の「あつたふるさとづくり交流会」がきっかけに関わりができたはたや青年会、まちづくりを考えるグループが共同して「古老と地域の昔を語り合う会」を開催（熱田まちづくり研究会主催。会場は小学校）。筆者もスタッフの一人として協力した。このつどいは、「熱田・旗屋かいわい今昔」をテーマに地元の古老の人たちを囲んで自由に語り合うものであった。長く住み続けてきた人たち相互の語りあいにより、地域（学区）が戦中から戦後そして現在にかけてどのような変遷をとげたのか、様々な事実がほりおこされる意義深い取り組みであった。

（2） 堀川を知り、考える講座

熱田社会教育センターのすぐ東を流れる堀川は、1985（昭和60）年あたりから、川の浄化問題が課題として浮上した。その年に社会教育センターを会場にして行わ

れた「区民懇談会」においても市民から堀川浄化への要望が出されたり、市行政内部においてもこのことが関心にのぼりつつあった。

　こうした動きが生じる中、1985（昭和60）年度には「堀川を知る」講座を開催し、まずは堀川の歴史をじっくり学ぶことにした。また、川の汚れ等を知るために、舟を低額で借り上げ、川をさかのぼる現地学習も取り入れた。たまたまマスメディアもこの取り組みを取り上げたせいか、まちづくりを考えるグループ（ミニコミ紙発行グループ「あつたっ子」）も刺激を受け、独自で「舟旅」を企画するなど各所で盛り上がりを見せるようになる。

　2年目の1986（昭和60）年度には、現在の堀川に焦点をあてた学習内容を編成。講座「堀川と私たち」では、とくに今日的課題をテーマにした学習を重点的に深めることにした。内容は「堀川とくらし」「堀川今昔」「堀川の水質」「白鳥貯木場のあゆみ」「堀川端景観を考える」「堀川と私たち―まちづくりを考えるグループをつくろう―」の6回。この年度も引き続き講座「続・堀川と私たち―堀川の再生を考えあう―」を実施。受講者は、高校教員、堀川浄化市民運動家、堀川の再生に関心のある区民、つり愛好家、堀川の水質調査をしている高校生など多彩な顔ぶれであった。

　おおむね、2年間の講座がきっかけになって、堀川への関心や愛着を高め、堀川やまちづくりを考える市民グループ「堀川端景観をよくする会」が誕生する。この会は、堀川浄化、太夫堀（江戸時代に掘られた歴史性のある堀）の存続等を求めて運動を展開。その結果、デザイン博会場を確保するために埋め立てられる予定だった太夫堀の一部は水辺回廊として残ることになった。

　1989（昭和60）年度からは堀川端問題に焦点をあてた講座「水景観と私たち」を開設。このほか、堀川にまつわる講演会や郷土資料展示会も催し、市民の幅広い学習要求にこたえることにした。

　このように、おおむね6年間にわたって堀川まちづくり問題の学習の場づくりに努めてきた。それを契機に以降、地元青年会OB、自営業者、建築家等熱田まちづくりに関心のある人々、堀川まつりを実現させたいと願う若者たちなどを中心に、ネットワークの一層の広がりと諸活動の盛り上がりを見せた。

　なお、現在では、堀川まつりをはじめ、いくつかの市民グループが川の浄化等めざした多彩な活動を継続して展開している。

（3） 地域古代史を学ぶ講座

　堀川東部に位置する熱田台地には古代の遺跡が点在し、放置しておけば失われてしまう文化財も少なくない。実際、南北に歩いてみるとよくわかる。マンションや住居の立てかえ時などに行政発掘するケースがしばしばみられた。当時の市の基本計画においても、文化財保護について次のように指摘している。

> 本市には、有形・無形の文化財が多数存在するが、地域の開発整備、生活様式の変化などに伴う地域社会の変貌、後継者問題などによって、放置しておけば失われ、あるいは忘れ去られていくものが多い。文化財は文民共通の財産であるとともに、郷土の歴史・文化を正しく理解する上で貴重であり、また新しい文化創造の糧として積極的にその保存・活用をはかっていかねばならない

　地域の歴史を詳しく学び、あわせて文化財の必要性へ目を見ひらくことをねらって開設したのが、一連の地域古代史を学ぶ講座であった。
　1987（昭和62）年度は、「古代の熱田と伊勢湾」「古代伊勢湾の東と西―縄文時代の文化ルートを探る―」をテーマに、また、次年度は「伊勢湾地方の弥生文化」、さらに次々年度には「熱田台地の古代史」をテーマにした講座を開設した。いずれも、文化財保護問題を考える今日的な具体的課題を考えあう学習を取り入れる。講師は、いずれも、発掘を専門的に携わってきた研究者。講座には、郷土史に関心のある区民が多々参集したが、文化財保護に対しても高い関心を示す受講者も少なくなかった。これら講座終了後は、受講者のなかに、地域内で民間の展示広場を借用し、自主的に遺跡展示会を開催したり、保育園父母会の勉強会で、園内から発掘された遺跡をテーマに取り上げるなど文化財保護に結びつく実践を試みる人たちが目立つようになる。中には、民間スポーツ施設建設により、遺跡を破壊する業者に異議申し立てを行い、法にもとづいて正式な発掘調査を実現させる住民もいた。
　1990（平成2）年度に入って、より地域にねざした古代史講座を区内の高蔵学区の小学校の特活室を借用して開催。講座名は「熱田・高蔵の歴史を学ぶ」とする。この講座は「熱田・高蔵の古代をさぐり、まちの魅力を見つけよう」というテーマにもとづき学習を深めるもの。地名、伝承、縄文、弥生時代の高蔵のムラなど学区にかかわる学習内容で、現地学習も取り入れ、かなり詳細にわたったものであった。受講者の大半は、同じ学区民であったため、テーマが身近で各回のディスカッ

ションが盛り上がり、中には、自宅から貴重な資料をもちよる人もいた。受講していた学区の町内会長が講座終了後、さっそく地元のあまり知られていない古墳に案内板を設置。このような文化財保護にむけたささやかな取り組みが印象的であった。(中日新聞1990年12月28日号に「町内の人の中には、ここが古墳であるということを知らない若者がいる。古い文化財を次世代に伝えるのも私たちの務め。看板を作るのは小さい活動だが、文化財を通したまちづくりに役立つと思う」と同町内会長が語っている)

5. 地域にねざす平和の語り部づくり―戦争・空襲の語り継ぎをきっかけに―

　熱田空襲の事実をほりおこしつつ、後世に語り継ぎ平和の尊さを考える講座「熱田空襲を語ろう」は1986(昭和61)年度に実施した。本講座は1945(昭和20)年6月9日に同区にある軍需工場を中心に大爆撃があり、わずか10分たらずで2000人以上の爆死者を出した熱田の空襲の事実を語りつごうという課題を学習化したものである。回数は5回とし、「空襲を記録すること・平和を願うこと」「電機工場に勤めていたころ」「空襲下の生活体験」「学童疎開のはなし」「学徒動員のはなし」「まとめ・座談会」のそれぞれのテーマで学習を深めた。講座講師は、極力、当時熱田に在住した空襲体験者に依頼。また毎回のディスカッションでは、話し合われた内容も極力記録することに努めた。

　この講座開設のきっかけは、前年度実施した高齢者教室の一コマで「戦災の頃の熱田」をテーマに各自の空襲、戦争体験を話し合った際、熱田の空襲体験について語る人たちが少なくなく、筆者自身、これを記録し後世に語り継ぐ必要性を強く実感したからに他ならない。

　講座終了後は、講師、受講者が中心になって「ぜひ、空襲の事実を後世に語り継ぎたい」という盛り上がりの中、「熱田空襲を記録する会」が結成された。当センターでは、こうした会の活動への援助・助言をも含むいくつかの事業を展開することになる。

① 熱田空襲展示会

　1988(昭和63)年度からはセンター内の図書室を会場にして「熱田空襲展示会」開催をした。この展示会は、その年度実施していた郷土資料展の第1回目と

して開いたものである。展示会では、熱田の空襲に関する写真、文書等約100点を区内に在住する戦争・空襲体験者から借用したものも少なからず陳列した。いわば「もちより展示会」であった。マスメディアが大きく報道したため、一週間の展示期間に900名近い人たちが訪れた。「次年度も続けてほしい」との声もあがり、毎年継続して取り組むことになる。

② 熱田地域での体験者のつどい

1988（昭和63）年度の熱田社会教育センターまつりで実施した「熱田地域での空襲体験者のつどい」を皮切りに、以後毎年、講座の中であるいは単独の事業において「体験者のつどい」を実施した。こうした集いにより、数多くの証言が集まり、熱田空襲のあらたな事実も明らかになり、またそうした盛り上がりが一つの契機になって、1990（平成2）年6月には「熱田空襲を記録する会」が「6・9愛知時計・愛知航空機爆撃体験手記＜紺碧の空が裂けた日＞を刊行。これにより、熱田空襲の事実を広く市民に語り継ぐ足がかりを築いた。

さらに、1991（平成3）年2月には、定期講座「昭和史と私たち―戦争・空襲体験者とともに学ぶ（戦前編）―」を開催した。本講座は、大正から昭和の時代にかけておこった「大恐慌」「日中戦争」「太平洋戦争」などをリアルに学ぶことにより、現在の私たちの生き方、また、現代の戦争（湾岸戦争など）、平和の尊さを考えると同時に、平和の語り部養成をねらった。

こうした恒常的な事業展開をつうじて「熱田空襲を記録する会」は前述した体験手記の発行にとどまらず、区内の小・中学校、高校での戦争・空襲体験を語り継ぐ取り組みをはじめ、自主講座「もっと知ろう昭和の時代」の開催、区内の戦跡ウオッチング、堀川護岸に残る熱田空襲の爆撃跡の保存運動など多彩な会活動を展開するようになる。保存運動は、市行政を動かし1996（平成8）年に「熱田空襲被爆護岸記念碑」を実現させた。以降、毎年6月9日には「会」が主催して「被爆護岸記念碑献花式」と関係者のつどいが催され、現在に至っている。

6. 地域の高齢化への対応―様々な学習から実践活動へ―

人口の高齢化にともなって、ねたきり、認知症の高齢者も増え、老後を地域で安心してくらせる福祉の充実が求められよう。熱田社会教育センター開館当時から高

齢者対象の事業充実を図るいっぽう、高齢者福祉のにない手を育てる講座等も毎年継続的に実施してきた。

　熱田区は、高齢人口の比率が高い地域であり、ねたきりでくらす高齢者の生活の深刻さとあわせて、日々介護を強いられる家族も悲惨なケースが目立っていた。確かに地域の高齢者と対話していると、口々に将来の不安を吐露する住民が少なくない。こうした人たちの生活を支援するボランティア養成をねらう講座「地域ボランティアのすすめ―老人介護を中心に―」を1986（昭和61）年度に開設した。そこでは老人介護の実習も含む幅広い学習を行う。講座終了後はボランティアグループ「あつたの会」を結成。保健師ととともに定例的な学習を重ねながら、リハビリ教室での援助や地域の高齢者宅を訪ね、介護や身の回りの手助けを主とするボランティア活動を日常的に行う。現在も地域福祉のにない手として活躍している。

　地元の保健所とも様々な場において連携が進む中、1987（昭和62）年度には、講座「在宅ケアを考える」を実施。区民一人ひとりが老後を安心してくらせる在宅療養の体制をどのようにつくればよいのか考え合うことをねらいとし、保健師2名とともに学習プログラムを編成した。毎回の講座では、保健師がリードしながらすすめる話し合いを重視。そこでは、地域の福祉や医療、高齢者のくらしに関わる問題を受講者とともに整理し、望ましい在宅ケアのあり方を模索した。講座終了後は、保健師とともに、自立の大切さや健康問題等を学ぶグループ「老後を考える会」が発足した。以降その会は定例的な学習と交流はもとより、地域の高齢者の生活調査なども行う。

　年を追うごとに、熱田社会教育センターを拠点として、各自の持ち味を生かした地域活動をすすめる高齢の人たちが目立って多くなる。地域の子ども、障害児（者）を対象に陶芸教室を開催したり、歴史散策の案内役をつとめたり、戦争・空襲体験の語り部として地域の学校に出向くなど多岐にわたる活動の展開がなされる。主にこれらの人たちを対象に、今一度地域活動の意味をとらえ返す講座を開設することになる。1989（平成元）年度に実施した講座「地域活動のすすめ」がそれである。学習プログラムは図2-3のとおりである。

　社会教育研究者等からの地域づくりの理念にかかわっての講義や全国的あるいは名古屋市内の様々な地域活動の紹介、実際に取り組む人からの報告と経験交流をつうじて学習を深める。講座終了後は、名古屋市高年大学（鯱城学園）熱田区の会

```
┌─────────────────────────────────────────────────────┐
│         講座「地域活動のすすめ」の学習プログラム         │
├─────────────────────────────────────────────────────┤
│ (あらまし)                                           │
│   社会教育センターで様々な学習経験を積んでいる人たち、人生経験の豊かな高 │
│ 齢の人たちの知恵や経験を地域に生かす契機となる学習を行う。       │
│ (学習内容)                                           │
│   第1回「地域活動へのアプローチ」                        │
│   第2回「地域活動の取り組み―実践事例紹介―」               │
│   第3回「  同  上  ―その方向性―」                    │
│   第4回「学んだことを地域でいかす」                      │
│       ※講師による講義と話し合い、体験発表                │
└─────────────────────────────────────────────────────┘
```

図 2-3　講座「地域活動のすすめ」の学習プログラム

を結成。この講座がはずみになって、以降区内の小・中学校の文化祭や授業に参画し、知恵や技能を伝承する高齢の人たちも目立ちはじめた。

　1990 (平成2) 年度実施の熱田女性セミナーは、「女性と老後」をテーマにした講座 (国の補助事業・婦人学級) である (学習プログラムは図2-4参照)。第14回目の行政相談員との懇談会の場において、「特別養護老人ホームを区内につくってほしい」等地域の要望が出され、このことがきっかけになり、講座終了後は15名

```
┌─────────────────────────────────────────────────────┐
│         講座「熱田女性セミナー」の学習プログラム          │
├─────────────────────────────────────────────────────┤
│ (学習テーマ)「女性と老後」                              │
│ (学習内容)                                           │
│   第1回「女性セミナーのすすめ方」(講義と話し合い)          │
│   第2回「女性のくらしと福祉」(講義と話し合い)             │
│   第3回「老人介護のはなし」(講義と話し合い)              │
│   第4、5回「老人介護の実際」(実習と話し合い)             │
│   第6、7回「親の老後・自分の老後」(講義と話し合い)        │
│   第8回「保健所主催の健康展見学」(見学)                 │
│   第9回「老人ホーム・老人保健施設のはなし」(講義と話し合い) │
│   第10回「特別養護老人ホームを訪ねる」(見学)             │
│   第11回「地域の医療・在宅ケアのはなし」(講義と話し合い)    │
│   第12回「地域と女性の老後」(講義と話し合い)             │
│   第13回「ふれあいサロン (グループにわかれて話し合い)」(話し合い) │
│   第14回「行政相談員との懇談会」(話し合い)              │
│   第15回「まとめ・女性と老後」(講義と話し合い)           │
└─────────────────────────────────────────────────────┘
```

図 2-4　講座「熱田女性セミナー」の学習プログラム

程度の女性たちが福祉の学習と調査をしながら、区内に特別養護老人ホーム設置をめざすグループ「さわやか熱田」が誕生。また、センターが主催する「学習・交流のつどい」では、「老後を生き生きくらすには」をテーマに、福祉研究者の基調講演と前述の「老後を考える会」「ボランティアあつたの会」「さわやか熱田」「鯱城学園熱田区会」「地域ミニコミ紙グループあつたっ子」がそれぞれ活動交流を行ったが、そこでも熱田の特別養護老人ホームが話題になる。こうした盛り上がりの中、「さわやか熱田」グループが取り組む、市への特別養護老人ホーム請願は採択され、その結果1994（平成6）年に区内にホームが開設されることになった。

　この取り組みは、当初特別養護老人ホーム建設の計画がなかった市行政の政策変更をせまるものであり、以降、市はなごや福祉施設協会（社会福祉法人）を設立し、各区にホームが開設されていくことになる。

7.　地域活性化につながる社会教育の仕事―心がけたこと―

　前項で紹介したような諸事業に参加し、それを契機に主体的な生活姿勢を育み、また地域での様々な実践活動に取り組むようになった人たちの中には、自治体行政や地域の諸団体と協力・協同しあうという、あるいは行政に積極的に提案し地域を改革するという実践者が少なくなかった。こうした人たちを生み出した学習とはいかなるものであったのか、いささか気にかかるところである。しかしふりかえってみると、おおむね下記の3つのことが達成されるよう事業内容編成上心がけたことがそうした実践者を生み出した要因と考える。

（1）　住み慣れた地域（日常生活圏）へのこだわりや関心を生み出すこと

　「生まれ育ったこの地域が好きだ」「ここを終のすみ家にしたい」など地域（日常生活圏）へのこだわりや関心、帰属意識を生み出す要因の1つに、地域の歴史や自然への認識の深まりがあげられる。それは、その土地に伝わる歴史（郷土史）、地名、民間伝承、まつりなどの伝統的行事、地場産業、自然や歴史的景観への愛着といってよい。それには、今は存在してなくとも幼少の頃の記憶として継承している事象も含まれるであろう。他の1つはささいなことを助け合える親しい人間関係が周囲に存することである。つまり近隣の生活環境あるいは生活者への愛着である。

これら愛着意識の高まりは、今後もここに住み続けたいという気分、感情をもたらし、場合によっては永住化、定住化をうながすことであろう。中には、新たに仕事おこしを手がける人たちを生み出すかも知れない。そして住み慣れた地域（日常生活圏）への関心を高めつつ、そこをくらしやすい場に改善しようと何らかの地域づくりにかかわる人たちも少なからず現出させることであろう。実際、住み慣れた地域で長くくらし、近隣世帯と親密に交流している住民の中には、自治会活動などを積極的に引き受け、地域づくりにかかわる人たちは決して少なくない。

　こうした考え方を重視し、地域活性化に結びつく社会教育の仕事として、地域（日常生活圏）へのこだわりや関心を少しでも生み出すような事業に心がけた。その1つとして地域の文化や歴史をほりおこし継承すること、と同時にそのことを通じて人々のコミュニティ意識を活性化させることを主眼とした。毎年継続的に実施してきた熱田の歴史（地域史をほりおこす古文書解読、地名を調べる講座、郷土資料展示会も含む）やまちづくりに関する事業（講座）、また、学習者相互が知り合うことがきっかけに、地域でのつながりや協同の輪が広がるような集い、シンポジウム、世代間交流の場づくりなどがそれである。

（2）感受性・社会性が培われること

　日々地域において快適に過ごせるためには、近隣住民と円滑にコミュニケーションがとれ、親しい人間関係が築かれることが欠かせない。それには他者を理解し、他者の思考や感情を受け入れ共鳴・共感しうる豊かな感受性、異質の人たちとも理解しあい、お互いに支えあう関係を築き、また場合によっては地域活性化をめざし協同の活動を進められるような社会性が求められる。

　こうした感受性や社会性というのは、もともと豊かな人も少なくないが、その能力を引き出し、また新たにそれを身につけるための社会教育が求められる。それらは様々な学習・交流活動、また協同の実践活動経験の積み上げを通じ培われることであろう。例えば、前項の「地域学習リーダー養成」のところでも紹介したが、知恵・技能をもち、それを生かす活動をする高齢の人たちの大半は、教わる立場から、教える立場にたつことによって、様々なことを学ぶ。どのようにすれば円滑に教えられることができるのか、学習者の要望をどう実現するのか。学習者相互の親密な関係をどのようにつくるのか等々他者への配慮と関係に気を使うことによっ

て、感受性や社会性を培ってきた。同様に、グループ・団体活動（集団活動）をとおして、グループ構成員相互の円滑な人間関係を保ったり、揉め事を処理する等様々な活動経験によってもそれらを培うものと思われる。

　このように、社会教育諸事業を展開するにあたっては、知識・技能を習得することのみに終始するのでなく、たえず、学習の場における自主運営、役割分担、相互の交流、共同体験を取り入れるなどして、学習者の感受性・社会性が培われるような運営に心がけた。

（3）　学ぶ・学びあう大切さの自覚が高められること

　個人で学ぶことにとどまらず、他者とともに学びあうことは、学ぶ人たちに活力を与え、また、実践活動にはずみをつける。その学びあう利点に3つのことが考えられる。1つは、「問いをもたらす学習」。日常生活の忙しさにおわれていると、ともすれば経験主義、マンネリ化に陥るケースが少なくない。日々のくらし方、活動の進め方はこれでよいのか等絶えず客観的に問い、課題発見につながる学習が大切である。2つめに、「元気が湧き上がる学習」。困難に遭遇すればするほど、孤立感が強まることであろう。体系的な知識を習得したり、相互に経験交流をするなどして新たな活動の視点を見出しながら、相互にはげましあい、あらたな気分で活動できる機運を生み出す学習が欠かせない。そして、3つめとして、「つながりをひろげる学習」。身内のみの学習にとどまらず、学習の場に様々な人たちを呼びこむ開放的な学習が求められよう。学習をきっかけに広く協力しあえるネットワークができるなら、日々の実践の中に思わぬ協力者があらわれ、様々な可能性が見出せるのではなかろうか。

　このような学びあう大切さを自覚し、自発的に学び、学びあう姿勢ができるよう独自の学習の場づくりに心がけた。例えば、少人数でゼミナール形式で学びあう「社会教育を考える講座」「社会教育入門講座」を開設したり、必要に応じて講座の1、2コマに学ぶ・学びあう大切さを考える講義と話し合いを取り入れるなど工夫をこらすことが少なくなかった。こうした場では、学ぶ・学びあう意味を社会教育の歴史からとらえかえす、ボランティアのあり方を考える、公民館・生涯学習センターの役割などを確認する、という学習を通じて、いっそう学習意欲喚起のきっかけをつくり出していったように思う。

おわりに―今日的時点に立って―

　社会教育・生涯学習関係者から「地域づくりは人づくり」としばしば耳にする。実際、公民館、生涯学習センターでは「高齢者大学」「まちづくりリーダー養成講座」など「人づくり」をめざした事業を開設しているケースが見られる。
　だが、そこでの学習者が、それ相当の知識・技能を習得し得ても、周辺の人々と円滑なつきあいや協同する能力を持ち合わせていなければ、ボランティア、NPO、町内会・自治会など地域活動へスムーズに参画することはむずかしいであろう。また、地域のことをよく知らず、「このまちが好きだ」という地域への関心、愛着が希薄であれば、説得力ある地域活動が十分展開しえないであろう。さらに、自発的に学んだり、学びあう姿勢がなければ、視野を広げ、地域を改革する創意的な取り組みを展開したり、実践上遭遇した困難の解決を図ることができず、活動意欲の低下をもたらすことであろう。
　そう考えてみると、社会教育の場において地域活性化につながる「人づくり」を図るには、単に講師から知識・技能を習得するのみという学習に終始するのでなく、一方法として、できれば前項で記した３点を重んじつつ、学習者が地域のにない手としてふさわしい力量形成ができるよう、学習内容・方法・形態など駆使しながらプログラム編成する必要がなかろうか。
　と同時に、少子・高齢化の進行等にともなって地域崩壊が危ぶまれる今日、地域活性化にむけて、社会教育施設が単独に取り組むことのみならず、地域の諸団体・自治組織、NPO、大学などと連携し、「人づくり」に協働して取り組む社会教育の仕事がいっそう求められよう。

Ⅱ

岐阜県内の取り組み

第3章

まちづくりの拠点として進化する羽島市の公民館

1. 都市化の進展でも衰退しない羽島市の公民館活動

　岐阜県羽島市には中央公民館が1館と11の地区公民館がある。筆者が羽島市の教育長に就任して4年目であるが、どこの公民館活動も大変活発で、市民の生涯学習の拠点として大きな役割を果たしていることに感心するばかりである。各館の主催事業も非常に多く、内容も充実している。イベントは地域住民や小・中学校まで巻き込んで、まさに地域を挙げて行われる。学習の内容も年々レベルが上がってきている。岐阜大学の先生方をお招きしてのセミナーを始め、その道の専門家の講演、質の高い作品づくりなど、枚挙にいとまがない。

　今、全国的に、都市化の進展に伴って住民の連帯感や結束力は確実に低下している。それに拍車をかけるように、自治体は財政が逼迫してくると、社会教育に投入する予算も削減を余儀なくされるところもある。羽島市でもご多分に漏れず、年々人口が増加し、他市町村からの流入も増えており、しかも合併をしないで単独の市政運営を選択し、社会教育予算も少しずつではあるが削減を迫られる状態にある。

　それにもかかわらず、これだけ活発に活動がなされているのはなぜであろうか。どの地区にも公民館振興会（後述）が置かれて、組織的な運営がなされる中で、費用もその地区で振興費を拠出していることは一つの要因であろうと思われるが、それだけで説明しきることはできない。さらに、これは一つの地域性であるからとか、たまたま熱心な住民がいてイベントを企画・実施するからとか、伝統であるからなどと捉えているだけでは学問的に追求したとは言い得ない。論理的にその要因を把握してそれを生かせば、公民館活動の衰退や形骸化を防ぐ力にもなろうかと思

われる。ここでは、羽島市の公民館活性化の要因を、正木地区公民館の例を中心に考察してみたい。

2. 羽島市の公民館も連帯感希薄化の危機に直面していた

今、我が国の人口は、減少と地域間格差に直面している。2005年の国勢調査によると、岐阜県も人口が減少しているが、羽島市は増加している。

羽島市正木町は、羽島市北東部、木曽川に面した、人口15,000人ほどの地区である。羽島市の人口が約68,000人であるから、市の人口の2割強を占める。

1965年の正木町の人口は約6,500人の農村地帯であったが、岐阜県岐阜市、名古屋市や愛知県一宮市などへのアクセスが便利なため、都市化が進み、生活面では便利になっていく。しかし経済的なゆとりやレジャーブームの波に乗って地域の連帯感が目立って希薄になり、婦人会や青年団活動にかげりが見え、町内で実施していた盆踊りや町民運動会ができない程になっていった。地域の中にはこういう状況に危機感を持つ人びともあったが、大きな時代の潮流に逆らうことが困難であったことは、当時若者であった現自治会長や公民館長の話からも察することができる。

3. 活発な活動と躍進を続ける公民館活動

公民館活性化の要因を考察するために、現在の正木地区公民館の活動の現状を少し記述し、そこを手がかりとして分析することとしたい。

すべてを網羅することはできないが、まず、公民館が三大事業と銘打って実行委員会を設置して取り組んでいる活動に焦点を当てて紹介する。ちなみに、参加者数を挙げたが、正木町の人口からみればこれだけでもその盛況なことを推察できるであろう。

① 正木町盆踊り大会（約1,500人参加）

毎年8月15日に実施され、「うるおいと連帯感のある地域づくり」・「青少年の健全育成活動の推進」をねらいとして、青少年育成推進委員会や、子ども会、スポーツ少年団、各小・中学校PTAなど、青少年の育成に関わる各種団体を中心に地域ぐるみで取り組む行事である。7月から8月までの第一土曜日は、公民館

図3-1 世代を超えて盆踊りに興じる

ホールで郷土の民謡「正木音頭」の踊り教室も開かれ、次世代に地区の伝統を受け継ぐような企画もされている。当日は、櫓が組まれ、青年部が太鼓で盛り上げ、夏の宵闇は踊りに包まれる。一方では、小・中学生やPTAなどが運営する焼きそばや金魚すくいなど数々の模擬店、子どもの盆踊りコンテストと表彰など、幼児から大人まで、誰もが参加し、運営し、楽しむ工夫が盛りたくさんの大会である。

② 正木町民運動会（約4,000人以上参加）

毎年10月中旬に行われる。朝の入場行進だけでも1,500人の参加者があるというから、その盛況さを推し量ることは容易である。正木地区の体育振興会や自治会がリーダーシップをとり、大人だけでなく幼児や小・中学生も参加し、それぞれが役割を分担してみんなが楽しむ運動会である。

③ 正木公民館まつり（約3,000人参加）

第1回は1985年2月というから既に20回を超えることになる。正木地区を挙げての、まちづくりのメイン行事である。そのねらいは、「子どもから大人まで世代を越えた活動の発表と交流の場」・「連帯感のある地域づくりをめざす」の二つとしているが、正木地区の公民館活動の集大成であると言っても過言ではないであろう。その内容は、公民館活動を中心に作られた作品や幼児から中学生、一般、消防や水防、交通安全の各団体に至るまでの作品展示（絵画、版画、書、パッチワーク、その他種々の作品が近年は、約1300点）、フラダンスや民踊等の演芸の発表、地元の羽島高等学校吹奏楽部の演奏や羽島中学校の生徒の合唱、餅つき、うどんやみたらし団子の販売、茶席、献血活動など、多岐にわたる楽しいイベントが繰り広げられる。

しかし、正木地区公民館の事業は、このようなイベントにとどまらない。文化的なまちづくり事業として、ボランティアが丹誠込めて花作りをしており、それにまつわる行事が催される。その一つは約1.2kmにわたるあじさいロードとあじさい

祭り＆ウォークの行事で、町民があじさいを観賞しながら初夏のひとときを楽しむのである。併せて笠松用水の学習をしたり小学生の写生大会まで組み込まれている。今一つは、県道沿い約700mの歩道や空き地に約8,000株のチューリップを植え、鑑賞会を開くことである。

図3-2　あじさい祭り＆ウォーク

　さらにこの公民館は劇団をもっている。1994年に創設された「劇団まさき」であり、毎年一回定期公演を行って1,500人ほどの人びとが鑑賞する。演目は主に郷土の歴史や民話を題材にし、地域から地域のよさや伝統・歴史を発信するという貴重な役割を果たしている。劇団結成のきっかけは、1991年から公民館で開講された「郷土歴史教室」であり、有志の手により、洪水や戦乱と格闘してきた先人たちの姿を劇化していく活動となったものである。

　また、江戸中期から始まり、明治、大正、昭和を通じて行われていた行事「大浦の蛇」は、戦後休眠していたが、これも公民館活動を中心に復活している。これは、雨乞いや豊作祈願を願って、雌雄二頭の大きな蛇を掲げて練り歩く郷土芸能である。現在は保存会が作られ、町民運動会や市の行事などに出演している。

　スポーツの面では2004年に設立された総合型地域スポーツクラブ「羽島モア」と連携してのスポーツフェスティバル、社会貢献的事業としては献血活動や環境美化活動、全国でもいち早く青色回転灯を装備した自動車による地域安全パトロール等、活動は多岐にわたって活発である。また、正木地区公民館に登録されている自主的な生涯学習サークルやクラブは66サークルあり、年間延べ5万人（2005年4月現在調べ）の町民が公民館を利用する。

4.　まちづくりの拠点に位置づく公民館

　これまで述べてきたことで明らかであるが、この正木地区に限らず、羽島市では地区公民館がまちづくりの一端を担う地域自治組織に組み込まれているということ

である。したがって、公民館の運営は地域住民みんなの手にゆだねられている。具体的にはまず、各自治会単位に公民館振興会がつくられている。構成員は、自治会長、公民館長、公民館講座や各サークル代表、社会福祉協議会、体育振興会、民生委員、PTA代表、子ども会育成会、青少年育成推進員などの代表、老人クラブ代表などであり、地区によっては消防団や水防団の代表も加わる大きな組織である。当然のことながら、公民館長や公民館に配置される社会教育指導員も、このような振興会や自治会を背景に地域住民の手によって選ばれ、それを教育長が任命する仕組みになっているので、地域住民の意にかなったリーダーとして地域住民のニーズに応える働きをしなければならない。羽島市内の地区公民館の職員（館長・社会教育指導員）は、すべてこのような選出方法をとり、全世帯から毎年公民館振興費を拠出して、公民館の運営がなされてきたのである。どの公民館も年間3～4回はこの振興会を開催し、年間の事業の内容の選定や運営等、様々な課題解決に当たっている。

　このことからも明らかなように、公民館はもはや単なる学習の場にとどまることなく、地域の活動拠点、課題解決の場、地域住民の生活に不可欠な組織体に進化している。そしてこのことは、後述するように、羽島市の各地区公民館が「コミュニティセンター」と名称を変えて生まれ変わる主たる理由となるのである。

　正木地区では下記のような組織になっていて、公民館を運営する基盤を「正木町まちづくり会議」におき、その本部役員会を中心に自治会と密接に関わりながら事業を進めるのである。このように、今や、このシステムが、公民館活動にとどまら

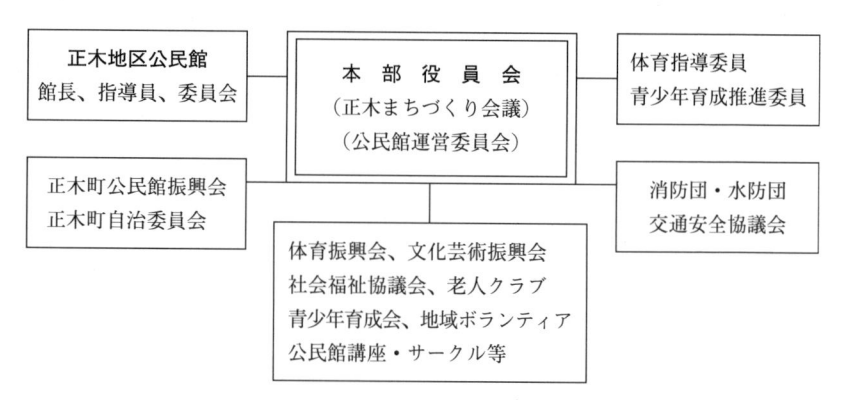

図3-3　正木まちづくり会議と公民館の位置づけ

ず、地域の安心・安全のための取り組みやスポーツ活動、青少年育成に至るまで機能するようになっているのである。

5. まちづくりを支える住民の意識の中核は '存在感' と '夢'

公民館活動を中心にこのようなまちづくりを積み上げてきた背景には、現在に至るまでの歴代のリーダーたちの大変な努力と、それを支えた一つのポリシーがあることを看過できない。自治会長、公民館長、社会教育指導員等々にそれを尋ねると、一様に返ってくるのは、「気楽に参加して楽しもう」・「若者も参加して夢につなごう」・「住民みんなが参加してまちづくりをしよう」の3つである。その底流にある意識は、住民一人ひとりの存在感の尊重とその継承であると考えた。それは、公民館の具体的な活動にもよく現れている。

1）一人ひとりの存在感を大切にするリーダーたち

存在感とは、一言で言うと「人の役に立つことができる自分」（必要性）と、「成長できる自分」（可能性）を中核に組み立てられている意識と捉えることができよう。

自分の必要性については、公民館や地域の行事の中で、一人ひとりが役割を果たすことと、役割を果たした後で、必ず評価されるという取り組みである。しかも、役割を果たす際には、昔ながらの田舎らしい感覚で誘い出され、気楽に参加できるような声かけが、地域のリーダーたちによってなされることである。地域のリーダーがこういう心を引き継いでいることもすばらしい。一般的には地域保身の排他主義的な悪い意味で使われる「輪中根性」という言葉が、とてもよい方向で働いており、新しい仲間も気楽に取り込んでいく気風があると言えよう。

また、自分の可能性については、どの公民館でも、日頃の活動の成果を発表する場を必ず設けている。個人的な趣味に始まり、共同でする演奏や演劇など、各公民館には実に多彩な発表の場が設けられているのである。それぞれが自分の可能性をのばすよい機会になり、それらが年を追うごとに質が高くなりレベルアップしていることも見逃せない。自分が認められることへの欲求は誰しも持つもの、それを生かしているのである。

羽島市の公民館はどこもが、絵画、工芸、その他の作品展示会を催すし、正木町においては、「劇団まさき」の発表などが有料で羽島市文化センターで演じられる

のである。
　2） 夢と向き合う活動にする
　羽島市の公民館活動は、常に夢と向き合っている。「教育はいつの時代でも、どんな状況に取り巻かれても、常にきっちりと夢と向き合う営みである。」と言った方があるが、これは社会教育についても大切なことである。自分の存在が高まる夢、社会での厳しい動きの中でふと心休まる夢、言葉だけでなく実践を通して実感できる夢、こういうものが地域社会には不可欠であるし、それがまちづくりの原動力になるのであろう。彼らは、遠い将来ではなく明日に楽しみを見つけようと頑張っている。作品を作り、打ち合わせをし、一つのイベントの中で自己を精一杯出す場に毎年夢をつないでいるのである。
　3） みんなで気楽に受け入れる
　羽島市では、地域のリーダーたちが、「みんなで気楽に参加して楽しもう。問題があれば、リーダーである俺たちが責任を持つから。」と言われるところが多い。そういう気風の中では、みんなが気楽に参加しても、自ずと責任感も育つと思われる。
　正木町でも、自治会長に尋ねると口癖のように、「気楽に、一緒にやろうや。」「公民館活動は仲間づくり、まちづくりだ。」と言われる。
　正木町では、「公民館祭り」に市内の羽島高等学校の吹奏楽部に依頼して、演奏会を催している。とかく高校生は超ミニのスカートや茶髪や腰まで下がったズボンなど、外見ではよい評判がたちにくいこともあったが、実際に高校生に来てもらって演奏会をすると、高校生には、多くの町民が感激し、若者を見直したという。礼儀正しさ、役割を果たす責任感、一生懸命に演奏し、年々うまくなっていく姿等々、すばらしいというのである。正木地区公民館の社会教育指導員の言葉によると、「地元の高校がこんなにもすばらしいことを誇りに思っている。」ということであるが、高校の側から見ても、このように受け入れられ、地道な努力が高く評価されていることは嬉しいことである。現に羽島高等学校の吹奏楽部は、近年、定期演奏会を開くようになっているが、年々技術的な高まりを見せているのである。

6. まちづくりの継承は実践によって育む

　羽島市の公民館活動には、技の継承（演劇、様々な学習による作品づくり等々）にとどまらず、次世代を見据えた継承活動が活発である。

　特にリーダーたちは、小・中・高の学校に在学する子どもたちや若者たちを盆踊り、公民館祭り、花作りや運動会等の諸行事に積極的に取り込むよう強く意識している。多少の失敗は広い心で受け止めて仲間に入れ、共に実践を楽しみ、後継者を育てていくのである。

　正木町では、公民館祭りに中学校の合唱を取り入れたり、運動会や行事には中学生や高校生を企画の段階から参加させ、当日には大切な役割をまかせたりする。焼きそばや金魚すくいなどの小さな出店は中学生が担当している。子ども盆踊りコンクールなども催し、子どもの頃から集団の中に入れていくのである。さらに、青年による太鼓の演奏、劇団への参加など、多くの場に青少年を取り込もうとしていることがわかる。

　今、羽島市の公民館や地域の活動には、児童・生徒を取り込み、学校と地域とが一体になって活動することが当たり前のことになりつつある。したがって、行事に参加するのも「お客様」では許されないで、きちんと役割を得、それを果たすのである。失敗して注意を受けることもあるが、頑張った後には必ずよい評価をいただくようになっている。「地域の運動会に、子どもたちが係をよく果たした」などの声が各学校に届けられる。若者を参加させて前面に出せば、子どものうちからまちづくりの力を身につけるので、後継者になってくれるだけでなく、保護者も参加してくれるからさらに盛況になるというのである。

　そのため、学校では教職員も大きな行事の時には、ボランティアの出勤である。特に、校長等の管理職は年に何度も休日を返上して、公民館や地域の様々な活動に参加することになる。まさに地域あっての学校であり、学校あっての地域

図 3-4　公民館祭りで合唱する中学生

なのである。

7. まちづくりの拠点として進化する公民館

(1)「学習拠点」から「課題解決」の拠点への進化

これまで述べてきた例からも明らかなように、今、公民館は、単なる学習の場から、地域の課題解決の場へと転換してきている。そして、人びとの生涯学習活動においては、自らの学習にとどまらず、子育てなど家庭教育への支援、健康対策や高齢者への対応、職業能力の向上、地域の教育力の向上、ゴミ処理や環境問題の解決、地域の安全の確保等、地域課題の解決などにも併せて取り組まない限り地域の発展はない時代である。

羽島市でも、各地区に地域安全パトロール隊が発足しているが、正木地区では、青色回転灯をつけた自動車を整えるなど、全国に先駆けて地域安全のための活動に取り組んでいる。竹鼻町では長良川の支流である逆川について岐阜大学の出前講座をいただくと共に、何年も前からボランティアによる逆川清掃活動を行っている。これもまさに地域づくりに大きく貢献することである。子育てや学校週5日制への対応も、羽島市では早くから取り組まれ、子どもたちを対象にする学習メニューは、200を超えている。地域には、地域住民によるまちづくりの場が大きな支えであり、必要なことなのである。

図3-5 バザーを手伝う子どもたち

今や、生涯学習が盛んであること自体が地域が活性化しているか否かを示す重要な指標であると言われる。

(2) まちづくりの拠点としての「コミュニティセンター」

羽島市では、2006年度から、各地区公民館に隣接していた出張所を廃止し、公民館と一体化した「コミュニティセンター」として生まれ変わることとなった。これまでの「社会教育の拠点」から、これを受け継いだ「まちづくりの拠点」として

の性格を明確に位置づけ、幅広く活動を展開しようとしている。「コミュニティセンター」は、地区公民館の機能を受け継いだ学習の場でもあり、社会福祉やボランティア、地域自治組織の拠点にもしていこうというのである。「コミュニティセンター」の運営においては、指定管理者（財団法人羽島市地域振興公社）が設置され、その主たる所管部署が教育委員会事務局生涯学習課内のコミュニティ推進室となり、地区公民館の機能や業務はそのまま受け継がれる（「コミュニティセンター」で「公民館の機能を果たす」旨が位置づけられる）。「コミュニティセンター」の事業は、①「コミュニティセンター」の企画・運営、②敬老会・自治会・社会福祉協議会・民生委員会等各種団体のコミュニティ活動の支援、③体育館使用料の利用券や公共施設巡回バスの乗車券、文化センターの入場券等、各種利用券の販売、④施設・設備の維持管理等であるが、①企画・運営業務の中に、（ア）地域の生涯学習活動（公民館活動）の企画・運営、（イ）生涯学習団体の運営及び育成の指導・助言、（ウ）各種ボランティアの指導及び助言、（エ）生涯学習に関する学習相談及び活動の指導・助言等の業務が含まれている。各種団体の代表者からなる「コミュニティセンター」運営のための新たな組織も生み出されつつあり、本稿で中心的に取り上げた正木地区も、「まちづくり推進委員会（仮称）」として出発しつつあるし、小熊地区でも、現在の小熊小学校が昔、知風学校と呼ばれていたことに因んで「コミュニティセンター」に「知風」という歴史的な名称をつけるようになっている。

　生涯学習が発展してまちづくりへと展開していくには、住民の夢と生き甲斐を基盤にした確かな歩みが必要である。ここ羽島市でも、地域の人間力向上の拠点として、幅広い視野に立った多様な学習が展開され、地域の一人ひとりにまちづくりの力が着実に育っていることを感じつつ、期待を込めて筆を置きたい。

第4章

岐阜県羽島市江吉良地区公民館における子ども講座4年間の足跡

1. はじめに

　岐阜県羽島市は公民館活動の非常に盛んな地域で、中央公民館と11の地区公民館がそれぞれの地域で生涯学習の場として特色のある活動を繰りひろげている。本稿は、羽島市の地区公民館のひとつである江吉良地区公民館における子ども講座4年間の足跡を概観することを目的とする。江吉良地区公民館が対象区域とする江吉良町及び舟橋町は、1,539世帯（2005年4月1日現在）を抱える地区で、東海道新幹線岐阜羽島駅や名神高速道路の岐阜羽島インターがあり、土地区画整理事業が進められ地区への新しい住民が増加しつつある。職員体制は、非常勤の公民館館長と嘱託の社会教育指導員1名である。
　こうした現状で、公民館は住民が主体となった地域コミュニテイを構築していく拠点として、また生涯学習の場として地域に密着した実践的な事業の推進に努めている。
　筆者が着任した2002年は教育改革プログラムとして「完全学校週5日制」が実施され、地区公民館においても子どもの居場所づくりを展開していくことが期待されるようになってきた時期でもあった。着任初年の4月に公民館の学級講座を計画するに当たって、今まで開設されていない子どもたちが参加できる講座をやってみようという思いに駆られた。
　そこで、企画の段階から小学生を持つお母さんたちからの意見を聴くべく、会議という堅苦しい雰囲気ではなく、寄り合いのようにお茶を飲みながら話す場を持った。その中から、土曜日に子どもたちが公民館へ足を運びたくなるような、学校や

家庭ではちょっとできないようなことをやらせたいとか、親子で一緒に活動できる楽しいことを地域でみんなでやってみたいという意見が出された。

　それは、塾通いや遊びといったらテレビゲームばかりやっている子どもたちの生活体験や自然体験の乏しさを親たち自身も「何とかしなければ～」という危機感を抱いているからこその意見だと痛感した。完全学校週5日制が子どもたちにゆとりを確保し、地域社会での生活体験、社会体験、自然体験の機会を充実させることを目的として実施されたことと併せて、家庭を含む地域社会で親子のふれあいや友だちとの遊び、地域の人たちとの交流の場を公民館が提供していけたらという思いとが一致した。地域には様々な年齢や職業の人たちが住んでいる。とりわけ公民館を利用している年齢層は子育てサークルや子ども会といった若い世代から子育てが一段落して自分の趣味を広げようとする女性や定年退職して時間にゆとりのある大人たちなど幅広く、こういった人材に協力を得ることが子ども講座成功の鍵となると考えた。

　そこで保育園時代から子育てサークルとして公民館を活動拠点としている「ご近所ネットワークわたぼうし」のメンバーに土曜日の子ども講座開設の話をして、活動の中心メンバーとなってもらった。また地域で子どもたちの体験学習に積極的に関わろうとしてくれる人を募集し、体操の先生やしめ縄の先生、やきものの先生、工作の先生等々の参加が決定した。

　子どもたちの体験活動として以下に挙げるように3つの分野で講座を開講することとした。

①　スポーツ体験活動…子ども体操教室「HOP・STEP・JUMP」
②　文化芸術体験活動…子ども囲碁塾
③　自然体験活動やものづくり体験活動…土曜笑楽行

　ここからは、それぞれについてこれまで4年間の取り組みを報告していくこととする。

2. 実施内容と成果

（1） スポーツ体験活動―子ども体操教室「HOP・STEP・JUMP」―

低学年の子どもたちの母親から「バレーやサッカー、野球といった球技種目のスポーツ少年団への参加はまだ早いけれど、マットや跳び箱、鉄棒といった運動をやらせたい。」「小さい子が運動する体操教室が地域になく活動の場所がない。」という悩みを聞き、初年度は、1・2年生を対象にした体操教室を第2土曜の午前に当公民館に隣接する江吉良保育園の遊戯室を借りて開催した。

6月から12月の6回開講でスタートした体操教室は15名定員に30名以上の応募があり、こうした企画を待ち望んでいたことが数字の上でもはっきりした。1時間という限られた時間の中で、鉄棒やマット、跳び箱、縄跳びといった内容で、

図 4-1　マット後転の指導

表 4-1　2004 年度　HOP・STEP・JUMP の年間プログラム

月	活動内容
5	はじめまして NEW 楽式（土笑と合同）はじめて体操
6	マット運動（動物まねっこ・前転・後転）
7	子どもの町Ⅱ（土笑と合同）お店もお客もやってみよう！
8	親子でラジオ体操（土笑と合同）青田刈り・パン作り
9	インド舞踊となわとび
10	ボール運動（キャッチやドリブル）
11	鉄棒（うんてい・前回り・逆上がり）
12	とび箱（フラフープワーク・飛び乗り・飛び越し・開脚とび）
1	なわとび（大縄跳び・とび箱・台上前転）
2	鉄棒（前回り・逆上がり）・うんてい・登り棒
3	えぎら　キラキラ会（土笑と合同）うたって、おどって交流会

指導者は地域在住の体育の先生にお願いした。そして「丈夫な頭と元気な心を育てたい！」という指導者の思いで取り組んでいただいた。そうした思いが保護者の中にも伝わったのか、体操教室に子どもを連れてくる父親が一緒に跳び箱の模範演技をしたり、縄跳びの大縄を回したりと活躍する姿が見られるようになったこともうれしい出来事だった。こうして、2年が過ぎ、子どもたちも1・2年限定ということで毎年、新たな参加者を迎えて教室を展開していくという形ができていった。そして、2004年には国の緊急3ヵ年計画の新規委託事業として「地域子ども教室推進事業」の指定を受け、活動に対する助成も受けながら講座の開催回数も6回から11回に増えた。また、この年から会場として中央小学校の体育館を使用するようになり、今まで跳び箱やボール運動も部屋の広さから制限があり、思いっきり活動ができなかったが、広い場所でのびのびと運動ができるようになった。

（2）文化芸術体験活動―子ども囲碁塾―

2002年度の夏休みからのスタートとなった囲碁教室は、テレビアニメの「ヒカルの碁」の人気とともに子どもたちの間でも今まであまり認知されていなかった囲碁が身近なものになり、公民館の館長が囲碁に造詣が深かったことも手伝って4回の短期講座で開催することになった。ちょうど前年には大規模な囲碁大会が羽島市文化センターで開催され、羽島を「囲碁のまち」として世間に広めようと各小中学校に囲碁の用具を購入する助成金が出されたことも囲碁教室を公民館で開く好条件となった。

指導者は地域に住むおじいちゃん世代の方々に声をかけ、「江吉良舟橋町囲碁愛好会」を立ち上げた。こうして子ども囲碁塾は8月の時点で、小学生の男女35名の参加ではじめの一歩を踏み出した。夏休みが終わり、徐々に参加者が減っていく中でも熱心に取り組む子どもたちは10人以上を数え、このまま短期で終わらせるのは残念だという声もあり、秋以降も毎月第2・4土曜日の午前中に続けていくことになった。

図4-2　おじいちゃんと対局中

そこからは、本当に囲碁を覚えようという子どもの参加と自分たちも対局をしたいという大人が集まり、地道に活動が続いてきたと思われる。活動の内容は、子ども囲碁教室独自で教本を作り、子どもと子どもの対戦だけでなく、子どもと大人の対戦も取り入れ、対局カードを作成し、段位基準表に準じて級を決めていくようにした。

　といっても子どもたちが午前9時30分～11時30分まで2時間ずっと囲碁盤を見続けるというのではない。対局を終えると図書コーナーの本を読みにいったり、囲碁のコンピューターゲームをやったり、休憩時間にはおじいちゃんたちが用意してくれるあめ玉を頬張りながら友だちと話したり自由な時間を多くとることも子どもたちが飽きずに公民館に足を運ぶことに繋がっていった。それは、毎回そこへ行けば、「囲碁を打つ友だちに会えるから。」、「おじいちゃんが教えてくれるから。」という子どもたちにとって居心地のよい場所に公民館がなりつつあるからだと思われる。一方で、おじいちゃんたちは孫世代との和やかな交流もあり、対局もできることでこの4年の間に囲碁愛好会の会則を設けたり、総会で食事を取りながら親睦を深めたりと自分たちも楽しむ会として運営されるようになっていった。今では、2004年度からの地域子ども教室の委託事業ということもあり、「地域の子は地域で育てる、大人はみな教育者」という羽島市の生涯学習の方針にもあるように、自分たちがその一翼を担う自負を持ち、公民館の鍵あけ当番や運営すべてを自分たちで行っている。

（3）　自然体験活動やものづくり体験活動―土曜笑楽行―

　2002年から、子どもの講座として取り組むきっかけとなったのがこの「どようしょうがっこう」である。名前がユニークなことから、2002年の広報チラシを見ると当時のやる気に満ちた自分たちの思いが詰まったものになっている。企画の段階から、低学年の子どもを持つ母親たちが主体となって自分たちがやってみたいこと、子どもたちに体験させたいことを話し合い、公民館からの押し付けではなくプログラムを組んでいった。初年度は親子体験活動として親子15組を募集し、親子で「笑える、楽しいところへ行こう！」と様々な体験をした。

　またこの土曜日の子どもたちの講座を開設するにあたり、学生のボランティアも大きな力となった。羽島市のお隣の柳津町（現・岐阜市に合併された）にある岐阜

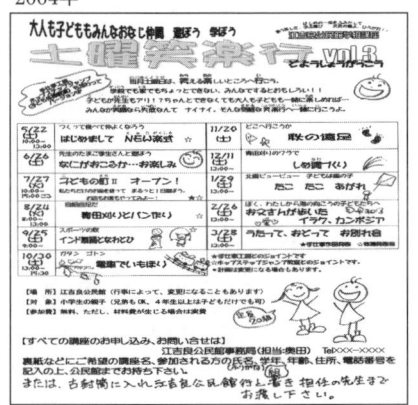

第4章　岐阜県羽島市江吉良地区公民館における子ども講座4年間の足跡　57

図4-3　土曜笑楽行の活動

　聖徳学園大学（教育学部）の学生たちが先生のたまごとして参加協力してくれた。子どもたちにとっては自分と年齢も近いお兄さんやお姉さんとの交流は楽しいものになったようである。以下に年度始めの募集のチラシや写真などから具体的な活動内容を掲載する。

　学生たちも初めての体験と言っていたさつまいもの苗植えやしめ縄用の青田刈りなどは、子どもたちだけでなく親世代にも子どもたちと一緒に汗を流した共同作業として楽しい体験だったと、プログラム終了後に実施した参加者アンケートに書かれていた。

2年目には子どもたちも企画に参加して自分たちがやってみたいことを提案し、消防署の見学ではしご車に乗せてもらったり救急救命の講習を受けたり、廃線になった名鉄大須線の線路の上を歩いて木曽川の渡船場へ行き、船に乗って愛知県まで遠足に出かけたりと楽しい企画で活動の輪も広がりをみせ始めた。

そして2004年からは国の委託事業の指定を受け、活動指導員と安全管理指導員としてお手伝いをする母親も増え、「土曜笑楽行」の認知度も次第に高まっていった。

また、2002年の活動開始当初から毎月母親たち自身の手による通信「エッヘッヘ」を発行し、前月の活動報告と来月の活動内容のお知らせをするなど自主的な取り組みが継続しているのも心強いものである。

3. 今後の課題

公民館の子ども講座として活動を始めて4年。子どもたちに「ゆとりと生きる力を育てる」ことを目標に実施された完全学校週5日制を受けての取り組みは3講座とも途切れることなく継続してきた。また、2005年度は子どもやきもの教室や親子そばうち教室、親子パン教室も単発で開催し、大勢の子どもたちが親と一緒に参加した。この間に多くの地域の大人や学生ボランティアの方々の協力体制が整った。今後は、この人的な支援をより広範囲に拡大していくことが講座継続の必要条件となるように思う。それはサークルや個人的な協力だけでなく、自治会、各種団体という地域に根付いた団体の支援を得ることや学校との連携を図ることが地域全体への認知度も上がり、地域の教育力の向上に繋がっていくと考える。

また、講座開始当時は小学2年生だった子どもたちが6年生になりスポーツ少年団に所属して土日の公民館の活動に毎回参加することが難しくなってきている現状も一方である。それは、この4年間で様々な場所や団体で子どもたちの体験活動にたいする受け皿が増えてきたからであり、彼らにとって選択肢が拡がってきたといううれしい展開ともいえる。公民館の子ども講座に参加人数が定員に満たなくなる場合も出てきたわけである。

だからこそ、子ども講座のプログラムは、その作成段階から子どもたちがやってみたいことを自主的に計画していけるように公民館側が配慮する必要がある。一方

で地域の大人のボランティアによる企画も重要で、それは講座終了後の地域の大人たちの自主的な活動にも繋がっていき、その波及効果は大きなもので、囲碁愛好会がよい例だと思う。

　これまでは支援体制や企画についての課題を書いてきたが、行政との関わりから今後に起こりうる問題を挙げる。羽島市の公民館は、来年度（2006年）指定管理者制度の導入の対象となり、変化の時を迎えている。今、本稿を執筆している段階で詳細は明らかではないが、財政的にも市からの補助金の削減だけでなく、運営管理についても地域振興公社へと移行していく方向で進んでいる。公民館という呼称も地域コミュニティーセンターという名に変わろうとしている。

　公民館の存在する意義が今、問われているように思われる。子ども講座に限らず、公民館は地域の人々の生涯学習の拠点として様々な年齢層が集いあい、ふれあう居場所として事業を展開してきた。指定管理者制度が導入された場合、今後の地域での人々のふれあい行事の運営や生涯学習講座の開催が継続できるのか、縮小されるのか、2006年度に向けての子ども講座の存続にも影響が必至なだけに、市の方針を見守ることしかできない自分の立場に歯がゆい思いを抱いているのは筆者だけではないと思う。

第5章

市民が学びあう生涯学習のまちを目指して
―岐阜県多治見市文化振興事業団の試み―

(1) 多治見市文化振興事業団の誕生

岐阜県多治見市における生涯学習活動の拠点「まなびパークたじみ」が、1997年4月、JR多治見駅に近い旧図書館跡にオープンした。多治見市文化振興事業団(以下文化振興事業団)は同館の開館に併せ誕生した。文化振興事業団の誕生は、厳しい行政改革時における生涯学習、文化事業の在り方を考え模索する旅の始まりでもあった。

多治見市における生涯学習の拠点として建設された「まなびパークたじみ」(以下まなびパーク)は、鉄筋鉄骨コンクリート造、地上8階、地下1階の建物で、「学習館」(中央公民館的機能を持つ)と「図書館」が入った複合施設である。まなびパークを運営するにあたり、1997年当時、多治見市はいくつかの課題を抱えていた。もっとも大きな課題が財政難である。市の財政収支比率は89.8%と危機的な状況であり、西寺多治見市長は財政非常事態宣言を発していた。館の完成をひかえ、運営にあたる人員を試算すると35人程の職員配置が必要になり、直営で採用し運営することは困難な状況にあった。

もうひとつの課題は、直営で行ってきた生涯学習事業や文化事業が、必ずしも成果を挙げていなかったことであった。公民館での主催事業はカルチャーが中心で、現代的課題に取り組む講座や地域と連携する事業はほとんどない状態が続いてい

図5-1 生涯学習の拠点「まなびパークたじみ」

た。一方、文化事業の中心である多治見市文化会館においても客の入りが悪く、1996年度の収益率は26.2%に過ぎず、魅力のない事業が展開されていた。

こうした中で多治見市が選択した道は、財団法人「多治見市文化振興事業団」を創設し、市民に近い目線で総合的に生涯学習及び文化施設を管理運営することだった。市直営時よりも財政負担を減らしながら、施設の有効活用や事業の充実を図ることを目指したのである。

(2) まちづくり活動の拠点となる公民館活動を目指して
―カルチャー公民館から地域づくり公民館へ―

2005年10月現在、文化振興事業団が管理運営する施設は、学習館、市立公民館（7館）、図書館、文化会館、三の倉市民の里、産業文化センター、土岐川観察館、勤労青少年ホームの14施設あるが、ここでは公民館、学習館を中心に事業団が自ら取り組んできた特色ある生涯学習事業を紹介する。

図5-2　住民と共に歩む「養正公民館」

多治見市における市立公民館の建設は、1978年の旭ヶ丘公民館から始まり1994年の精華公民館まで、現在7館が設立されている。多治見市の計画では市内12小学校区にそれぞれ設置する予定だったが、市の財政状況の急激な悪化から断念となり、現在は中学校区を活動エリアとしている。

文化振興事業団が1997年に公民館の管理運営を受託するまでは、市職員を配置してすべてを直営で運営していた。館長には市の管理職または学校長の退職者が嘱託としてその職に就き、そのもとに市の正規職員が1名と嘱託職員1名の3名体制で館を運営していた。当時の公民館の位置づけは、趣味的なサークル活動を地域に広げ、文化活動の輪を繋げながら地域の連帯づくりを目指すという「趣味的活動」の場であった。

多治見市の公民館の歴史を紐解くと、長野県内や静岡県内の公民館先進地が戦後の復興を目指し地域活動の拠点として歴史を積み重ねてきたのと比べ、多治見市で

は高度成長期に地域住民の趣味的欲求をかなえる場として公民館を位置づけてきたという違いがある。公民館を整備してきた1980年代中頃における多治見市の総合計画では、公民館は生涯学習の場ではあったが地域活動の場という位置づけはなかった。こうした背景もあり、多治見市の公民館では、趣味、教養的な講座を展開し参加者を多く集めることを競っていた。

1997年度から文化振興事業団が館の運営を行うようになり、館長会や主事会で公民館の在り方を議論するようになった。大きく公民館が変わり始めたターニングポイントは1999年頃からだった。全国的に子どもの健全育成を目的とした活動が求められるようになり、多治見市の公民館においても地域のボランティアの人たちを中心に取り組みを始めたが、ソフト事業のメニューづくりや職員の勤務体制の整備をしないまま見切り発車で事業を行ったため、多くの課題が残りとても成功といえる状況ではなかった。

失敗は成功の始まりでもある。こうした課題に対し館長や主事が中心となり、文化振興事業団の内部で議論を積み重ね取り組みを始めたことが、公民館をカルチャー公民館から地域づくり公民館へ変貌させるきっかけになっていった。その後の取り組みを挙げてみると、

① 公民館の職員体制を3人体制から4人体制へ
② 年中無休（年末年始のみ休館）の通年開館
③ 利用時間区分を3時間から1時間単位に変更
④ 館長など職員の公募による採用
⑤ 公民館活性化委員など住民参加活動の推進
⑥ 小中学生ボランティアの登録と事業参加
⑦ オープンキャンパス事業の公民館での実施

5年間は試行錯誤の連続だったが、徐々に公民館は地域と連携する館へと転換していった。その中心が地域のまちづくり仕掛け人「公民館活性化委員」の存在である。

1) まちづくりの仕掛け人「公民館活性化委員」

多治見市立養正公民館が2005年度の全国優良公民館表彰を受賞した。地域と一体となり乳幼児から高齢者までを対象とした事業に取り組んできたことが認められての受賞だった。

地域連携事業の中心を担ってきたのが「公民館活性化委員」である。メンバーは10名、任期は1年だが再任は可。地域を愛し、公民館が大好きな人たちが、幅広い人脈と豊富な知識を活かし委員として活躍している。すべて無償のボランティアである。養正公民館では公民館活性化委員の会を「仕掛け人の会」と呼んで、地域と公民館を繋ぐまちづくりの

図5-3 子どもたちと活動を支える仕掛け人たち

キーマンの役目を果たしている。この仕掛け人の会が企画運営している事業をいくつか紹介する。

2）「お茶の時間ですよ」
① 事業の背景

養正地区は小学校、中学校、高校、陶磁器の研究機関などが集まり、明治の初めから文教地区としての風土が育まれ、文化活動に熱心な地域であるが、一方で新しい住民の転入が少なく高齢化が進んでいる。

「地域には定年退職後、時間を持て余している方や独居で孤独な高齢者の方が多くいるのではないか」・「公民館

図5-4 楽しい会話がはずむ「お茶の時間ですよ」

を喫茶店のような地域の溜まり場にして、みんなが集まるようにしたい」。2000年度、仕掛け人のメンバーが中心になって、高齢者の生きがいづくり事業「お茶の時間ですよ」を始めた。

② 事業内容

毎週月曜日の午前中、公民館の和室、サロン、図書室を開放し、地域の高齢者が囲碁、将棋、読書、井戸端会議など仲間づくりをしながら自由に楽しむ。公募による地域の女性ボランティアがコーヒー、お茶、紅茶などのサービスをする。参加費は無料。しかもかかる事業費はゼロである。なぜなら、当初はコーヒーや

菓子などは地域に寄付を呼びかけスタートしたが、今では自然に募金箱に寄付が集まり、公民館の事業費負担なしで行っているからである。知恵を絞ればお金なしで喜んでいただける事業ができるのである。毎回40人から50人の参加者がある。

　2003年度からは事業に季節感を取り入れ、七草粥や端午の節句、七夕など特別企画も始め、100名を越す参加者を数えることも多い。また、近くにある養正幼稚園の園児が来館し、歌の披露や会話をしながら昔の遊びを習うなどの世代間交流を深めている。園児からの手紙や絵画の展示も、高齢者の方たちの楽しみのひとつになっている。

3）「ママちょっと一息　井戸端会議」

図5-5　お母さんたちの交流が広がる「ママちょっと一息」

① 事業の背景

　若いお母さんたちが育児の悩みなどをかかえ、地域の中で孤立していることが社会的に問題になっている。同じような子どもを持つお母さんたちが、公民館を拠点に情報交換しながら子育ての役に立つことはないかと始めた。

② 事業内容

　毎週水曜日、幼稚園の帰宅時間に合わせ公民館のホールを開放する。お母さんたちが自由に集まり、おしゃべりや交流をするサロンであり、子どもたちの遊びの場でもある。おもちゃや絵本は公民館の広報で募集し寄付していただいたものを使っている。お母さん同士の交流の中から、子育ての方法や地域の情報が伝わり、公民館事業として定着してきた。時にはスペシャルイベントでクリスマス会や新入生歓迎会などを開催し仕掛け人たちも一緒に交流することもある。

4）「養正子ども大学」

① 事業の背景

　学校週5日制が始まり、地域の子どもたちの居場所づくりと地域の歴史や伝統を伝えていくプログラムのひとつとして2002年度から始めた。

② 事業内容

　プログラムは資料①のとおりであるであるが、募集を開始すると応募が殺到し定員30名を10名増員しなければならなかった。プログラムづくりには「仕掛け人の会」のメンバーが関わり、講師や指導者は仕掛け人でもある地元の日展入選作家や元教員、公民館講座の講師などが勤めている。

図5-6　子どもたちの目が輝く「養正子ども大学」

　課題は、定員が限られているため受講できない子どもたちが多くなり、養正公民館ではそうした受講できない子どもたちのフォローのための「子ども支援講

養正子ども大学　2005年度学習プログラム

日にち　平成2005年6月〜2006年2月の第3土曜日
時　間　午後1時30分〜3時30分
対　象　小学1〜6年生
定　員　30名（申込多数の場合は抽選）
受講料　1,600円（全8回）
材料費　1,400円（全8回）

日にち	テーマ	内容
6/18	友だちになろう	班のシンボル、班旗づくりとドッチボールで仲間づくり。
7/16	私たちと小里川ダム	土岐川の上流にある小里川ダムを見学します。
9/17	親子でそば打ち	石臼での粉挽きから麺打ちまで体験します。
10/29	多治見工業高校ってどんな所？	多治見工業高校の文化祭におじゃまします。
11/29	のぞいてみよう！万華鏡の世界	色とりどりの万華鏡を作ってみよう！
12/17	ワイワイ・ゲーム	ゲームで体を動かそう！
1/21	和凧づくりに挑戦！	竹ひご組みから仕上げまで。
2/18	卒業アルバムを作ろう	6月から1月まで自分で撮った写真でアルバムを作ります。

図5-7　養正子ども大学2005年度学習プログラム

座」をいくつか用意して対応している。

5） 中学生ボランティア「輝き隊」の活躍

「養正子ども大学」にはもうひとつの特色がある。地元の多治見中学校の生徒たちがボランティア「輝き隊」を組織し、スタッフとして参加して小学生たちを支えていることである。毎回十数名がスタッフとして参加している。学校にいけなかった小学生が、中学生スタッフの励ましで学校へ進んでいけるようになるなど、学校と地域を繋ぐ大切な役割を担う存在になっている。

図5-8 活動を支えるボランティアスタッフ「輝き隊」

「輝き隊」はこの他に、公民館まつりやコンサート、青少年まちづくり市民会議の事業など公民館を中心に活動の輪を広げている。

6） 公民館職員は地域のネットワーカー

養正公民館を例に事業を紹介してきたが、他の公民館でも地域性を取り入れた様々な事業を展開している。市之倉公民館では自治会、学校と連携して「市之倉ふるさと楽園」を立ち上げ、子ども向けを中心に多様な講座を実施している。ここでも講師は地域の方たちが務めている。同様に、脇之島公民館では「チャレンジ学校」、旭ヶ丘公民館では「寺子屋」、精華公民館では「ぼらんてぃあキッズ」などの

図5-9 地域の人が先生「市之倉ふるさと楽園」

図5-10 旭ヶ丘公民館「寺子屋」

事業を行い、子どもを通した地域づくりに目を向けている。

こうした地域の人びとを繋ぐ事業の陰には、公民館職員の存在がある。多治見市ではかつて講座などの事業は公民館職員が中心になり取り組んできた。その結果、参加者を集めやすい趣味的講座中心の活動に走っていったことがある。

いま、公民館職員に求められているのは、生涯学習を通した地域のネットワーカーとしての役割である。公民館に集う活性化委員や自治会の役員、活動サークルなどに働きかけ、公民館が地域づくりの拠点として輝くための「仕掛け人」的役割を担うことを、公民館職員の使命としている。

（3） 市民の生涯学習の拠点「学習館」
1）「生涯学習市民講座」で今日的課題に取り組む

公民館が地域の生涯学習を支えていく拠点であるのに対して、学習館は全市域を対象にした生涯学習事業や公民館事業のサポートやネットワーク化など幅の広い事業を展開している。学習館事業の一つに「生涯学習市民講座」がある。市民グループやNPOと連携した環境講座、子育てボランティア養成講座、男女共同参画やまちづくりなど全市的な課題に取り組む講座を実施している。

図5-11　現代的課題を学ぶ「生涯学習市民講座」

2005年度に行っているプログラムの一例を見てみる。

「子どもと私のいい関係をみつけるために　あたまとからだの"深呼吸"」（子育て支援）

「1000年を生きる女　―源氏物語―」（男女共同参画）

「市民が主役　たじみのまちづくり土曜講座」（まちづくり）

「市民のための環境講座」（環境）

「がんばるママたちを応援　ワタシの安心育み講座」（女性、子育て支援）

「阪神大震災から10年―あの日あの時　そしていま」（防災）

「消費者カレッジ　―くらしのスペシャリストを目指して―」（生活）

講座を企画し実施するのに大切なことは、①行政、市民グループ、NPO など多くの組織と連携協力し活動が広がるような仕掛けをする、②市の総合計画や課題の中から市民のニーズを把握する、③市民が興味を持つようなタイトルや内容にする、ことである。

多くの市民が興味関心を持つ趣味的講座と違い、受講生を集めるのは容易ではない。だからこそ「生涯学習市民講座」は、より興味を惹く工夫と、講座終了後の広がりを持つ仕掛けが必要であり、全市的な課題解決を担う多治見市役所の関係課との連携協力が不可欠になる。「市民のための環境講座」では、市環境課、市民グループ、学習館が役割分担し講座を企画、運営している。「たじみのまちづくり土曜講座」では市企画課と共催で開催している。目先の受講人数にとらわれない覚悟と、将来を見通した事業展開が"生涯学習まちづくり"では大切であり鍵となる。

2）「まなびの森」知的好奇心を探る教養講座

市民の知的好奇心に応える教養講座として「まなびの森」がある。文化振興事業団が主催で実施している。様々な行政課題に取り組むのが「生涯学習市民講座」であるのに対して、高等教育レベルの質の高い教養講座が「まなびの森」である。文化振興事業団主催講座であるので収益も考えながら、一流講師による魅力ある講座を目指している。

図 5-12 知的好奇心に応える「まなびの森」

「日本人の心の物語」「枕草子を読む」「ドラマティック・リーディング ～声と言葉の世界に遊ぶ」「ムエタイ・エクササイズ講座」などが人気講座となっている。

3）「大学連携事業」で新しい学びを創る

数年後に団塊の世代の人びとが定年を迎え、地域社会に還ってくるといわれている。従来の高齢者を対象にした生涯学習事業では飽き足りない人たちが生まれてくるのは間違いない。言い換えれば、ニーズに対応した魅力的な事業さえあれば、新たに生涯学習の扉を開く人びとが生まれるのである。学習館では、こうしたニーズに応える一つとして、「大学連携」に力を注いでいる。

多治見市は大学のない都市である。しかし、隣接する瀬戸市、春日井市、可児市

には大学のキャンパスもあるうえ、情報機器を利用すれば大学との連携システムを考えることも可能である。大学のない立地条件を逆手にとって、ないからこそ出来る「大学連携による知的ソフトが集積したコンソーシアム」が出来ないか取り組んでいる。

① 岐阜大学大学院サテライト教室が開設

2005年4月、学習館5階に岐阜大学大学院教育学研究科のサテライト教室が開設した。岐阜大学の教室とインターネット回線で結び、テレビ会議システムを活用した遠隔教育手法による授業を行っている。現在は提供科目、受講者とも多くないが、2006年度からは岐阜大学と協力していくつかのモデル授業を実施することにしている。

図5-13 テレビ会議システムで学ぶ「岐大大学院サテライト教室」

② 総合的な学習の時間支援事業「まなびのいとぐち」を実施

近郊にある名古屋学院大学、中部大学と、新しい学びのプログラムを開発し提供を始めた。今までは多くの自治体でも開催されている生涯学習講座の講師派遣や大学の出前講座などを開催していただいていたが、新しい時代に対応した事業の在り方を両大学と検討を重ねてきた。その結果、2005年度から多治見市内の小・中学校の総合的な学習の時間を支援する「まなびのいとぐち」事業を始めた。環境や暮らし、経済などの専門分野の専門家である大学教員を、総合的な学習の時間をより充実するため小・中学校などに派遣するのである。プログラムの一例を見てみると。

　環境　「環境問題の常識を疑ってみよう！」「日本列島からみた地球環境問題」「食と地球温暖化を考える」「水の惑星の危機」「酸性雨とくらし　温暖化とくらし」「アジア地域の地球環境と酸性雨の現状」「我が家のゴミとの付き合い方」「自由貿易と環境問題」「これからの循環型社会について」「東濃の失われていく自然」など

　福祉・まちづくり　「福祉のまちづくり」「生きている産業文化」「超高齢化

社会を生きる」「まちづくりの楽しみ方・学び方」「地域の歴史　日本の文化の歴史」「障害者の住みよいまちづくりを目指して」「高齢者の心理」「地球市民をめざして　ボランティア体験から」「働くことの意味と生活形成の問題」など

　　国際理解　　「異文化体験　外国人留学生の派遣」「日本とアジア発展途上国」「グローバル化って何だろう？」「人類学　アフリカ地域論」「中国へのいざない」「在日外国人との多文化共生」「国際協力の世界」「中国人の対日観」「ドイツの教育　日本の教育　そして子どもたち」「日本人の原点　あの戦争をもう一度考えてみる」「国際協力の世界」「欧州に輸出された日本の磁器物語」など

　　総合　　「会社の不思議」「未成年と法」「心理学超入門」「学ぶことの意味」「スポーツと食事」「マルチメディアとくらし」など

　こうした「まなびのいとぐち」のプログラムを冊子にして学校に配布し、活用を働きかけている。小・中学校のカリキュラム作成時期が早く、現在は総合的な学習の時間に力を注いでいる陶都中学校で2005年秋から試行的に実施している。2006年度からは大学、中学、学習館の三者が連携し年度当初からの実施に向けて検討を重ねている。

（4）"教える、学ぶ"の新しいカタチ「たじみオープンキャンパス」の挑戦

　「趣味講座って、行政がやるの？」文化振興事業団が設立されて3年目の2000年、石垣恭子多治見市文化振興事業団理事の疑問から「たじみオープンキャンパス」の取り組みは始まった。それまで市民の生涯学習ボランティア登録や公民館での講師登録などは行っていたが、一般市民の活用はほとんど行われていない状況が続いていた。公民館においても趣味講座が中心の事業展開がなされていた。

　石垣理事の「趣味講座は市民の自主性を大切にすることが大切、受益者負担でも魅力のあるシステムができるはず」の提案を受け、文化振興事業団内のプロジェクトチームで検討を始めた。それまでは公民館等での講座では講師に一律6千円の謝金を払っていた。根

図5-14　誰もが講師、誰もが受講生になれる「たじみオープンキャンパス」

拠として参加者20名で受講料300円を目処にしていたが、10名程度でも開講していた。当然不足分は赤字であるが、教育的必要性があるという名目で実施していた。

　プロジェクトチームは、学習館、事業課など現場で事業を企画、実行している職員がメンバーとなり検討を重ねた。従来の"趣味的講座を行政負担で行う"という枠をはずし、文化振興事業団の持つメリットを取り入れた市民主体の講座システムに改め、市民が"教える、学ぶ"の新しいカタチ「たじみオープンキャンパス」としてプランを纏めた。

　オープンキャンパスの柱は下記の4つである。
① 市民の誰もが講師になれ、誰もが受講生になれる。
② 市場原理を導入し、定員に達しない講座は開講しない。
③ 会場使用料は受講生が負担し市の収入とする。
④ 事業団主催で行い赤字は出さない。

　2001年春から事業団の広報誌「ぶんぶんネット」で講座のアドバイザー（講師）を市民の中から募集し、10月より「たじみオープンキャンパス」として講座を開始した。

　2001年度に成立した講座は46講座であったが、2002年度130講座、2003年度189講座、2004年度196講座と順調に推移してきた。講座の内容も豊富で趣味、語学、料理、健康、バレエ、音楽、パソコン、クラフトなどの分野のプログラムがずらりと並ぶ。一例をあげると「初心者のためのクラシックギター入門」「楽しく吹こう複音ハーモニカ」「アルゼンチンタンゴ入門」「楽しいハワイアンフラダンス」「沖縄のエイサー」「楽しい気功」「暮らしに役立つ簡単フラワーアレンジメント」「楽しい銀粘土」「暮らしに役立つ楽しいパソコン」「夏のごちそうスタミナ料理」など多種多様。従来の職員主導講座では考えられなかった講座が揃うのが大きな魅力になっている。

1）「たじみオープンキャンパス」の仕組み

　市民の中で講師として講座開設を希望する者は"アドバイザー"として登録し、講座計画を作成し文化振興事業団に提出。年4回開講。事業団の広報誌

図5-15 文化・生涯学習情報誌「Bun Bunネット」

「Bun Bun ネット」とウェブサイトにより受講生を募集。原則として 10 名に満たない場合は講座不成立（現在は 6 名以上集まれば講師の了解があれば開講可）。講座期間は最長で 3 ヶ月を単位として最大で 12 回まで開催できる。受講料は 1 回（2 時間）あたり一律 500 円。アドバイザー報酬は最低 2000 円（6 人以上）で受講者数が増えると増額され、3000 円（10 〜 12 人）、4000 円（13 〜 15 人）、5000 円（16 〜 18 人）、7000 円（22 人以上）。2004 年度は計 196 講座を開講。2005 年 10 月現在、アドバイザーとして 166 名が登録している。

2）オープンキャンパスの成果

　講座が順調に開講されるにしたがって、受講生も増え 2001 年度が 715 人、2002 年度が 2,071 人、2003 年度が 2,356 人、2004 年度が 2,690 人に上り、2005 年度の上半期の参加者を加えると現在までに 7,821 人もの方が受講している。オープンキャンパスによる多彩な講座の開催は、潜在的にある「教えたい、学びたい」という市民のニーズを掘り起こしたという点で大きな成果があった。

　さらに、文化振興事業団ではオープンキャンパスの収益を元に"多治見市の将来を担う子どもたちに文化の種を蒔こう"と市内の小・中学校に一流アーティストを派遣する「アウトリーチ事業」を 2004 年度から始めた。アウトリーチ事業の詳細は後で述べるが、オープンキャンパス事業を始めるまでは赤字で当たり前だった事業が収益を産むようになり、その収益を原資に子どもたちへの文化振興事業が展開できるようになったのである。

　もうひとつの成果は、公民館の役割が明確になった点である。前に述べたように多治見市の公民館では趣味的事業を中心に行っていたが、文化振興事業団主催でオープンキャンパスによる趣味的講座を実施することで、公民館では地域課題や今

日的課題をテーマとした講座に目を向けるようになっていった。養正公民館では地域の中高年のネットワークづくりを目指した「養正おやじ塾」が、市之倉公民館では地域の魅力を探る「市之倉探検隊」、脇之島公民館では地域の自治会と連携した「地域で支える福祉講座」「防災講座　備えあれば憂いなし」、南姫公民館では農業地域の特性を活かした「スローライフ事業」など様々な地域課題に取り組む講座が開かれるようになり、地域と連携し共に歩む公民館になりつつある。

（5）子どもたちへ文化の種を蒔く「アウトリーチ事業　おんがくのたね」

多治見市文化振興事業団の事業の多くは「まなびパークたじみ」や「公民館」など多治見市からの施設管理や事業委託であるが、「たじみオープンキャンパス事業」は文化振興事業団が主催する独自の企画であり、赤字を出せないというリスクを負うが、一方で必要となる経費を差し引いた収益については、理事会等の承認を得てそれを活用し、独自の新たな事業展開につなげることができる。

図5-16　ジャズドラマー森山威男氏による「音楽の種」

前述したように事業団では、2004年度から多治見市の了解も取り、子どもたちへ文化の種を蒔く「アウトリーチ事業　おんがくのたね」を展開してきた。地元に縁のある一流アーティストを小・中学校へ派遣し、生で聴く音楽の素晴らしさを子どもたちに体験させようというもので、多治見市文化会館と文化振興事業団事業課が連携し担当した。費用はすべて事業団がオープンキャンパス等の収益から負担するが、アーティストも趣旨を理解していただきボランティア精神で出演していただいている。

日本でも屈指のジャズドラマーである森山威男氏、ジャズピアニストの田中信正氏、バイオリニストの高橋卓也氏、ジャズトランペッターの渡辺勉氏、ピアニストの白石英統氏など地域に縁のあるプロのアーティストが、市内の小・中学校でライブの演奏をして、子どもたちに"音楽の種"を蒔いている。

（6） 多治見市における生涯学習事業の特色

　他の自治体の職員から「厳しい財政運営で予算が削減され事業をするのに困っていますが、多治見市はいかがですか」とよく聞かれる。「多治見市ではそれほど困っていませんよ」とお答えして、いままで述べてきた文化振興事業団によるオープンキャンパスなどの事業展開を話すと、「文化振興事業団がある多治見市だから出来たことですよね」と返ってくる。

　いま自治体に求められているのは、知恵を絞り、汗を流すことである。財政難や行政改革はほとんどの自治体が抱える課題であり、生涯学習施設の運営や事業展開も、従前の行政システムでは行き詰まりをみせているところが多い。指定管理者制度の導入もそのひとつであるが、それぞれの自治体が自らの現状と課題に目を向け、自らの地域の実情に合ったシステムを考案しなければならない。財政的余裕があり、自治体職員による直営が好ましい場合もあれば、多治見市のように将来の財政負担と市民サービスの在り方を考え、文化振興事業団による施設運営や事業展開に託す場合もある。いずれにしても将来を展望しながら、よりいっそうの市民サービスや事業の充実を図る方策が問われているのである。

　多治見市では、市の財政難を受けて文化振興事業団設立当初から施設運営や委託事業のコスト削減に努めてきたが、その一方で独自の生涯学習事業や文化事業に取り組み、収益性も考慮した新しいカタチを追い求めてきた。その代表的な事業が、目的や性質により「3つのカタチ」を使い分けている"生涯学習講座"である。

1）「多治見市における生涯学習講座3つのカタチ」

① 生涯学習市民講座（多治見市主催で事業団受託事業　学習館担当）
　・多治見市における今日的課題であるまちづくり、環境、ボランティアなどに取り組む講座。収益性はあまり問わない。

② たじみオープンキャンパス（文化振興事業団主催　事業課担当）
　・市民講師による趣味教養講座。多彩な講座が可能になる。収益を生むことも目的の一つ。

③ まなびの森（文化振興事業団主催　学習館担当）
　・大学レベルの教養講座。収益性を問い、利益も追求する。

　「生涯学習市民講座」は教育機関として行政課題や今日的課題に取り組む講座で

あり、収益性を問わないで開講。一方、「オープンキャンパス」や「まなびの森」など趣味教養講座は、受益者負担を原則に収益を上げることを必須条件として事業を展開している。その趣味教養講座による収益が、小・中学校へのアウトリーチ事業「おんがくのたね」や「まなびのいとぐち」などの原資になり、文化振興事業団独自の事業として実施されている。

　このように行政の予算削減にあまり影響されないシステムにより事業展開をしているのが、多治見市における生涯学習事業の特色であり、事業の企画から実施までのノウハウを持つ「公益法人としての多治見市文化振興事業団」が存在意義を持つところである。

（7）　人材発掘が可能なシステムを！

　組織活性化の鍵を握っているのは、人材の発掘と育成である。人材の発掘には二通りある。ひとつは公民館活動など事業の企画運営に、ボランティアで積極的に参加していただける"地域の人材"を掘り起こすことである。パズルを組み立てるように、地域の様々な能力を持つ人材を組み合わせ、やる気を引き出しながら居心地のいい施設にしていけば、今までにない熱気が渦巻き活動の輪が広がるのである。既述の「公民館活性化委員」などの活動が、成功したよい例である。

　二つ目の人材発掘は、施設で働く"職員"である。いくら地域の中から人材を発掘しても、支える職員が生涯学習や文化振興の知識と知恵と情熱を持っていなければ、住民が主体となった"地域づくりのパズル"を組み立てることは難しい。

　公民館活動や生涯学習の研究会や大会においても、一見成功したかに見える事例発表が並んでいる場合が多いが、すべての事業の根底にある"職員"を取り巻く環境や行政システムの課題について議論されることは稀である。検討すべきは目の前の現象にあるのではなく、その背後にある職員の体制や配置など人事における問題や、将来を見通したビジョンの中で施設運営や事業がどのように展開されているかが、より重要なのである。

　多治見市が直営で公民館を運営していた1996年頃まで、趣味的講座中心のカルチャー公民館であったことは前に述べたが、その背景には、生涯学習に精通していない意欲に欠ける職員の配置や人事ローテーションがあった。中には意欲的に取り組んだ職員もいたが、行政の3年を目処に異動を繰り返す人事システムでは、住民

主体の地域活動を根付かせることはできなかった。

　文化振興事業団では、職員の採用から人事配置、研修までを一貫して行い、従来の行政システムの問題点を改善しながら取り組んだことが、事業効果を上げることに繋がってきた。公民館においても、公民館長をはじめ主事など職員もすべて公募で採用し、地域の埋もれた人材を発掘しながら、能力と地域性を加味して配置した。かつて教師や保育士をしていた人もいれば、地域活動やボランティア活動に積極的にかかわってきた人もいる。こうした人たちが職員として知恵を出し、汗を流すことで、施設の雰囲気が変わり市民の見る目が変わり始めたのである。

(8) おわりに　指定管理者制度に打ち勝つ組織を目指して

　多治見市は2006年4月からすべての生涯学習施設、文化施設で、指定管理者制度を導入する方針を打ち出した。公民館など地域のコミュニティ施設においても例外なく対象となり、2005年夏には公募による募集がおこなわれ、事業団も11施設の運営に応募した。

　指定管理者制度は、民間やNPO団体が行政の施設運営に参入できる制度であり、多治見市はプロポーザルによる審査で選定を行った。万が一、文化振興事業団が施設の多くを受託できなければ、事業団職員の配置ができないばかりでなく、組織の運営自体が危うくなる。言い換えれば、市から委託を受けて実施してきた事業や事業団自ら取り組んできた様々な事業が、停滞することにもなる。

　公民館など生涯学習施設において指定管理者制度導入がふさわしいかどうか、という議論は別にして、現状を維持し、さらに発展させるためにも、民間やNPOに負けない提案をし、指定管理者に指定されなければならなかった。そのために、文化振興事業団内部で数ヶ月かけて準備を重ね提案書を作成し、プロポーザルに臨んだ。審査の結果、公民館、学習館、図書館など生涯学習施設すべてにおいて文化振興事業団が「指定管理者」になることができた。しかし、文化施設のひとつ産業文化センターにおいては、民間会社が指定管理者になり、事業団が受託することはできなかった。

　とはいえ、文化振興事業団が応募した11施設のうち10施設で指定管理者に選定されたのは、今まで事業団が様々な事業に積極的に取り組み、成果を挙げてきたことが評価されたからである。

今後、指定管理者制度下においては、行政や市民から「多治見には文化振興事業団があるからよかった」と評価される充実したサービスと事業展開が重要になる。職員は今まで以上に生涯学習、文化振興のプロフェッショナル集団として研鑽を積み重ねながら、収益性や施設利用率などもバランスよく向上させていくマネジメント能力を磨いていかなければならない。職員一人ひとりが指定管理者制度を活性化の起爆剤として捉え、今まで果たしてきた公益法人としての使命と責任と誇りを持ちながら、「日本一の生涯学習、文化都市多治見」を目指し、更なる"旅"を続けなければならない。

第6章

市民が主役の生涯学習まちづくりを目指して

1. 生涯学習との関わりと法人設立の経緯

　岐阜県可児市では1998年から「生涯学習指導者養成講座」を実施している。これは文部科学省認定の通信教育で「生涯学習ボランティア」について学び、生涯学習インストラクターの資格を取得する講座である。筆者の生涯学習は、1999年にこの講座を受講したことから始まった。ずっと勤めていて、定年が視野に入るようになり、退職後の生き方を考えるようになった時に「生涯学習指導者養成講座」を知り、参加したのがきっかけである。修了生で結成した自主グループ「生涯学習推進会かに」に加わり、学習ボランティアとしての活動が始まった。

　「生涯学習推進会かに」は、その後会員も増え、「私たちに求められる活動とは何か？」「長期の活動目標を立て自主的な活動をしよう」等々、方向性について、いろいろな意見が出されるようになった。筆者もそれを提案した一人である。検討を重ねた結果、組織の強化と事業の拡大をめざし、2003年6月、NPO法人生涯学習かにの設立に至った。可児市では3番目、岐阜県では130番目のNPO法人設立であった。市民の立場で生涯学習を推進し、生涯学習まちづくりに参画したいと考えている。

　いまだ試行錯誤の連続であるが、多くの人との出会いと、なし遂げた時の達成感に喜びを感じ、学習ボランティアとしての活動に傾注してきたように思う。

　以下、筆者の中で大きな部分を占めているNPO法人生涯学習かにの活動について記したい。

2. NPO 法人生涯学習かにの概要

(1) 活動方針及び活動分野

　岐阜県中濃地域及びその周辺地域の住民が、楽しくより豊かな生活ができるようにするため、生涯学習情報の収集と提供・生涯学習支援事業などを行い、市民の立場で行動し、行政との協働性を保ちながら地域社会の発展に寄与することを目的としている。

　活動の種類として、特定非営利活動促進法に定める次の活動を掲げている。

① 社会教育の推進を図る活動

② まちづくりの推進を図る活動

③ 子どもの健全育成を図る活動

(2) 組織の構成と運営体制

1) 会員

　会員は次の二種とし、正会員をもって特定非営利活動促進法上の社員としている。

　　・正会員　　生涯学習活動に造詣が深く、この法人の目的に賛同して入会し、
　　　　　　　　法人の活動を推進する個人
　　・賛助会員　この法人の目的に賛同して入会した個人又は団体

2006年3月現在、正会員　22名　賛助会員　3名である。

2) 役員

　理事6名、監事1名を置き、理事のうち1名を理事長、1名を副理事長とし、理事が中心となり運営している。

3) 会議及び活動日

　　・理事会　毎月1回　第1土曜日　1時～4時
　　・定例会　毎月1回　第2木曜日　10時～12時
　　・部会・打合せ会　　随時
　　・活動日　学習相談　定時相談　月3回　13時～16時
　　　　　　　　　　　　臨時相談　年5～6回　10時～17時

　　　　　　　　創年ゼミ　月1回　13時30分～16時
　　　　　　　　子ども支援事業　月1回　13時～14時
　　　　　　　　その他の支援事業　随時
　　・活動場所　主な活動場所は広見公民館ゆとりピア（前生涯学習センター）である。
4）　会誌
　年2回、会誌「生涯学習かに」を発行している。毎回「生涯学習グループ紹介」記事を掲載し、地域の生涯学習グループとのネットワークの構築を図っている。
　会誌は市内の主な社会教育施設に設置したり、県内外の関連機関・団体に送付している。
　また、会員や創年ゼミ受講者などに配布している。
5）　研修
　会員は、岐阜県生涯学習センターの講座を始め、全国規模の研修会や全国生涯学習フォーラムなどに積極的に参加し、資質の向上に努めている。
6）　その他
　拠点としての事務所はなく、理事長宅を法人の所在地としている。また、専従職員を有しないので、資料の作成や書類の保管等は役員が自宅で行うなど、問題点も多い。

(3)　予算
1）　収入
　会費収入・委託事業収入・寄付金が主なものであり、講座の開催にあたっては受益者負担を原則とし、一部、県や市の事業助成金を受けて実施している。
　　・会費　正会員　　年会費6,000円（1ヵ月500円）
　　　　　　賛助会員　個人年会費1,000円　法人年会費2,000円
　　・委託事業　約250,000円　　県・市の事業助成金　約100,000円
2）　支出
　殆どが事業費として充てられ、一般管理費（通信費・研修費・会議費など）は10％～20％である。役員・会員すべて無償のボランティアである。（一部、交通実費支払あり）

3. NPO法人生涯学習かにの事業計画（2005年度の事業計画書より）

毎年、事業計画書（表6-1）を作成し、これに基づき活動している。下表中「その他支援事業」を除く全事業が継続事業として定着し、現在に至っている。

表6-1　2005年度事業計画書

事 業 内 容	実施予定日	実施予定場所
1・生涯学習の推進事業 （1）　生涯学習相談 （2）　生涯学習講座の企画運営 　　　生き活き創年ゼミ（第3期） 　　　全10回　野外講座2回を含む （3）　生涯学習発表の場の提供 　　　パネル展 （4）　会誌の発行（第3号・第4号） （5）　近隣市町村との交流会 （6）　研修 　　　岐阜県生涯学習コーディネーター養成講座	 定時相談　月3回 臨時相談　年6回 6月～2月 11月25・26日 9月・3月 1回 6月～1月	 広見公民館・市役所 文化創造センターなど 広見公民館 文化創造センター 兼山地区・大正村・岩村 文化創造センター 岐阜県生涯学習センター
2・青少年支援事業 （1）　子どもボランティア相談 （2）　地域ふれあいタイム （3）　夏休み親子講座 　　　「体の柔軟といやしを体験しよう」 （4）　子ども関連団体ネットワーク交流会（ボランティア相談・パネル展示・折り紙体験コーナー）	 生涯学習相談に併設 毎月、第3水曜日 8月 1月22日	 可児市立今渡北小学校 広見公民館 文化創造センター
3・総合学習講師の掘起こし及びコーディネート	随時	
4・その他支援事業 ・花フェスタ2005ぎふ 　ボランティアコーディネーター9名 　ボランティアリーダー　　2名	会期　3月～6月	花フェスタ記念公園

4. 生涯学習かにの主な活動内容

(1) 生涯学習（楽習）相談
◇ 生涯学習相談の目的と経緯

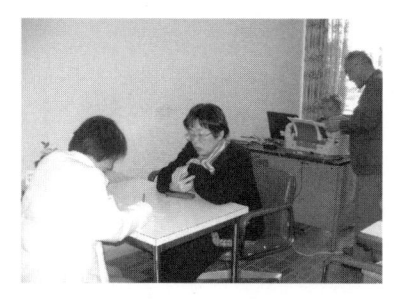

図6-1 生涯学習相談　市役所における定時相談

図6-2 公民館まつり生涯学習臨時相談

図6-3 公民館まつり生涯学習臨時相談
子ども体験コーナー（牛乳パック工作）

「学び・楽しみ・生きがいづくり」をサポートすることを目的とし、2001年に生涯学習相談を開始した。主催は可児市教育委員会で「生涯学習かに」が応対者として携わっている。2002年からは国の事業「青少年の奉仕・体験活動推進事業」が開始されたことに鑑み、子どもボランティア相談を併設した。また、生涯学習は楽しく学ぶものとの願いから「楽習相談」と改称。現在は可児市からの委託契約を受け、重要な事業の一つとして取り組んでいる。相談日は月3回の定時相談とイベント時に開催する臨時相談を含め年間約40回である。毎回、会員3名が応対にあたっている。常設ではないので十分な進展は見られないが、殆どが面談によるものであり、双方のコミュニケーションを通して、一つひとつに心のふれあいがあり、生涯学習への誘いがあると感じている。中にはこれからの生きがいづくりを求めて、相談者と1時間近く話をすることもある。また、カウンセリング的な相談もあり、応対者として責任の重さを痛感している。

◇ 相談件数

相談件数は表6-2・6-3のようになってい

る。2005年度においては、相談件数も2倍以上に増えているが、これはイベント時の臨時相談回数を増やしたことに起因するものである。また、男性の相談者が増加の傾向にある。

表6-2　生涯学習相談（月別・男女別）件数　2004年度

	4月	5月	6月	7月	8月	9月	10月	11月	12月	1月	2月	3月	計	%
男性	1	11	0	0	3	1	1	4	7	3	3	4月	34	29
女性	10	16	2	4	3	4	2	11	17	6	9	1	85	71
計	11	27	2	4	6	5	3	15	24	9	12	1	119	100

表6-3　生涯学習相談（月別・男女別）件数　2005年度

	4月	5月	6月	7月	8月	9月	10月	11月	12月	1月	2月	3月	計	%
男性	0	13	5	10	1	10	1	9	4	4	16	24	97	40
女性	0	22	3	5	2	8	4	29	4	19	13	38	147	60
計	0	35	8	15	3	18	5	38	8	23	29	62	244	100

相談者の年代は、表6-4に見られるように、60歳代が最も多く、続いて70歳以上、50歳代の順であり、60歳以上が62％を占める。

表6-4　生涯学習相談（年代別・男女別）件数　2005年度

	10代	20代	30代	40代	50代	60代	70歳以上	計
男性	8	8	8	12	11	30	26	97
女性	7	6	23	20	32	32	21	147
計	15	14	31	32	43	62	47	244
%	6	6	13	13	18	25	19	100

◇　相談内容

相談内容は、表6-5に見られるように、講座やサークル・講師の紹介など、「始めの一歩」の支援がほとんどを占めている。最近は子ども会の行事や小学校関係のコーディネートも多い。

表 6-5　生涯学習相談内容　2005 年度

講　　座	資格取得	自主グループ	コーディネート	その他
生涯学習講座 パソコン　・書道 日本語ボランティア 英会話 太極拳　・空手	福祉関係 パソコン	囲碁同好会 オカリナ同好会 手話同好会 合奏クラブ 宅老所 ハイキング	音楽療法 木工教室 子育て講話 子ども会イベント	退職後の生きがいづくり 学習の仕方 仲間づくり

◇　周知方法

　ポスター及びチラシ（資料 2）を 3 ヵ月毎に作成し、市内 23 ヵ所の社会教育施設に設置するほか、毎月、可児市の広報誌に掲載し PR を行っているが、まだ十分とは言えない。また、公民館まつりなどの臨時相談日には多くの人が相談窓口を訪れる。「生涯学習」という言葉を初めて知ったと言う人もあり、「生涯学習」についても十分浸透していないと感じている。今後も公民館祭りなどのイベント時に出前相談を実施し、潜在的な学習要求者への働きかけをしていきたい。

◇　相談事例紹介

　相談者ごとの相談記録表（資料 3）を作成し、相談内容やその後の経過を記録すると共に、応対にあたる会員の研修資料として活用している。相談事例について、表 6-6・6-7 に紹介する。

　この事例は何回も相談を重ね、かなりの日数を要しているが、良い結果につなげることができた。また、この子ども会からは再度相談があり、2006 年 3 月に歓送迎会のイベントとして人形劇のコーディネートを行っている。

◇　ニーズチェック

　「何を学習したらよいか分からない」という人には、潜在的な学習ニーズを知り参考としていただくために、ニーズチェックを行っている。これは 70 項目のアンケート表（資料 1）に記入してもらい、PC を使用して、その場でグラフ化をするものである。

　図 6-4 に示す、ニーズチェック表（結果表・例）を説明しながら、相談者とのコミュニケーションを図り、生涯学習へ結べるように話を進めている。

第6章　市民が主役の生涯学習まちづくりを目指して　85

表6-6　相談事例1（相談記録表より抜粋）

相談日	2005・10・1	相談者	可児市Y地区・子ども会会長夫妻
相談内容	\multicolumn{3}{l|}{A小学校下・Y地区の子ども会会長をしている。子ども会のイベントで何か楽しいことをやりたいので紹介してほしい。さしあたって、クリスマス会に何かをやりたい。}
対応の概要	\multicolumn{3}{l|}{小学生向きの下記のものを紹介し、何にするかを子ども会で決定してもらい、その上で講師を紹介する旨伝えた。 ・マジック・紙芝居・ミニコンサート・腹話術・伝承遊び・工作 ・人形劇・サイエンスワールド}
参考資料	\multicolumn{3}{l|}{講座一覧表・指導者一覧表}
応対者所見	\multicolumn{3}{l|}{各地区の子ども会では、すでにいろいろなイベントが行われているが、この地区では初めての試みである模様。 役員に一任されているようであり、代表者は大変である。子どもたちの体験活動に役立てるよう力添えをしたい。}

その後の経過

月　　日	内　　容
2005 10・5	相談者より12月3日にマジックを紹介してほしいとの連絡あり。 マジックサークルの代表者に電話するが留守。
10・6	マジックサークルの代表者に依頼したが大変忙しく無理な様子なので隣接するM市の講師に依頼し、OKをいただく。
10・7	相談者に連絡し、10月30日に打ち合わせをすることを決定。
10・16	講師より、急遽用事が入り12月3日が無理との連絡あり。 相談者に連絡し実施日の変更が可能か打診
10・20	相談者より11月27日に変更する旨の連絡を受け、講師に伝え、11月27日実施で承諾を得た。
10・30	三者による打ち合わせ実施。（相談者・講師・応対者） 日時及び教育上の観点から内容の確認。打ち合わせ後、現地確認のため、会場となる公民館へ出向き、大まかな会場設営などを打ち合わせた。
11・27	午前10時より実施。参加者：小学生40名、子ども会役員5名、保護者数名 子どもたちの大変な喜びの表情にコーディネーターとして安堵。 初めてのつながりであること及び子どもたちが対象であるため、当会会員4名が参加し、講師の手伝いを行った。
11・28	相談者よりお礼の電話があった。子どもたちが大変喜んでくれたこと、保護者からも「今年は一味違う」と好評であったと感謝の言葉があった。

86　Ⅱ　岐阜県内の取り組み

表 6-7　相談事例 2

相談日	2005・12・19	相談者	可児市外 S 町　50 代女性
相談内容			最近、S 町へ越してきた。何かを始めたいと思っていたところ、可児市の図書館で学習相談のチラシを見たので来た。まず、オカリナを始めてみたい。（以前少し、やったことがある）
対応の概要			オカリナのグループを紹介し、サークルの代表者に連絡し見学の了解を得て、練習日（12/26）に見学をされるよう勧めた。 ニーズチェック表を使い、コミュニケーションを図りながら興味のありそうな、その他の生涯学習講座なども紹介した。
参考資料			講座一覧表　サークル一覧表
応対者所見			非常に意欲的であり、今後いろいろなことにチャレンジされると思われる。チラシの効果については、苦労の割には効果が低いようだが、このようなケースもあり、今後も続けていくことが必要であろう。

その後の経過

月　日	内　　　容
12・26	オカリナサークル「華」の練習を見学し、加入が決定
2006・1・10	相談者より、加入して楽しく活動している旨の礼状が届いた。

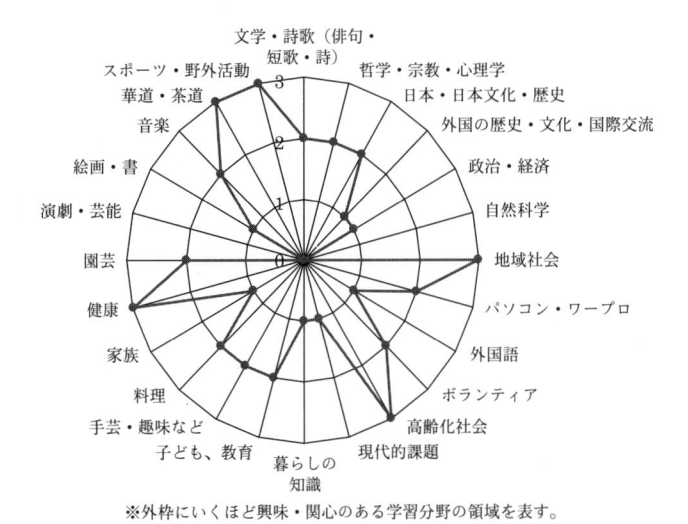

※外枠にいくほど興味・関心のある学習分野の領域を表す。

図 6-4　生涯学習相談ニーズチェック表（結果表）

◇　相談にあたって

　学習相談に携わって5年になるが、最近は団塊の世代が退職を迎える2007年問題を反映してか、これからをいかに過ごすかという課題を抱え、夫婦で相談コーナーに寄られる人も増えている。どちらかがリードして一緒に参加をされる方、別々にそれぞれの生涯学習に参加をされる方など、さまざまな形態がみられる。第二の人生の生きがいを求めて、模索をしている人が増えてきたと感じている。時には若い世代と接することもあるが、生涯学習は高齢者のものというイメージが依然強く、来るべき将来に備えて、早い時期から生涯学習を考えることは、社会的にもなかなか難しいと思われる。

　2005年度から、イベント時の臨時相談においては、子ども体験コーナーを設け、子どもたちが工作や折り紙などを楽しむことができるようにしている。子どもたちの参加を通して、保護者に生涯学習について話をする機会が持てるようになった。

　学習相談は地味なものであるが、この学習相談がきっかけとなり、具体的な活動や学習につながったという嬉しい声も多く寄せられるようになり、担当する者にとって大きな喜びである。

　市民団体が学習相談を担当するのは、岐阜県内においては極めて少ないと思われるが、相談者と同じ目線に立ち、共に考えることは大切なことである。市民が担当する利点を十分に活かして柔軟に対応したいと考えている。実際に相談者と応対者が一体となり、和気藹々とした中で実施している。

　会員の資質の向上とさらなる内容の充実を図りたい。

（2）　生き活き創年ゼミ　全10回（9～10カ月）

◇　企画の趣旨

　中高年の生きがいづくりと地域社会への参画を支援することを目的とした、全10回の生涯学習講座である。可児市は新住民が65%といわれるベットタウンであり、定年を迎え、今まで関連の希薄であった地域社会の中で、いかに生きがいを見出せるのか、多くの市民が模索をしている。そこで、地域課題の学習化として、幅広いジャンルの学習機会を提供する講座に着手した。広い選択肢の中から、各人に合った生涯学習を発見してほしい。また、学習者がその学習成果を生かして社会参画をし、「共に生きるふれあい豊かなまちづくり」へつなぎたい。高齢社会の到来

や学習の多様化、団塊の世代の定年などにより、市民の生涯にわたる学習活動を支援することが、ますます求められるであろう。

「創年」とは、全国生涯学習まちづくり協会理事長・聖徳大学教授 福留 強氏の講演で学んだ言葉であるが、地域社会のために自ら学ぶ力を発揮し、創造的に生きる大人の呼称である。本講座は、この「創年」をサポートする講座であり、第1期（2003年）、第2期（2004年）、第3期（2005年）を通して、その基盤が醸成されつつあると考える。継続することにより、その輪を広げ、「市民が主役の生涯学習まちづくり」をめざす。

◇ 受講者数及び出席率

受講者数及び出席率は、表6-8のようである。定員を毎期45名で募集しているが、応募者が定員を超えるため柔軟に対処している。

表6-8　生き活き創年ゼミ　受講者数

	全　講　座		公開講座
第1期（2003年）	48名	出席率72%	69名
第2期（2004年）	52名	70%	84名
第3期（2005年）	47名	68%	186名

全講座受講者のトータル出席率は70%と比較的高い。また、この講座は他の公民館講座等に比べて男性の参加が非常に多いのも特徴であり、50%～60%が男性である。

2005年における全講座受講生の年齢は、60歳代80%・50歳代10%・70歳代10%である。

50歳代の受講者はすべて女性であり、子育てを終え、自分づくりの時期を迎えた人たちである。一方、平日（月曜日）に実施していることもあるが、男性の受講者は殆どが退職後の人である。毎年同じような傾向にある。退職前から生涯学習について考えることが望ましいと思うが、現役世代の生涯学習参加はなかなか難しいことが推測される。

◇ 募集方法

可児市の広報に掲載するほか、市内23ヵ所の社会教育施設にポスター・チラシ

を設置し募集をしている。(資料4・5)
◇ 創年ゼミ学習プログラム

創年ゼミの学習プログラムは、表6-9・6-10・6-11のようである。

表6-9 第1期 (2003年) 学習プログラム

日時	分類	内容	講師等
10/29	成人教育	21世紀と健康長寿	岐阜県シルバー大学学長　吉田三郎
11/10	バス旅行	古今伝授の里と郡上八幡	現地専門員　ボランティアガイド
11/26	生涯学習	遊びの達人の話を聞こう 心をつむぐ・すてきなティータイム	可児市　石川智加男 岐阜市　唄つむぎ和音
12/10	社会保障	介護保険・年金制度を学ぶ	可児市役所 美濃加茂社会保険事務所
1/21	健康	健康体操　生活体力をつけよう	公認スポーツ指導者　西川祐子
2/11	健康 生涯学習	衣食同源 ミニコンサート	岐阜薬科大学教授　飯沼宗和 可児市　ハーモニカ同好会
2/25	歴史・地域学 生涯学習	可児市柿田遺跡を知ろう 私の生涯学習「西南戦争・衝背軍戦跡紀行」	(財) 岐阜県文化財保護センター 　　　　　整理課長　高木徳彦 受講生　田上勇嗣
3/11	健康	癒しを求めて　音楽療法	岐阜県音楽療法士　鷲見通代
3/25	生涯学習	生涯学習と生きがい人生	岐阜まちづくりセンター 　　事務局長　石田明靖

表6-10 第2期 (2004年) 学習プログラム

7/12	成人教育	心の眼を開く	犬山寂光院　松平實胤
8/9	福祉	介護保険の実態	元のぞみが丘ホスピタル総婦長　安藤芳子
9/13	環境	限りある地球資源	名城大学教授　一伊達　稔
9/28	バス旅行	徳山ダム工事現場見学	水資源開発公団
10/27	歴史探訪	御嵩町を訪ねて	現地ボランティアガイド
11/15	健康	あなたの暮らしにうるおいを	岐阜薬科大学教授　田中俊弘
11/29	地域学	可児の近現代史	可児市市史編纂室　中島勝国
12/19	音楽	すてきなファミリーコンサート	マリンバ演奏　籾山尚輝 歌曲　　　　　星　智恵子
1/10	社会学	今なぜ地方分権か	名城大学教授　昇　秀樹
2/14	生涯学習	輝いて生きる～生涯学習～	白川町生涯学習指導監　藤井義孝

II 岐阜県内の取り組み

表6-11 第3期（2005年）学習プログラム

6/28	生涯学習まちづくり	市民が主役の生涯学習まちづくり	全国生涯学習まちづくり協会理事長 聖徳大学教授 福留 強
7/11	健康	熟年者の健康「性と心」	元岐阜市北青年館館長 丸茂昭二郎
8/8	歴史探訪	兼山地区を訪ねる	兼山歴史民族資料館 専門員 水野壽夫
9/12	バス旅行	東濃のまちづくり 岩村・大正村見学	現地ボランティアガイド
10/10	文学	川柳入門	犬山鵜かご川柳社主宰 佐藤一粒
10/24	宗教哲学	心を育てる人間関係	高山市 千光寺住職 大下大圓
11/14	経済	私たちの暮らしと経済	野村證券株式会社 証券学習開発課課長 篠原秀一
12/17	音楽	フルート＆ピアノコンサート	フルート 細江 誠 ピアノ 上野栄美子
1/16	地域学 生涯学習	ふるさとの自然 私の生涯学習	可児市文化審議会会長 奥谷一勝 当講座受講生
2/13	生涯学習	輝いて生きる 〜生涯学習〜	富山県（株）ティアンドケイ 代表取締役 岡田隆史

◇ 企画・立案・実施における留意点

　企画・立案・実施に当たっては、特に下記の点に留意し、市民自主講座の特色を活かせるよう努めている。時にはティータイムを設けるなど、柔軟に運営し、楽しく和やかな雰囲気の中で実施している。

図6-5　生き活き創年ゼミ風景
　　　　福留　強氏講演

図6-6　生き活き創年ゼミ風景
　　　　コンサート

① 学習内容の精選
　・学習の継続的発展や高度化を図る。
　・コミュニティ形成に関する内容をとり入れる。
　・学習成果を生かし、ボランティア活動への参加を図る。
② 学習方法の選定
　参加型の学習方法などで意欲を喚起する。
③ 講師の選定
　今まで築いてきたネットワークを活かして、自分達が受講して良かったと感じた講師を招くなど、体験を通してお薦めしたいものをとり入れる。
④ 目標の設定と課題の発見
　アンケートやワークショップ等により、受講者の意向や意見を聞き、課題や新たな目標を発見しレベルアップを図る。

◇ 生涯学習展示コーナー

　毎回、講座会場の一角に「私の生涯学習展示コーナー」を設け、受講生や身近な人の作品展示を行っている。チラシ（資料6）の作成による周知と、講座の中で本人が作品について紹介する時間を設け、生涯学習の啓発と推進を図っている。生涯学習発表の場の提供と共に、一人でも多くの人がこの展示コーナーを見て、生涯学習へのきっかけづくりにつないでほしいと願っている。

2005年度展示作品　俳画・山岳写真・日本画・パッチワーク・円空彫り＆木工作品・可児の稀少植物・パンフラワー

図6-7　私の生涯学習作品展示　円空彫り　　図6-8　私の生涯学習作品展示　パンフラワー

◇ サークル「生涯あるこう会」発足

第1期の受講生を中心にサークル「生涯あるこう会」が発足し、毎月1回、軽登山や歴史探訪を実施している。発足以来23回を数えるが、毎回20数名が参加し、仲間づくり・健康づくりの輪が広がっている。歴史探訪の際には地元のボランティアガイドに協力を依頼し、有意義なサークル活動が定着しつつある。

図6-9　生涯あるこう会

2006年は文化サークルの発足をめざす。

◇ 「生き活き創年ゼミ」における課題・成果

この「創年ゼミ」の運営にあたって苦慮するのが資金面である。内容の濃さや質の高さを求める時、すべてを受益者負担で実施すれば受講料が高くなり、市民が参加しやすい講座を提供することは困難である。そこで各種の助成金や、ボランティア講師の掘り起こしなどにより、安価で良質な講座が提供できるよう努めている。市民のニーズは非常に多様で、広い分野にわたりバラエティに富んだもの、話題性に富むものを求めており、いかにこれらの要求に応えるかが問われるところである。企画・運営にあたる会員の学習や広い情報収集能力が必要とされるため、積極的にさまざまな講座で学習したり、全国的な研修や全国生涯学習フォーラムなどに参加し、情報収集に心がけている。

3期にわたる講座活動を通じて、人の輪・学びの輪が広がり、確固たるネットワークが構築されつつあることに手応えを感じている。2005年に104日間にわたって開催された「花フェスタ2005ぎふ」では、当会の会員や本講座の受講生がボランティアコーディネーター及びボランティアリーダーとして参加し、県民協働によるボランティアセンターの運営に貢献した。また、子どもの支援事業においては、本講座の受講生がボランティア講師として活躍している。ボランティア活動や講座への参加がきっかけとなり、退職後の生きがいを見出したという声も聞かれるようになった。

今後も地域のニーズを把握し、自由で柔軟な内容や方法を選択して、さらなる内容の充実と継続化を図ると共に、参加者相互のネットワークづくりと、地域参画を

サポートできるよう努めたい。

(3) 青少年の奉仕・体験活動の支援事業
◇ 子どもボランティア相談
　学習相談と併設し、青少年の体験活動やボランティア活動の紹介をしている。
◇ 小学校における「地域ふれあいタイム」
　2004年から国の事業として地域子ども教室事業が開始され、可児市は公民館で実施している。この事業を側面から支援することを目的として、小学校のロング昼休み（水曜日・50分）の時間に毎月1回「地域ふれあいタイム」を実施している。これは地域子ども教室実行委員会で同席した、ある小学校の生徒指導の先生から「ロング昼休みの時間に子どもたちに、いろいろな文化に触れることや、遊びの種類を増やしてやりたいので協力をしてほしい。」との声があり、公民館に出かけていけない子どもたちにも広く体験活動の機会を持ってほしいと考え、2004年11月から実施をしている。指導にあたるのは地域のボランティア講師で、主に健友会（可児市老人会連合会）と NPO 法人生涯学習かにのメンバーである。
　子どもと地域のふれあいの場を創造し、子どもの豊かな心を育てるための一助となることを願っている。
　学校では当日、校内放送で案内をし、子どもたちは自由に参加するが、この学校は可児市で最も生徒数の多い学校であり、多いときには300名〜400名が参加する。指導にあたるボランティア講師からは、汗だくになりながらも「とっても楽しかった。また参加させてください」との声があり、子どもたちは「また来てね。今

図6-10　地域ふれあいタイム　ちぎり絵　　図6-11　地域ふれあいタイム　読み聞かせ

度はいつ来るの？」と、双方がとても楽しみにしている。また、この学校は外国籍（ブラジル）の子どもも多く、工作や日本の伝承遊びに楽しそうに参加している姿は、非常にほほえましいものがある。特に色彩感覚の違いなど、新しい発見もある。

　先にも述べたように、可児市は65％が新住民と言われる転入者である。ふるさとを想う心は、幼き日の体験や想い出などにより生まれるのではないかと考える。そこで可児市で育つ子どもたちに、少しでもこのまちについて知り、このまちの人たちとのつながりを持つことにより「ふるさと意識の醸成」につないでほしい。また指導にあたる創年にとっては、孫世代と交流することが「健康と生きがいづくり」につながることを願っている。実施内容については、表6-12のようである。

表6-12　地域ふれあいタイムプログラム（2005年度）

実施月	内　　容	講　師　等
5月	伝承遊び 　お手玉・おはじき・紙トンボ・折り紙	ボランティア団体こぶしの会 NPO法人生涯学習かに
6月	ミュージックベル（演奏を聴き、演奏に参加する）	ベル花園
7月	読み聞かせ	健友会婦人部　安藤さん 山岸さん
9月	地域の人の話を聞こう　機関車の話	JR、OB山内さん
10月	ちぎり絵	NPO法人生涯学習かに
11月	小物作り　紙コップの鼠・リボンのブローチ	健友会婦人部 NPO法人生涯学習かに
1月	つくってあそぼう　牛乳パック工作 　（グローブとボール）	NPO法人生涯学習かに 健友会婦人部
2月	オカリナ演奏を聴く	可児市オカリナ同好会

◇　夏休み親子体験講座の開催
　2003年　作ってあそぼう　～伝承あそび～
　　　　　　講師　ボランティアグループ「しずくの会」
　　　　　　講師の補助として中学生ボランティア25名が参加
　　　　　紙きり・竹とんぼ・貝細工・お手玉など、昔の遊びを親子で体験する機会を提供し、中学生のボランティア体験と異年齢間の交流の場とする。

2004年　ふるさと再発見「親子でふれる古代のぎふ」〜恐竜が住んでいたまち〜
　　　　講演　豊橋自然史博物館館長　糸魚川淳二
　　　　ワークショップ「化石にふれてみよう」岐阜県高山市光記念館（私設博物館）
　　　　岐阜県は、古生代から新生代まで、ほとんどの年代の地層が露出していることから、日本列島の歴史が凝縮されている。地質学的に歴史を振り返ることにより、命の尊さ、自然の尊さを見直し、岐阜県のすばらしさを発見する。
2005年　親子健康講座　真向法とフットセラピー
　　　　体の柔軟といやしを親子で体験し、健康づくりを考える。

◇　公民館との共催による親子環境講座の開催

「エネルギーについて学びソーラーカーを作ろう」

　私たちが日ごろ便利に使っているエネルギーについて知り、エネルギーと「地球の温暖化」の関係を学ぶ。また、「温暖化クイズ」をしながら地球を大事にする方法を考えたり、未来のエネルギー、太陽光電池を使ったソーラーカーを制作する講座である。今までは岐阜市において実施されていたが、参加する機会を持てる子どもは少なく、今回初めて出前講座として可児市において実施する機会を得た。未来を担う子どもたちに、「ぜひ環境に関心を持ってほしい」と、岐阜県地球温暖化防止推進センターの協力を得て、2ヵ所の公民館で出前講座を実施したものである。公民館に声掛けをし、共催で実施したが大変好評であり、2006年は3ヵ所の公民館において開催の予定で準備を進めている。

図6-12　親子環境講座　ソーラーカーの制作

図6-13　親子環境講座　ソーラーカーの試走

5. 生涯学習かに今後の活動に向けて

　会員数22名の小さな団体であり、その中でも常時活動できる会員は約半数である。したがって一部の会員の負担が非常に大きく、組織の構造上の問題や運営の難しさも抱えている。

　「学習相談」「創年ゼミ」「子どもの支援事業」が、ようやく順調に推移し始めたが、それぞれの事業の充実と継続化を図るには、会員の学習・資質の向上が不可欠である。会員は岐阜県生涯学習コーディネーター（9名）、生涯学習インストラクター（1級7名・2級10名）、全国生涯学習まちづくりコーディネーター（1名）の認定を受けているが、学びの成果を実践に活かすことが大切である。

　最近、行政との協働の声も聞かれるようになったが、まだまだ実態は漠然としたものである。双方の十分な話し合いの機会を設け、まず、相互理解を図ることが必要である。また、困難に直面する度に、市民活動・ボランティア活動の限界を感じることもあるが、生涯学習まちづくりは市民の手で、その想いを形にしていくことが必要ではないだろうか。受動的なまちづくりから能動的な形へと意識の転換を図ることが大切だと考えている。

　私たちの活動は小さな一歩ではあるが、まず声をあげ、目的に向かって一歩一歩確かなものにしていきたい。そのためには、目的を同じくする団体などとのネットワークを図ることも大切であるが、これがなかなか難しく、容易には進展しないのが実態である。いろいろな地域での活動者との交流でも、多くの人がこの課題に苦悩している様子が伺える。

　NPO法人生涯学習かには、メンバーの殆どが中高年であり、第二の人生を「充実して生きたい」との思いで、学び集った仲間である。会員自らの、楽しく生きがいづくりの場としての組織でありたいと願っている。また創年として共通の課題を持つ私達だからこそ、同じ世代の人に発信するものがあると考えている。生涯学習を通して、より多くの人に生きがいを持っていただき、仲間づくりと地域社会への参画が、より盛んになることを願い、しっかりと、その下支えをしたいと強く感じている。

　いずれにしても、すべての出発点は人との出会いである。より良い人間関係を構築し、さらにその輪を広げ、市民による市民のための活動を展開していきたい。

資料 1

No ....　　　　　　　生涯学習相談ニーズチェック表　　　平成　年　月　日

あなたの学習ニーズをグラフで表します。

お名前 ＿＿＿＿＿＿＿＿＿＿＿＿＿様　　　　　性別　男　・　女
年　齢　　10代・20代・30代・40代・50代・60代・70歳以上

下記の項目のうち、興味をもっているもの、すべてに○をつけてください。

1	音楽を聞くこと。
2	子どものしつけや教育、学力、進路などについて考えること。
3	俳句・短歌・詩などを読んだり、つくったりすること。
4	外国の政治・経済・文化・歴史などを理解すること。
5	日本の伝統的な生活様式や文化などをよく知ること。
6	手話や点字を学んだり、それを生かすこと。
7	老後の経済・生活・健康・病気等のための備えなどについて考えること。
8	内外の政治の動きや経済などについての知識を得ること。
9	スポーツの技術を高めたり、知識を得ること。
10	お菓子やパンをつくること。
11	自分の心や人間の心について知ること。
12	身近な年金と暮らしのかかわりについての知識を得ること。
13	地域の人と交流をもち、地域を知り、新しい地域社会のあり方などを考えること。
14	パソコンやワープロを使って計算や情報処理が効率的に行えるようになること。
15	内外の絵画や書画などを鑑賞すること。
16	国際人としての教養やセンスを身につけること。
17	考え方の道すじを学び、生き方や愛や死などについて考えること。
18	現代の政治や経済の仕組みを知ること。
19	音楽についての知識を得たり、もっと音楽を楽しめるようになること。
20	高齢者や障害者の手助けをすること。
21	国際社会の中での日本の立場、役割や経済活動などについて知ること。
22	植物や生物などを観察したり、それらの仕組みを知ること。
23	外国人と交流し、外国について知ったり、日本を紹介したりできること。
24	地域の歴史、伝統芸能、文化や風土などを知ること。
25	スポーツやジョギング、ハイキングなど、楽しみながら体を動かすこと。
26	現代の家族の問題について考えること。
27	生活に役立つ趣味や技術を身につけること。
28	歌舞伎や能、狂言、舞踊、芝居、映画などをみること。
29	現代がかかえているさまざまな問題や矛盾について考えること。
30	料理のレパートリーをふやすこと。
31	日本や日本人の精神や生き方についてよく知ること。

32	日常会話程度の外国語ができるようになること。
33	地域の問題や新しいまちづくりなどを考えること。
34	天体や宇宙など、自然界の仕組みを知ること。
35	薬草や漢方についての知識を得ること。
36	高齢化社会が持つさまざまな問題を考えること。
37	果物や野菜をつくること。
38	小説やエッセイを書いたり、古典文学を読んだりすること。
39	身近な法律と暮らしのかかわりについての知識を得ること。
40	物理、化学、生物、数学などの知識を得ること。
41	人形劇やおもちゃづくりなどを通して子どもと遊びながら教育などについて考えること。
42	パソコンやワープロの使い方を学ぶこと。
43	美術や書道などについての知識を得たり、技術を学んだりすること。
44	身近な税金と暮らしのかかわりについての知識を得ること。
45	家族や自分の健康に関する知識を得ること。
46	外国語が話せたり、外国語の本が読めるようになること。
47	手芸、七宝焼き、陶芸、フラワーアレンジメント、彫刻、日曜大工、インテリア、囲碁将棋、着付け、和・洋裁、写真などを学ぶこと。
48	情報活用や情報の整理、分類などについての技術や方法を知ること。
49	楽器を演奏したり、歌をうたったりすること。
50	おいしく栄養のある料理をつくること。
51	がんや成人病などの予防について知ること。
52	子どもの能力の伸ばし方、叱り方・ほめ方などを知ること。
53	夫婦のあり方や家族について考えること。
54	手作りの趣味を生かして自分や家族の生活を豊かにすること。
55	芸能や演劇に関する知識を得ること。
56	環境問題、消費者問題、男女平等の問題などについて知識を得ること。
57	日本の歴史や風土などをより深く知ること。
58	安全な食べ物、安心できる食べ方などについて知ること。
59	お茶の心や花を生活の中に生かすこと。
60	盆栽の知識・技術を身につけること。
61	社会福祉や社会活動についての知識を得ること。
62	花や草木を育てたり、見て楽しんだりすること。
63	劇を演じたり、踊ったり、ビデオで映画をつくったりすること。
64	親子関係について考えること。
65	宗教・心理・人間などについて考えること。
66	油絵や水彩画、俳画や書の作品をつくること。
67	自分の老後について考え、健康や食事の工夫を学ぶこと。
68	文芸評論に関する本を読んだり、評論を書いたりすること。
69	スポーツをしたり、見たりして楽しむこと。
70	お茶の作法やお花のいけ方を学ぶこと。

（横浜市教育委員会「学習相談ハンドブック」から引用）

資料 2

学びたいあなたを応援します！！
生涯楽習相談・子どもボランティア相談

　皆さんの「学び・楽しみ・生きがい」を見つける、きっかけづくりのお手伝いをするために学習相談を開設し、講座やサークル・ボランティア団体・指導者・資格取得の情報や資料を提供しています。

　小中学生の皆さんのボランティア活動や体験活動の情報も紹介しています。

　　　　　　　　お気軽にお立ち寄りください！

会　場　と　日　程

	4月	5月	6月
広見公民館ゆとりピア（第1土）	1日	6日	3日
文化創造センター（第2日）	9日	14日	11日
可児市役所1F相談室（第3月）	17日	15日	19日

※時間はすべて午後1時～4時です。

主　催：可児市教育委員会　生涯学習課TEL××-××××　内線××××
応対者：NPO法人　生涯学習かに

資料 3

生 涯 学 習 相 談 記 録 表

整理番号：　　　　　
相談場所：　　　　　

学習相談支援コード	①講座	②資格	③自主グループ	④ボランティア	⑤催し物	⑥施設	⑦その他
相談年月日／相談回数	平成17 年10月1日（土曜日）14：00～14：30						1 回目
相談方法	①面談	②電話		③FAX		④手紙	⑤その他
相談者プロフィール	氏名			性別	男・女	電話・FAX（　　　　）	
^	住所　〒						
^	年代	①10代	②20代	③30代	④40代	⑤50代	⑥60代	⑦70以上

相　談　内　容	対　応　の　概　要

ニーズチェック表	使用　・　未使用
参　考　資　料	サポーター（応対者）所身
	応対者名

その後の経過

月　日	内　　　容	応対者

資料 4

平成17年度岐阜県協働型県民活動採択事業

生き活き創年ゼミ（第3期）
心豊かで充実した人生を！

・生涯楽習　・生きがいづくり　・まちづくり

```
場　所　　広見公民館　ゆとりピア
時　間　　午後1時半～4時
定　員　　全講座45名（先着）　公開講座各20名
受講料　　全講座3,000円　バス旅行は別途2,100円
　　　　　公開講座1回500円（8/8・9/12を除く全講座）
```

日　程	内　容	講　師
6/28（火）	講演「市民が主役の生涯学習まちづくり」	全国生涯学習まちづくり協会理事長・聖徳大学教授　福留　強
7/11（月）	熟年者の健康「性と心」	元岐阜市北青年館 館長　丸毛昭二郎
8/8（月）	歴史探訪　兼山町を訪ねる	兼山歴史民族資料館専門員 水野　壽夫
9/12（月）	バス旅行　東濃のまちづくり 岩村・大正村	現地ボランティアガイド
10/10（月）	文学　川柳入門	犬山鵜かご川柳社主宰　佐藤一粒
10/24（月）	宗教哲学　心を育てる人間関係	千光寺住職　　大下　大縁圓
11/14（月）	経済　私たちの暮らしと経済	野村證券（株）証券学習開発課 課長　篠原　秀一
12/17（土）	フルート＆ピアノコンサート	フルート細江　誠・ピアノ上野栄美子
1/16（月）	地域学　ふるさとの自然	可児市文化審議会 会長　奥谷　一勝
2/13（月）	輝いて生きる　―生涯学習―	（株）ティアンドケイ（富山県） 代表取締役　岡田　隆史

```
主　催　　NPO法人　生涯学習かに　TEL 0574-××-××××
後　援　　可児市

申込み・問合わせ　090-××××-××××（山本）
　　　　　　　　　090-××××-××××（丸山）
```

資料　5

講演　市民が主役の生涯学習まちづくり

これからの生涯学習の推進とまちづくりのあり方を学ぶ

講師　福留　強　氏

聖徳大学生涯学習研究所長・教授
NPO法人　全国まちづくり協会理事長
全国生涯学習市町村協議会代表世話人

　国立社会教育研究所、文部省社会教育官等を歴任。
　全国生涯学習まちづくり研究会結成など、生涯学習ちまづくりブームの仕掛け人として知られる。
　これまで関与した市町村は約800。自治体の生涯学習推進や地域の活性化方策などで大きな影響を与えている。
　著書に「まちづくりボランティア」（ブックハウスジャパン）「いまこそ市民改革を」（文芸社）、「こどものこころを育てる」（日常出版）、「生涯学習まちづくりの方法」（日常出版）、「子ほめ条例のまちは変わるのか」（イザラ書房）などがある。

と　き：平成17年6月28日（火）
　　　　13：30～15：30
ところ：可児市広見公民館ゆとりピア
　　　　エントランスホール
入場料：500円（当日券有）

主　催　特定非営利活動法人　生涯学習かに
　　　　TEL&FAX　0574-××-××××
後　援　可児市
申込み・問合せ　090-××××-××××（山本）　090-××××-××××（丸山）

平成17年度岐阜県協働型県民活動採択事業「生き活き創年ゼミ」公開講座

104　Ⅱ　岐阜県内の取り組み

資料　6

生き活き創年ゼミ
私の生涯学習

木工＆円空彫りに魅せられて

★　木工について

　以前から木工には興味を持っていましたが、現役の頃は鋸を持ったこともないほどでした。そこで退職後、木工教室に通い基本を学びましたが、木工教室は1年通ったところで開鎖になり、それ以上の技術を学ぶことが出来ませんでした。
　しかし、木工の楽しさを教えられました。

知人に頼まれた「蝿帳（はいちょう）」を作成中　　　　　完成した「蝿帳（はいちょう）」

★　円空彫りについて

　昨年9月28日、「生き活き創年ゼミ」で徳山ダム工事現場見学が行われ、その帰路「岐阜県生涯学習センター」に立ち寄りました。当日、たまたま「円空彫り展」が開催されており、多くの作品に接し興味を持ちました。岐阜市内の講座に通うようになり、下手でも良いと自分に言い聞かせながら通い、今月で丁度1年になります。

＜下手でも良い、下手でも楽しい＞

左から、制多伽童子像、護法神像、善財童子像、護法神像
　　　　聖観音像

可児市皐ヶ丘在住　　　丹羽三夫

NPO法人　生涯学習かに
TEL/FAX　0574-××-××××

第7章

地域が支える子どもの居場所づくり
―岐阜県岐阜市における地域子ども教室の現状と課題―

はじめに

　現在の日本社会においては、核家族化、コミュニティにおける人間関係の希薄化が進んでおり、そのことが、次代を担う子どもたちの健全育成においても、少なからず影響を及ぼしている。そんな中、子どもたちが、安心して集う場、地域の人びととふれあう場、そんな居場所づくりが進められている。文部科学省による「子どもの居場所づくり新プラン―地域子ども教室推進事業―」を受けて、2004年度から、岐阜市で実施されている「地域子ども教室」の現状と今後の課題を考察する。

1. 地域子ども教室実施の背景と経緯

（1） 子どもの居場所づくり新プラン―地域子ども教室推進事業―

　現代社会において、家庭の教育力の低下、地域の教育力の低下、青少年の異年齢・異世代間交流の減少、青少年の問題行動の深刻化等が、青少年の健全育成の妨げとなる要因として捉えられている。それらを踏まえて、文部科学省では、2004年度から「子どもの居場所づくり新プラン―地域子ども教室推進事業―」を実施するに至った。

　この事業では、全国の学校で放課後や休日に、地域の大人の協力を得て、「子どもの居場所」をつくり、スポーツや文化活動、体験活動、交流活動などを展開し、家庭、地域、学校が一体となり、日常的に子ども達を育む社会環境をつくることをめざしている。

　地域の人びとが、体験活動の指導と安全管理を中心に協力し、活動拠点をつくり

上げていくのである。地域内の各種団体のみならず、公民館、図書館、児童館、商店会、警察などの関係機関の連携協力を求めることも必要となる。加えて、地域内企業に対しては、人材派遣、資金援助、企業資源の提供をお願いするなど、多方面への働きかけをしていくことで、子どもの居場所づくりが地域づくりに繋がるものと考えるのである。

(2) 岐阜市地域子ども教室事業実施にあたって
1) 実施要項の策定

岐阜市においては、2002年4月から実施の「完全学校週5日制」に向け、2001年1月に"地域で子どもが育つ環境づくり"をめざす『元気健康子どもプラン』が策定された。

この『元気健康子どもプラン』に基づき、各種団体やボランティアによる、土・日における子どもの居場所づくりが、いくつかの地域において始められたのである。「華陽ひまわり広場」「木之本親父教室」「いきいきサタデー」(西郷)「常盤・鷺山親父の会」「厚見サタデースクール」「木田子どもクラブ」「長森南文化(スポーツ)クラブ」「みわっこくらぶ」等であるが、そこでは、遊びやスポーツ、体験活動などのプログラムが、地域の人びとによって企画、運営された。

2004年に文部科学省の推進事業委託を受け、それまで土・日に実施してきた地域においては、平日の放課後にも実施することで活動を充実させることや、それ以外の地域については、平日の放課後に実施することを基本に実施要項を策定し、より地域の人びととふれあう場を設けることをめざした。

実施要項では、事業を進めるための全市的な組織として実行委員会を設置すること、各地区の地域住民4人を地区の「地域子ども教室指導員」として配置すること、市全体の事業を補助する「子どもの居場所づくりコーディネーター」を配置することとした。実施時間は、週1～2日、平日放課後の下校時間までとした。

2) 実行委員会の設置

実行委員会には、子どもの地域における様々な体験活動を充実させ、家庭教育を支援し、子どもの健全育成を進めることを目的として組織された「子どもセンターぎふ協議会」を充てる事とし、青少年育成関係者、学識経験者、行政関係機関による15名の委員で構成された。「子どもセンターぎふ」では、「地域子ども教室」の

支援と同時に、子どもへの「情報誌 egg」の発行も行っている。

　実行委員会事務局は中央青少年会館におき、そこに市全体の事業を補助する「子どもの居場所づくりコーディネーター」が配置された。「子どもの居場所づくりコーディネーター」は、1年目は1名であったが、2年目には実施校の増加に伴い2名に増員された。市内各地区の子ども教室は、地域によって運営方法に違いがあるため、地域性に応じた助言を行うことを重視した。また、各教室間のネットワーク化を図り、多くの機関との連携や、自立運営ができるような取り組みを考えてきたが、詳しい内容については後述することとする。

2. 岐阜市地域子ども教室実施状況

（1） 実施校の決定まで

　岐阜市内には市立小学校が48校あるが、初年度の2004年度には12校での実施をめざし、教育委員会青少年教育室で準備が開始された。まずは、小中学校校長会において事業説明をし、実施の申し出があった小学校では、学校施設の利用等での協力を要請した。その後、地域の青少年育成市民会議や青少年育成推進指導員に対して事業説明を行った。

　現代的課題として地域の教育力を高めることの必要性は認識されているものの、実施となると指導員の選出から実施場所の確保に至るまで、多くの課題に直面したのである。青少年関係団体のみでなく、自治会をはじめとした地域の各種団体への協力要請を必要とした。しかし、それぞれの団体が、自主活動で手一杯の状況であり、協力関係を築くことは容易ではなかった。そのような状況の中であったが、何とか目標としていた12校区で事業が実施され、2年目の2005年度には、12校が新規に実施することになり、現在22ヶ所で子ども教室が実施されている。

（2） 22の子ども教室名と参加児童数

　小学校を通して子ども教室の案内チラシを配布し、参加を希望する児童は、500円のスポーツ安全保険料を添えて申し込みを行う。各教室では、全校児童数、通学範囲、集団下校など様々な規制要因があり、募集学年を限定したり（1年生は除く等）、募集時期を分けたりと工夫がなされている。木田子どもクラブと方県ニコニ

表 7-1　地域子ども教室名及び参加児童数

三輪南どんぐりクラブ（67）	あゆっ子（43）	則武チャレンジャー広場（49）
西郷サンサン広場（114）	七郷にじいろ広場（111）	くすのきひろば（111）
華陽地域子ども教室（60）	市橋ふれあい広場（83）	日野っ子メイツ（77）
北っ子ひろば（66）	藍川あおぞら広場（41）	木田こどもクラブ（75）
方県ニコニコひろば（172）	黒野っ子ひろば（105）	梅っ子げんき広場（70）
とばがわフレンドパーク（24）	みさとアタック広場（117）	のびのびうずらっこ（175）
加納西いちょうひろば（90）	さくらんぼ広場（124）	長森南っ子ひろば（182）
芥見東南ドジョッコ広場（81）	総数 1,940 人（2005 年 12 月末現在）	

コクラブは全校加入であり、保険料は PTA で負担している。

　教室の多くは、小学校の体育館や余裕教室で実施されているが、公民館や児童館での実施もなされている。週に 1～2 回、平日の放課後に実施されているが、以前より土曜日に実施していた活動も継続実施されている。

（3）　活動プログラム

　各教室においては、指導員の特技、参加児童へのアンケート結果、各種団体への依頼が可能かどうかなどを勘案して、プログラムが企画されている。プログラムの内容は、①スポーツ関係、②文化活動、③遊びの 3 つに分ける事ができるが、地域でのボランティア活動を取り入れている教室もある。

　スポーツ関係としては、ドッジボール、ミニテニス、バドミントン、なわとび、グラウンドゴルフなどである。文化活動としては、絵手紙、紙芝居、お話会、工作、折り紙などがあり、遊びでは、チェス、シャボン玉、オセロ、けんだま、ディアボロ、集団ゲーム等が行われている。

　プログラムのマンネリ化を避けるため、地域外からマジック、腹話術、獅子舞、凧づくり、生け花、わら細工等の講師を依頼し、多種多様な体験活動を実施している。また、指導員が他の教室へ指導に出かけるといった指導員交流も行われている。

（4）　安全対策

　子どもが安心して地域の人びととふれあう居場所づくりを目的としていることから、「安全マニュアル」を作成し、指導員交流会で説明し、配布した。

「安全マニュアル」には、特に安全面に注意を向ける指導員やボランティアを配置する点や、怪我の対応手順から実行委員会への報告方法まで詳細に記載されている。また、下校時の安全対策では、高学年児童を中心に集団下校を行い、一人で下校する事がないよう注意している。校区によっては、見守りボランティアが組織され、下校時の安全確認を行っている。

最近、低学年児童の連れ去り事件が多発していることから、活動中よりむしろ下校時の安全対策が重視されており、保護者や地域住民の協力がより必要になっている。

(5) リーフレットによる理解と啓発

各地区の子ども教室は、4人の指導員が中心となって運営しているが、加えてより多くのボランティアの協力が必要になる。そのためには、この事業の目的、内容などをわかりやすく説明する事が重要であり、地域の子どもは地域のみんなで育むということの理解を得ることで、ボランティアとして協力が得られるのである。そのことから、上のようなリーフレットを作成したのである。このリーフレットから、地域の人びとが自分にも協力ができそうだと感じでもらうことを期待している。

図7-1　活動紹介リーフレット

3. 岐阜市の特色ある企画

　子どもの居場所づくりコーディネーターは、多くの市町では退職の教職員や社会教育指導員等が担当しているようである。しかし岐阜市の場合は、岐阜県生涯学習センターによる「生涯学習コーディネーター養成講座」を受講し、岐阜県より認定を受けた「岐阜県生涯学習コーディネーター」1名と、地区の子ども教室指導員との兼務者1名の2名で担当している。

　地域子ども教室推進事業は3ヵ年の予定であり、その間にできる限り多くの地域で子どもの居場所づくりを進めることに加え、事業修了後の継続を視野においての企画を行う必要性を感じている。岐阜市実行委員会独自の取り組み事例を紹介する。

（1）情報誌「地域子ども教室回覧版」の発行

　地域子ども教室が始まると、『ボランティアが集まらない』『子どもが指示に従ってくれない』『他の教室はどうしているの？』等の相談が指導員から寄せられるようになった。

図7-2　地域子ども教室回覧版

子どもの居場所づくりコーディネーターとして対応しつつ、個々の教室の事としてではなく、岐阜市全体の課題として共有していくことが必要ではないかと考えた。そこで、各教室への訪問記録や活動プログラムの紹介、簡単な遊びや工作の紹介等を掲載する『地域子ども教室回覧版』を発行することにした。月に1回程度であるが、指導員には、他の教室の様子を知ることで安心したり、プログラムのヒントを得て実施したりと好評を得ている。

（2） 指導員交流会の開催

指導員への諸連絡、教室運営関係書類の配布と回収、指導員研修等を目的に、年3回の指導員交流会を開催している。

2005年度の第1回目は、簡単なゲームや工作を紹介し、指導員が会場で体験した。体験の合間には、指導員が自己紹介をしながら情報交換が行われ、相互訪問の約束や指導を依頼する様子が見受けられた。

第2回目は、未実施地域にも案内をし、10地域からの参加を得た。グループに分かれ、ワークショップ形式でのグループ交流を行った。『人気プログラムは？』『うれしかったことは？』『困っていることは？』『課題の解決方法は？』といったテーマでの意見交換は活発で、日ごろ感じていることを述べ合い、共感しあう場面が多く見られた。

図7-3　第1回指導員交流会

うれしかったこととして、「子どもや地域の人々とふれあうことの喜び」「子どもから声をかけてくれるようになった」「子どもが教室を楽しみにしてくれること」等の声が多かった。

困っていることでは、子どもへの対応（話を聞かない、集団に入れない等）とボランティアについて（募集、連絡、謝

図7-4　第2回指導員交流会

礼等）が多く、活動内容や地域・学校の協力不足が指摘された。

どの教室も課題が多いのだが、子どもの喜ぶ顔を見ることが継続の糧になっている点が共通していることを感じた。

（3） 他の機関との協働

地域子ども教室を教育委員会の事業としてのみ捉えるのではなく、他の機関との連携、協働の機会を設けることで、より多くの協力が得られると考えた。

岐阜市自治会連絡協議会が中心となって開催した『地域に根ざしたまちづくり交流会』においてパネル展を行った。この会には、各校区の自治会長が参加することから、大きなPR効果があった。

図7-5　パネル展示

また、2006年5月には、岐阜県で全国植樹祭が開催されるが、そのテーマのひとつに「子どもが主役」が掲げられており、地域子ども教室でのPRを申し出た。間伐材を活用しての積み木づくりや、啓発グッズとして昔からの遊び『吹き戻し』の企画提案が採用され、材料の提供を受けることができた。それらの資材を活用して、森林教育、環境学習を実施し、あわせて植樹祭のPRを行ったのである。教育委員会と林務行政が共に利を得た一石二鳥の取り組みであり、このような企画を実施することで、新しいプログラムの開発や資源を得ることにもつながるのである。

4. アンケート調査から得られた成果と課題

子ども教室推進事業が2年間経過した時点で、これまでの事業評価と課題を抽出することを目的に参加児童、保護者、学校及び地域の関係者にアンケートを実施した。

（1） 参加児童へのアンケート結果

> Q：あなたが、地域子ども教室に参加しようと思った理由を教えてください。

　ポスター・チラシを見てが一番多く、家の人に言われた、友達に誘われてを上回っており、自主的に参加を希望した様子が感じられる。

> Q：あなたは子ども教室に来ていて、たのしいですか。

　70％の子が「たのしい」と答えているが、15％の子は「楽しくない」と答えている。その理由として、「友達が来ていない」「おもしろい遊びや活動がない」ことを挙げている。

> Q：あなたは子ども教室に来るようになって、生活の中で変わったことはありますか。

　（ア）地域の大人の人と挨拶をしたり、話をするようになった。（イ）家で子ども教室の話をしたり、習ったことをやってみるようになった。（ウ）学校に行くのが楽しくなった。この3点が上位を占めており、子ども教室がめざしてきたことの成果を実感する。

（2） 保護者へのアンケート結果

> Q：お子さんを子ども教室に参加させようと思った理由は何ですか。

　（ア）「いろいろな体験活動ができる」（イ）「子どもが安心して遊べる」（ウ）「他の学年の子や、新しい友達と遊べる」この3つの回答が多く、「地域の大人の人と交流ができること」の選択が少なかったことは、子ども教室の趣旨が充分に理解されていないのではないかと考えた。しかし、自由記述の中では地域の人と挨拶ができるようになったことや、伝統遊びや季節感のあるプログラムに対する感謝、地域で育ててもらっていることを実感するといったことが多く記されているので、子ども主体の参加動機ではあったが、評価は趣旨に合致したものであると思われる。

> Q：子ども教室への協力について

　ほとんどの保護者が良い取組みであると評価しているが、何らかの形で参加したことのある保護者は16%であり、協力の要請については、できないとの回答50%に対し、月に1～2回程度なら協力できるという回答は45%あり、協力方法や内容を工夫することで大きな力になると考える。

> Q：実施の継続と内容について

　87%が継続実施を望んでおり、内容としては、体験活動の充実と安心・安全な居場所づくりを希望している。

> Q：保護者の費用負担について

　現在500円の保険料が保護者負担になっているが、83%は費用負担をしても良いと回答している。その額としては、年間500円～1,000円程度が大半である。

> Q：自由記述の中から

　安全な場所で、地域の人に見守られて、多様な体験や遊びができることへの感謝が非常に多い。参加した児童の生活面での変化として、ゲームなどから身体を動かす遊びができるようになったことが多く挙げられ、子ども教室の話題が親子の会話を多くしている点も述べられている。

　仕事に就いていることから協力できない保護者が多い中、月に1回くらいなら協力ができるので是非継続してほしいという要望も多く、大人も子どもも共に楽しめる居場所づくりをしたいとの意見もあり、うれしく感じた。

　帰宅時が不安であるとの指摘が多く、保護者が交代で途中まで迎えに出ることや、帰宅途中を見守る地域ボランティアの配置等を考えると、より地域の協力が必要になると思われる。

（3）地域関係者へのアンケート結果

　学校関係者、公民館等の施設関係者、子ども会、PTA、老人クラブ、自治会など地域の各種団体に対しておこなった。

> Q：子ども教室の効果について

　有効だと思わないとの回答はゼロで、全員が何らかの効果を認識している。効果として、（ア）子ども同士または大人との交流の機会、（イ）体験活動の機会、安全な遊び場を挙げた人が多くあったが、ボランティア活動の機会になるとの回答はわずかであった。

> Q：継続していく上で必要なことについて

　指導員・ボランティアの確保が重要課題とされ、次いで学校・各種団体・保護者の理解と協力、3点目に運営費用が挙げられた。

　自由記述では、感謝しているが指導員の負担が大きすぎることへの配慮や学校関係者からは下校時の安全が指摘された。この事業は継続していくことで効果が認識されるので、誰もが気軽に関われる『地域クラブ』のような形にしてはどうかという発展的な意見もあり、勇気づけられた。

5. 継続への課題と今後の展望

　「子どもの居場所づくり新プラン―地域子ども教室推進事業―」実施の説明から実施までの日数が非常に短く、教育委員会主導で半強制的に実施に踏み切った地域もあった。土曜教室などを実施していた地域においては、基盤が整備されておりスムーズに実施されたが、それ以外の地域では負担が大きく、非常に苦心されたようである。反面、子どもの居場所づくりが課題とされながらも実施に踏み切れなかった地域においては、これを機会に実施できたという評価もある。

（1）教育委員会主体から総合行政による実施と地域づくりの課題

　「子どもの居場所づくり新プラン―地域子ども教室推進事業―」は、文部科学省生涯学習政策局による事業であるが、岐阜市においては、生涯学習室は教育委員会ではなく市長部局の市民参画部に所属することから、教育委員会青少年教育室が所管している。そのため、地域への情報は青少年育成市民会議を経由して伝えられ、校区においては教育委員会事業という狭義として捉えられた。

子どもの居場所づくりは、生涯学習の成果を地域に還元する機会でもあり、地域づくりをすすめる大人の居場所にもなる機会であることを考えると、生涯学習担当部局が中心となって進めていくことが効果的ではないかと考える。生涯学習推進を総合行政として進める自治体が多い昨今、事業委託を教育委員会と限定せず、広く公共財団やNPOも含めて考えていくことが必要ではないかと思うのである。

　岐阜市においては、教育委員会事業ということで、堅苦しい印象を受け、地域の人びとが気軽にボランティアとして参画することに躊躇する傾向がみられた。また、保護者にとっては、教育という観点で捉えることから、協力性に乏しく、依存的な傾向が感じられた。指導員、ボランティア、保護者を含めて地域がひとつになって進めるには、生涯学習の視点が重要であると考える。教育、福祉、文化、環境、といった従来の行政枠を越え、総合的な見地から運営を考えていくことが、継続に繋がることであると考える。

（2）　評価と事業修了後の継続について

　子どもの居場所づくりコーディネーターや各地区の地域子ども教室指導員についてはごくわずかの報酬があるものの、ボランティア意識で関わる比重が大きい。その活動を支えるのは子どもや保護者からの評価や社会的な評価であり、活動を振り返り新たな意欲を得るために重要なことである。しかしながら、すぐに結果が得られることではなく、評価方法が難しいことも事実である。

　アンケートの実施や、マスメディアを活用しての広報などの方法があるかと思うが、やはり日常的に保護者や関係機関からの声、運営に関わる人びととの相互評価が大切であるかと思う。加えて、国、市町による総合的な評価をアピールしていく事が必要である。

　本事業が3ヵ年の予定であり、その後の実施については各市町に委ねられるのであるが、運営費を予算化することは非常に厳しい現状である。3ヵ年の間に基盤づくりができていれば、運営自体は保護者の費用負担や、地域団体からの援助で継続実施は可能であるかと考える。

　現在子ども教室指導員に対しては、活動日にわずかではあるが報酬が支払われている。この点については、無償のボランティアとの間で摩擦を生じている地域もある。指導員には、企画運営に加えて、報告のための活動記録や会計簿の作成などの

事務的な作業をお願いしている。その点も含めて報酬を支払っているのであるが、地域主体の実施になれば、事務量は大きく減少することになる。指導員を4人と限定せず、多くの人が実行委員として関わり、分担して運営していく事で、負担を軽くする事ができるのではないだろうか。しかし、運営についての相談や指導員の研修などについては、市町が支援を行う必要があると考える。

　また、地域内の企業や商店会、他の事業との連携・協働によって、人材・資源を得る方策を考えることで、運営資金を得ると同時に、プログラムを充実させ、地域が一体となって、みんなの居場所づくりへと発展させることが可能である。そのためには、コーディネーターの存在も重要となり、岐阜県が養成し認定する『生涯学習コーディネーター』の活用も有効ではないだろうか。

おわりに

　岐阜市において、地域子ども教室は、学校や公民館などの社会教育施設を中心に実施されており、校区で1ヶ所という考えで事業が進められているが、もっと小さなコミュニティでの実施が理想である。寺院や民家、店舗内などを利用して、赤ちゃんから高齢者までが集い、語り、学び、助け合える居場所づくりが実現できれば、そこは『共育』の場となる。地域子ども教室が、成熟した生涯学習社会の実現に繋がることをめざし、残された時間を地域子ども教室推進事業に取組んでいきたい。

第8章

日韓生涯学習交流の経緯と今後の発展に向けて

　2002年のサッカーワールドカップ日韓共同開催に始まり、テレビドラマ「冬のソナタ」で一気に沸き起こった韓流ブーム。今や、1日に約1万人の人びとが行き来することになった隣国韓国。福井県小浜市の若狭神宮寺寺誌によれば、飛鳥の古代には朝鮮半島南端から対馬海流に乗ることで、一昼夜たらずで若狭湾に到着したと記されている。古代からの往来により、日韓両国は互いに大きな影響を享受してきたにもかかわらず、先の大戦による不幸な関係を完全修復できないまま今日に至っている。

　しかし、文化、教育、スポーツ分野における様々なイベントや共同制作等により、民の交流は日ごと活発化し、両国民が相互理解を得る活動が行われている。生涯学習の場においても、全国生涯学習フェスティバルの相互参加をきっかけに、政策担当者、研究者、活動者等、それぞれの専門分野における交流が始まっている。

　2003年より実施している、岐阜県民を中心とした「日韓生涯学習交流団」活動の経緯と、今後の日韓生涯学習交流の発展について記述することとする。

1. 日韓生涯学習交流の経緯

(1) 岐阜韓国教育院院長金得永博士との出会い

　在日韓国人への教育支援、日韓文化交流等を目的とした韓国教育院が日本各地に開設されている。韓国教育院院長は、韓国教育人的資源部(文部科学省に相当)から3年間の任期で派遣される、いわば教育・文化の外交官的な役割を有している。

　2001年8月に金得永博士が岐阜韓国教育院院長として着任され、日本での活動を開始された。来日以来その誠実なお人柄から、韓国人、日本人を問わず、大きな信頼を得られ、積極的に仕事を進められた。院長としての任務を遂行しつつ、ご専

門の生涯学習においても研究を進められていた。筆者は、2002年7月に金博士と出会い、先生の研究サポーターとして、日本国内の生涯学習機関や活動団体等を紹介する傍ら、金博士からは、韓国の歴史や生涯学習とまちづくり等についてご指導をいただいたのである。

（2） 岐阜韓国教育院院長と日韓交流

金博士の岐阜韓国教育院院長としての任務は多岐にわたり、昼夜を問わず精力的になされていた。筆者の知るところでは、高校での韓国文化講座や姉妹校の提携（加納高校と南楊州市東和高校の姉妹校交流が継続している）、韓国語講座、韓国からの訪問団や留学生支援、担当県の訪問等を行いながら、2002年4月には「岐阜コリアカルチャーフォーラム」を組織された。岐阜コリアカルチャーフォーラムは、韓国の歴史と文化を両国民が共に学習し、互いに理解することを目的に始まり、現在も継続されている。フォーラムの10回までの内容は「古代からの韓日交流の歴史」として出版された。

金博士は、韓国語講座学生のために、日韓交流の歴史を訪ねる会を企画され、滋賀県雨森芳州庵、百済寺、枚方市王仁墓と百済王神社を訪問した。韓国語のみならず歴史文化を広く学ぶ講座は人気があり、多くの受講者を得た。

このように、在日韓国人・日本人を問わずにご指導を重ねられたことで、双方により強い信頼関係を築かれていったのである。

（3） 韓日生涯学習発展フォーラムから第2回大韓民国生涯学習フェスティバルへ

2002年10月に石川県で開催された第14回全国生涯学習フェスティバルに、韓国から視察団が来日し、日本の生涯学習関係者との意見交換の場が設けられた。

2002年末には韓国の大田大学校教授を中心にした視察団による、日本各地の生涯学習施設等の視察がなされた。その際、日本国内における生涯学習とまちづくりの実践について、聖徳大学教授で全国生涯学習まちづくり研究会代表の福留

図8-1 大田大学校視察団と福留教授

図8-2　歓迎横断幕

図8-3　フォーラムでの実践発表

強先生の講演会を企画したのである。講演後の夕食会においても活発な意見交換が行われ、今後も日韓生涯学習の交流をすすめることで意見が一致し、民の交流が始まった。

2003年3月には、韓国において、韓国生涯教育連合会等が主催し、教育人的資源部と韓国教育開発院と各大学の後援を得て生涯学習発展フォーラムが開催された。テーマは「地域人的資源開発と生涯学習都市」であり、大田大学校、全北大学校、公州大学校において開催されたこのフォーラムで、筆者が実践事例発表を行う機会をいただき、金博士と共に初めて訪韓したのである。約1時間30分ほどの飛行時間で訪問できる隣国であるが、筆者には遠い国との印象があった。訪問してその思いは払拭されたのである。

　車窓から眺める風景は日本の田園風景と同じであり、ハングル文字を目にしなければ韓国であることを忘れるほどであった。多くのみなさんが筆者たちを歓迎し、何故か故郷に戻ったような印象さえ抱いたのである。年配の方々に日本語で話す方が何故多いのか、しっかりと答えることができない。自分の歴史認識の低さを痛感し、恥ずかしさで顔を上げる事ができないときもあったのである。日本の歴史教育では近代史を学ぶ時間が少なく、多くの史実が知らされていない。歴史に興味関心をもつ機会がなければ、何も知らないまま過ぎていくのである。少し前までは筆者もその一人であり、それが多くの日本人の韓国に対する歴史認識の現状ではないだろうか。筆者は、金博士の丁寧な説明で、一つひとつ理解を重ねていったのである。日本の生涯学習実践事例を発表しようと意気込んでいた筆者であったが、自分の学習の低さに意気消沈したのである。しかし、この訪問によって、筆者の学習意欲は向上し、以前にも増して金博士の研究の補助ができることに喜びを感じたのである。

2003年8月には、韓国生涯学習関係者の訪日にあわせて日韓生涯学習国際セミナーが開催され、日本の関係者との意見交換と交流が行われた。ちょうど日本ではお盆の時期にあたり、十分な歓迎ができなかったことを悔やんでいるが、この訪問が第2回韓国生涯学習フェスティバル参加に繋がったのである。

　9月に大田市で開催された第2回韓国生涯学習フェスティバルには、日本から全国生涯学習まちづくり研究会会員や生涯学習者約90名が参加した。盧武鉉大統領は、開会式のビデオメッセージの中で「日本の訪問団を歓迎する」と述べられ、一同感激したのである。大会中には「地域革新のための生涯学習都市づくり事業の動向と課題」をテーマにしたシンポジウムと「官と民の生涯学習推進と連携」をテーマにした韓日実践フォーラムが開催された。

　一方岐阜市を中心に活動する合唱団「コンチェルティーノGIFU」の団員30名も訪問し、フェスティバルの開会式と、日韓生涯学習人交流の夕べにおいて、市民合唱団との合同演奏が行われた。この合唱団交流は、翌年（2004年）日本での大田市民合唱団との合同演奏会に発展したのである。

　フェスティバルの会場には、日本交流館が設置され、遊びや文化、観光の紹介を交えての市民交流を行った。会場の概要やブースの位置に関する情報が少なく、準備が不充分であったが、多くの市民の訪問と、付近の出展者の協力で成功させることができた。特に、日本語を学ぶ高校生の訪問が多く、彼らの日本への関心は強く、日本の高校生との交流を盛んにすることの重要性を認識したのである。

　これらの交流事業を実施していく中、日韓両国においては慣習等の違いから些細な食い違いが生じ、小さなことであっても決定に至るまでの調整に苦労した。しか

図8-4　合唱団の演奏　　　　　　　図8-5　日本交流館

図8-6　踊りの輪

し、このように共同で実施していく過程が、相互理解に繋がることであることを実感したのである。

フェスティバル期間中に開催された「日韓生涯学習人交流の夕べ」のフィナーレでは、参加者が手を取り合っての踊りの輪が会場いっぱいに広がり、大きな感動に包まれた。その場には国境はなく、それまでの食い違いも忘れ、生涯学習の縁で集う人・人・人…。これこそ、日韓両国がよき隣人として友好関係を築き、東アジアの平和にむけての原動力になるものと感じた。

11月には、沖縄県において第15回生涯学習フェスティバルが開催されたが、韓国からは80名の参加があり、日本全国からの参加者と交流が行われた。生涯学習まちづくりサミットでは、大田大学校李昶基教授による生涯学習推進事業の事例発表が行われた。

（4）　金博士の帰国から第3回大韓民国生涯学習フェスティバルへ

2004年に入ると、国内各地から金博士への講演依頼が相次ぎ、筆者も各地の会場へ同行させていただいたが、それぞれ高い評価を受けた。

6月には、前年のフェスティバルに参加した合唱団「コンチェルティーノGIHU」が中心になり、大田合唱団との合同演奏会が開催された。会場の岐阜市文化センターは多くの聴衆で埋まり、日韓の合唱団による美しい歌声を楽しんだのである。

そして、8月、金博士には3年間の教育院院長の任務を終え、日韓生涯学習交流の礎を築き、多くの人びとから惜しまれつつ帰国されたのである。2年間、微力ながらお手伝いをさせていただいた筆者にとっては、全身の力が抜けていくような淋しさを感じつつも、9月に迫った第3回生涯学習フェスティバルの参加準備をすすめたのである。

第3回フェスティバルは済州道で行われ、岐阜県から10名の交流団を組織し、日本交流館を運営した。金博士には帰国後の多忙の中、関係機関との調整を進めて

いただいた。済州市では、日本語の案内パンフレットを作成し、多くの通訳を配置し、筆者たちを迎えていただいた。会場の日本交流館は子ども達であふれ、交流団員と通訳ボランティアは休む間もなくその対応に追われたのである。日本から持参した色紙はすぐになくなり、近くの市場で買い求めることで急場をしのぐほどであった。市長、副市長の訪問を受けたり、KBSの取材によりその様子は全国に放映された。通訳ボランティアの李さん、朴さん、姜さんの協力は言い尽くせないほどで、参加者一同感動と感謝で胸を熱くしたことが今もって思い出される。

図8-7　済州市長の訪問

図8-8　賑わう交流館

　交流団の結成が遅れたことで、助成金の申請が間に合わず、参加費用は個人負担となった。また、日本交流館で使用する物品の購入資金もなく、一時は交流館の運営を躊躇した。しかし、2005年に開催の愛知国際博覧会協会や岐阜市観光協会から記念品の提供を受け、参加者が材料を持ち寄ることで実施の体制を整えることができた。このように資金の乏し

図8-9　折り紙体験

い中にあっても、知恵を出し、誠意をもって行うことで大きな成果を収めることができることを実感した。

　フェスティバルでは、日韓生涯学習セミナーが開催され、上智大学香川正弘教授による、「大学開放の現状と課題―地域社会との連携を中心にして―」の講演の後、

筆者が「地域子ども教室推進事業の現状と課題」の実践発表の機会をいただいた。発表後の評価が気になったが、良い評価であったとの知らせを受け、ほんの少しであるが金博士にご恩返しができたのかと、うれしく思った。

　11月には、愛媛県で開催された第16回生涯学習フェスティバルにも、韓国から100名を越す参加をいただいたと聞き及んでいる。筆者たちが済州市で受けたような歓待ができたのか不明であるが、民の立場である筆者にはどうすることもできず、国として対応できないことの歯がゆさをかみしめたのである。なんとか国としての交流ができないものかと、文部科学省生涯学習政策局を訪ねたものの、希望する回答を得ることができなかった。ならば、生涯学習フェスティバルを開催する自治体が交流団の相互訪問を行うと良いのであろうが、現段階においては難しく、交流の灯火を絶やすことのないように、実施できる団体が継続していくしかないのであろう。

（5）　日韓生涯学習交流の会設立と第4回大韓民国生涯学習フェスティバル

　2005年には、日韓生涯学習交流事業の継続と助成金申請を行うために「日韓生涯学習交流の会」を設立した。早速に参加者を募集すると同時に、岐阜県水と緑の国際交流基金に対して助成金の申請を行ったところ、これまでの交流事業が評価され、助成金を取得することができた。第4回大韓民国生涯学習フェスティバル（於：光明市）への参加者の費用負担を軽減できるのみならず、日本交流館での体験活動費用を得ることができた。15名の参加希望があり、交流館での活動パネルの展示と体験活動プログラムの準備を進めることになった。

　フェスティバル訪問1日目は、利川市新屯面住民自治学習センターを訪問し、意見交換を行った。今回の訪問団には、行政関係者、教育関係者、NPO団体、市民活動団体と様々な分野からの参加があったため、質問事項についても充分に回答ができたのではないかと思う。歓迎の夕食会まで開催いただき、参加者一同感謝の念でいっぱいであった。韓食の説明や食し方に耳を傾け、一品一品を味わいながら、食文化を体験させていただいた。急場で覚えた韓国歌謡「故郷の春」や「アリラン」で、友好を深めることができた。

第8章 日韓生涯学習交流の経緯と今後の発展に向けて　125

図8-10 利川市新屯面住民自治学習センター訪問

　2日目は、ソウルから地下鉄を利用し、光明市のフェスティバル会場に向かった。地下鉄を利用することで、年配者には自然に席を譲る青年の姿など、素顔の韓国にも出会うことができた。しかし、フェスティバル会場内に日本交流館の表示はなく、通訳も確定していない状況であった。途方にくれる筆者たちに、近くに居合わせた中学校教師朴さんが、担当者を探してブースへ案内してくださった。そして、準備を手伝いアイスクリームまで差し入れていただいたご好意に感謝でいっぱいであった。とにかく始めようと準備に取りかかったが、準備が整わない間に子どもたちが押しかけ、瞬く間にブース内は身動きが取れない状況であった。

図8-11 団扇つくり体験

図8-12 うれしそうな高校生

図8-13 藤井団長の折り紙交流

図8-14　訪問団と活動展示パネル

図8-15　韓日生涯学習実践フォーラム

図8-16　光明市の子どもたちと

　フェスティバル開催地光明市及びその近郊では、幼稚園から大学に至るまで、学校での授業をフェスティバル参加に振り替えているため、会場内は児童・生徒で溢れていた。このことは、日本のフェスティバルとの相違点である。体験活動に用意した300本の団扇と100個の紙こまは、一日でなくなってしまったのである。参加者は交代で会場見学に出かけ、韓国の文化を体験した。夕方からの開会式には、同時通訳機をご用意いただいたことで、内容を聞き取ることができた。このことはこれまでになかったことであり、参加者一同感謝の念でいっぱいであった。充実した一日に、朝の会場到着時の不安は一掃され、ホテルの帰着が遅くなったにもかかわらず、疲れを訴える参加者はなく胸をなでおろした。

　3日目には、韓日生涯学習実践フォーラムが行われた。韓国学校生涯教育研究会の主催によるもので、テーマは「週5日社会にそなえて、学校と地域社会の対応戦略」であった。参加者の中から、藤井義孝団長と東正行氏が事例発表をおこなった。事例に対する質疑応答の時間が設定されておらず、意見交換の機会を持つ事ができなかったことに悔いが残る。

　フォーラムの終了後に、市内で昼食を取り食堂を出たときであった。5人の小学生がわれわれに駆け寄り話しかけてきた。子ども達は「昨日、フェスティバルの会

場で、こまの作り方を教えてもらった日本のおじさんだ！」と話していることを知った。あんなに込み合ったブースの中でのこま作りであったが、覚えていてくれたのである。うれしさで、涙があふれた。筆者たちの交流を誇りに思い、このことが草の根交流であり、いつかきっと両国の相互理解に繋がることを確信したのである。

　第2回、3回、4回と回を重ねた生涯学習フェスティバルでの交流であるが、それぞれに開催地、参加者の違いはあるものの、その成果は確実に積み上げられていることを実感している。交流団員は、韓国の人びとと文化に直に接し、歴史認識について再考する機会を得た。また、韓国の子ども達には、日本人と接し日本の文化を体験することで、日本を理解する手助けになっていることを確信するのである。

2.　韓国における生涯学習とまちづくり

　韓国においては、30年前に始まった「セマウル（新しい町）運動」よる地域再生運動が、「生涯学習都市造成事業」として引き継がれ、各地で振興事業が展開されている。日韓生涯学習フォーラム等において、討論や実践事例の紹介が行われてきたが、それらの資料には翻訳されていないものが多いことや、歴史的背景や社会情勢を認識しなければ理解できない内容がある。筆者は研究者ではないため、韓国の研究者論文を理解することは非常に難しい。そのような状況のため、筆者が理解できる範囲での記述に留めることとする。

（1）　社会運動から地域住民の参加へ

　韓国社会は、1987年6月の民主化抗争によって社会運動が盛んになり、1990年代に入ると、中央に目を向けてきた運動の主体が地域に目を向け始め、住民の生活を守る方向に転換していったのである。

　しかし、草の根の住民運動（活動）への参加は乏しく、住民の生活問題を取り上げ、住民が共感できる内容と方法を模索していくことが必要となった。そこで、地域住民の積極的な参加を促すために、「美しいまちづくり」「健康なまちづくり」「持続可能なまちづくり」などのテーマを掲げ、シンポジウムや市民討論会などの学習機会を提供した。

そこから生協運動、YMCA 運動などが展開され、青年会や女性民友会などが主体となって、教育、文化、福祉などの活動へと発展したのである。

（2） 住民自治センターの設置

1999 年、邑面洞（韓国の町村）役所が、住民自治センターとしての機能転換を始め、2002 年には全国の邑面洞役所の中で 3,512 ヶ所が住民自治センターへと機能を転換していった。住民自治センターは「生涯学習社会を志向する場」とし、地域のための住民と行政の協力、そして意思疎通の空間としての機能を提供する可能性を提示している。

住民自治センターは、以下の 6 つの機能を有している。①社会教育（青少年教育、生涯学習、職業教育など）、②文化余暇活動（文化行事、趣味同好会、展示会など）、③地域福祉（ボランティア活動、敬老施設、ウェディング・ホールなど）、④住民便益（情報センター、資源再活用、会議場など）、⑤自治活動（地域問題討論、河川清掃など）⑥営農支援（農産物展示、農業専門教育など）。

その運営は、「住民自治センター設置及び運営条例」に基づき、公務員、ボランティアを含めた住民自治委員会が組織され、その委員会が担っている。筆者が訪問した利川市新屯面の住民自治センターでは、生涯学習講座が開設されているが、そのプログラムは少なく、参加者の募集方法やプログラム企画について訪問団へ質問が寄せられた。住民自治委員には女性の委員が多く、積極的に運営に参画している様子が印象に残った。

一般的な学習プログラムは、文化・趣味・教養を優先し、地域問題解決や共同体意識を育て住民自治機能が強化できるプログラムを積極的に取り入れている。そのため、ボランティアや民間団体の積極的な参加が要求されることから、ボランティアセンターや企業体との連携が進められている。

（3） 生涯学習まちづくりの推進

韓国の各都市においては、生涯学習都市計画策定→条例制定→推進組織の構成→生涯学習都市宣言→生涯学習キャンペーンの展開→地域プログラムの開発運営→学校・生涯学習機関・企業のネットワーク→生涯学習フェスティバルの開催の順に、生涯学習まちづくりのための推進事業が展開されている。

公州大学校梁炳贊教授は、論文の中で、①活力ある地域づくりには、地域の行政と住民参加の意志が結束することによって実現するものであること、②生涯学習は単に個人的な学習で終わる消費的な活動ではなく、地域を成長させる生産的な活動と理解され、住民の教育が住民自治の底辺であるという認識を持つこと、そして、③韓国における生涯学習まちづくり事業は、今最初の一歩を踏み出したばかりであるが、行政リーダーの強力な意志、関係者の専門性と努力、住民たちの積極的な参加によって無限の可能性があると述べておられる。

　筆者は、日韓生涯学習交流を通して、官民共に意気盛んな韓国生涯学習まちづくりの現状に触れ、強い刺激を受けた。日本社会における生涯学習推進事業が今ひとつ低迷していることを感じる昨今、日韓生涯学習交流の場が、日本の生涯学習推進事業を再考する機会にもなると考える。より多くの人びとが交流事業に参加し、学びあうことを期待するのである。

3. 生涯学習交流の継続と発展に向けて

（1）生涯学習による社会的課題への取り組み

　日本社会においては、少子高齢化が進み、核家族化による異世代交流の減少や、子どもの遊びの変化が指摘されている。また、都市部への人口集中から、地方では過疎化が進み、高齢者の一人暮らしは増加している。このような状況の中、子育て支援や高齢者自立のための支援の必要性が叫ばれている。

　韓国においても日本と同様の課題が見出されるのではないだろうか。個々の課題には、生涯学習の見地から対策が講じられているが、両国の生涯学習者交流による意見交換から、よりよい解決方法を探ることが可能となるのではないだろうか。東洋的思想のもと、多くの共通文化を有する両国であれば、金博士が提唱される「生涯学習による知恵の交流」が大きな効果をもたらすことになるものと考える。

（2）生涯学習は国を変える

　日韓両国では、歴史認識の違いから政治的な面では合意を見出すことができない状況である。しかし、そのことのみに終始していては、日韓の友好親善を進めることはできないのである。とすれば、文化、教育を含む広い意味での生涯学習による

交流を進めていくことが有効な策ではないだろうか。互いに訪問し、見て、聞いて、食べて、感じることから、気づきが得られるのである。気づきから疑問が生まれ、そこに学習意欲が生じる。3年前筆者が始めて訪韓した時の状況は前述したが、まさにその経緯と一致するのである。歴史に関心をもち、知ろうとする学習意欲から理解へと繋がっていくのである。

生涯学習フェスティバルにおける日韓交流が、一歩一歩前進し、確実にその足跡を残している。そのことからも、生涯学習交流を継続し、より多くの人びとが参加できるような体制づくりに取り組む必要を感じている。このことは、日韓双方が協力して行うことで、より大きな効果が期待でき、関係機関が連携を取ることが重要と考える。

これまでの日韓生涯学習交流は、金博士を窓口として行われてきたが、今後は両国に民が主体となる交流推進の窓口を設けることを進めたいと思う。「日韓生涯学習交流の会」といった市民活動団体が韓国でも設立され、双方が連携しながら交流を進めることができれば、より大きく発展していくのであろう。民の交流がやがて国の理解へと繋がっていくことを願っている。金博士が、帰国に際して筆者に投げかけられた言葉「生涯学習は国を変える」。その実現に向けて、微力ながら努力を続ける覚悟である。

注
韓国では、生涯学習を平生教育（学習）という呼称を使用している。

参考文献
・大邱大学校金南宣教授「大邱（テグ）地域生涯学習事例」
・光明市生涯学習院李柄坤院長「光明市生涯学習都市づくり」
・韓国教育開発院崔墩珉委員「生涯学習都市造成事業のビジョンと方向」
・公州大学校梁炳賛教授「韓国の生涯学習都市づくりの課題と見通し」

第9章
ITを活用して地域社会を紡ぐ

1. はじめに

　私たちは、2002年にNPO法人ふれあいネットを立ちあげた。それまで、現在の理事長である中山が障害者支援のためのホームページを運営していたが、岐阜県でもNPOが急激に増えつつある時期であり、中間支援のNPOとして法人化をした。現在までにいくつかのNPO法人の設立にかかわるとともに、主にNPOや各種団体の情報化支援のための事業をいくつか行ってきた。

　「ぎふNPO・ボランティア情報センター」、「岐阜県障害者福祉施設情報」、「岐阜県高齢者福祉施設情報」などのサイトを構築し、各種団体や施設の情報発信を推進するとともに、最近では、地域コミュニティの活性化を目的とした支援センターの設立も計画している。

　以下、今までのNPO法人ふれあいネットの活動を紹介するとともに、事業をとおして感じたことなどを書いてみることとする。

2. 団体の概要

　私たちNPO法人ふれあいネットの概要を簡単に紹介する。

（1）目的

　地域社会の住民が地域の課題を自ら解決し、地域を超えたより広い社会へ積極的に貢献する真の住民主体の社会を実現するため、民間非営利団体をふくむ住民の自発的活動を支援し、促進することやその為の各種情報を提供することを目的とす

（2） 活動の種類
① 非営利団体、グループの運営または活動に関する連絡、助言、又は援助の活動。
② まちづくりの推進を図る活動。
③ 社会教育の推進を図る活動

（3） 事業
① 支援活動等を推進するためのコンサルテーションおよびコーディネーション事業
② 啓発、ネットワークの構築につながる事業
③ 講演、セミナー、研修の主催、運営
④ 各種調査研究、提言策定およびその実現のための事業
⑤ ボランティア育成につながる事業
⑥ コンピュータに関する教育・訓練事業
⑦ その他、この法人の目的を達成するために必要な①から③までの事業に付帯する事業

以上のような内容で事業を進めている。役員は理事長、副理事長2名、監事1名の体制で、会員は自営業や会社員など10名程でそれぞれが仕事をもっており、土・日曜日や仕事が終わった後の空いた時間に事務所に立ち寄って、ホームページの管理等の作業を行っている。

今までは、助成金事業が中心で、それぞれが役割分担をしながら事業を進めてきた。

プロジェクトごとに行政機関や障害者の団体、市民活動団体等に参加を呼びかけ、一緒になって事業を進めるスキームづくりを目指して進めてきた。情報提供に関わるすべての事業で情報入力作業等を障害者に委託し、就労支援の一助になるよう心がけてきた。

第 9 章　IT を活用して地域社会を紡ぐ　133

3.　活動紹介

(1)　「ぎふNPO・ボランティア情報センター」の構築と運営

　この事業は、法人化する前から計画していたもので、アンケート調査などから、NPO やボランティア団体のホームページが思った以上に少ないことや作成しても情報の追加や更新が思ったように出来ないという声が多かったことから、インターネット上から簡単にホームページの作成や情報の追加・更新作業が出来る「ホームページ自動作成システム」を提供するとともに、情報を一元化しポータルサイトとしても運営している。（ホームページ：http://npo.hureainet.org/）

図 9-1　ぎふNPO・ボランティア情報センター

図 9-2　団体ホームページ

|事業の成果と課題|

　現在、岐阜県内約 400 の団体の情報を掲載している。岐阜県のホームページの中でも紹介されていることから、最近では、アクセス数も伸びている。

　電話で申し込まれ、説明を聞きながらホームページを作成された方や説明会に参加しホームページを作成された団体の中には、個別アクセス数が、4 万件以上のところもある。

　やはり、積極的に情報発信をしようと考えておられる団体や管理者が決められている団体では、定期的に情報が更新され、アクセス数も多いようだ。

　中には、問い合わせが増えて困るという苦情をいただいた団体もあった。

　説明会等に参加された団体の利用率は高く、更新頻度も高くなっている。システムを提供するだけでは利用率が低く、より多くの団体に説明会等を開催して利用方法を知っていただくことが今後の大きな課題である。

（2）「岐阜県障害者福祉施設情報」サイトの構築と運営

　この事業は、独立行政法人福祉医療機構「高齢者・障害者福祉基金」の助成金でおこなったもので、3名の障害者を雇用して事業をすすめた。

　県内の障害者施設に情報提供をお願いするとともに、それらの情報を各団体ごとにホームページ化し、情報を一元化するとともに、授産品の紹介ページや支援費制度に関する情報やサービス事業者の情報なども掲載した。また、「岐阜県ふるさと地理情報センター」の協力を得て、GIS（地理情報システム）を活用して、場所をわかりやすく表示している。（ホームページ：http://syougai.hureainet.org/）

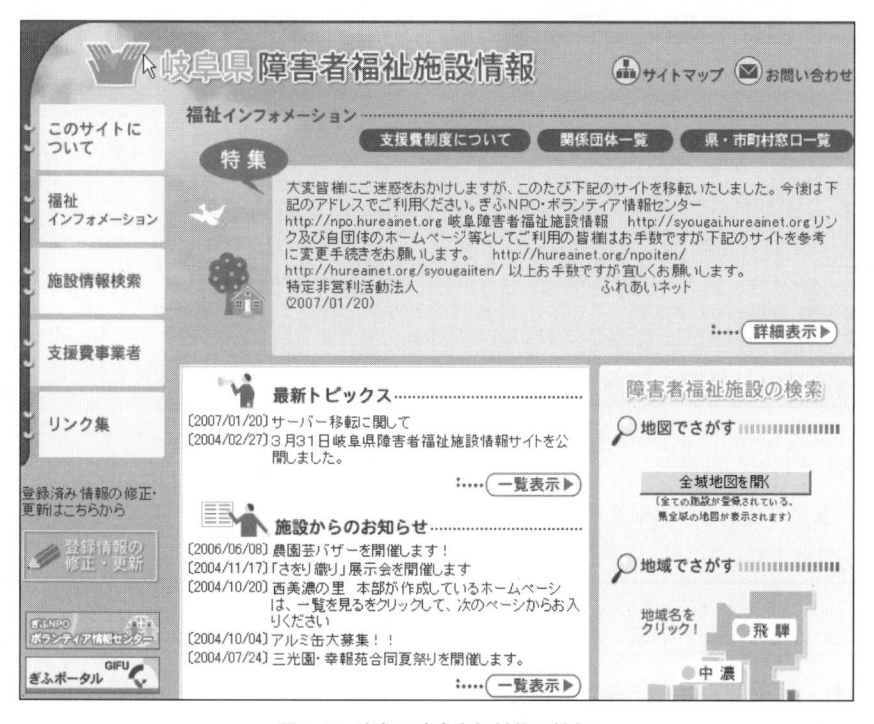

図9-3　岐阜県障害者福祉施設情報

図9-4　施設紹介ページ

|事業の成果と課題|

　現在でも、大手検索サイトで「障害者福祉施設情報」で検索すると、アクセス数が常に上位にランクされている。

　この事業からは、多くのことを学ぶことができた。障害者の人たちと約半年間一緒に事業を進める中で、彼らが持っている悩みや障害者が置かれている立場などを知ることができた。健常者と比べると作業にかかる時間は長いが、責任感や仕事に対する意欲は何ら変わらないこと、そしてこの事業をやったことで彼らが大きな自信を持ってくれたことがとても嬉しかった。

　施設の職員を対象とした説明会では、施設の現状や日頃感じている問題なども聞くことができ、ある山の中にある施設の職員の方が、「ボランティアの方には、何もしてもらわなくてもいいから、施設に来て話を聞いてもらえるだけでいい」とい

われた言葉が印象に残っている。

コンテンツの更新がほとんど出来ていない状況で、中心になってサイトの運営をしていただく団体を探しており、新たなコンテンツも追加できたらと考えている。

（3）「岐阜県高齢者福祉施設情報」サイトの構築

岐阜県高齢福祉課の事業で、岐阜県が推進している GIS（地理情報システム）の活用を目的としており、中部学院大学と岐阜県ふるさと地理情報センターとの協働事業であった。2年間で岐阜県内約620ヶ所の高齢福祉施設の詳細な情報をホームページ化しインターネット上で詳細な地図へリンクできるようにしたものである。

施設の種類や地域からの検索に加え、ニーズからも施設を検索できるなど、利用者の便宜を考えたつくりになっている。情報入力等は3名の障害者が行った。

（ホームページ：http://www.gis2.pref.gifu.jp/fukushi/index.html）

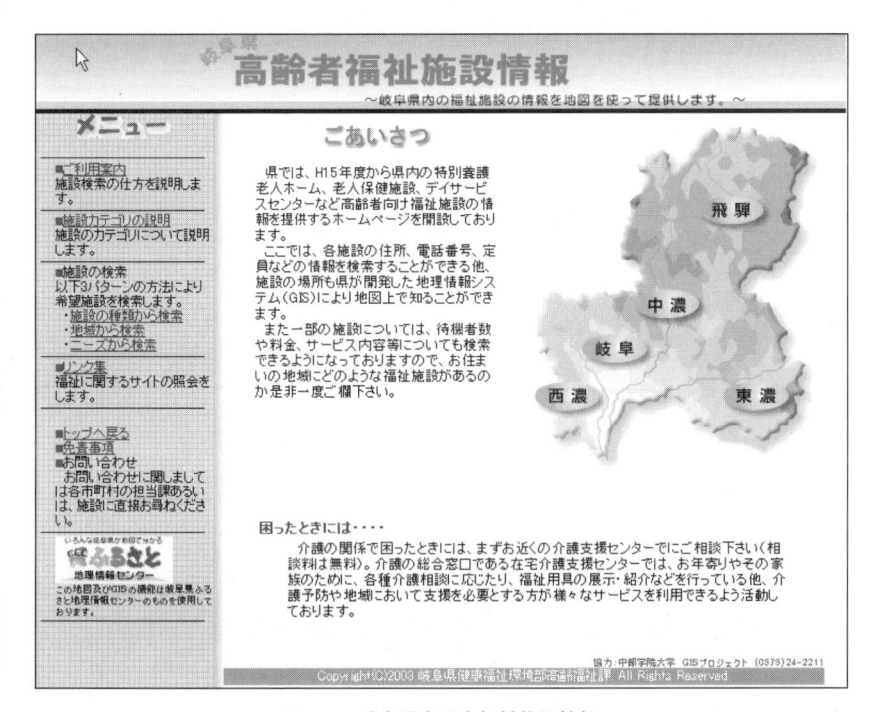

図9-5　岐阜県高齢者福祉施設情報

図 9-6　施設ホームページ

[事業の成果と課題]

　この事業は、岐阜県が推進している GIS（地理情報システム）を活用するという条件があり、中部学院大学を中心にいくつかの団体・企業が協力して出来上がったものである。

　アンケート調査をはじめ、施設からの情報の入力、システム構築にもかかわり、私たちにとって初めての協働事業でもあり、2年間に及んだ事業が無事完了したことで大きな自信になった事業であった。

　新聞等にも掲載され反響も大きかったように聞いている。アクセス数も大手検索サイトで常に上位にランクされている。

　高齢社会に突入し、介護保険の導入で民間からの福祉事業への進出が進む中、対象施設が900ヶ所ほどある中の7割の施設から情報提供に協力していただけたことに驚いた。施設を積極的にアピールしようと詳細に書き込んでいただいた施設も数多くあり、時代の変化を感じずにはいられなかった。

第9章　ITを活用して地域社会を紡ぐ　139

施設の中には、積極的にボランティアを活用したいと考えておられるところも数多くあり、実際にボランティアが活動している施設も多くあることがわかった。

ただ、施設と地域の交流や連携については、あまり進んでいないように感じられ、また家族が施設に依存しすぎる傾向が見受けられたのが大変気になった。

（4）「ぎふ地域コミュニティ支援センター」の設立

最近は、この事業に絞込みながら活動を進めている。

自治会やまちづくり協議会などのいわゆる、地縁組織と言われる組織の情報化支援と課題や再生のための調査・研究、企業・NPO等との連携の方策などの検討を行っている。

情報化支援としてWebGIS（地理情報システム）の活用を提案しており、地域コミュニティの活動分野別の情報発信とともに、地域の情報を重ねあわせて、色々な角度で地域全体を見ることにより、課題や問題点を発見しやすくするとともに、住民が地域活動に積極的に参加するための情報発信の方法などを提案している。

（ホームページ：http://www.hureainet.org/hureainet2/gifukomi.htm）

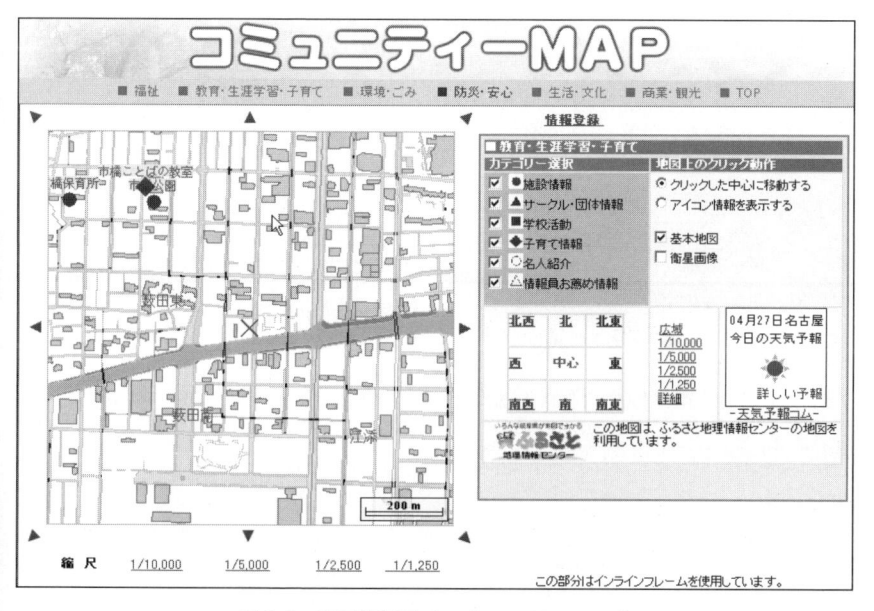

図9-7　GISを活用したコミュニティマップ

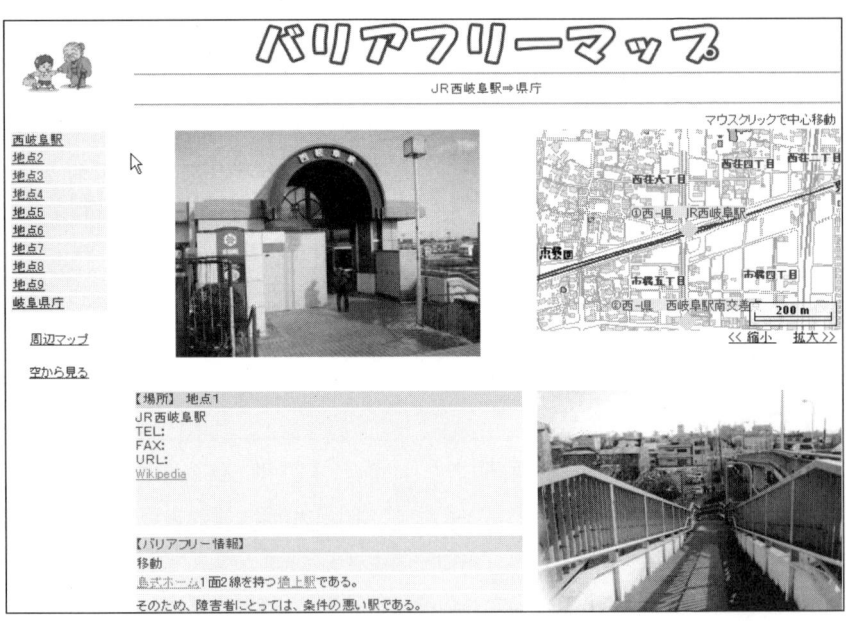

図 9-8 GISを活用したバリアフリーマップ

図 9-9 ワークショップ

事業の成果と課題

　NPOとして活動する中で、地域コミュニティの活性化と市民参加の促進を考えたとき、情報提供や情報発信の重要性を感じた。

　まだ始めたばかりの事業であるが、地域の情報を住民も参加しながら発信していくことが出来たらと考えている。情報収集の仕組み作りや運営方法など課題は多いが、じっくり取り組んでいく予定である。

4. おわりに

　私たちの今後の活動においては、比較的時間の自由があり、社会経験豊富なシニアや女性の活用は大きなテーマであり、地域コミュニティ活動においても同様のことが言える。

　地域コミュニティの再生は、いまや全国の地域・自治体の課題であり、地域資源の活用や人材の活用も含め、行政を含め住民も自治意識を高めながら取り組まなければいけない問題である。

　今後も地域の声を拾い上げながら、少しでもお役に立てる活動が出来るようがんばっていきたいと考えている。

第10章

地域の活力があふれる「さいえんすふぇすてぃばる IN 柳津」

1. はじめに

地域の住民が主体となったイベントが、地域・まちづくりに発展していった例として、岐阜県羽島郡柳津町で毎年行われている「さいえんすふぇすてぃばる IN 柳津」について、その概要をまとめてみたい。

2. 柳津町の概要

図10-1 柳津町の位置

柳津町は岐阜市南部に隣接し、人口約1万3,000人。1956年に柳津村、佐波村が合併し、旧柳津町が誕生、町制が施行された。2006年1月1日に岐阜市に編入合併する。

柳津町は岐阜市中心部と新幹線岐阜羽島駅、名神高速道路岐阜羽島インターチェンジを結ぶ道路交通の要である。また、2000年に複合型商業施設「カラフルタウン岐阜」ができ、地域住民の生活に大きな影響を与えている。居住人口1万3,000人に対し、昼間流入人口が1万7,000人と試算されており、その差の大きなことが特徴である。さらに公立の保育所、小学校のほか、岐阜聖徳学園大学と附属幼・小・中学校・高等学校、羽島北高等学校、岐阜朝鮮学校など、幼稚園から大学までが1万3,000人規模の地域にあるという恵まれた教育環境にあることも特徴のひとつである。町内の公立小学校は柳津小学校1校のみであり、町全域が柳津小学校の校区である。

3. 柳津町生涯学習の概要

　柳津町は町中央公民館事務室に生涯学習課を置き、町民の生涯学習を支援している。「柳津町中央公民館」の他「柳津町公民館」が施設として存在する。しかし、この2つは同じ敷地の中に連絡通路で接しており、運営管理は全て柳津町中央公民館で行っている。「柳津町中央公民館」という名称から、複数の公民館が存在するように感じるが、施設が複数存在するのみで、公民館活動は中央公民館で一括して行っているため、今後はこの2つを合わせて「町公民館」と記述する。町生涯学習課は柳津町、笠松町、岐南町、川島町で協同で設置している羽島郡四町教育委員会と密接な関わりを持っている。羽島郡四町教育委員会社会教育課から社会教育主事が一名派遣され、町公民館に常駐し、町職員とともに町民の生涯学習に対する支援を行っている。生涯学習課長が公民館長を兼任している。職員は嘱託職員を含め9名。公民館講座の開設やクラブ・サークル、文化協会の支援からスポーツ少年団の支援、町民スポーツ大会の支援など町民の学習活動や文化・スポーツ活動の要として機能している。

4. 「さいえんすふぇすてぃばる IN 柳津」の概要

　8月第1日曜日に町公民館を会場として毎年開催される。町内の青少年団体や青少年育成団体、学校が科学にちなんだブース（店）を開いたり、アトラクション（出し物）を行ったりする。子どもやその保護者は自由にブースを回ったり、アトラクションを全て無料で楽しんだりすることができるというイベントである。柳津小学校PTAが親子行事として行っていた「サマースクール～おもしろ科学実験」と町公民館が主催していた夏休み子ども教室を合わせた形で発展し、1999年より実行委員会形式で開催されている。7回を数えた2005年は参加人数が3,500人、スタッフ総勢200名を超えた。中心となって企画運営を行ってきた有志でNPO法人「サイエンスものづくり塾エジソンの会」を2004年に立ち上げ、町内だけでなく県内県外からの依頼を受けて、青少年に科学のおもしろさ・不思議さを体験させようと精力的に活動を行っている。

5. 「さいえんすふぇすてぃばる IN 柳津」の現状

2005年に参加協力をした団体は下図の通りである。町内にある小学校・中学校・高等学校の先生方、合唱や演奏のアトラクションを行う部活動や自分たちの取り組みをブースとして発表できる部活動・研究室、青少年育成団体が計20団体参加した。1つの団体でいくつものブースを設けるところもあり、合計で38のブースとアトラクションが設けられた。

表10-1　主催：さいえんすふぇすてぃばる IN 柳津実行委員会
NPO法人サイエンスものづくり塾エジソンの会

柳津小学校 境川中学校 岐阜工業高校 岐阜聖徳学園大学 　附属中・高等学校	境川中学校 　ギターマンドリン部 羽島北高校 　ブラスバンド部 　自然科学部 　生物部OB 岐阜高校 　音楽部 岐阜聖徳学園大学 　石原研究室 　教育研究会	柳津小学校PTA 　同　母親委員会 町子ども育成協議会 柳小PTA　OB会 町食生活改善協議会 佐波婦人会 町公民館・YYVクラブ 青少年育成町民会議

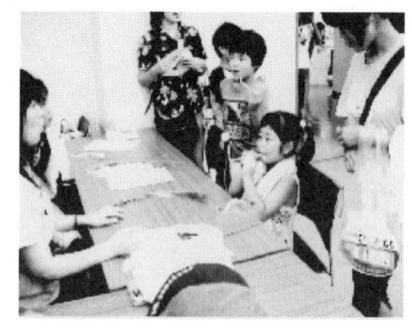

図10-2　2005年さいえんすふぇすてぃばるの様子

第 10 章　地域の活力があふれる「さいえんすふぇすてぃばる IN 柳津」　145

表 10-2　2005 年　内容の一覧

番号	団体名	ブース・アトラクション
1	柳津小学校	ういたりしずんだり
2		エンゼルス・ウイング
3		金魚すくいでたくさんゲッ2
4		はちぶんぶん
5		ひいてのぼって
6	境川中学校	お湯でとける金属
7	岐阜工業高校	じゃんけんロボット・おみくじロボット
8	岐阜聖徳学園大学附属中等高等学校	フィルムケースでロケットを飛ばそう
9	境川中学校ギター・マンドリン部	演奏
10	羽島北高校ブラスバンド部	演奏
11	羽島北高校自然科学部	噴水・空気砲で遊ぼう
12	羽島北高校生物部 OB	世界のカブトムシ＆クワガタ
13	岐阜高校音楽部	合唱
14	岐阜聖徳学園大学石原研究室	ドライアイスでホッケーをやろう
15	岐阜聖徳学園大学教育研究会かっぱの会	われないシャボン玉、表面張力
16	柳津小学校母親委員会	ブタ笛を作ろう
17		空気の力で浮かせよう
18		振るだけでバター
19		光るスライム
20	柳津町子ども会協議会	餅つき大会
21		ペットボトルロケット
22	柳津小学校PTA　OB会	簡単ジャムづくり
23		コメハゼは水蒸気爆発だ
24		ミカン油で手形をとろう
25		ホットプレートでポップコーン
26		プラメダルで遊ぼう
27		ビー玉万華鏡
28		風船で遊ぼう
29		風船ロケット・紙飛行リング
30		ドライアイスでシャーベット
31		ドライアイスでアイスクリーム
32	柳津町食生活改善協議会	ジャガイモ餅を作ろう
33	佐波婦人会	磁石で魚つりをしよう
34		好きな車を作ろう
35	柳津町公民館	木のメダル作り
36	公民館YYVクラブ講座	ぶんぶんで色の変化
37	柳津町青少年育成町民会議	ストローで竹トンボ
38	サイエンスものづくり塾エジソンの会	巨大万華鏡

当日は町公民館大会議室でオープニングセレモニーが行われた。来賓として町長あいさつ、テープカットを合図にブースが一斉に開かれた。各ブースと並行して大会議室ではアトラクションが行われ、様々な団体が発表をした。お昼休みをはさんで16時頃までイベントが行われた。

近年、NPO法人「サイエンスものづくり塾エジソンの会」による大がかりな科学工作も呼び物のひとつとなってきている。2005年は愛・地球博で話題となった大地の塔の万華鏡を模した「巨大万華鏡」を制作した。高さ約5m。畳1枚大のアルミコーティングパネル3枚を組み合わせた三角柱を2段に積み上げた。電圧により回転速度が変わるモーターで模様が変わる。町公民館ホールの測量と設計図の作成は水道工事業、三角柱の制作と会場への設置は建築業、模様が変わるモーター部はミシン業のメンバーが担当し、それぞれの専門性を遺憾なく発揮した。さいえんすふぇすてぃばる開催の前日午後からメンバー全員が会場入りし、足場を組んでの大仕事となったが、当日の盛況ぶりに苦労も報われた様子であった。

6.「さいえんすふぇすてぃばるIN柳津」の分析

1万3,000人規模の柳津町でこれほど盛大に、しかも長期にわたってイベントが開催されてきた理由を分析してみたい。

(1) 柳津小学校PTAの熱意

廣瀬昇町長が様々な会のあいさつの中で「まちづくりは人づくり、人づくりは教育から」と語ってきた。また、町民の総意で中学卒業時まで医療費を町負担としてきた。町も町民も青少年の健全育成にはお金も手間も惜しまない。唯一の公立小学校である柳津小学校に対しては「わが町の小学校」という意識が大変強い。町の未来を託す子どもたちのために夏休みの一大イベントに協力することが、「苦」どころかむしろ「楽しい」と感じている。

現役の柳津小学校PTA会長が実行委員長を引き受けること、PTA本部役員が当日の進行やさいえんすふぇすてぃばる終了後の反省会を世話することになっている。本部役員OBは年度ごとにブースを担当する。2005年ではOBによるブースが10。本部役員OBが歴代10年集まり、年に1回同窓会のような形でブースの内容

を考える。現役の本部役員と歴代のOBが終了後の反省会で一同に会する。柳津町で唯一の公立小学校PTA本部役員が将来の地域・まちづくりの担い手となっていくのである。

　また、たくさんの学校が、先生方、部活動の単位でさいえんすふぇすてぃばるに参加している。柳津小学校PTA本部役員OBが中学校PTA本部役員や高校PTA本部役員となり、その役員を通して学校に協力要請をする。学校としても協力せざるを得ない。その実績が毎年積み上げられて現在の参加数に発展していったのである。

図10-3　巨大万華鏡

（2）素晴らしいコーディネーターの存在

　町内にお住まいのAさんは県立高等学校の理科教員。瑞浪市にある岐阜県先端科学技術体験センター「サイエンスワールド」創設に尽力され、科学実験教室のプロ中のプロである。日本科学技術振興財団のサイエンスレンジャーにも登録されている。また、柳津小学校PTA本部役員を経験された。さいえんすふぇすてぃばるの企画・立案、予算の調達、各科学実験ブースの世話などをボランティアで一手に引き受けている。

　Aさんの素晴らしいところは、ご自身が科学実験講師として子どもたちに科学の不思議さ・おもしろさを広めているだけではなく、講師の育成をしている点である。しかも、教員や研究者といった科学のプロを講師にするのではなく、地域のおじさん・おばさんを講師として育成している点である。子どもたちが目を輝かせて実験に見入る様子を体感してもらい、教えるおもしろさを知ってもらおうと考えている。

　「サイエンスものづくり塾」というサークルを立ち上げ、様々な科学実験を親子で楽しんだり、他の場で発表できるように広めたりしてきた。また、町公民館主催「科学実験教室：エジソンを目指せ！」では、サイエンスものづくり塾で学んだ受

講生を講師に巻き込み、1度に3教室を開催するなどしてきた。

2004年には一緒に取り組んできた仲間とともにNPO法人「サイエンスものづくり塾エジソンの会」を立ち上げた。県内、県外を問わず依頼があれば子どもたちのために出前の科学実験教室を行っていくためである。

使命感や利害関係にとらわれず、ボランティアの立場で取り組み、科学実験教室の仲間とお酒を飲んだりゴルフに出かけたりと、科学実験教室を通して仲間との交流を楽しむAさんが地域にいるからこそ、さいえんすふぇすてぃばるがこれだけ盛大に長期間続いているのである。

7. 町公民館（行政）としての関わり

（1） これまでの関わり

町として実行委員会には補助金を支出してきた。また、会場利用についても便宜を図ってきた。しかし、職員は実行委員会に関わらなかった。当日は施設管理の立場から職員が1名出勤して事務室に詰めていた程度であった。実行委員会の会議運営から前日の会場準備、後片づけや掃除に至るまで、全て実行委員会が行ってきた。柳津町のような小さな市町においては行政が全てお膳立てすることが多い。そんな中で全くの自主運営がされている点はある面理想である。

しかし、柳津町とその周辺から3,500人を超える人が町公民館に集まるにもかかわらず、全くのお任せで本当によいか、という心配が筆者にはあった。町公民館には開催についての問い合わせがしばしばあり、答えに窮することも多かった。町公民館施設や備品などの使用について町役場と調整を図ったりする必要もあった。実行委員会の方からも非公式に「公民館は冷たい」という声もしばしば聞かれた。

そのため、実行委員会の自主性を損なわない範囲での公民館（行政）の望ましい関わり方として、「つかず、離れず」の姿勢を貫くことを意識した。

（2） 望ましい関わりの確立—「つかず、離れず」
1） 町公民館としてのブース参加

町公民館も青少年育成団体のひとつとしてブースを持つこととした。幸い館長が木工旋盤のセミプロであったため、2004年は「木のこまづくり」、2005年は「木

のメダルづくり」を行った。さいえんすふぇすてぃばるに対し指導的な立場ではなく、「賛同」の立場で実行委員会に関わったことで連携がより密になった。

 2） 行政・公的機関への窓口（接点）となる

　教育委員会への後援申請や町長あいさつ依頼を預かり、担当部署へ届けたり、回答を届けたりした。また、新聞社等へFAXを送付したり、申込書を受け取ったりなど窓口として活動した。

図 10-4　木のこまづくり

（3）　関わった方が誇りと充実感を持てるような働きかけをする

　さいえんすふぇすてぃばるに関わった方が誇りと充実感を持つことにより、地域として特色のある継続的な取り組みに発展すると考えた。そこで行政としてできることを考えた。

 1） さいえんすふぇすてぃばるでの功績を評価する

　さいえんすふぇすてぃばるの中心的な役割を担ったり、町公民館主催の科学実験教室講師を継続的に行ったりした功績により、Aさんは2003年に岐阜県地域教育賞を受賞した。

 2） 特色ある活動として他地域に紹介する

　2005年度実績では、9月に行われた岐阜県公民館研究大会分科会、11月に行われた飛騨市教育委員会研修視察、1月に行われた岐阜市公民館長会研修会でさいえんすふぇすてぃばるについての発表を行うなど、他地域に向けて積極的に取り組みを紹介した。

図 10-5　県公民館研究大会の様子

8. 今後の展望

　岐阜市との合併調整に際し、岐阜市側から「市立科学館の1イベントとして取り組んでいってはどうか。」という提案があった。「さいえんすふぇすてぃばる」というネーミングから、子どもたちが科学体験を通して科学に関する興味関心を深めるイベントであると認識をしたようであった。しかし、このイベントは参加する子どもたちが楽しむと同時に、ブースを開く地域の大人も楽しむという側面が意識されていなかった。地域のおじさん・おばさんが地域の子どもたちのために取り組む。近所に住み、顔を見知った子どもが参加したり、小さな子どもを連れた知り合いの方が参加して楽しんでいくからこそ毎年協力しようという気になるのである。地区で行われる盆踊りなどと同じく、地域づくり・まちづくりの活動である。検討を重ねた結果、今後は地域振興に関する分野での事業として継続実施される見通しである。

　柳津地域の活力を岐阜市全域へ発信していくよいチャンスである。会場の広さなどの問題はあろうが、近隣の地域を巻き込みながらさらに大きなイベントとして成長することを願う。柳津地域の特殊な地域性から発展していったこのイベントを他地域がすぐにまねすることは難しいであろうが、地域住民の活力が様々な団体を巻き込み、地域を挙げてのイベントに発展していった例として認識していただければ幸いである。

第 11 章

子どもたちのために社会教育ができること
―自分の可能性を伸ばす子どもの姿をめざして―

はじめに

　岐阜県羽島郡岐南町中央公民館は、岐南町における社会教育の中枢となる役割を担い、「家庭や地域社会の教育力の向上」と「住民が願いや目標をもち、主体的・継続的に取り組める生涯学習の促進」をその運営方針としている。中央公民館は、館長以下、職員が 3 名、うち社会教育主事が 1 名、その他に嘱託が 1 名、臨時職員が 1 名という職員体制である。
　本稿では、中央公民館における子ども（主に小学生）を対象とした事業について述べる。
　主体的に地域に働きかけたり、自分の可能性を伸ばしたりできるたくましい子どもの姿と、子どもを地域ぐるみで育成する重要性を認識し主体的に子どもに働きかける大人の姿を願っている。

1. 2004 年度までの取り組み

（1）　岐南町

　岐阜県羽島郡岐南町は、広大な濃尾平野の北部に位置し、なだらかな平坦地に広がる町で、総面積は 7.9km^2、県下で 5 番目に小さな面積の町である。東西に国道 21 号、南北に国道 22 号という非常に交通量が多い 2 本の国道が町の中心で交差している。
　人口は、2 万 3,069 人、世帯数は 8,412（2005 年 4 月 1 日現在）で、微増傾向である。人口ピラミッドで、全国と比較すると、労働人口の 20 歳〜 40 歳代が多い。

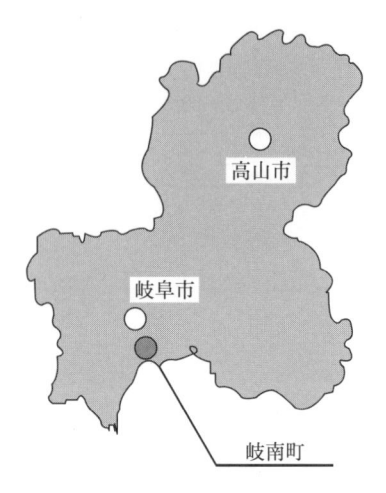

図11-1 岐南町の位置
（岐南町作成）

名古屋への通勤の便がよい立地にあり、住宅物件が非常に多いことに起因する。また、その世代の子どもの人口も全国の傾向と比較すれば多く、6歳以下は増加傾向にある。小学生とその保護者をターゲットにしたサービスに力を入れることが、定住人口の増加につながり、岐南町の発展に寄与すると考えられている。

社会教育関連の施設としては、中央公民館を中心に7館の学習等供用施設（東町民センター、北町民センター、西町民センター、南町民センター、徳田町民センター、平島町民センター、三宅町民センター）、伏屋獅子舞会館、

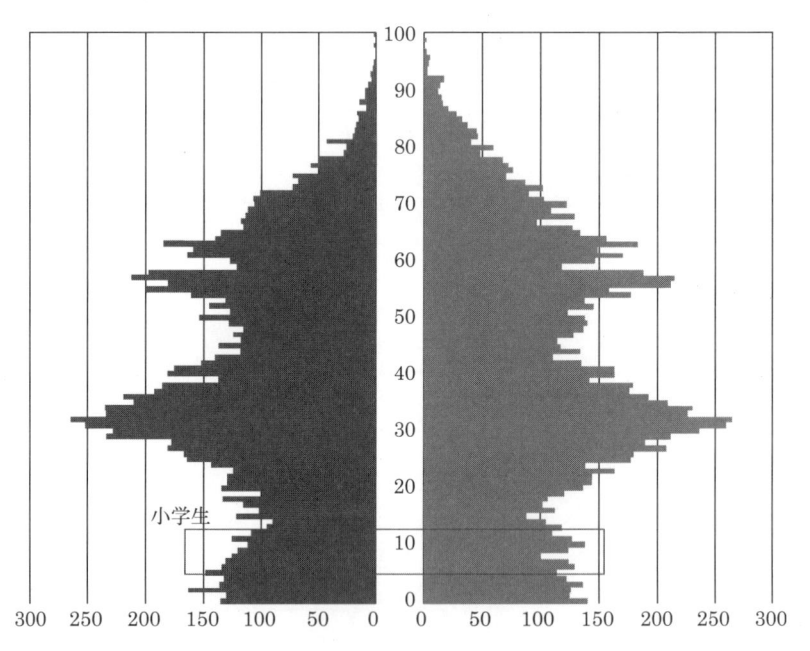

図11-2 岐南町の人口ピラミッド（2005年）
（岐南町役場資料より）

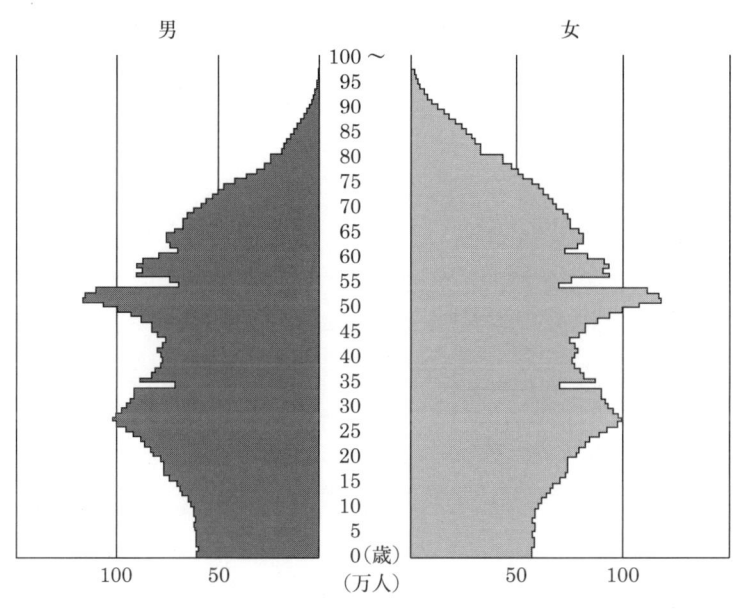

図11-3 日本の人口ピラミッド（2000年）
（国勢調査資料より）

図書館、歴史民俗資料館、総合体育館などがあり、2006年4月には集会施設（ほほえみ会館）がオープンする。このように様々な小規模施設が町内に点在していることが特徴である。

（2） 子どもの実態

岐南町には、小学校が3校あり、東小学校（児童数521人、17学級）、西小学校（児童数428人、13学級）、北小学校（児童数447人、15学級）で各学年2、3学級の中規模校である。

小学生の家庭生活の実態についての調査（岐南町オンブズパーソン報告書（1999年）/質問紙法による保護者対象の調査結果の分析）によると、概して問題を抱える家庭は少数である。オンブズパーソンは、家族関係についてのいくつかの質問への回答を凝縮性（家族メンバーがお互いに持っている情緒的きずな）と適応性（内的・外的な圧力に対する家族変化の柔軟性）の2面で評価し、次の3群に分類した。バランス群（家族メンバー間のバランス・関係がよく、健康的である家庭）

と中間群（凝縮性と適応性のどちらか一方に偏りがあるが、問題ではなく家族の個性ととれる）と極端群（家族関係・家族機能になんらかの問題があると考えられる）である。図11-4に示すように極端群が少ないことから、問題を抱える家庭が少ないと結論づけている。

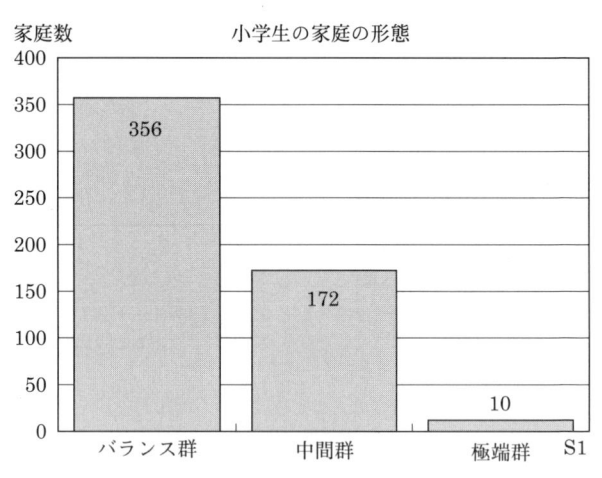

図11-4　小学生の家庭の形態
（岐南町オンブズパーソン調査資料より）

　余暇の過ごし方の実態に関わって、スポーツ少年団に所属する子どもは319人で、全体の22.8％になる（2005年、総合体育館調べ）。塾や習い事については、学校の把握によれば、多くの子どもが複数の塾ないし習い事をしているとのことである。

　オンブズパーソンがまとめた子どもの意識調査の結果（図11-5）によると、次のような子どもの余暇の過ごし方の実態が浮かび上がる。
- スポーツ少年団に所属している子どもの大半がスポーツ少年団の活動に意欲的である。
- 4人に1人が、「寝たい」と回答している。「家にいたい」という子どもが、100人もいる。空き地や公園、学校の運動場で遊ぶという外遊びが少ない。子どもたちが、主体性や創造性に乏しい余暇の過ごし方をしていると言える。

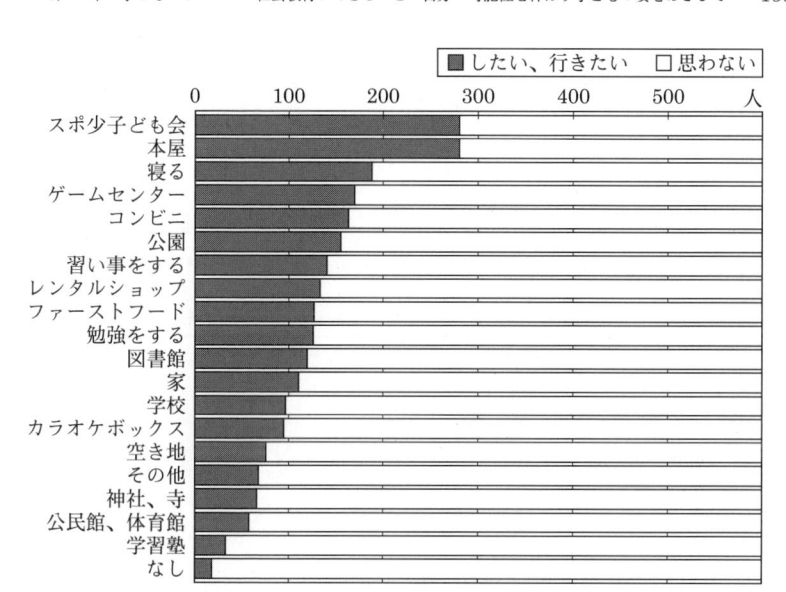

第11章 子どもたちのために社会教育ができること—自分の可能性を伸ばす子どもの姿をめざして— 155

図11-5 余暇の過ごし方についての子どもの意識
（岐南町オンブズパーソン調査資料より）

（3） 小学生を対象とした取り組み

2004年度、岐南町中央公民館は、小学生を対象とした事業として、1）「家族教室」、2）「夏休み子ども教室」、3）「サタデークラブ」を実施していた。

1） 家族教室

家族教室は、土曜日に小学生を対象として保護者と共に学ぶ講座である。

年間6回ほど、木工工作や料理、鉛筆・箸の持ち方教室、プラネタリウム（各務原少年自然の家）での星の観察教室などを開催してきた。

事前に申し込みを受け付けて定員オーバーの場合には、抽選をしている。

表11-1 2004（平成16）年度家族教室一覧

教室名	参加人数
親子で作る手作りおもちゃ　恐竜ブラキオサウルス	29人
家族で星をみる会	34人
遊びながら学ぶ　鉛筆とはしの持ち方	12人
家族で作る楽しい料理	16人

家族で星を観る会	27人
ポーセラーツ体験（クリスマスの壁掛け）	39人
シルバーアクセサリー（ペンダントトップ）	13人
家庭でできるおもちを使った料理	21人
青空見て風と遊ぼう！鳥になろう！プロペラ飛行機づくり	7人
家族で星を観る会	27人
押し花でおひな様を作ろう	3人
すてきなビーズアクセサリー（ネックレス・ブレスレット・指輪）	15人

2） **夏休み子ども教室**

夏休み期間中の午前中に小学生を対象として開催する講座である。

約10教室ほど、各種工作、陶芸、理科実験教室、パソコン教室、自然体験教室などを開催してきた。

毎年、定員を上回る応募があり、受講者決定のための抽選を行った結果、申込者ののべ3割程度が落選していた。

表11-2　2004（平成16）年度夏休み子ども教室一覧

教室名	参加人数
ふるさと探検隊昔の道を歩こう	5人
ふるさと探検隊昔話の絵をかこう	4人
算数ワールド　算数って楽しい	43人
手作り絵本を作ろう	12人
木のおもちゃを作ろう　さるのノッカー	48人
木のおもちゃを作ろう　ティラノサウルス	49人
押し花でかわいいフクロウを作ろう	22人
レースをつかった素敵なティッシュボックスを作ろう	18人
針穴写真機を作ろう	27人
七宝焼きでキーホルダーやブローチを作ろう	23人
ペットボトルで簡単な理科実験	16人
おやつを作ろう	28人
夏の料理を作ろう	23人
遊びながら学ぶ　鉛筆と箸の持ち方	11人
体験ポーセラーツ	34人
リサイクル工場と名古屋港水族館見学旅行	39人

3） サタデークラブ

2002年度からの学校週5日制完全実施に対応して、土曜日に「サタデークラブ」をスタートした。

指導を岐阜聖徳学園大学レクリエーション研究会約10名に依頼し（活動指導員として活動）、東・西・北町民センターで、9時から11時に実施した。

参加対象は小学生で、1、2年生は保護者同伴とした。また、参加対象の弟、妹については保護者同伴であれば参加可能とした。申し込み不要で何時からでも参加できるようにした。

活動指導員に計画立案から当日の活動の準備まで全てを一任していた。前半1時間は、3～5種類程度の集団ゲーム、後半1時間は、一種類の工作という内容で実施された。

2003年度は、年間13回、3カ所同時開催なのでのべ39回実施して、1回につき平均18.4人の参加があった。

2004年度は、文部科学省の"子どもの居場所づくり新プラン"「地域子ども教室推進事業」を受け、岐南町地域子ども教室実行委員会を設立し、「サタデークラブ・サンデークラブ」を実施した。一校区限定で事業を受託したため、「サタデークラブ・サンデークラブ」は、東町民センターでのみの実施となり、西町民センターと北町民センターでは、従来通り町事業「サタデークラブ」を実施した。

「地域子ども教室推進事業」の「サタデークラブ・サンデークラブ」は、年間40回、平均15.3人の参加であった。町事業「サタデークラブ」は、年間14回、平均15.1人の参加であった。

「サタデークラブ・サンデークラブ」の参加状況を分析し、課題考察を進め、改善の指針を明らかにした。

（4） 2004年度の地域子ども教室の分析と課題考察

1） 参加状況

参加名簿に記名された氏名、学年から、参加状況を把握した。

- 参加したのは、実質87名である。1度きりしか来なかった子どもが37名で、半数以上の子どもが2回以上参加している。

- 参加者を学年別に集計すると、5年生、4年生、1年生、2年生の順に多い。兄弟での参加が多い。
- 会場近くに住む子どもの参加が多い。

2） 参加者増加のための手だて

7月実施の実行委員会で、PTA関係者から、「具体的な内容が分かれば、子どもに勧めようと思う」という意見が出た。4月当初に配布したチラシには、年間の日程と大まかな内容しか記述されていなかったからである。そこで、10月、1月には、ゲームと工作の内容を記したチラシを配布した。

小学校の給食中のテレビ放送でコマーシャルビデオを放映した。子ども達が大学生と楽しく遊ぶ映像や大学生が参加を呼びかけるシーンなどで構成し、子ども達に「サタデークラブ・サンデークラブ」の状況を映像と音声で伝え、参加を促した。

12月に参加人数の推移をグラフにまとめた。チラシ配布とコマーシャルビデオ放映後に参加人数が増えており、効果があったことが分かる。名簿を確認すると初めて来る子どもがほとんどであった。

ところが、その後また以前の参加者数に戻ってしまった。継続して参加するリピータが多い中、途中から一度顔を出した子は、その後、来なくなってしまったのである。活動指導員とリピータは、かなり親密になっている。それだけに、新しく来た子ども達が入りにくいと感じたのではないかと思われる。

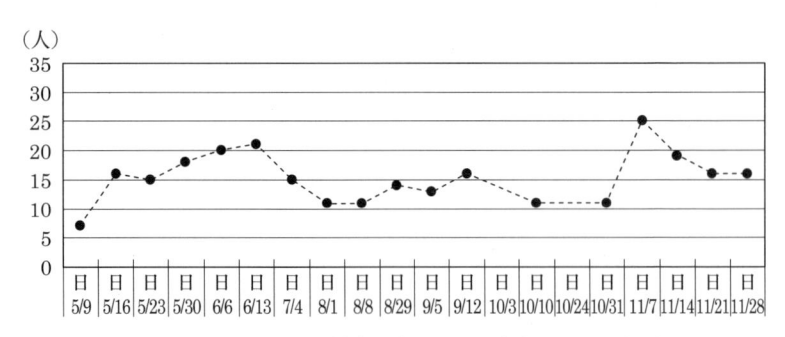

図 11-6　サンデークラブ参加人数の推移（空白日は、中止日）

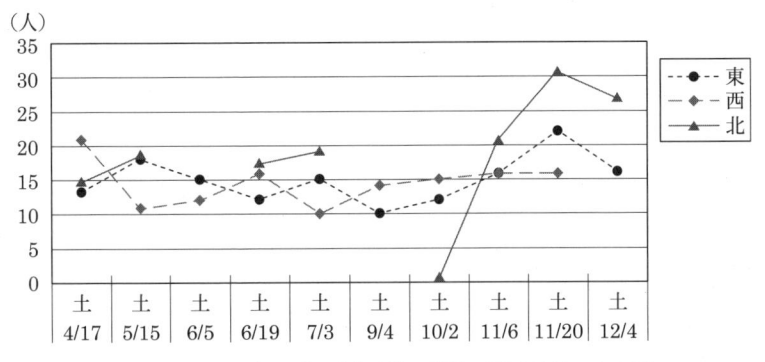

図11-7　サタデークラブの参加人数の推移（空白日は、中止日）

3）利用者の声

10月に保護者から、「4月に他の市から転校してきました。近所の友達ができるか不安でしたが、5月からサタデークラブ、サンデークラブに行くようになり、カレンダーに○をつけて、毎回欠かさず行くようにしています。こんなクラブのある町に越してきてよかった。」という声が届いた。子どもに喜んで受け入れられていることが分かった。

12月には、文部科学省の指導のもと、アンケートを実施した。

① 参加した子どもの意見

満足度をポイントで示すと91ポイントとなり、非常に満足度が高いという結果となった（満足度とは、「大変満足」の回答数に4を、「満足」の回答数に3を、「やや不満」の回答数に2を、「不満」の回答数に1をそれぞれ乗じて、それらを和した数を全回答数で除して算出した指標である。100ポイントが最高となる。）。具体的には、次にあげるアンケートの自由記述欄の内容から、指導者の提供するメニューが子どもたちのニーズにマッチしていたことや余暇を楽しく過ごせたこと、友達作りの機会となったことが分かる。

- 友達といっぱい遊んだことがおもしろかった。
- いろいろな工作ができて、写真立てをつくるときが一番楽しかった。
- クリスマス会と「海」と「花火」立体画づくりが、とっても楽しかったです。
- 休みの日はひまだから、これが始まってから行ける日は来ているし、友達も来てくれるからこれをやってくれて良かった。

- 友達や大学生の人といっぱい友達ができて、最初はどきどきしていたけど、だんだん馴れてきてとても楽しくなってきて、サタデークラブ・サンデークラブのおかげだと今でも思っています。
- 自分の知らない遊びが遊べて良かった。工作も楽しい工作ばかりなのでうれしいし、作ったことがない工作が作れるとうれしかった。これからもいろんな遊びや工作を考えてやってくれるとうれしい。

② 保護者の意見

保護者の満足度は、95ポイントで子ども以上に満足度が高いという結果であった。子どもが楽しく活動して帰り、次の教室を楽しみにしている姿を喜び、感謝の気持ちを表してくださる方もあった。

- いつも楽しかったと言って帰ってきます。週休2日制となり休みが多い中、子どもが楽しく過ごせる場があり、とても感謝しています。
- 子ども達はいつも楽しみにしています。スポ少を休んででも行きたいと言って行きます。いつも楽しませてくれて、ありがとうございます。
- これからも続けていってほしいです。来年小学生になる弟も今から「サタデークラブ」に行くのを楽しみにしています。
- クラブのある休みは、前の夜から楽しみにしていました。なかなか大学生との交流することがなく、このようなクラブは子どもにとってとてもいいことだと思っています。大学生の皆さんは大変かと思いますが、親としてはとてもありがたいです。来年も楽しみにしています。
- 普段では接することがない大学生の方、子どもにとって遊び、工作を教えてくれるけど、学校の先生ではなく頼れる友達みたいな感覚ですぐにうち解けることができるみたいです。毎回、終わった後「今日は、こんなお兄さん、お姉さんがいたよ。これを作ったよ。こんな遊びをしたよ。」とうれしそうに話してくれます。これからも引き続きお願いしたいと思います。

③ 指導者の声

活動指導員の大学生の満足度は、99ポイントであった。活動指導員の大半は、将来教員をめざす者であり、子どもに接する機会が将来の仕事に役立つ貴重な経験になったという自覚があり、意欲も旺盛である。純粋に子どもが好きだから教室運営を楽しんで出来るという声もある。安心して任すことができる頼もしい指導員である。

- 指導員として子ども達の前に立たせてもらえることのすばらしさを日々感じつつ自分が未熟だと感じます。
- いろんな子どもがいてどうしたらよいのだろうと戸惑うこともあるけれど、とても楽しい。子どもの一生懸命で楽しそうに活動している姿を見るとうれしくなる。
- 周りで違うことをしている子ども達が一緒になって遊んでくれるようなレクをしていきたい。
- 子ども達と関わる中で接し方を学べたり、レクをできたりするので自分にとってとてもいい経験になった。子どもは、元気がよく、みんな明るいので、いつもそのパワーをもらっている。
- 毎回、子ども達の笑顔が見られて、やりがいを感じます。もっといろいろな地域の方なども参加できたり、多くの子ども達、中学生も参加できたりするとより地域ぐるみになれて良いと思う。
- たまには、どこかに出かけたい。もっと地域の人が混じってくれた方が進めやすいし、「地域子ども教室」として誇れる活動になると思う。
- たまには、もっと広いところを使って、紙飛行機大会をしたりしたい。
- 子ども達を静かにさせることが、いかに大変かが分かった。
- 1学期は1つの工作をみんなで作る喜びを感じることができて、とても感動的でした。
- 学年関係なく交流できるのでよい。

④ 保護者からの要望

保護者からは、次のような要望を頂いた。

- 広報などを通して、活動内容を詳しく教えてほしい。どうやって参加すればよいのかわからないから参加しにくい。
- 行かせたいと思ってはいても、行ってくれないので、たぶん本人は興味が無いようで…学校の放送などで案内してもらえると本人が、もっと気にするかも？！
- 楽しそうな教室で、親子で体験できるのがよいと思います。もっといろいろ教室を増やしてほしいです。

開始時にしか宣伝をしていないので、定期的に宣伝をしていくことで、子どもや保護者に認識してもらえるようにする必要があるとわかった。また、いくら評判がよいと言っても、内容が合う子どももいれば、そうでない子どももいる。様々なニーズに合わせて教室の内容を多様に用意する必要がある。

4） 課題考察

会場周辺の子どもの参加がほとんどであった実態から、「サタデークラブ・サンデークラブ」が、一校区でしか開催できないのは、不公平なことである。これは、放置できない問題である。

岐阜聖徳学園大学のレクリエーション研究会の活動指導員は、評判がとてもよい。しかし、今後も継続して人数を確保できる保証はない。地域の人材活用を積極的に進めていく必要がある。

レクリエーションと工作にも様々あるので、今後も内容を事前告知していくことが大事である。しかし、子どもの可能性を伸ばすという観点から、内容をもっと柔軟に広げていかなければならないのではないかと思われた。

（5） 事業改善の指針

1） 家族教室について

参加者が多く、好評なので地域子ども教室のプログラムに組み入れて継続する。参加者の視点に立って、地域子ども教室と同一のパンフレットを見れば、どんな教室があるか一望でき、選択できた方がよいと考える。

2） 夏休み子ども教室について

長期休暇中に開催する教室なので、工作や研究など継続的に取り組むことができる内容や苦手を克服する内容、新たなことに挑戦する内容に特化して、これまで通り、地域子ども教室とは別立てで開催することとした。募集時期も夏休み前なので、別立てでも問題はない。

3） 地域子ども教室について

地域子ども教室事業の改善指針を次の3点にまとめた。

|地域の指導者| 現在の活動指導員は、子どもの評判がとてもよいので継続して指導をお願いする。しかし、地域の子どもは地域で育てるという意識を広めるため、地域の講師を登用し、段階的に増やしていく。

|参加しやすい場所、時間| 町内の数ある社会教育施設を利用して、どの校区の子どもにも参加しやすいように配慮する。また、実施時間も内容や場所に応じて設定する。

ニーズに応じたプログラム　子どもの潜在的なニーズ、保護者の願いに対応し、子どもの可能性を伸ばすという観点から、内容を次のようなジャンルに広げる。

- 消極的な子、自己表現が不得意な子に、仲間づくりに資するレクリエーション
- 関心・意欲が湧かない子に、工作やマジックやトランプなどの身近なゲーム
- 夏休みの作品づくりにつながる、史跡探検や発想を広げる工作など
- 学習の苦手意識克服のために、「鉛筆の持ち方講座」、「漢字検定」等の学習
- 記録作りに挑戦してみたい子に、チャレンジ・ザ・ゲーム（全国レクリエーション協会主催）

2. 2005年度の実施状況

（1） 岐南町地域子ども教室（Gさうす）の企画
1）実施方法

1.でみてきたような事業改善の指針を基に調整して2005年度は、地域子ども教室の実施方法や内容を大きく変更した。変更したことを町民にアピールするために、名称も「Gさうす（G＝岐、さうす＝南、つまり岐南）」と改名した。

開催日時は、アンケートでは放課後の実施の要望が無かったので、2004年度と同様、土曜日の開催とした。開催時刻は、家庭の事情や町内バスの時刻などを考慮して、2004年度と同様午前9時〜11時を基本とし、内容に応じて時間を柔軟に設定することにした。

参加対象は、岐南町在住の小学生とした。場所は、中央公民館、東町民センター、西町民センター、北町民センターを基本とし、必要に応じて他の場所で実施することも可能とした。

① 3種類の教室

　これまでの事業も活かしつつ、地域ボランティアによる新しい教室も組み込んで、Gさうすを立ち上げた。意味づけと内容の違いを明らかにするために、3種類の教室の名称を次のように定めた。

Gさうす♪ふれあいすと　地域の人材を活動指導員として活用する新しい教室。地域の大人と子どもがふれあう教室。

Gさうす♪まなびすと　家族教室から発展した教科学習の興味付けをする教室。

工作の教室は、夏休み子ども教室へと移行する。

|Gさうす♪あそびすと| 2004年度まで好評の大学生と集団ゲームや簡単な工作を楽しむ教室。記録に挑戦するものとして、全国レクリエーション協会の「チャレンジ・ザ・ゲーム」を新規に取り入れるよう依頼した。

② 地域ボランティア講師

ふれあいすとの講師（活動指導員）を集めるために3つの方法を採った。

- 町の広報誌2月号に募集記事を掲載する。
- 2月中旬の公民館のクラブ・サークル継続登録時に、講師をする意思を確認する。
- 公民館講座の応募用紙にアンケート欄を設けて、講師をする意思を尋ねる。

以上の方法で活動指導員を募集し、3月までに次の方々がボランティア登録をした。

表11-3 地域ボランティア一覧

名前	年齢・性別	指導可能内容
Sさん	70代女性	腹話術、パソコン
Tさん	10代男性	マジック
Mさん	70代男性	写真、竹細工
大正琴クラブM会	講師70代女性、他2名	大正琴
Oさん（県音楽療法士）	60代女性	ヴィオリラ、手作り楽器他
Gマジッククラブ	代表80代男性、他2名	マジック
Hサークル（フォークダンス）	講師60代女性、他多数	フォークダンス
Hクラブ（多言語）	代表50代女性、他多数	国際理解、外国語会話
Tさん	40代女性	サポート
Fさん親子	40代女性、中1男	サポート

2月15日に説明会を開いて、講師同士で日程を調整して、年間の計画を立てることにした。

集まった方々に伺うと、ボランティアに応募した理由は、「人のためになりたい」・「自分自身の励みにもなる」・「自分が習ったことを若い世代に伝えたい」とのことであった。中には、岐阜市などで経験済みの方もいた。「ようやく地元で活躍

できてうれしい。」という声も聞いた。
　また、募集前には想定していなかった「講師はできないが、サポートをしたい」という方も現れた。「何も教えることはできないが、地域の子どものために何かできることはないかという気持ちでいました。」とのこと。講師に希望を伺ってサポータを配置することにした。

2） 年間計画

　直接面談と説明会を通して、ボランティアの方々の希望をもとに、「ふれあいすと」の年間計画を立案した。年間12回（3ヶ所同時開催）でのべ36回とした。「まなびすと」は、年間12回。「あそびすと」は、年間15回（3ヶ所同時開催）。のべ45回の計画。合計39回（のべ93回）を計画した。

3） 企画の周知と参加者募集

　リーフレット　小学生の保護者を始め、全町民対象にGさうすの趣旨を広めるために作成し、4月初旬に全戸配布し、その後、社会教育施設に常設した。

　パンフレット　募集時期（4月と9月）に教室の内容や参加方法や応募方法を記載して、応募用紙と共に小学校と社会教育施設にて配布した。

　コマーシャルビデオ　各教室の内容を映像でアピールするビデオを編集し、小学校の給食時間に放映して、小学生自身の参加意欲を喚起しようとした。

　広報誌、同報無線　小学生の保護者対象にGさうすの募集期間を知らせた。

　「あそびすと」は、2004年度までの「サタデークラブ・サンデークラブ」と同様、当日受付とした。「まなびすと」は、材料の準備や教室のキャパシティを考慮して、事前申込み制とした。「ふれあいすと」は、講師（活動指導員）に決定権をゆだねた。ほとんどの教室が事前申込み制としたが、一週間前までは、定員内に限り先着順で受け付けた。パンフレットに折り込んだ「申込用紙」に記入してもらい、各小学校や公民館に設置した「Gさうすポスト」で参加を受け付けた。

4） 安全の確保

　当日は、活動指導員だけで会場準備、受付、教室の開催、片づけ、子どもの帰宅確認、反省会まで全てを進めるよう依頼した。図11-8が、活動指導員への子どもの安全確保に関する説明プリントである。

166　Ⅱ　岐阜県内の取り組み

	ボランティア講師		事務局（中央公民館）
講座 1週間前	打ち合わせと準備完了 事務局に連絡（　　　　） ・印刷物の有無、道具類の貸し出し希望の有無、集合時刻		→ 印刷や道具などのお手伝い
講座 当日	8:30	・開催場所に集合 ・受付名簿の設置、会場準備	（実施状況の確認、写真撮影）
	9:00	講座開始	
		（休憩時間）	
	10:50	講座終了 ・受講生と共に片づけ、掃除	
	11:00	・受講生見送る。全員が帰途についたのを確かめる。 ・終了報告（　　　　） ・実施報告書記載 ・12:00までに解散する。	→ 人数と無事終了の報告を聞く

図 11-8　当日と当日までの動き
（活動指導員への説明プリントより抜粋）

　教室の企画は、慣れていない方もみえるので、企画書に記入しながら、詳細を決定した。（図 11-9）

　また、安全対策として、文部科学省の「安全管理マニュアル」と活動記録簿を活用して、危険を回避する方法と緊急時の対応の仕方を説明した。また、不審者対策として、教室に入室する大人（ボランティア、保護者、見学者）は、名札を着用することとした。

　活動記録簿には、活動の記録だけでなく、参加状況や次の参加者へ伝えたいことを記入する欄を設けた。（図 11-10）

（2）　Ｇさうすの実施状況
1）　Ｇさうす♪ふれあいすと

　のべ36回の教室を開き、のべ209人の子どもが参加した。平均で5.8人（1教室あたり）の参加率であった。

第11章 子どもたちのために社会教育ができること―自分の可能性を伸ばす子どもの姿をめざして― 167

ふれあいすと　講座詳細

広報誌（町内全戸配布）・募集要項（小学校配布、公共施設に配置）・コマーシャルビデオ（小学校放映）などに利用します。一人でも多くの参加者が集まるよう工夫してください。

講座タイトル（15字以内）	おしゃべりが出来るお人形？
講　師　名	
回数（月/日）	（ 3 ）回　① 6/11　② 6/25　③ 7/9　④ /　⑤ /
時　　　間	9 時 00 分 ～ 12 時 00 分
場　　　所	町民センター（㊞東・西・北）・その他（　　　　）
講　座　内　容（200字以内）	子供にだって誰にも話せない心の中の叫びやなやみごとを聞いてもらえる相手がいるとしたら素敵だね。それがいるんですよ。誰かって？ 君の右の手におしゃべりが出来る人形を持って、勉強のこと友達のこと生活のことなんでもOK！ 話そう。笑おう。歌おう。三回の講座で人形の動かし方、腹話術の発声法、台本の作り方を、時間は足りませんが、喜びを分かち合える君だけのお人形に早く出逢いたい、と思いませんか。さあ集まろう。
持ち物（個数）	
対象学年	小（ 1 ）年～小（ 6 ）年　　兄弟の園児受け入れ（㊞可）不可
保護者同伴	必要・㊞可能・不要
定　　員	30 人
事　前　募　集	（○）事前募集して人数を把握したい。（4月中に決まります。） （　）当日受付でよい。（直前まで宣伝することができます。）
アシスタント	（　）知り合いに依頼する。（　　人） （○）ボランティア講師の協力を希望する。（ 2 人）
ビデオ収録	（○）活動の様子（ 3 月 5 日　　時　　場所　　　　） （　）自分で宣伝（　　月　　日　　時　　場所　　　　）
講座用資料印刷	（　）事前に中央公民館で資料を印刷したい。

図 11-9　教室の企画書

Gさうす♪ふれあいすと、Gさうす♪あそびすと　実施報告書

月	日	教室名

参加人数

参加者（子ども）	同伴者（大人）	欠席者（子ども）
人	人	人

指導者名

活動指導員	安全指導員

実施時間

指導員入館時刻	教室開始時刻	教室終了時刻	参加者退館時刻	指導員退館時刻
：	：	：	：	：

安全・安心・主体的な教室にするために

確認事項	チェック欄（レ点）
部屋と道具の安全を確認する（ケガ防止）	
指導員と同伴者は名札を着用し、名札のない大人が入室した場合には声をかける（不審者対策）	
受付名簿を確認して、来ていない子があれば家庭に連絡する（家を出てからの万が一の事件・事故の早期発見）	
安全に気を付けて指導する	
10分前に終了し、参加者と共に片づけ、掃除をする	
参加者を見送り、全員が帰途についたことを確かめる	
終了を事務局（林　　　　　　　　　）へ報告する	

ふりかえり（気になったこと、次の指導員に伝えたいことなど）

図 11-10　活動記録簿

第11章 子どもたちのために社会教育ができること―自分の可能性を伸ばす子どもの姿をめざして― 169

表11-4 Gさうす♪ふれあいすと一覧表

教室名	場所	日程	定員	参加
親子で竹のおもちゃを作ろう	東町民センター	5/14, 5/28	20人	17人
親子で竹のおもちゃを作ろう	北町民センター	6/11, 7/9	20人	14人
親子で竹のおもちゃを作ろう	西町民センター	7/30, 8/27	20人	5人
大正琴をグループでえんそうしよう	西町民センター	5/14, 5/28, 6/11	10人	2人
大正琴をグループでえんそうしよう	北町民センター	7/23, 7/30, 8/27	10人	3人
手作り楽器を楽しくかなでよう	北町民センター	5/14	20人	4人
手作り楽器を楽しくかなでよう	西町民センター	7/9	20人	3人
マジックに挑戦しよう	北町民センター	5/28	30人	11人
マジックに挑戦しよう	西町民センター	6/25	30人	8人
マジックに挑戦しよう	東町民センター	7/23	30人	10人
人形とお話しよう（腹話術）	東町民センター	6/11, 6/25, 7/9	20人	8人
ヴィオリラで一曲マスター	北町民センター	6/25	8人	7人
ヴィオリラで一曲マスター	西町民センター	7/23	8人	1人
みんなで楽しくおどりましょう	東町民センター	7/30, 8/27	40人	4人
親子で竹へびを作ろう	東町民センター	9/24	20人	6人
親子で竹笛を作ろう	西町民センター	11/12	20人	7人
親子で凧を作ろう	北町民センター	12/10	20人	6人
みんなで楽しくおどりましょう	西町民センター	9/24, 12/10, 1/28	20人	3人
人形とお話しよう（腹話術）	北町民センター	9/24, 11/12, 1/28	20人	2人
外国のことを知ろう	東町民センター	11/12, 12/10, 1/28	10人	4人

　子どもたちは、「竹とんぼを作りたい」・「大正琴が弾けるようになりたい」等の願いをもって参加し、大変意欲的に取り組んだ。講師が、「休憩しようか」と言っても「今しかできないから、続けてやりたい。」とやめない子もいた。講師は、やる気あふれる子どもに触れ、ますます意欲をもち、もっと教室を開きたいという声もあがった。

　また、講師以外のサポータも、受付や準備片づけをするだけでなく、子どもに寄り添って一緒に活動して、子どもの喜ぶ姿を見て、やりがいを感じている。講師のサポート役のＴさんは、「子どもから元気がもらえるから、来たくなる。」と満面の笑顔で語った。ボランティア講師は、そんなサポータの支援のおかげでスムーズに進行できている。このように、子どもと地域ボランティア講師とサポータが互いに

支え合い、意欲が高まり、教室が楽しい雰囲気となっている。

また、同伴した保護者からは、「自分の子どもがこんなに生き生きとした顔で取り組むのを見るのがうれしい。家でも続けたい。こんな教室を続けてやってほしい。」という感想を聞くことができた。

サポータの中には、自ら、安全上の配慮が必要な場合や講師の都合や受講生の人数に応じて、配置を適切に変更してくださる方も表れて、非常に助かっている。

講師の間からは、もっと教室を開催したいという声も多くあがった。当初の予定を変更することは、広報・宣伝や他の講師への配慮や予算の面で困難である。ところが、竹細工教室の講師Mさんは、費用のかからない独自の方法を考え出して自ら提案をしてくださった。

竹細工の作品展を各町民センターで開催し、その際に自主的に開催する教室への参加募集を併せて行うというアイディアである。町内の無線や小学校の校内放送でも宣伝し、町民センターの空き時間を見つけて自主的な教室を開催することにした。Mさんのアイディアで、作品のプレゼントの応募も同時に行うことになり、町民センターには子どもを連れた保護者や祖父母が訪れ、ポストに応募用紙がたくさん投函された。すぐにでも孫と凧を作りたいという女性が、直接Mさんに連絡をして、急遽自宅にてミニ凧作り教室を開催したそうである。

公式に実施する地域子ども教室ではないが、このような自主的な教室の開催が日常的に行われるようになることが、本来的にめざすところなのではないかと考えさせられた。

図11-11　大正琴を熱心に練習する子どもとボランティア講師

図11-12　竹で水鉄砲を作る親子とボランティア講師（左手前）

2） Gさうす♪まなびすと

12教室開講して、289人が参加した。24.1人（1教室あたり）の参加率であった。

鉛筆の持ち方教室は、悩みをもつ保護者に好評で、親子で熱心に受講された。また、岐南町の特産物の食（じき）かぼちゃを食材として取り上げたり、安全に刃物を使うことを指導する意図で包丁の使い方を取り上げた料理教室も大変好評であった。学習への興味付けをねらったまなびすとは、保護者に受け入れられ、参加が多かったようである。

表11-5　Gさうす♪まなびすと一覧表

教室名	場所	日程	定員	参加
字がうまくなる鉛筆の持ち方	中央公民館	5/21	20人	33人
星を観る会Ⅰ	各務原市少年自然の家	5/27	40人	41人
集まれ！ふるさと探検隊	歴史民俗資料館	6/18	30人	8人
論理パズル	中央公民館	7/16	20人	12人
星を観る会Ⅱ	各務原市少年自然の家	8/12	40人	52人
包丁を正しく使ってお料理上手	防災コミュニティセンター	9/10	20人	34人
食かぼちゃを使ったデザート	防災コミュニティセンター	10/22	20人	20人
パソコンで年賀状を作ろう	北小学校	11/26	20人	20人
家族で星を観る会Ⅲ	各務原市少年自然の家	12/14	40人	21人
英語で話そう	中央公民館	1/14	15人	19人
パソコンで作曲しよう	北小学校	2/25	20人	21人
親子で学ぶ箸の持ち方教室	中央公民館	3/11	20人	8人

3） Gさうす♪あそびすと

年間15回（3ヶ所同時開催）でのべ45回の開催予定であったが、町や小学校の行事との重なりを避けて調整した結果、40回の実施となった。

2004年までの「サタデークラブ」同様、平均12.7人（1月末時点）の参加率であった。

表11-6　Gさうす♪あそびすと一覧表（内容は抜粋）

日にち	東町民センター	西町民センター	北町民センター
6月4日	プレゼント作り	はずむシャボン玉	チャレンジ・ザ・ゲーム
8月6日	レク・スポーツ大会	竹とんぼ	球技大会
8月20日	チャレンジ・ザ・ゲーム	レク・スポーツ	ダンス！ダンス！ダンス！！
9月3日	とべとべロケット	ビンゴ大会	ふしぎ飛行物体
10月15日	（中止）	（中止）	（中止）
11月5日	仲間作り遊び、写真たて	トンパ、小麦粉ねんど	ハロウィーンを体験しよう
11月19日	おりがみで遊ぼう	輪ゴムモーターカー	ストーンペインティング
12月3日	（中止）	（中止）	寒さをふき飛ばそう
12月17日	クリスマス、クリスマスリース	冷凍人間、リース作り	ちょっと早いクリスマス
1月7日	はごいた、こま	お正月の工作	お正月をふり返ろう
2月4日	軽スポーツ大会	けん玉作り	お面づくり
2月18日	新聞紙けん玉	レクスポ（ドッジビー）	ひな祭りゲーム、パズル
3月4日	てっぽう作り	ペットボトルで遊ぼう	レク☆スポーツ大会
3月18日	紙のルービックキューブ	メモリーグッズ	バブルアート

（3）　夏休み子ども教室の実施状況

1）　企画について

　夏期休業日は、子どもたちが新たなことに挑戦したり、じっくり調べたり、じっくり物づくりに取り組んだりする絶好の機会であると考え、新たな内容や工作・研究につながる内容、体験を伴う内容の教室を企画した。

　企画に当たり、同じ教育委員会内の笠松町と柳津町（当時：2006年に岐阜市に合併）の社会教育主事と協力態勢をとり、内容の充実を図った。

　笠松町とは、岐阜県地方競馬組合の協力を得て、「親子で馬と遊ぼう」を企画した。両町の参加者が共に乗馬体験をしたり、獣医から馬について様々なことを教えていただいたりした。

　柳津町とは、以前から協力を得て教室を開催してきた岐阜県製品技術研究所（当時：現在は、岐阜県産業技術センター）を紹介していただいて、2つの教室を開催した。「本格的！科学実験教室」は、両町の参加者が共に機織りや半固形の粘性のある玩具作りの体験をしたり、繊維の先端技術やプラスチック成形に関する技術を見学したりした。また、「親子こんにゃくづくり」をそれぞれの町の調理が可能な

施設で開催して、こんにゃくいもを加工してこんにゃく作りをした。

2） より多くの子どもたちに機会を与えるために

　夏休み子ども教室は、毎年多くの応募があり、2倍近くの応募数のある教室もある。そこで、2005年度からは、応募の多い教室はあらかじめ2度開催することにし、参加者数の予想が立たない教室については、講師への交渉の段階で応募人数に応じて追加実施できるかどうかを確認しておいた。その結果、表11-7に示すように5つの教室を2度開催として企画し、4つの教室を受付後に交渉して2度開催することにした。受付後に2度開催することとした教室の参加者全員に電話連絡をして、別日に参加できるかどうかを確認する作業が必要になったが、より多くの子どもたちに活動の機会を提供することができた。

表11-7　夏休み子ども教室一覧

教室名	予定数	開講数	参加者数
親子で竹細工を作ろう	1	1	12人
ポケマルを空高くとばそう	1	1	17人
外国語で話そう	1	1	19人
手作り絵本を作ろう	2	2	23人
鉛筆の正しい持ち方	2	2	27人
親子陶芸教室	1	2	135人
木のおもちゃを作ろう	2	2	53人
6年水泳教室	1	1	5人
夏の料理をつくろう	2	2	49人
本格的！科学実験教室	1	2	28人
魚博士の魚教室	1	1	16人
親子で馬と遊ぼう	2	2	38人
ポニー乗馬教室	1	2	40人
親子こんにゃくづくり	1	1	20人

3） 自然体験の旅

　2004年度まで、公民館が事務局を務める青少年育成団体が、親子の旅行を企画してきた。大変好評であったが、バス1台の旅では、参加できる家族数が限られ、定員の4倍近くの応募があり、抽選で大勢の子どもたちに落胆を味わわせていた。

そこで、より多くの子どもたちが参加でき、町内では味わえない自然体験をする企画へと変更した。

長良川の支流の上流へ行き、タイヤチューブに乗って流れを楽しんだり、カヌーで競争したり、深みに飛び込んだり、清流の流れに逆らって上ったりして川でたっぷり遊んだあと、おやつ代わりに地元のトマトときゅうりをほおばった。岐南町では味わえない体験をとおして、小学1年生から中学1年生までが年齢を超えて共に笑いながら活動し、時には上級生が下級生を気遣う姿も見られた。行きのバスの中では、会話の少なかった子どもたちだったが、すっかりうち解けて目が輝いていた。たった1日だが、たくましくなって帰ってきたと保護者からも評判がよかった。

4) 科学マジック教室

2004年度の夏休み子ども教室の「リサイクル工場と名古屋港水族館見学の旅」は、バス1台の旅であり、参加できる家族数が限られ、定員の4倍近くの応募があり抽選で大勢の子どもに落胆を味わわせていた。そこで、2005年度は、「タネもしかけも科学マジック！ショーと科学工作（2部構成）」に変更した。子どもたちが不思議な現象を見てなぜだろうと考えることを楽しむことができ、理科への興味を高めることをねらった教室である。より多くの子どもたちが参加できるメリットと2部構成にして子どもの興味の深さに応じることができるメリットがあり、大変好評であった。

3. 今後の展望

岐南町中央公民館が願う、主体的に地域に働きかけたり、自分の可能性を伸ばしたりできるたくましい子どもの姿と子どもを地域ぐるみで育成する重要性を認識し主体的に子どもに働きかける大人の姿を垣間見ることができた。しかし、十分に達成できたとは言いがたい。そこで、目的を達成するための課題と事業を継続するための課題に分けて、今後の展望を整理してみる。

(1) 事業の目的を達成するために
1) 内容の充実

講師を増やし、教室の内容を一層充実させることで、子どもたちが選択する幅を

広げることが必要である。講師育成の手立てについては、後で述べる。

2） 継続して取り組む教室の開講

器楽や物づくり教室の講師の中には、時間が足りないため終了後の別日に特別に教室を開講してくださった講師もいた。内容によっては、年間通して取り組むような教室もあっていいのではないかとの声もあがった。

以前より岐南町の伝統芸能に継続的に取り組む教室の構想を練っていたので、それと併せて年間を通じた教室の開講を検討する。2、3年後には、子どもの文化クラブ結成へと発展することを視野に入れて、指導者、運営方法などを決めていく。2006年度には、「岐南太鼓子ども教室」を開講するめどが立った。

3） 子どもの主体的参加を促すために

保護者が子どもと相談せずに申し込みをしている家庭があることが、申し込み時に直接参加者の子どもに参加確認の電話をしてわかった。保護者が、子どもに勧めて一緒に決める姿は予想していたが、子どもに言わずに決めてしまう家庭があるとは意外であった。

諸事情があるとはいえ、最初のきっかけはそうであっても、子どもが自分の意思で決めて参加するようになって欲しいと願う。これまで受付の時期に宣伝のビデオを放映するだけだったが、今後は実際の活動の映像を放映して、子どもたちの参加意欲を喚起してはどうかと考えている。

4） より多くの子どもが参加できるように

家庭によっては、土曜日に仕事があり、子どもを送迎することが難しいために参加ができないという事情がある。そこで、今後は開催曜日や時間、実施施設を多種多様に設定することで、都合がつく時に参加できるようにしていくことを検討する。数多くある施設の開いている時間帯を調査して、講師の希望にあわせて教室をより多く開講していきたい。

（2） 2007年度以降も継続するために

国の地域子ども教室推進事業は、2006年度までで終了の予定である。したがって、それ以降も国からの補助金がなくても運営・継続実施できるよう、2006年度中にめどを立てておかなければならない。地域の教育力を結集して、継続して地域の人材を活用できるようにしておかなければならない。

1) 地域講師の拡充

　岐南町においても、ようやく、子どもに対応するボランティアの活用を開始できた。しかし、まだ町民に十分周知されているわけではない。現在登録しているボランティア講師が気持ちよく続けて頂けるように、またさらなるボランティアが登録して頂けるように次のようなことを実施していく。

① 地域講師交流会の開催

　ボランティア講師とサポータが、それぞれの活動状況や苦労話を気軽に話してもらい、悩みを相談しあうことで、不安を解消する一助となる交流会を開催する。

② 地域ボランティア育成講座の開催

　新たなるボランティア講師の発掘のために、公民館講座「子ども教室のボランティアをしよう」を開催する。意欲はあるが、「うまく教える自信がない。」「けがをさせては、申し訳ない」という不安から、躊躇している方がいることを、アンケートでつかんでいる。そこで、安全に実施する方法や子どもとコミュニケーションをとる方法などを経験者から学ぶ講座を開く。

③ 一般向け講座への発展と相互作用

　ふれあいすとの活動指導員の中には、一般向けの講座への意欲を示す方もいた。一般向けの講座においても、町民の中から主体的・自主的に講座を開講する講師が現れるだろうとの見込みをもち、2006年度から、町民が講師となり講座を運営する「ぎなん町民自主講座」をスタートさせることにした。

　ふれあいすとの活動指導員を募集した際と同様、町の広報誌にて講師を募集したところ、町内外から25名の方が応募し、28の町民自主講座が開講されることとなった。また、その中から6名がふれあいすとでも教室を開講することとなった。

　今後、一般向け講座と同時に子ども向けの教室でも開講できる講師を育成していきたい。

2) 講師の主体的な開講

　これまでは、前期と後期に分けて年間に2度参加者の募集をしてきたが、Mさんのように自分で宣伝して参加者を募集することも可能であることがわかった。参加する子どもや保護者にとっても応募から開講までの日にちは短い方が意欲も持続できてよいだろう。安全面を確保し、公平な事務手続きができる方法を検討して、講師が主体的に教室を開講できるようにしていきたい。

第12章

岐阜県郡上市の誕生時における社会教育の取り組み

1. はじめに

　2004年3月1日に郡上郡7町村（八幡町、大和町、白鳥町、高鷲村、美並村、明宝村、和良村）が合併して誕生した郡上市は、日本そして岐阜県のほぼ中央部に位置している。面積は、全体で1030.79km²あり、岐阜県の面積の約10％を占めている。人口は合併時4万9883人（1万4871世帯数）で高齢化率28.2％となっている。

　八幡町（郡上八幡）の「郡上おどり」は安土桃山時代の後期から400年を数える歴史ある踊りで、7月中旬から9月上旬まで行われている。中でも盂蘭盆会の8月13日から16日までの4日間は徹夜踊りとなり、一晩で2万人以上の人出になることもある。また、市内には9つのスキー場があり、どのゲレンデもリフトやゴンドラなどの施設が充実し、中京圏、関西圏から200万人を超える人が訪れている。

図12-1　郡上郡―7町村

　新市では、「快適で活力あふれる"わ"の郷」を基本理念に、産業の振興など「にぎわいと躍動感あふれるまち」、生活環境の向上など「快適で安らぎのあるまち」、伝統文化の継承と人づくりなど「すこやかで誇りのもてるまち」を目標に施策を展

開している。

2. 合併までの流れと新市教育委員会の組織

全国的な町村合併の流れの中で、郡上郡では以下のような日程で合併を目指してきた。

　　2002年4月1日　　「郡上郡町村合併協議会（法定合併協議会）」を設置
　　2002年12月　　　各町村において住民説明会
　　2003年7月8日　　合併協定書調印式
　　2004年1〜2月　　各町村において閉町（村）式
　　2004年3月1日　　郡上市制施行

教育分野の調整に関しては、教育専門部会に11の分科会を設け、それぞれの地域の事業や予算などについて調整のための協議を行ってきた。分科会は、7町村からの担当者と分科会の長（課長級1名）、それに合併協議会の事務局から1名が加わり9名で構成された。

対等合併の郡上市は、本庁に加え一定の機能を持つ支所（地域振興事務所）を地域に置く総合支所方式をとった。学校教育関係、教育総務関係は事業・事務を市教委で行うが、社会教育事業は各地域に地域教育事務所（地域教育課）を置き、これまで通りの内容で実施することになった。市の社会教育課は市全体に関わる事項

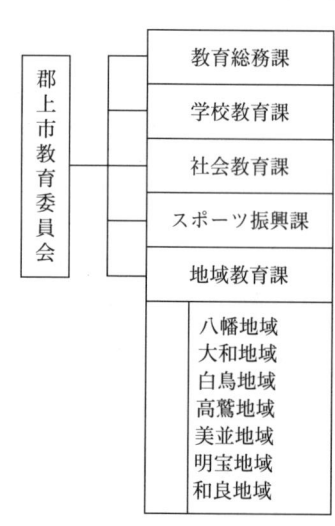

図12-2　郡上市教育委員会組織図

について、事業の取りまとめや予算関連の連絡調整を行う本所機能を果たしている。

合併協議会の教育専門部会では社会教育事業全般については、次のような調整がなされた。

> 【合併協定書】23-17　社会教育
> 　社会教育事業については、新市の教育方針に則り、社会教育方針を定め推進するものとするが、7町村の実態に配意し、市民を主体とする自主的な学習が、より一層促進できるように学習拠点及び推進体制等を新市において調整するものとする。

　したがって、新市において市の社会教育課では、以下の多くの事項について調整を図った。
　①市としての組織の立ち上げ（社会教育委員、公民館運営審議委員、青少年育成市民会議、青少年育成推進員会、子ども会育成協議会、補導員会、連合女性の会など）、②予算、補助金の調整、公民館、家庭教育等の経費の整合化（同じ事業でも補助金・委託費・事業費と多様である）、③補助金の見直しと経費削減に向けての取組、④市の事業の実施（教育振興大会、子育て読本発行など）、⑤各種調整会議（教育課長会、係長会、事業担当者会（奉仕・体験推進事業、家庭教育支援総合推進事業など））
　新市において、社会教育関係の調整や一本化する事項は多く、少ないスタッフにかかる負担は膨大なものであった。

3. 事例Ⅰ：新市郡上市における社会教育委員の会について

　社会教育委員の取扱いについては、合併協議会において次の内容が決定されていた。
　①定数は15名以内とする。②任期は2年とするが、合併初年度においては、委嘱された日から平成17年3月31日までとする。③公民館運営審議会委員とは原則として兼任とする。④報酬及び費用弁償は、郡上市非常勤の特別職職員の報酬及び費用弁償に関する条例に定めるものとし、他の非常勤職員の日額報酬等に準ずるものとする。⑤「郡上市社会教育委員条例」を制定する。
　メンバーについては、各地域から2名ずつの計14名と、学校教育代表の1名（校長会長）が選任された。それぞれのメンバーは、公民館活動、青少年育成、社会体育、女性の会、国際交流などで尽力されており、男性12名、女性3名であった。
　社会教育委員へは役割と課題について、次のように依頼した。

◇ 役割と課題
　地方分権、規制緩和等による社会教育行政の見直しの中で「住民参加の下で魅力ある社会教育行政が行われ、活力ある地域づくり」が行われることが期待される。そこで、社会教育委員には、「社会教育計画をどう住民参加でつくり、教育委員会へ提言していくか。」「NPOの急速な増加の中で、社会教育に係わる新しいネットワーク等のあり方はどうあるべきか。」が問われていくことになる。
◇ 具体的な活動
　① 教育委員会が年度当初に策定する社会教育事業計画案の審議
　② 市教育振興大会への指導、助言
　③ 社会教育諸事業の立案と指導、助言
　④ 市民会議など、青少年健全育成活動団体への指導、助言
　⑤ 研修への参加と必要な調査研究

　時を同じくして、教育委員会より新市における今後の社会教育のあり方について諮問を受けたため、答申をまとめる作業を通して研修を深めることとした。諮問は、「『快適で活力のあふれる"わ"の郷郡上』『凌霜の心で拓く明日の郡上市』その具現の基本は豊かな心で結ばれる相互の人間関係にあると考える。そのため、家庭・学校・地域社会における現状と課題を究明し、方策・施策に対する意見を求める。」というもので、Ⅰ．子どもの健やかな心と体を育てる家庭教育のあり方について、Ⅱ．地域ぐるみで心豊かな青少年を育てるための支援のあり方について、Ⅲ．活力ある地域づくりのための地域コミュニティのあり方について、方向を出すことが求められた。

　答申をまとめるにあたって、郡上市の社会教育の一層の振興と社会教育委員の資質向上を図るため、岐阜大学総合情報メディアセンター助教授の益川浩一氏を社会教育アドバイザーに委嘱し、助言・指導を頂くことにした。

　新市が発足した中で、社会教育委員からは、「地元（旧の町村）の社会教育の現状についてはよく把握しているが、市全体や他の地域についてはまだよく分からない。」「答申については、各地域を理解した上で、市全体を考えたものを出す必要がある。」との意見が出された。そこで、各地域を社会教育委員が訪問する現地研修を実施した。本庁を含めた各地域教育課での聞き取り調査と主な社会教育施設の見学を行った。

　また、聞き取り調査にあたって、①社会教育事業、②青少年育成事業、③家庭教

育事業、④文化振興事業、⑤社会体育事業について、各地域教育課の協力を得て現状と課題を地域ごとにまとめた。この資料作成にあたっては、合併前の調整で準備された調書が大いに役立った。

表12-1　社会教育委員の現地研修計画

		第1回	第2回	第3回	第4回
現地研修計画	午前	市教委　社会教育課　スポーツ振興課	高鷲地域教育課 ・高鷲児童館	明宝地域教育課 ・めいほう高原自然体験センター	美並地域教育課 ・美並ふるさと館
	午後	大和地域教育課 ・幼児教育センター（やまびこ園）	白鳥地域教育課 ・白山文化博物館 ・郡上市合併記念公園	八幡地域教育課 ・郡上市総合スポーツセンター（郡上八幡スポーツクラブ）	和良地域教育課 ・和良歴史資料館

4.　事例Ⅱ：大和町における青少年育成とNPO

（1）　青少年に足場を置いた育成活動

　合併前の大和町には、青少年の健全育成推進のための母体として大和町青少年健全育成協議会が構成されてきた。各市町村で組織されている青少年育成市民会議では、首長が会長となり、実践的な活動をすることは多くない。しかし、大和町では青少年育成推進指導員が会長を務め、組織にとらわれない青少年に足場を置いた活動をしている。この活動を推進するのは青少年育成推進員の8名である。

　ここ数年の反省として、「年2回開催している"健全育成の集い"が、単なる人集めやイベントになっていないか。」「中高校生を巻き込んだ活動になっているのか。」が出された。そこで、青少年の健全育成の原点に立ち返り、青少年が自ら企画したり体験を発表したりする活動の場とすることをねらいとして、①「ようこそ先輩」、②座談会「中高生　夢・フォーラム」を開催してきた。

　「ようこそ先輩」は、大和中学校卒業生を招いた中学生を対象とした講演会で、各方面で活躍している先輩の話を聞き、将来に対する夢を確かなものとすると同時

に、現在の自分の生活を振り返ることを願っている。

これまでに招いた卒業生は以下である。田中君：早稲田大学雄弁会で活躍中、学生弁論大会では最優秀賞を獲得した。村瀬君：高校では剣道で全国大会へ出場。卒業後就職したが、教員の道を目指して大学に入り直し、勉学と剣道に頑張っている。前田君：中学・高校と生徒会やボランティアで活動した。高校で福祉の道を志し、現在は福祉施設に勤務している。成瀬さん：高校・大学と陸上部で活躍、国体や大学選手権に何度も出場し、好成績を収めている。

この会は、中学校とも連携し、対象を3年生、全校あるいは保護者も参加するなど多様な方法で実施している。

「中高生　夢フォーラム」は、青少年育成協議会のメンバーが、今の中高生の生の声を聞くと同時に、中高生との連携を図っていくことをねらいとして、2002年より実施している。話し合いが堅苦しい雰囲気にならないように、夢フォーラムの会場を道の駅のレストラン「おがたま」とし、会食をしながら進めることにした。

図12-3　夢フォーラム

第1回のフォーラムには、中学生8名、高校生17名、青少年推進員6名、協議会5名の計37名、第2回は、中学生9名、高校生20名、推進員5名、協議会7名の計41名が参加した。当日は、推進員の進行のもと、グループごとに和やかに会食をしながら話し合いが進んだ。参加者からは、「どの子も司会者の問いかけに誠実に応え、話が続いていき、いい感じを得た。自分の思っていた中高生のイメージが変わった。」「町づくりに自然や環境という言葉が多く出てきたことに感心した。町づくりに、子どもたちが参加することも必要ではないか。」などの意見が寄せられ、大人と中高生と交流ができ、顔見知りになれたことに満足しているようにみえた。このフォーラムの内容は、町広報誌を通して、町内にも広めた。

このフォーラムの1年目は、事務局と青少年育成推進員会が準備から進行までを行ってきたが、リーダーが育ち、自分たちで会を企画したいという高校生も出てきたため、次年度の第2回は、高校生が企画・運営を行った。企画委員には高校3年

生5名が立候補し、会の企画、中学校との打ち合わせ、参加依頼、会の進行まですべてを自分たちの力でやりきった。参加者の大人たちも、高校生らしい柔軟な発想での運営に感心するとともに、中高生が夢について真剣に語る姿に感動を受けていた。中学生からは「進路に悩んでいた時に夢フォーラムに出られてよかった。他の人の意見を聞いて自分と比べめあてを持つことができた。」「高校生の人の一言一言がとても心に残って、大げさかもしれないけれど前で進めてくれた4人の皆さんを尊敬したし、憧れになった。」大人からは「"今日びの若者は…"ととかく耳にするが、しっかりしている高校生に出会えて嬉しい。中学生も精一杯自分を表現しようとしていて、先輩に続いていた。大変いい会だったと思います。」などの感想が寄せられ、参加者も企画した高校生にとっても満足のいく会となった。

（2） 青少年育成から NPO へ

大和町での青少年育成に尽力があったのは、合併前までの青少年育成推進指導員の水野正文氏と前任の田中和久氏である。水野氏は役場職員、田中氏は会社員の傍ら、次の次代を担う青少年を育てるため YY ゼミ（大和ヤングゼミナール）を企画し、高校生を対象に活動を行ってきた。その後、前述の大和町青少年育成協議会を立ち上げ、町ぐるみで青少年育成を推進する体制をつくり上げてきた。

しかし、2004年3月の合併を控え、郡上市としての大きな動きが進むことで、大和地域が衰退することを懸念し、2003年7月にNPO法人「コミシス大和」を立ち上げた。（認証は同年10月。）「コミシス」とは「コミュニティ、システムズ」の略で、「地域の力を出し合っていきいき社会を創造しよう」をスローガンに、地域自らが考え行動することをめざしている。発足時の会員数は37名で、現在以下の活動を行っている。

① 社会福祉支援活動 「いきいきサロン」

精神障害者支援施設「つくしの家」を拠点に、花見、健康管理の勉強会、お手玉つくり、紅葉見学、餅つきなどの活動を通し、地域の高齢者の集いを

図 12-4　オープンカレッジ

行っている。

②-1　社会教育支援活動　「しゃべり場」

　子育て真っ最中の親が自由にしゃべる場。月2回程度、未就園児の親が中心で、育児の悩みなどを気軽に交流している。

②-2　社会教育支援活動　「志学塾」

　歴史や地域、自然を学ぶ体験を通して、子どもたちに学ぶ心を育成している。

②-3　社会教育支援活動　「夢フォーラム」、「ようこそ先輩」

　青少年健全育成とタイアップして、中高生の健全育成を図っている。

②-4　社会教育支援活動　「オープンカレッジ」

　地域へ学びの場を提供している。創立記念オープン講座として、早稲田大学雄弁会より4名の弁士を招いた。

③　経済産業支援活動

　地元の農産物の提供。道の駅にて、会員の農産物を販売している。

④　その他

　こども環境サミット2005関連行事「フィールドツアー　in　郡上」支援、中部電力「森林体験学習」の受託運営など。

　NPOとしての活動は始まったばかりであるが、これまでの枠組みにとらわれない自由な発想で活動が行われている。会員自らが主体的に取り組むと同時に、活動を楽しみながら実施している点がこれまでとは大きく異なっている。

5.　おわりに

　郡上市の総合支所方式による社会教育の推進は成果も収めているが、組織が大きくなったことによる新たな課題も生まれてきている。1年後の2005年からは、本庁の社会教育課と八幡地域教育課が統合され、スポーツ振興課とともに生涯学習課へと再編された。厳しい財政状況は費用対効果による事業の見直しや、補助金や事業費の減額となって表れ、長期的視野に立った社会教育振興の妨げとなっている。

　町村合併の大きな目的は行政のスリム化であるため、住民もこれまでのように行政の手厚い保護の下での社会教育（教育全般）からの意識を変えなければならない

が、この意識改革は簡単にできるものでもない。
　一方で、NPO法人「コミシス大和」に見られる、市民主導の活動も立ち上がってきており、行政といかに連携するか、また、連携をコーディネートする仕組み（人材を含め）をどのように構築するかが今後の課題である。

第13章

岐阜県郡上市における子育て支援の取り組み
―郡上市大和町―

1. はじめに

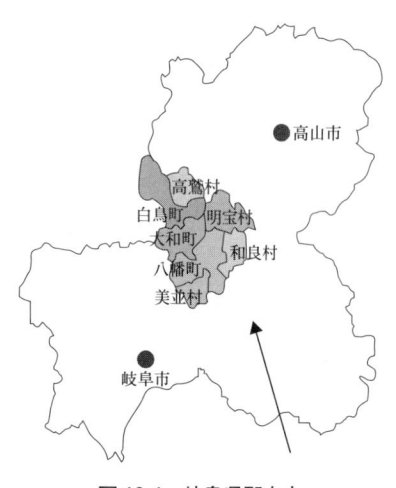

図13-1　岐阜県郡上市

岐阜県郡上市は、2004年3月に旧郡上郡の7町村が合併してできた新市である。岐阜県の中央西寄りに位置し、面積は県全体の1/10を占める。市の南から北までの距離は50数km、標高差は約1,700mあるため、同じ市であっても場所により地形や自然条件が大きく異なる。それに伴い、人口や産業形態なども特性があるため、合併2年を経過しつつある現在でも新市計画は多くの課題をかかえる。

「子育て支援」についても、「郡上市」として事業の平準化を図りつつあるが早急には達成しがたいというのが現状である。

大和町はその郡上市中西部に位置する人口約7,300人の山間地である。特徴としては、子ども数の減少と、3世代同居が多い（約7割）ことが挙げられる。

2. 大和町子育て支援「子育て学級」について

(1) 学級の対象者

「大和町子育て学級」は就園前の3才児と母親を対象に実施している。乳幼児学級として行っているにもかかわらず対象を3才児のみとしている理由は、

- 子どもの発達段階が同じなので活動しやすい
- 母親の子どもに対する悩みや関心事に共通性がある
- 次年度に入園を控え、その準備としての活動ができる
- 学級生数が多い（申し込みは毎年50人前後）
- 「子育て支援センター」で0～1才児、2～3才児対象の「子育てサロン」を行っている

というものである。しかし、1年間のみの活動は、

- 活動の積み上げができない
- リーダーが育たない
- 異年齢のつながりがつくれない

などのマイナス面があることも事実である。

学級運営は「子育て支援センター」支援担当保育士と「大和地域教育課」乳幼児学級担当職員の2名で行っている。

(2) 学級のねらい

近年の出生数は、2003年度59人、2004年度63人、2005年度55人である。2005年度の新成人は104名、現在の中学生は学年73～85人であるから、町の少子化はかなりのスピードで進んでいる。これは母子にとって近隣に同年代の仲間が少ないということを意味し、母親は孤立感や育児不安を持ちやすいと考えられる。

そこで、本学級では次の3点を活動のねらいとしている。

- 母子が友だちの輪を広げる
- 母親が子育てを学び合う
- 母子で楽しくふれ合う

(3) 学級の運営
1） 年間の活動の流れ

　学級生の募集は広報誌や音声告知放送を通じても行うが、もれなく全員に行き渡らせるためと、知人がいない母親にも気軽に申し込んでもらうために対象者一人ひとりに募集案内を郵送して行っている。その成果があってか2005年度の申し込みは対象者83人中53人（64%）、2004年度は対象者56人中43人（77%）の申し込みがあった。

表 13-1　年間の流れ

3月初旬	学級生の募集	パンフレットを対象者全員に郵送
3月下旬	入級申込受付、班分け、班長決定	6～7人構成の数グループを作成
4月	班長会	役員決定、運営方法・年間計画立案
5月	開級式・第1回活動	年間活動計画決定・担当班決定
↓	↓〈毎月1回の活動〉	担当班を中心に学習活動
2月	閉級式・第9回活動	活動の反省

　班は、地区別に6～7人で編成している。欠席者へ次回の案内パンフレットなどを届けてもらうのに都合が良いし、'まずは近くの人と親しく'なってもらうためである。

　班長は、経験者（上の子が学級に入っていた）に依頼し、活動計画立案や学級の運営に経験を生かしてもらうようにしている。

　毎月1回の学習活動は、班長を中心に担当班が運営する方法をとっている。

2） 開催会場と日時

表 13-2　学級の概要

活動日時	毎月1回　第2金曜日　10:00～11:30　全9回
場　　所	大和生涯学習センター（戸外や体育館・健康福祉センターも使用）
年 会 費	2,000円（材料代とおやつ代、講師謝金）
託　　児	弟妹に託児ボランテイアを配置。講演会を行うときは全員託児。

3） 活動の流れ

表 13-3　日程

9:45～10:00	受付
10:00～10:15	始めの挨拶・誕生日のお友だち紹介
10:15～11:00	活動
11:00～11:25	フリートーク・おやつタイム（班ごと）
11:30	終わりの挨拶

4） 担当班の仕事

【事前打ち合わせ会】

活動内容の話し合い、事前準備、役割分担、案内パンフレット作成

【当日の運営】

受付、はじめの挨拶、誕生日のお友だち紹介、進行、おやつの手配、おわりの挨拶、片づけ掃除

図13-2 進行（司会）の様子

(4) 学級活動

1） 2005年度子育て学級年間計画

表13-4　年間活動計画（2005年度）

回	日にち	活動内容	講師・担当班・場所
1	5月13日（金）	『3才児学級はじまりまーす』（開級式）・挨拶・ねらい、運営について・・等・人形劇ボランティアグループ「みのみの虫」・班別交流（自己紹介・1年間よろしくね）	生涯学習センター
2	6月3日（金）（雨天10日）	『レールバスに乗って遠足』「大和駅」から「白鳥長滝公園」まで出かけます。	白鳥町長滝公園　C班
3	7月8日（金）	『こんなときはどうするの？』急な病気・けが・事故のときの対処について学びます	日置保健師　E班　生涯学習センター
4	9月9日（金）	『フィールドミュージアムで草花集め』親子で楽しくお散歩しましょう。秋の虫も見つかるよ	フィールドミュージアム周辺　B班
5	10月8日（土）	『家族みんなでミニミニ運動会』お父さん、お仕事の予定をやりくりしてぜひ参加してね	ふれあいの家体育館　A班
6	11月11日（金）	『何ができるかな？』親子で楽しく工作しましょう。上手に作れるかな？	生涯学習センター　F班
7	12月9日（金）	『楽しいクリスマス会』サンタクロース登場！！かみしばいもあるよ。	生涯学習センター　D班
8	1月20日・23日 27日（金）	『親子クッキング』おいしいクッキー焼けるかな？人数が多いので3班に分かれて行います。	三島栄養士　G班　保健福祉センター
9	2月18日（金）	『思い出いっぱいお別れ会』（閉級式）楽しい企画を考えます！記念冊子をお配りします。	生涯学習センター　班長会

2） 活動の紹介

『家族ミニミニ運動会』

図 13-3　家族ミニミニ運動会開会式

　父親の育児は、子どもの健やかな成長のためにも母親の心の安定にもとても重要なので、この学級でもどこかで父親に参加してもらうことにしている。活動内容は、2004年度も2005年度も班長会で検討した結果「家族で運動会を」ということになった。

　実施にあたっては次の点を配慮した。
- 仕事の都合をつけてもらうために2ヶ月前にお父さん宛に依頼文を出す
- 担当班の事前打ち合わせを念入りに行う
- 当日の進行がスムーズにできるよう事前にプログラムや競技チラシを配布する

　そして迎えた当日。父親の出席率は、2004年度は84％、2005年度は77％という予想を上回るものだった。兄弟はもちろんだが、祖父母も参加した家族もあって総人数が約140人と、小さな保育園並みの運動会となった。

図 13-4　お父さんといっしょに

　お父さん方は子どもの面倒をよく見ていたし、当番のお母さん方の役割も、お父さん方が代わってユーモラスにやられるなど想像以上の協力的な姿に感心した。「いつもはあんなにはやってくれないのに今日は特別だった」という声もあったが、「とても楽しかった」「子どもたちが大喜びだった」「お父さんに子どもを預けてのんびり観戦できた」という

声を多く聞くことができ、楽しく有意義な活動となった。
『何ができるかな－親子で工作－』
　家庭での親子工作は、時間や気持ちにゆとりがないと、できそうでいてなかなかできないものである。そういう点から、親子工作も活動によく取り入れる。
　2005年度の題材は「ボーリングと玉入れ」。丸めた新聞紙（ボール）とトイレットペーパー芯（ボーリングピン）、バケツ（玉入れカゴ）にカラーガムテープやマジック・色紙で自由に飾るだけと

図13-5　工作の様子

いうごく簡単ながら工夫次第では個性的な作品にもできる工作を選んだ。早く終わったら遊ぶこともできるので大好評だった。これまで「牛乳パックの椅子」「オリジナルの絵本」を作成したこともあるが今回ほどは盛り上がらなかったので、題材選択の重要性を実感した活動であった。
『子育て学習会』
　全国的に子どもたちが引き起こす問題が後を絶たないし、社会に適応できない子どもたちも増える一方である。大和町にあっても例外ではなく、心配な事例が続く。そういう現状を知るにつけ、親にはより早い時期から子育てについて真剣に考えてもらいたいと思う。だからこの学級でも「子育てについて学び合う場」を多く設定したいのだが、実際にはなかなか企画しにくい。親のニーズの面からいうと「親子で楽しみたい」や「親しい友だちをたくさん作りたい」というのがほとんどで、「学ぶ」ということは「難しい」と敬遠されがちであるし、また運営面からいうと大勢の託児員の確保は難しく、確保できたとしても3才児ではまだ長時間の母子分離が難しいからである。したがって、現段階ではあまり堅苦しく捉えないで「できる場」で「できること」を

図13-6　子育て学習会の様子

仕組んでいる。
　具体的には次の場を「学ぶ場」としている。
　○　子育て学習会
　○　おたより
　○　おやつタイムのフリートーク
　○　班打ち合わせ会

【子育て学習会】
　母親の個々の悩みや不安に応えることのできる「学習会」を年間に最低1回は企画している。テーマは、班長会での話し合いや、事前アンケートなどでニーズを把握しそれに添ったものをと心がけているつもりである。
　2004年度は「子どもとのコミュニケーションのコツ」、2005年度は「急な病気やけがの応急処置について」を行った。ある程度の成果（良かったという評価）はあったが、一方通行の学習会であったという反省が残った。日ごろの思いを出しながらお互いに学び合える学習会が望まれているように思うので今後の課題として考えていきたい。

【おたよりの活用】
　『今月のおたんじょうびのお友達紹介』のチラシには、紹介の下に、お母さん方に伝えたい育児に関するメッセージや新聞雑誌記事を抜粋して載せている。最近は、育児の話もさることながら、母親自身に「私語」や「ゴミの持ち帰り」など「常識」を伝えるメッセージも多くなった。

【おやつタイムのフリートーク】
　毎回班ごとにフリートークの時間を設け日ごろの子育ての交流をしている。回を重ねるごとに会話がはずんでいることが嬉しい。けれども気軽な雑談が多いので、時には「テーマ」を決め、それについて班全員が順番に話すという設定も取り入れたい。

【班打ち合わせ会】
　この場を、単なる「打ち合わせの場」ではなく、「支援や学びの場」として、特に通常の活動の中で気になる母子には重要な場として捉えている。
　2004年度の例であるが、同じ班に、義理の姉妹の学級生がみえた。二人とも10代で母になっていて他の学級生より若かったこと、二人で話していれば困らないこ

と、そして二人ともあまり社交的な性格ではなかったことなどから、ほかの学級生とうち解けられる様子がなかなか見えなかった。そこで、班長と事前に話し合い、打ち合わせ会当日には、「班員の方から積極的に話しかけてもらう」「ふたりの役割を別々にする」「買い物にも誘う」などの働きかけをしていただいた。

図 13-7　班打ち合わせ会

二人は最初こそぎこちなかったが、少しずつ笑顔や会話がみられるようになり、以後の活動でもそれまでよりはほかの人たちとも関わりを持たれるようになった。

　また、2005年度の例では、ある学級生がこの打ち合わせ会で「妹が7ヶ月未熟児で生まれたため発達が遅く、現在も入院治療中である。」「もうすぐ退院するので、この学級には来られなくなる」と話された。班員も私たち担当者もそれまでは彼女にそのような事情があるとは全く知らなかったため驚いたが、みなさんから温かい声がけや応援が寄せられ、また支援センター保育士でもあるもうひとりの担当者からは一時預かりなどのアドバイスもあり、結果彼女はやめることなく閉級式まで参加し続けられた。

　このように、通常の活動ではできない配慮もこの会ではできるので、私たち担当者は必ず参加して「支援の場」として位置づけているつもりである。

（5）　成果と課題

　このような形で「大和町子育て学級」は実施されている。その成果と課題は次の点である。

◎　母子ともに親しい友人ができる
◎　他に兄弟があってもここでは1対1で向き合い、ふれ合うことができる
◎　保育園入園後、「家庭教育学級」の母親リーダーとなって主体的に活動している
◎　子どもたちは入園前に友だちとの関わりを経験できる
◎　やまびこ園の保育士とともに担当しているので、要支援児については情報を詳しく園へ送ることができる

- ▲ 対象者を就園前の乳幼児に広げた実施へ移行する
- ▲ 「子育てを学習する場」の充実したあり方を考えて実施する
- ▲ 子育て支援サポーターの確保とその支援の内容を検討していく

3. おわりに

　先日、健康福祉課保健師・社会福祉協議会・子育て支援センター・地域教育課の各担当者が集まって「子育て支援」に関するそれぞれの事業について交流を行い、これからも定期的に会を持つことを確認した。部署の枠を超えて協力を仰ぎ、既存のあり方に捕らわれることなく現在のニーズを捉えたよりよい支援のあり方を構築していきたいと思っている。

第14章

岐阜県関市の生涯学習

1. 岐阜県関市の概要

　日本列島の中央部にある岐阜県関市は、2005年2月17日に、旧関市、洞戸村、板取村、武芸川町、武儀町及び上之保村の1市2町3村が合併してできた新しい「関市」である。関市の地勢は、洞戸・板取・武芸川北部地域及び武儀・上之保地域は、標高が高く緑豊かな山々に囲まれ、関・武芸川南部地域は、濃尾平野が広がる田園都市地域であり、のどかで快適なまちである。また、東西延長は約39km、南北延長は約43kmであり、面積472km^{2}で、県土の4.5%を占めている。近くには東海北陸自動車道の関インターチェンジがある。また、現在、東海環状自動車道のうち愛知県豊田市と岐阜県関市間が完成しているが、全区間が完成すると、さらに交通の便がよくなるところである。

　関・武芸川南部地域のなかでも旧関市は、700余年の歴史と伝統を持つ刃物のまちとして知られている。中でも伝統工芸の刃物づくりは有名であり、刃物製品の出荷額は日本一である。武儀・上之保地域では木材産業が盛んである。最近は景気低迷で製造業に大きな影響がでているが、市郊外に大型店舗の進出などがあり商店数や小売販売額はともに増加している。産業別就業者数を見ると、1965年頃、第1次産業と第3次産業の就業別人口の割合は約29%でほぼ等しかったが、それ以降、第1次産業に就業している人の数は一貫して減りつづけ、2000年においては2.7%になった。それに対し、第2次産業と第3次産業はともに48%台の人が就業している。道路網の整備により、今後は内陸型工業都市・物流拠点都市としての発展が期待される。

　人口は、市制施行時の1950年に30,513人であった。その後人口が伸びつづけ、

1981年3月に6万人、1992年6月に7万人を突破し、2000年10月に74,438人と増加している。さらに、2005年2月に、関市・武儀郡の市町村合併により、94,911人に膨らんだ。

世帯数は、表14-1のように、人口の増加により伸びているが、一世帯当たりの人員は、都市化、核家族化などにともない、過去一貫して減少している。1955年に5.01人であったが、1975年に4.00人となり、2000年10月1日現在、3.09人となった。20〜25年で1世帯当たりの人員が1名減となったのである。合併により、人口、面積ともに増えたが、1世帯当たりの人員数は、3.00人となった。人口密度は、2000年は1km²当たり726.2人であったが、合併後は200.7人と大幅に少なくなった。

表14-1 関市の人口・世帯数

各年10月1日現在

年	世帯数	人口 総数	男	女	一世帯当たりの人	人口密度
1955年	8,185	40,969	20,075	20,893	5.01	403.0
1960年	9,095	43,187	21,187	21,999	4.75	420.4
1965年	10,321	45,375	22,124	23,251	4.40	439.3
1970年	11,812	49,254	23,993	25,261	4.17	475.1
1975年	13,477	53,872	26,342	27,530	4.00	521.6
1980年	15,171	59,192	28,950	30,242	3.90	573.0
1985年	17,246	64,149	31,470	32,679	3.72	621.0
1990年	19,287	68,386	33,498	34,888	3.55	667.0
1995年	21,748	71,916	35,011	36,905	3.31	701.6
2000年	24,082	74,438	36,184	38,254	3.09	726.2
2005年	31,627	94,911	46,346	48,565	3.00	200.7

出典：GIFU統計調査課（HPより）、ただし2005年は合併時の人口（関市のHPより）

現代的な課題として、少子高齢化の問題があるが、それを、合併した1市2町3村の年齢三区分別人口の構成でみていく。表14-2から、1990年では年少人口（0〜14歳）は19.9%（旧関市20.3%）、生産年齢人口（15〜64歳）は67.0%（旧関市68.5%）、老年人口（65歳以上）は13.1%（旧関市11.2%）となっていて、高齢者人口より年少者人口の割合が高い。

表14-2　1市2町3村の年齢三区分別人口の推移

		年少人口 (0歳～14歳)	生産年齢人口 (15歳～64歳)	老年人口 (65歳以上)	総人口
1960年	実数	21,719	39,979	5,350	67,048
	割合	32.4	59.6	8.0	100
1965年	実数	18,563	42,798	5,727	67,088
	割合	27.7	63.8	8.5	100
1970年	実数	17,359	45,465	6,377	69,201
	割合	25.1	65.7	9.2	100
1975年	実数	18,117	48,394	7,108	73,619
	割合	24.6	65.7	9.7	100
1980年	実数	18,892	51,312	8,325	78,529
	割合	24.1	65.3	10.6	100
1985年	実数	19,116	54,722	9,525	83,363
	割合	22.9	65.6	11.4	100
1990年	実数	17,367	58,360	11,390	87,117
	割合	19.9	67.0	13.1	100
1995年	実数	15,673	60,555	13,919	90,147
	割合	17.4	67.2	15.4	100
2000年	実数	14,243	61,400	16,388	92,031
	割合	15.5	66.7	17.8	100
2005年	実数	13,757	62,875	18,279	94,911
	割合	14.5	66.2	19.3	100

出典：関市の「新市建設計画書」より作成。ただし、2005年は合併時の人口

しかし、2000年の年少人口は15.5%、生産年齢人口66.7%、老年人口17.8%と出生率の低下と平均寿命の伸張の影響がはっきり表れた。高齢化が進んでいることがわかる。合併後ではさらに高齢化が進んでいる。

2. 住民の学び

関市民が、現在どのような学習内容にどのような方法で取り組んでいるか、また、今後どのような学習内容にどのような方法で取り組む必要があると考えているかを明らかにするために、学習要求調査をおこなった。調査は、2002年11月1日現在、関市在住で、選挙人名簿に登録されている人（60,027人）から無作為抽出で500人を選び、住民学習要求調査（質問紙法）を郵送調査法でおこなった。回収率

は60%であった。

(1) 調査対象者の属性

回答者の性別・年代別・職業別の内訳を表14-3・14-4・14-5からみると、性別では男性が40.7%、女性が58.6%で、男性よりも女性の方が多い。年代別では、50代（26.9%）、40代（20.5%）、60代・70代以上（15.5%）、20代（10.8%）30代（10.1%）で、一番多かったのが、50代であった。さらに、職業別では、「無職」

表14-3 性別

	男性	女性	無回答	回答者計
実数	121	174	2	297
割合（%）	40.7	58.6	0.7	100

表14-4 年代別

	20代	30代	40代	50代	60代	70代以上	無回答	回答者計
実数	32	30	61	80	46	46	2	297
割合（%）	10.8	10.1	20.5	26.9	15.5	15.5	0.7	100

表14-5 職業別

職　　　業	実数	割合（%）
農林漁業	10	3.4
自営業（商業・工業・サービス・販売など）	49	16.5
管理職・専門職・技術職	26	8.8
会社員・公務員（事務・販売・サービス系）	33	11.1
会社員・公務員（製造・建設・運輸・通信などの現業系）	39	13.1
パート・アルバイト	31	10.4
専業主婦・主夫	41	13.8
学生	9	3.0
無職	55	18.5
無回答	4	1.3
回答者計	297	100

(18.5%) が一番多く、以下、「自営業（商業・工業・サービス・販売など）」(16.5%)、「専業主婦・主夫」(13.8%)、「会社員・公務員（製造・建設・運輸・通信などの現業系）」(13.1%)、「会社員・公務員（事務・販売・サービス系）」(11.1%)、「パート・アルバイト」(10.4%)、「管理職・専門職・技術職」(8.8%)、「農林漁業」(3.4%)、「学生」(3.0%) であった。

（2） 現在の学習活動率及び今後の学習必要認知度について

「あなたの、現在及び今後の学習やスポーツなどの生涯学習についておたずねします。現在取り組んでいるすべての学習内容について、その取り組み方を下の選択肢から選び番号を記入してください。また、今後取り組む必要があると考えているすべての学習内容について、希望の取り組み方を下の選択肢から選び番号を記入してください。」という問いで、取り上げた学習内容（以下、学習領域という）は、「職業上必要な知識・技能に関するもの」（以下、「職業知識」とする）、「家庭生活に必要な知識・技能に関するもの」（「家庭生活」とする）、「子育てに関するもの」（「子育て」とする）、「ボランティア活動に必要な知識・技能に関するもの」（「ボランティア」とする）、「趣味や芸術に関するもの」（「趣味」とする）、「健康・スポーツに関するもの」（「スポーツ」とする）、「文学・思想・歴史などの文化や自然科学の教養に関するもの」（「教養」とする）、「情報化社会に対応するための技能や知識に関するもの」（「情報」とする）、「国際交流・国際理解に関するもの」（「国際理解」とする）、「その他」の10の項目である。

取り組んでいるかどうかを表す尺度として、「現在の学習活動率」や「今後の学習必要認知度」を用いた。すなわち、「現在の学習活動率」や「今後の学習必要認知度」は、学習領域（複数学習領域にまたがってもよい）において、現在取り組んでいる学習がある、または、今後取り組む必要があると回答した実人数を、回答者の総数（297人）で除した割合とした。

1） 年代別学習活動率と今後の学習必要認知度について

表14-6から、年代別の現在の学習活動率をみると、20代の学習活動率は90.6%、30代は86.7%、40代は75.4%、50代は80.0%、60代は65.2%、70代以上は56.5%であった。20代、30代、50代の学習活動率は80％以上と高く、60代、70代以上では66％以下であった。日本は高齢社会に入り、高齢者の社会参加

表14-6 現在の学習活動率（年代別）

年代		学習活動		回答者計
		している	していない	
20代	実数	29	3	32
	割合(%)	90.6	9.4	100
30代	実数	26	4	30
	割合(%)	86.7	13.3	100
40代	実数	46	15	61
	割合(%)	75.4	24.6	100
50代	実数	64	16	80
	割合(%)	80.0	20.0	100
60代	実数	30	16	46
	割合(%)	65.2	34.8	100
70代以上	実数	26	20	46
	割合(%)	56.5	43.5	100
無回答	実数	0	2	2
	割合(%)	0.0	100	100
計	実数	221	76	297
	割合(%)	74.4	25.6	100

注）$\chi^2=23.718$　$p=0.00059<0.05$　統計的に有意である

活動の活発化、生涯学習活動の活発化がいわれるものの、今回の住民の調査結果においては、60代以上の生涯学習の学習活動率は必ずしも高いものではなかった。逆に20代、30代といった比較的若い年代の学習活動率は80％以上であったことは注目される。生涯学習施設・社会教育施設に若い世代の姿が見られないと嘆く声が多い。しかし、今回のこの調査で把握された若い年代の生涯学習の学習活動率は高く、活発に生涯学習を進めていることが推測できる。

次に、表14-7から、年代別の今後の学習必要認知度についてみると、今後何らかの学習への取り組みが必要であると考える人は、30代では96.7％であった。この30代の96.7％をピークとして、年代が上がるにつれて学習必要認知度は低下し、40代で88.5％、50代で85.0％、60代で78.3％、70代以上で39.1％となっている。

表14-7 今後の学習必要認知度（年代別）

年代		今後の学習活動		回答者計
		必要である	必要でない	
20代	実数	30	2	32
	割合（%）	93.8	6.3	100
30代	実数	29	1	30
	割合（%）	96.7	3.3	100
40代	実数	54	7	61
	割合（%）	88.5	11.5	100
50代	実数	68	12	80
	割合（%）	85.0	15.0	100
60代	実数	36	10	46
	割合（%）	78.3	21.7	100
70代以上	実数	18	28	46
	割合（%）	39.1	60.9	100
無回答	実数	0	2	2
	割合（%）	0.0	100	100
計	実数	235	62	297
	割合（%）	79.1	20.9	100

注）$\chi^2=66.815$　$p=0.00<0.05$　統計上有意である

　現在の学習活動率と比べると、約10%以上の上回り方を示している年代は、40代（75.4→88.5%）、60代（65.2→78.3%）、30代（86.7→96.7%）であり、微増した年代は50代（80.0→85.0%）、20代（90.6→93.8%）である。逆に下回った年代は70代（56.5→39.1%）であった。60代は13%もの上回り方を示し、伸びの割合は40代とともに一番高かった。やはり、高齢者自身が生きがいを見つけるために、生涯学習活動や社会貢献活動などに取り組もうとしているためと考えられるが、70代以上は大幅に低下している。

2）　学習領域別活動率と学習領域別必要認知度について

　図14-1から、現在取り組んでいる学習領域をみると、40%前後の取り組みの割合を示す領域には、「趣味」（40.1%）、「スポーツ」（38.7%）がある。現在の日本の社会における生涯学習や社会教育活動の多くが趣味・芸術的活動や健康・スポーツ活動であるということと符合する結果である。30%弱の取り組みの割合を示すも

のは、「職業知識」(29.6%)、「情報」(28.6%)、「家庭生活」(27.9%)であった。21%以下の割合を示すものには、「子育て」(20.5%)、「ボランティア」(20.5%)、「教養」(17.5%)、「国際理解」(14.8%)があった。

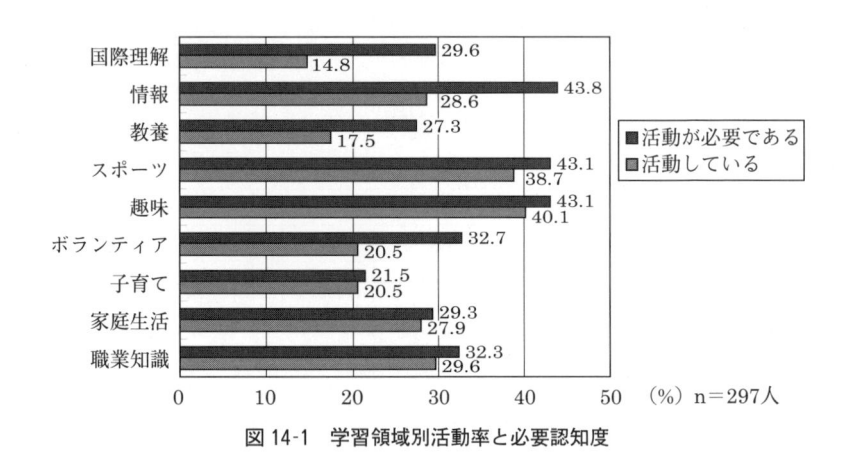

図14-1 学習領域別活動率と必要認知度

学習領域	活動が必要である	活動している
国際理解	29.6	14.8
情報	43.8	28.6
教養	27.3	17.5
スポーツ	43.1	38.7
趣味	43.1	40.1
ボランティア	32.7	20.5
子育て	21.5	20.5
家庭生活	29.3	27.9
職業知識	32.3	29.6

n=297人

学習必要認知度では、すべての学習領域で、学習活動率を上回っていることがわかる。約10%もの上回り方を示している領域を見ると、「情報」(28.6→43.8%)、「国際理解」(14.8→29.6%)、「ボランティア」(20.5%→32.7%)、「教養」(17.5%→27.3%)である。学習の必要性を感じながらも現在取り組んでいない人が相当数存在することを示していると考えられる。「教養」を除けば、いずれも国際化やボランティア活動、情報化といった現代的課題にかかわる領域であることが注目される。そうした現代的課題は、社会変化が急速に進んだために社会問題となっている分野であるため、学習機会がいまだ十分に整備されていないのではないかと推察される。

学習活動率に対して学習必要認知度が微増するにとどまった「職業知識」、「家庭生活」、「子育て」、「趣味」、「スポーツ」の領域は、現状でも家庭や地域社会や職場で、学習や活動を行うことのできる機会に比較的恵まれているということを示していると思われる。

3. 生涯学習推進体制の整備の流れ

　科学技術の進歩や情報化、国際競争の激化に伴い、産業構造の変化、雇用の流動化が一層進み、岐阜県の地域経済や地域社会は今後とも大きく変貌していくと予想される。その社会的背景を、社会の成熟化という面から見ると、所得水準の向上、自由時間の増大、少子高齢化という側面が考えられる。また、社会・経済の変化という面から見ると、科学技術の高度化、情報化、国際化、男女共同参画社会の実現、産業構造の変化、雇用環境の変化という側面が考えられる。このような大きな変化の中では、今までのように年功序列で昇進していくような雇用環境や終身雇用というようなことは考えられなくなってきている。変化に対応するためには、市民は生涯学習を中心とした学習に取り組み、社会に対応しなければならないだろうし、行政は市民の生きがいづくりを進め、市民と協働しなければ変化に対応できないところがある。このため、生涯学習を中心としたまちづくりが進められようとしてきた経緯がある。

　関市の場合、1991年に、岐阜県の「生涯学習のまちづくり推進事業」の指定を受けた。まちづくりを推進するための各種のイベントの開催、市民ニーズに合った講座などが実施されたが、以前にも増して産業構造の変化や少子高齢化が進んだというようなことがあり、学習だけでなく、生きがいづくりや健康づくりを志向する傾向が高まった。また、学習施設の整備充実、豊富な学習情報の提供などの要望が増えたため、1993年度に入り、生涯学習のまちづくりを計画的に推進すべきであるという声を受けて、「生涯学習のまち・関市」づくり推進計画が策定された。

　これまでの経緯は、次のとおりである。
　　1991年〜1993年　岐阜県から「生涯学習のまちづくり推進事業」の指定
　　1992年8月　生涯学習推進企画委員会と共に生涯学習推進本部を設置
　　1993年7月　生涯学習推進協議会を設置
　　1994年3月　「生涯学習のまち・関市」づくり推進計画を策定
　　「生涯学習のまち・関市」づくりの目標
　　　　──　ときめき、きらめき、いきいきライフ　──

1996年10月　生涯学習都市宣言
　「市民が健康で生涯いきいきと学ぶことができるように」という願いを込めて、生涯学習を基軸とする市政の方針を表明

> 生涯学習都市宣言
> 「私たちは豊かな自然にめぐまれた
> ふるさと"せき"を愛し
> ときめく心で自らをみがき
> きらめく人生を求めて
> 健康で生涯いきいきと
> 学んでいこう」

1999年5月　生涯学習拠点施設「わかくさ・プラザ」がオープン
　「わかくさ・プラザ」は、学習情報館、総合体育館、総合福祉会館から構成され、学習情報館は、中央公民館、図書館、まなびセンターなどからなる複合施設であり、総合体育館、総合福祉会館を同一敷地内にもつという特色ある施設群のひとつである。

2005年2月7日　関市・武儀郡町村合併により新しい関市が誕生

```
　　　　　┌──────────────┐　　┌──────────────┐
　　　　　│ 生涯学習推進本部 │──│生涯学習推進協議会│
　　　　　└──────────────┘　　└──────────────┘
　　　　　　　　　本部長＝助役　　　　　　│
　　　　　　　　副本部長＝教育長　　　　会長＝市長
　　　　　　　　　本部会＝部長会　　　　委員＝40名
　　　　　┌──────────────┐　　　　　　　　以内
　　　　　│生涯学習推進企画委員会│
　　　　　└──────────────┘　　┌──────────────┐
　　　　　　委員長＝教育長　　　　　　│　専　門　部　会　│
　　　　　　委　員＝20名程度　　　　　└──────────────┘
　　　　　　　　　　　　　　推進協議会に、必要に応じ専門
　　　　　　　　　　　　　　部会を設けることができる。
```

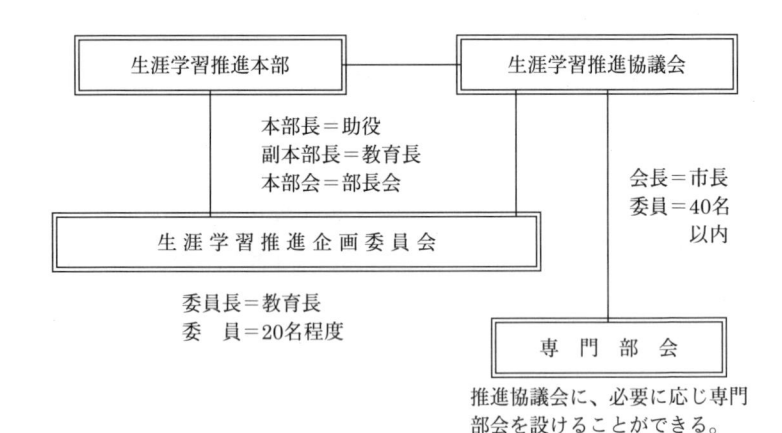

図14-2　関市生涯学習のまちづくり推進組織図
出典：ときめき、きらめき、いきいきライフ・・「生涯学習のまち・関市」より作成

生涯学習都市宣言を行うことで、職員の生涯学習推進の機運が盛り上がり、生涯学習の基盤が整備されていったとき、住民の望んでいたよりよい人間的な生き方の模索と結びつき、学習活動が活発化することになると期待されるため、各種の施策が施された。

生涯学習都市宣言は、県内では1991年11月に羽島市が、1996年4月に岐阜市が表明したのに続いて、3番目に表明した。

図14-2は、関市生涯学習のまちづくり推進組織図である。

4. 関市における生涯学習施策推進の基本的な考え方と方向

地方自治法第2条5項で「市町村は、その事務を処理するにあたっては、議会の議決を経てその地域における総合的かつ計画的な行政の運営を図るための基本構想を定め、これに即して行うようにしなければならない」と記されているように、市町村長は総合計画を策定しなければならない。関市でも将来像を描いて、総合計画を策定している。

1986年度を初年度とする「関市第2次総合計画」（2次総）の施策のひとつに「創造性豊かな市民文化のまち」があるが、この施策を具体的にするものとして「生涯学習のまち・関市」づくり推進計画が1993年度に策定された。

その後、1996年を初年度とする「関市第3次総合計画」（愛称「せき交流プラン21」）では、「新しい時代の流れに対応する」、「関市らしさを創造する」、「市民の生活・文化の質を高める」という視点で計画が立案された。その主な柱は ①快適都市づくり ②産業都市づくり ③安心都市づくり ④人間都市づくり ⑤交流都市づくり である。生涯学習・社会教育などは、この柱の中の「人間都市づくり」にかかわっている。「人間都市づくり」は、①生涯学習を通じて学習できる環境づくり（生涯教育） ②自らの可能性を伸ばす基礎づくり（幼児教育、小・中・高・高等教育） ③心の豊かさが得られる機会づくり（社会教育）からなっている。

「関市第3次総合計画」の目標完了を1年残す段階で、関市と武儀郡2町3村の合併がなされ、新市建設計画の基本方針が出された。新市建設計画は「市町村の合併の特例に関する法律」第5条に基づくものである。その内容は、自立と改革を中核にして、「市民との協働・共創によるまちづくりと住民参画による施策の推進」、

「持続ある新市の運営が可能な行財政改革の推進」、「地域・市民との協調と調和を目指す新たな自治の形成」をまちづくりの基本理念としている。新たな市のまちづくりが始まるが、ここでは、旧関市の「第3次総合計画」の主要な施策がどのようなものであるのか、また、計画実施後の状況、さらには新市の施策をみていく。

(1) 生涯学習の主要な施策とその展開

> (1) 基本方針
> 　　市民が将来にわたって、いつでも、どこでも気軽に学べる生涯学習都市づくりを進めるため、市民のライフステージや目的に対応した多様な学習の場と機会を確保し、市民一人ひとりの自主的、主体的な学習を支援します。
> (2) 主要な施策
> 　1) 生涯学習社会の基礎づくり
> 　　生涯学習への意識啓発を進めるとともに、生涯学習を推進するための効率的な体制を確立するなど、生涯学習社会の基礎をつくる施策の推進に努めます。
> 　2) 学習機会の拡充
> 　　① 市民の学習ニーズを把握し、そのニーズに応じた多様な学習機会を提供することにより、市民一人ひとりの自主的、主体的な学習活動を支援します。
> 　　② 生涯学習や施設利用に関する情報を提供するためのシステムを整備して、市民の学習機会の拡充に努めます。
> 　3) 学習施設の整備
> 　　市民の多様な学習ニーズに対応するため、生涯学習の中核施設を整備するとともに、生涯学習関連施設のネットワーク化による運営面での充実と施設の有効活用を図ります。

1) 生涯学習社会の基礎づくり

　関市の「生涯学習理念」によると、「市民が健康で生涯いきいきと学ぶことができる」ようにするとともに、それをまちづくりに生かすためには、「市民と行政がそれぞれ意識改革し、学び、そして知恵を出し合う」ような関係をつくる必要があるという。市民一人ひとりには生きがいのある人生を送る上で必要な学習を行うことのできる社会を構築するが、同時に社会には解決しなければならない現代的な課題があり、現代的な課題は行政だけでは解決することができなくなってきているために、問題解決するために行政も住民もともに学習し、協力していく社会を築いていかなければならないと示されている。このような生涯学習社会の基礎づくりを進めるために、どのような施策がなされたかを大まかに見ると、

① 生涯学習推進組織として、全庁体制の構築
② 学習関連施設の整備・充実
③ 学習情報の提供と相談体制の充実
④ 活動の支援や交流活動の振興として、関係団体やグループの育成、交流の場の拡充
⑤ 学習成果を生かすための環境整備

など多様な施策が進められてきた。

2） 生涯学習拠点施設「わかくさ・プラザ」の整備

学習情報館（中央公民館、図書館等含む）、総合体育館、総合福祉会館が一体となった生涯学習拠点施設「わかくさ・プラザ」が、1999年に完成した。この生涯学習の拠点ができた意義は大変大きい。そこで、この施設の概要と施設づくりの工夫についてみていく。

① 生涯学習の拠点としての役割

最近は、商業施設だけでなく、各市町村の施設でも複合化がなされているが、関市も「わかくさ・プラザ」を複合施設化した。複合化は、施設運営の効率化のためだけではなく、複合施設にすることによって、生涯学習の拠点施設として機能が高まるところに意義がみいだせる。すなわち、市民の各種の自主活動の支援機能と図書館の資料・情報の収集・提供機能が高まり、市民の文化・学習・交流活動における機会と場を提供することになる。また、市民のニーズに応じた情報を提供できる機能も整えているので、市民の文化・学習・交流のネットワーク化と情報発信の拠点としての役割を担うことができる。さらに、それぞれの機能を有機的に結びつけ、総合的な事業展開を図るとともに、地区公民館、各生涯学習センター、ふれあいセンター、公民センターなどの地域の各種学習施設（後述）の中心的な役割を果たしていくものと期待される。

国立教育政策研究所・社会教育実践研究センターが出している「平成12年度生涯学習・社会教育センター等基礎資料集」の「Ⅱ市町村の生涯学習センター等」に掲載されている生涯学習センターは、37％が単独施設、50％が複合施設、13％が併設施設である。複合施設が全国的に多くなってきているが、関市の生涯学習拠点施設は、複合施設でもあり、同一施設内に他の諸施設をもつという特色をもった施設であるといえる。

② 施設内容と施設づくりの工夫

　1階は、エントランスホール、図書館、多目的ホールなどが設けられている。エントランスホールは、市民の交流の場として利用できる空間である。図書館は、一般書、児童書、郷土資料「せき・わかくさ文庫」、新聞の各コーナーをはじめ、AVコーナー、おはなしコーナーがあり、従来の図書館の機能を一層高めている。多目的ホールは、ロックバックチェア（可動式客席350席）を設けることができ、演劇や音楽会などに利用できる。また平場にして普通のいすであるスタッチングチェアを150席置くと、学習などができる部屋にもすることができる多目的の空間である。

　2階は、中央公民館で、音楽室、料理実習室、創作実習室、研修室、ギャラリー、和室などを備えている。特に、創作実習室が設けられたのは、住民の学習活動の形態が単に講義形式にとどまらず、多様な形態の学習活動が求められていることに対応したものと思われる。3階は、まなびセンターで、直径12メートルのドームスクリーンのあるコスモホール、天体観測広場、パソコン研修室、エル・ネット（教育情報衛星通信ネットワーク）の視聴設備などを備え、さまざまな情報を提供している。2000年の生涯学習審議会答申「新しい情報通信技術を活用した生涯学習の推進方策について」が出される前にコンピュータ研修室が設けられたのは、住民のITに対する意識が高いためだと思われる。

　この他、「わかくさ・プラザ」のオープンに合わせて、市の巡回バスの運行も開始された。これにより、バスや鉄道など複数の交通機関を利用しなければならない不便さがなくなり、高齢者をはじめとした市民の生涯学習拠点施設に出向く利便性の向上が図られた。

3）　学習情報の提供システムと学習機会の提供

　学習情報の提供手段としてはホームページの他に情報誌がある。ホームページは、関市トップ→学習・スポーツと進むと、生涯学習ガイドブック（学習情報の提供、「わかくさ・プラザ」の紹介）、図書館のホームページ（図書の案内・予約など）、まなびセンターのホームページ（コスモホール、天体観測広場、パソコン教室など）、スポーツのホームページ（スポーツのイベント・教室など）があるが、学習情報の提供の中心は生涯学習ガイドブックにある。また、情報誌には、生涯学習情報誌「関市タワー」と生涯学習ガイドブック「ときめき、きらめき、いきいき

ガイドブック」(ホームページのものと同じ)がある。生涯学習ガイドブックは、市が実施する生涯学習に関するイベント・講座・教室や出前講座・社会教育認定団体の学習内容等を紹介したものである。2005年度の主な学習機会提供の状況は表14-8のとおりである。この学習機会をイベントなどを除いて、①文化・教養型の内容のもの、②社会参加型の学習あるいは学習成果の活用を見込んだ内容のもの、③問題解決型の内容のもの、④学習成果が社会的に通用する資格取得につながる内容のものに分けてみると、次のようになる。

表14-8 関市の学習機会の提供講座

2005年度

学習領域	概要	講座など	講座数
教養	心身ともに健康で、人間性あふれた個性を磨く科目を設定	イベント	12
		講座	15
		洞戸ネットサロン	39
		教室	5
		コンピュータ講座	7
社会・対人関係	郷土の歴史と伝統に学び、活力あるまちづくりに参加できるような科目を設定	イベント	15
		講演会	7
		講座	11
		教室	9
環境・自然	自然と触れ合い親しみながら、環境問題を考える科目を設定	イベント	7
		講演会	1
		教室	17
出前講座	生涯学習まちづくり出前講座のメニューを設定	市職員による	57
		市民による	68
行事	社会体育関係	―	28
事業	健康ウォーキング	―	14

出典:関市生涯学習ガイドブック2005年度版をもとに作成

① 文化・教養型の内容のもの

従来型のもので、提供されている内容の主なものを見ると、講座では日本語講座、中国語講座、英語講座、成人学校、市民公開講座、コンピュータ講座などがある。また、教室では、刃物セミナー、パートタイム労働ガイダンス、健康づく

り教室、弓道教室などがある。
②　社会参加型の学習あるいは学習成果の活用を見込んだ内容のもの
　社会・対人関係に関する教室・講座の中に、学習成果の活用を見込んだ内容の生涯学習ボランティア養成講座、図書館ボランティア活動養成講座（ボランティア活動希望者）、みんなで創る福祉のまち養成研修、手話奉仕員養成講座、日本語ボランティア養成講座などがみられる。
③　問題解決型の内容のもの
　地域にはごみ処理、自然環境の保全、介護、福祉などのさまざまな現代的かつ切実な課題がある。行政だけでは解決が難しく、住民が学習し、理解し、主体的に行動することが必要である。これらの課題に対応することを目的として提供されているものに、出前講座や環境・自然の教室・講座などがある。出前講座には用途地域指定など都市計画に関するものや農村部の水浄化などの講座がある。また、環境・自然の教室や講座には親子自然観察クラブ、市民天体観測会などがある。
　出前講座は、1994年から市民が主催する集会等に行政職員が出向き、市の行政活動の取り組み内容を説明することにより、市政に対する理解を深め、市民と行政が一体となって生涯学習によるまちづくりを推進していくことができるようにという目的で行われたものであるが、関市ではこのほかに、市民がボランティアで講師になって市民の学習を支援する出前講座を1997年から行っている。
④　学習成果が社会的に通用する資格取得につながる内容のもの
　中部学院大学・中部学院大学短期大学部及び中部学院大学・中部学院大学短期大学部の生涯学習センターと共催で行うもので、福祉系資格講座、ビジネス系資格講座、教養・健康講座などがある。

　合併後、新市建設計画の「Ⅴ新市の施策」の「5豊かな心を育む文化のまちづくり」の中に、「①生涯学習活動と社会教育の推進」という項目があり、そこには、主要な事業として、「出前講座や各種学習講座の充実」を掲げているだけである。生涯学習拠点施設などのハード面の整備が一段落し、今後はさまざまな学習活動の支援をするソフト面の充実を図る段階に入ったと思われる。

（2） 高等教育にかかわる主要な施策とその展開

> （1） 基本方針
> 　　高度化、多様化する市民の学習ニーズに対応するため、高等教育機関の誘致を進めるとともに、大学を生涯学習の拠点と位置づけ、市民に開かれた大学となるように働きかけます。
> （2） 主要な施策
> 　1） 高等教育機会の拡充
> 　　① 医療の高度化、人口の高齢化が進行する中で、看護師や介護福祉士などを質・量両面にわたって確保し、地域の医療・福祉水準の向上を図るため、福祉系大学などの誘致を積極的に進めます。
> 　　② 高等教育機関への就学を支援するため、就学助成の充実を図ります。
> 　2） 市民に開かれた大学づくり
> 　　市民の多様な学習ニーズに対処し、生涯学習の機会を提供するため、市民に開かれた大学となるよう働きかけます。

　社会が複雑化、成熟化するとともに、人生80年時代を向かえ、多くの人びとが社会生活を送っていく上で、学校を卒業した後も引き続き絶えず新たな知識・技能を習得していく必要を感じている。また、豊かで充実した人生を送るためには、生涯学習に取り組むことが不可欠な社会になってきているといわれている。その社会的背景には、科学技術の高度化、情報化、国際化、高齢化、価値観の変化と多様化などが考えられる。

　このような社会的要請を受けて、1992年7月、生涯学習審議会の答申「今後の社会の動向に対応した生涯学習の振興方策について」の中で、「リカレント教育の推進」が取り上げられ、行政も取り組みを開始した。関市においても、専門性の高い学習需要に対応するために、中部女子短期大学（当時）と協力体制を築くために、「高等教育機関の開放に関する研究会」を設置し、研究・協議を重ねた。その結果、1993年度から公開講座（オープンカレッジ '93）の開催が実現した。1997年には、福祉の人材育成を進める福祉系大学として誘致していた中部学院大学が開学した。それ以降は、中部学院大学・中部学院大学短期大学部の生涯学習センターが中心となって市民講座を開設している。

　2005年度の講座には、就職を有利に導く学生のための資格取得講座、新しい時代に対応する社会人のためのキャリアアップ講座、生活を楽しむ一般教養講座などがあり、オープンカレッジとして学生と一般市民のために幅広い講座が提供されて

いる。講座の内容は、①福祉系資格講座として、ホームヘルパー（訪問介護）養成2級研修、福祉用具専門相談員指定講習会、医療事務講座、介護事務講座、介護技術講習会、調剤薬局事務講座、福祉住環境コーディネーター3級・2級試験対策、ガイドヘルパー（移動介護従業者）講座、②ビジネス系資格講座として、行政書士試験対策、社会保険労務士試験対策、宅地建物取引主任者試験対策、AFT色彩検定対策講座3級・2級対策、ファイナンシャルプランニング3級・2級対策、パソコンWord・Excel特訓、③教養・健康講座として、書道講座、アロマテラピー検定対策、韓国テコンドー、健康太極拳、ストレス発散！！かんたんエアロビ講座、レクリェーションインストラクター講習会、「若年者就職基礎能力取得証明書」取得講座、パイプオルガン講座、④語学講座として、英会話、やさしい韓国語、④司書講座として、図書館司書講習などである。

開講日は、勤労者が講座を受講しやすいように土曜日、日曜日を中心に設定されている。

(3) 社会教育の主要な施策とその展開

> (1) 基本方針
> 　市民の多様な学習ニーズに応える生涯学習の推進を図るため、図書館など社会教育施設の整備を推進するとともに、乳幼児期から高齢期まで生涯の各時期にあわせた学習機会の充実に努めます。
> (2) 主要な施策
> 1) 社会教育推進基盤の充実
> 　市民の自主的な参加を促しながら、社会教育団体及び自主活動グループの育成を図ります。
> 2) 社会教育活動の推進
> 　市民のライフスタイルや目的に応じた学級、講座の充実を図り、多種多様な社会教育活動の推進を図ります。
> 3) 社会教育施設の整備
> 　生涯学習を進めるうえで最も基本的かつ重要な施設となる図書館の整備充実を図るとともに、市民の学習ニーズに応える生涯学習の場として、公民館の整備充実を図ります。

1) 社会教育推進基盤の充実

生涯学習社会を確立していくためには、社会教育関係団体の育成は重要な施策のひとつである。なぜなら、社会教育関係団体・学習グループが活発に活動すること

が、心の豊かさや社会連帯意識を高めるのみならず、行政とのパートナーシップを生むと期待され、さらに、それらの団体が一般市民に広く開かれたものになっていれば、そこに学習機会や活動の場が広がるからである。関市で社会教育関係団体として認定されるには、認定基準をクリアしなければならない。その基準は、①社会教育法第10条に規定する団体、②政治活動、宗教活動及び営利活動を行わない団体、③継続的に社会教育活動を行う団体であり、事業内容が明らかであるなど、その性格が判然としていること、④構成員が10名以上であることなどである。1992年度の生涯学習ガイドブック団体編（岐阜県教育委員会発行）によると、その当時活動していた加盟団体は、関市文化協会、関市生活学校、関市獅子舞保存会であった。それが2004年には関市青少年健全育成協議会加盟団体、スポーツ少年団などが加わり、12加盟団体（全体で397団体）とふくらみ、活発な活動をしている。関市社会教育認定団体は表14-9のとおりである。

表14-9　関市社会教育認定団体

No	加盟団体	部門	団体数
1	関市文化協会加盟団体	茶華道	16
		邦楽	38
		園芸	5
		美術工芸	35
		文芸	18
		洋楽	6
2	関市体育協会加盟団体		32
3	関市青少年健全育成協議会加盟団体		11
4	関市子ども会育成協議会加盟団体		8
5	関市PTA連合会加盟団体		17
6	関市自治女性の会連合会加盟団体		7
7	関市女性連絡協議会加盟団体		29
8	関市獅子舞保存会加盟団体		5
9	関市スポーツ少年団加盟団体		50
10	関市老人クラブ連合会		52
11	関市読書サークル協議会		5
12	その他の社会教育認定団体		63

出典：関市社会教育関係団体ガイド（2004年度版）より

1998年3月に特定非営利活動促進法（NPO法）が成立してからは、社会教育関係団体だけでなく、民間の非営利活動を行う組織も活動している。NPOは、社会的な要請に応えて、問題解決をするノウハウ等を備えた民間非営利の組織体である。岐阜県認証のNPO法人（2005年10月5日現在）で、関市に本拠地を置く団体は13団体である。内訳は「保健・医療又は福祉の増進を図る活動」分野が5団体、「学術、文化、芸術又はスポーツの振興を図る活動」分野が1団体、「環境の保全を図る活動」分野が3団体、「国際協力の活動」分野が2団体、「子どもの健全育成を図る活動」分野が2団体である。

　その中のひとつに「ギンブナの会」がある。ギンブナの会の目指しているものは、「より住みやすい地域をつくっていくことを目的に、子どもたちに豊かな自然を残して、高齢者には社会で必要とされているITに親しんでもらう」である。30年以上にわたって長良川の魚類を調査してきた資料と、資料を展示した「白銀登落荘」での活動を中心に、環境保護の必要性を訴え、自然環境を守っていくことに貢献しようとしている。活動は、河川敷の清掃活動や津保川での自然観察会、高齢者や視聴覚障害者へのパソコン指導などである。2005年8月にNPO法人格を取得し、2005年後期の「公益信託ぎふNPOはつらつファンド」の助成を受けたり、2006年2月に行われた関市生涯学習振興大会で事例発表をするなどして大いに活躍している。

　このように関市においては、決して組織数は多くないが、自立的な意識をもって活動を展開しているNPO団体が少なくないと思われる。

　社会教育関係団体の活動、ボランティア団体のおこなう活動、NPO法人のおこなう公益的な活動、町内会などの地縁組織による活動などと関わることにより、学習成果を有効に生かせることが多いので、社会教育推進の基盤を強化するためには団体の育成は今後も必要になってくる。

2）　社会教育活動の推進

　2004年度版「岐阜県の社会教育」には、市町村長部局が主催する社会教育関連学級・講座、教育委員会が開催する社会教育学級・講座、公民館で開催する学級・講座が紹介されている。その中の公民館で開催された2003年度の生涯学習関連講座は表14-10のとおりである。表を見ると、一番参加者の多い講座は「教養の向上」に関するものであり、「家庭教育・家庭生活」、「体育・レクリェーション」、「職

表14-10 公民館で開催された生涯学習関連講座の開設数と参加者数
(2004年3月31日現在)

		教養の向上	体育・レクリエーション	家庭教育・家庭生活	職業知識・技術の向上	市民意識・社会連帯意識	その他	計
旧関市	講座開設数	20	1	6	2	1	—	30
	参加者数	1121	11	145	27	13	—	1317
旧洞戸村	講座開設数	1	—	—	—	—	—	1
	参加者数	15	—	—	—	—	—	15
旧板取村	講座開設数	—	—	—	—	—	—	—
	参加者数	—	—	—	—	—	—	—
旧武芸川町	講座開設数	6	3	1	2	—	1	13
	参加者数	90	49	16	38	—	10	203
旧武儀町	講座開設数	—	—	—	—	—	—	—
	参加者数	—	—	—	—	—	—	—
旧上之保村	講座開設数	19	2	2	—	2	—	25
	参加者数	387	55	28	—	65	—	535

出典:2004年度「岐阜県の社会教育」岐阜県教育委員会編

業知識・技術の向上」、「市民意識・社会連帯意識」、「その他」とつづく。

　公民館の学級・講座の開設状況を、第3次総合計画のスタートの1996年と2003年とで比較してみる。学級・講座の枠組みが1996年度の場合は「青少年対象」、「成人・一般対象」、「婦人のみ対象」、「高齢者対象」、「その他」とあるだけで、学習内容別の集計ではないので、開設数と参加者数でみると表14-11のようになる。講座の開設数は「旧関市」も「合併前の1市2町3村」を合わせた場合もともに減っている。参加者数は、「旧関市」の場合は増えているが、「合併前の1市2町3村」の場合は減っている。旧関市の場合は、生涯学習拠点施設「わかくさ・プラザ」の

表14-11 公民館の学級・講座の開設状況

	1996年		2003年	
	旧関市	合併前の1市2町3村	旧関市	合併前の1市2町3村
開設数	40	(124)	30	(69)
参加者数(人)	883	(2186)	1317	(2070)

出典:1997年・2004年版「岐阜の社会教育」(岐阜県教育委員会発行)

完成やふれあいセンター（後述）の整備など、生涯学習に取り組みやすい環境が整っていたことに加え人口が増えているが、合併した町村は過疎化が進み人口が減少したことなどが影響していると考えられる。

3） 社会教育施設の整備

① 公民館

地区住民の集会場であった公会堂や集会所に、1973年に「地区集会施設助成規則」が制定され、施設整備の補助がおこなわれるようになり、それらの施設が公民館的役割を果たすようになった。しかし、これらの施設のなかでも老朽化しているものもあって、また、ハード面の整備のみでは住民ニーズにも応じきれなくなってきていたので、「地区公民センター設置及び管理に関する条例」を同年（1973年）に制定し、200戸以上の地域に、200m²以内の建築面積の地区公民センターが新設されることになった。公民センターは公民館ではないが、地域住民の集会、学習活動などが行われ、コミュニティセンターとしての役割を果たしていた。しかし、常駐の職員がいないため、組織的・体系的な生涯学習事業が展開できないこともあり、1992年度から公民館職員を配置した東部地区公民館、西部地区公民館が開設された。

1993年度「ふれあいまちづくり事業」で、公民センターの見直しが図られた。すなわち、公民センターは地域住民の集会場であるが、さらに公民センターの統括的中核施設として、地域住民の交流と活動を支援することを目的に、いくつかの地区に「ふれあいセンター」を建設しようとするものである。その第1号が「倉知ふれあいセンター」であり、その後、1年〜数年に1館の割合で千疋・山ノ手・田原・旭ヶ丘・桜ヶ丘・下有知の各地区にふれあいセンターが開設された。1999年度には、関市の生涯学習拠点の「わかくさ・プラザ」の中に中央公民館が完成した。これにより、中央公民館と東部・西部地区公民館、それにふれあいセンター、公民センターの施設間ネットワークが形成され、地域住民にとって、利便性の高い生涯学習の内容や機会の情報などを得ることができることになった。

関市・武儀郡2町3村の合併後の生涯学習の場は、旧関市は前述のとおりであるが、2町3村の公民館などは、生涯学習センターと名称を変更し地域の学習拠点として再出発した（表14-12）。

表14-12　公民館と地域の生涯学習センター

名　　称	住　　所
関市中央公民館（社会教育法に基づく）	わかくさ・プラザ学習情報館1階
関市東部地区公民館（社会教育法に基づく）	関市役所東部支所
関市西部地区公民館（社会教育法に基づく）	関市役所西部支所
関市洞戸生涯学習センター	旧洞戸村中央公民館
関市板取生涯学習センター	旧板取自然休養村管理センター
関市板取生涯学習センター別館	旧板取村憩の家
関市武芸川生涯学習センター	旧武芸川町中央公民館
関市武儀生涯学習センター	旧武儀町生涯学習センター
関市上之保生涯学習センター	旧かみのほ木木センター

出典：関市・武儀郡町村合併協議会だより　別冊2005.1.15より

　また、新市建設計画の「Ⅴ新市の施策」の「6　住民参画による協働のまちづくり」を見ると、主要な事業として、「ふれあいセンターの整備」と「公民センターの整備」があげられ、生涯学習活動・コミュニティ活動推進のための施設をより一層整備していこうとしていることがうかがえる。

② 　図書館

　「新しい時代（生涯学習・高度情報化の時代）に向けての公共図書館の在り方について（中間報告）」（1988年社会教育審議会・社会教育施設分科会）の中で、「公共図書館は、住民の身近にあって、各人の学習に必要な図書や資料、情報を収集・整理し、その利用に供するという、生涯学習を進める上で最も基本的かつ重要な施設である」とされ、「今後、図書・資料・情報や施設・設備の整備・拡充と利用の促進を図りつつ、情報化、国際化、高齢化など社会の進展に応じた新たな課題に積極的に取り組み、サービスの向上を目指していかなければならない」と公共図書館の方向性が述べられている。

　その図書館が生涯学習拠点施設「わかくさ・プラザ」内に1999年開設された。中央公民館やまなびパークなどと同じ建物の中に設けられたので、学習者にとって、図書資料の利用や、さまざまな情報提供を受けやすくなつた。図書館では、学習活動を援助するためのサービスの向上を目指して、インターネットを使った蔵書検索、調べものをする「インターネットコーナー」、郷土資料が収集

してある「せき・わかくさ文庫」、絵本の読み聞かせが楽しめる「おはなしコーナー」、「AVコーナー」などの各種のコーナーが設けられ、市民の各種の要望に応えようとしている。

合併後は、各地区にあった図書室などを分館・分室として、住民が利用しやすいように整備された（表14-13）。

表14-13　図書館

	蔵書冊数	所　在　地
関市立図書館	191,964	学習情報館内（中央公民館等との複合施設）
武儀分館	39,473	武儀生涯学習センター内
武芸川分館	9,855	武芸川生涯学習センター内
洞戸分室	3,380	洞戸生涯学習センター内
板取分室	1,510	板取生涯学習センター内
上之保分室	6,131	上之保生涯学習センター内
計	252,313	

出典：関市立図書館ホームページをもとに作成（2006年2月）

5. 生涯学習推進ボランティアアドバイザー協議会

岐阜県生涯学習センター発行の資料「21世紀をひらく地域づくりの風」（生涯学習ボランティア活動事例集　2002年11月発行）をみると、特色ある生涯学習ボランティア活動をしている団体として、岐阜エリアには34団体、西濃エリアには39団体、中濃エリアには42団体、東濃エリアには39団体、飛騨エリアには37団体がある。中濃エリアの団体の中のひとつに「関市生涯学習推進ボランティアアドバイザー協議会」がある。生涯学習推進ボランティアアドバイザー協議会は、公益的な実践活動や地域住民が主体的に取り組むまちづくりなどに補助金が支給される岐阜県協働型県民活動促進事業（2004年度）の補助を受け、体制を整備充実するとともに活発な事業展開を行うなど、着実に地域に根ざした活動を進めている。

どのような目的で事業を行っているのか、協議会の会則をみると次のように記されている。

> （1） 目的（第2条）
>   本会は、関市生涯学習の推進に市民の立場で学習者への援助とアドバイス等の活動をするとともに、市行政への積極的な支援、協力に努め、あわせて会員相互の親睦と学習、研究を図ることを目的とする。
> （2） 事業（第3条）
>   本会は前条の目的を達成するために、次の事業を行う。
>   1） 学習者への情報の提供や学習に対する相談と援助指導、アドバイス等に関すること
>   2） 市生涯学習振興事業に対する積極的なボランティア活動に関すること
>   3） 地域生涯学習の充実を図る援助指導とボランティア活動への推進に関すること
>   4） 生涯学習アドバイザーとしての資質向上と自己研鑽のため、研修会を開催すること
>   5） 生涯学習及び本会と会活動のPRをするための諸活動、事業に関すること
>   6） その他、本会の目的達成に必要な事業に関すること

活動内容等は、次のようである。

（1） 活動内容全般
① 地域・子ども会・グループ等の学習活動の計画づくり等
② 生涯学習の相談活動
③ 市民講座の開催
④ 生涯学習イベントの開催
⑤ 生涯学習人材バンク

などである。

（2） 特色ある活動
① 市民講座では、講座を単発で実施するのではなく、ジャンルを設けて開催している。たとえば、表14-14をみてわかるように、「生涯学習いきいき学校」では、前半の講座は「心身の健康を目指す生涯学習」という目標を持った健康講座であるし、後半の講座は、親子講座である。
② 生涯学習ボランティア情報窓口を毎週土曜日に「わかくさ・プラザ」の学習情報館に設けている。窓口では生涯学習に関する相談や意見、要望の収集、人材バンクの登録に関する相談、人材派遣の相談などを受け付けている。

表 14-14　生涯学習いきいき学校

2005 年度

NO	日　時	学習内容	対　象	授業料	場　所
1	7月8日（金） 午後 7:00 〜9:00	3B体操	市内在住 在勤の方 40名	無料	総合福祉会館
2	7月30日（土） 午後 1:30 〜3:30	うどん作り	市内在住 在勤の方 30名	材料費 自己負担	学習情報館
3	8月31日（水） 午後 7:00 〜9:00	真向法 血液やリンパの流れを良くし 自然治癒力の向上を図る	市内在住 在勤の方 40名	無料	総合福祉会館
4	10月22日（土） 午前 10:00 〜12:00	誰でもできる折り紙	小学生以上 一般 40名	材料費 自己負担	学習情報館
5	12月17日（土） 午前 10:00 〜12:00	寄せ植え又は クリスマスリース	小学生以上 一般 40名	材料費 自己負担	学習情報館
6	1月21日（土） 午前 10:00 〜12:00	楽しいレクリェーション	小学生以上 一般 40名	無料	総合福祉会館
7	2月4日（土） 午前 10:00 〜午後 1:00	親子クッキング	小学生以上 一般 30名	材料費 自己負担	学習情報館

出典：関市生涯学習推進ボランティアアドバイザー協議会ホームページより作成

6. 桜ヶ丘ふれあいセンター　―ふれあいセンターの事例―

　関市には住民の自主的な活動を支援する施設としての地区公民センターが市内全域にある。これらの施設が、地域の生涯学習を支えるひとつの施設になっている。しかし、地区公民センターは、学習活動費がなかったり、生涯学習施設としての機能が十分でないなどの課題を抱えていた。

　こうした状況に対して、1989年度から「関市地域生涯学習推進公民センター委託指定事業」が展開された。指定された公民センターには、補助金が交付され、地

区の特色を生かした生涯学習の活動が展開しやすいよう支援がなされた。また、1992年度からは、公民館職員を配置した東部地区・西部地区公民館が開設されたので、地区の文化的行事も行われ、地区の生涯学習環境は向上した。

　1993年度には、公民センターの将来のあり方を見通して、「ふれあいまちづくり事業」が構想され、公民センターの統括的中核施設であるふれあいセンターの建設、ふれあいセンターと公民センター間のネットワークづくりが計画された。この計画に基づいて、この年に「倉知ふれあいセンター」第1号が開設されて以来、1994年「千疋ふれあいセンター」、1995年「山ノ手ふれあいセンター」、1997年「田原ふれあいセンター」、1999年「旭ヶ丘ふれあいセンター」、2000年「桜ヶ丘ふれあいセンター」、2004年「下有知ふれあいセンタ」が開設された。

　これらのふれあいセンターの中のひとつ、桜ヶ丘ふれあいセンターのまちづくり事業の概要を、関市教育委員会生涯学習課の資料でみると、図14-3のようになっている。

　2003年度の場合、関市からふれあいセンター管理委託料を受託し、それを中心に予算を組み、事業を行っている。また、専門指導員が常駐し、活動しやすい環境をつくっている。活動部会は交流活動部会、学習活動部会、福祉活動部会、広報活動部会等がある。それぞれの活動内容は、次のとおりである。

　①　交流（コミュニティ）活動　伝統芸能、親子劇場、映画会、もちつき会等
　②　学習（サークル）活動　文化祭、趣味の会（民謡、盆栽、絵画、料理）等
　③　福祉（ボランティア）活動　老人、子どもへのサービス、健康体操の普及等
　④　広報活動　活動の取材、ふれあいセンター情報、ふれあいだよりの発行
　この他に、関市の関係行事に参加している。

　2006年4月から、地方自治法第244条の2第3項の規定により、指定管理者がふれあいセンターの管理をすることになった。関市ふれあいセンター条例をみると、指定管理者が行う業務の範囲は、次のとおりである。

　①　センターの維持管理に関する業務
　②　センターの使用の許可及び制限に関する業務
　③　センターの運営に関する業務
　④　利用料金の収納等に関する業務
　⑤　その他市長が必要と認める業務

II　岐阜県内の取り組み

【事業目的】　自主的な活動を通じて、豊かさと生きがいの感じられる地域社会をつくりあげる。

【事業の骨格】
1. 桜ヶ丘地区が抱える課題を考え、目標を設定して具体的な活動を推進するまちづくり　『組織』
2. 桜ヶ丘ふれあいセンターの整備　『施設』
3. 行政の支援体制づくり　『連携』

【推進体制】

組織
桜ヶ丘ふれあいのまちづくり推進委員会
「自らの地域が抱えている課題を考え、目標を設定して具体的な活動等を推進する。」

連携
管理委託や支援をえる
⇔
快適な地域社会を創る

行政
市関係各課
「社会教育課を窓口に支援、指導協力、情報提供をする。」

施設
桜ヶ丘ふれあいセンター
「小学校区を対象に地域の活動拠点として整備する。」

施設整備 ←

【組織の構成】

桜ヶ丘ふれあいのまちづくり推進委員会
- 地域の社会教育関係団体の代表
  （文化協会、PTA、婦人部、各種サークル等）
- 地域の福祉関係団体の代表
  （地域社会福祉協議会、民生児童委員、老友会、子供会等）
- 地域の公共団体の代表
  （自治会、農協、小中学校等）
- 地域住民の代表
  （市・県議会議員、学識経験者等）

【主な活動】

豊かさと生きがいのある地域社会づくり ← 地域に合った自主的な活動
- 交流（コミュニティ）活動 ─── 伝統芸能／親子劇場、映画会／餅つき会等
- 学習（サークル）活動 ─── 文化祭、趣味の会（民謡・盆栽・絵画・料理等）
- 福祉（ボランテア）活動 ─── 老人へのサービス／子供へのサービス／健康体操の普及等活動の取材
- 広報活動 ─── 情報の提供／ふれあいだよりの発行

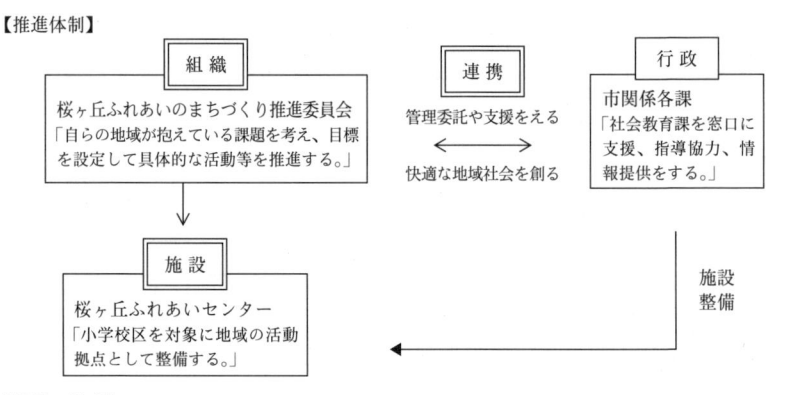

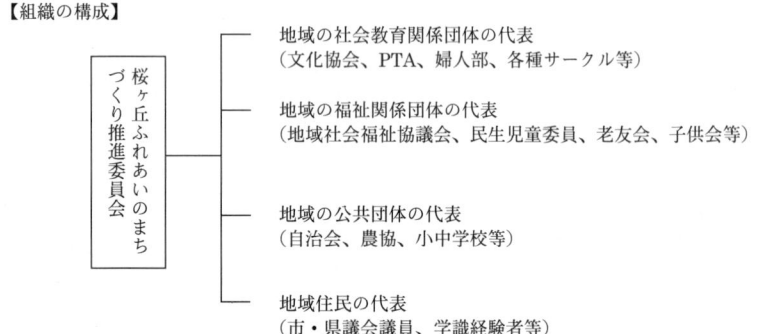

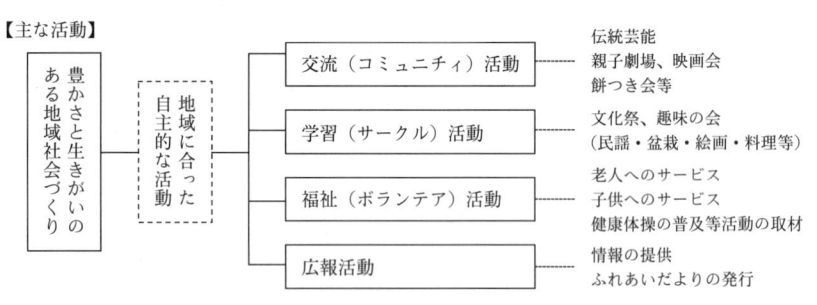

図 14-3　桜ヶ丘ふれあいのまちづくり事業の概要

指定管理者がどのような運営を行うかによって、地域の生涯学習にも影響が出てくる可能性があるのではないかと思われる。

注
2007年3月に「関市生涯学習まちづくり計画」が策定された。

参考・引用文献等
- 岐阜大学生涯学習教育研究センター　研究報告　2003年。岐阜大学生涯学習教育研究センター
- 関市・武儀郡町村合併協議会だより　別冊。関市のホームページ。2006年2月
- ときめき、きらめき、いきいきライフ―「生涯学習のまち・関市」づくり推進計画―。関市生涯学習推進協議会。1994年（平成6年）2月
- せき交流プラン21（関市第3次総合計画）。関市 1996年
- 新市建設計画。関市のホームページ。2006年2月

第15章

岐阜県各務原市における高齢者大学・大学院の取り組み

1. （旧）各務原市の概要

2004年に、旧各務原市は羽島郡川島町と合併し、新各務原市が誕生した。本稿では、合併前の旧各務原市における高齢者大学・大学院の取り組みを報告することとする。以下の記述は、旧各務原市に関するものである（以下、旧各務原市を「各務原市」と記す。）。

各務原市は、廃藩置県により岐阜県に編入され、1963年4月1日、旧那加町・稲羽町・鵜沼町・蘇原町の合併によって、岐阜県内13番目の市として誕生した。

内陸工業都市で、1960年代の高度経済成長期において、航空機、自動車などの輸送用機械器具を主に、一般機械器具、金属製品などの産業が順調に発展したことや、岐阜県金属工業団地や各務原市工業団地など産業基盤を積極的に整備したことによって、岐阜県内屈指の工業都市に成長した。航空宇宙産業と飛行機のまちで、戦後の国産機や、日本の航空技術開発に寄与した。市の中央部には航空自衛隊岐阜基地が立地している。日本屈指の集積を誇る航空宇宙産業をメインに、中小企業に支えられ発展した。

「航空機産業と飛行実験の街 各務原」の博物館として「かかみがはら航空宇宙博物館」が立地している。「我が国の航空宇宙技術者が、何にチャレンジし、何を残してきたか」を伝えることを目的とし、国や民間会社が行った航空機開発の成果や、日本の航空宇宙技術開発の流れがわかる展示がなされ、また、参加体験型の本格的なシミュレータ（模擬体験装置）などが置かれ、見に来る人が楽しむことのできる工夫がされている。ペットボトルの空き容器で作る「水ロケットづくり」や、「飛行機の模型づくり」等のものづくり教室は人気があり、多くの人が参加する。航空

宇宙文化の発信拠点として立地している。

1998年には「テクノプラザ」が建設された。岐阜県科学技術振興センターを中心に、VR技術やロボット技術など科学技術に関する新技術創出、起業・企業化支援、教育研修・モノづくりの3大機能が集積し、「ITとモノづくりの融合」による産業の高度化・情報化及び新産業の創出を目指している。

2. 各務原市の生涯学習事業の概要

各務原市の生涯学習事業の主なねらいは、①「生涯学習を通して、知識や技能などの能力を高めることや生きがいを創出し、その中で郷土や自然を見つめ、自分自身を見つめ、自分らしさを再発見するとともに、学習を通して人づくりをしていきます。」、②「学習の成果として生まれた自然を大切にする心や郷土愛により、身近なまちづくり活動へと発展させていきます。」(『平成14年度版　生涯学習・木曽川アカデミーガイドブック』各務原市教育委員会生涯学習スポーツ課)の2点である。

(1) 木曽川アカデミー

2000年度から、市民の学習活動を総合的に支援するために、市の関係課・関係施設などで実施している講座などの事業を体系化し、市民が学習した成果について、市が一定の基準(単位制度)を設けて認定している。この取り組みを、「生涯学習・木曽川アカデミー」と名づけて推進している。木曽川アカデミーは、市内の主な公共施設を会場として行われる。主要な施設をあげるなら、中央公民館、西生涯学習センター、勤労青少年ホーム、稲羽東福祉センター、稲羽福祉センター、鵜沼東福祉センター、鵜沼福祉センター、蘇原北福祉センター、市民プール、総合体育館、総合福祉会館、総合教育メディアセンターなどがある。学習内容は、「①教養」「②家庭生活」「③郷土の歴史・自然」「④健康・スポーツ」「⑤ボランティア」「⑥生涯学習とまちづくり出前講座」の計6分野から成っている。2002年度には、355の講座が開かれている。ここで、具体的に各分野でどのような内容の講座が実施されているのか、紹介する。なお、紹介する講座は2002年度の開講講座である。

「①教養」の分野では計124の講座が開かれている。6つの分野の中で最も開講数が多い。「①教養」では、一般を対象とした、川柳・書道・茶道・生け花・陶芸・絵手紙・英会話や、小学生や中学生を対象とした、「トールペインティングで楽しむ簡単木工」・「チェス入門」・「簡単マジック」等の講座が開かれている。また、「親子でミュージカルを楽しもう」や「親子パソコン教室」のように、趣味や教養を深めるだけでなく、親子のスキンシップを深めることを目的とした講座もある。「親子パソコン教室」のようにパソコンを使った講座は人気があり、定員をオーバーすることが多く、抽選により受講者が決定されることが多い。また、「障害者パソコン教室」のように対象を障害者とした講座や、情報技術に関する地域活動の中でボランティア活動を行う「地域情報化推進員」を育成するための「地域情報化講習会」という講座も行われている。最近の小学生の囲碁ブームをとらえた「碁（囲碁）を覚えてヒカルになろう」という小学生対象の講座や、市民から寄せられた「葬式はどう行えばよいのか」という質問がきっかけとなって行われることになった「あなたの不安を取り除く葬祭勉強会」等、時代の流れや市民のニーズに応える講座も開講されている。

「②家庭生活」では、料理・園芸・洋裁等の講座が開かれている。料理講座としては、おやつ・パーティー料理講座から本格的な日本料理・イタリア料理講座までと幅広く行われている。「②家庭生活」の分野では全部で56の講座が開かれているが、その中でも料理に関する講座は21講座開講され、「②家庭生活」の分野の中では最も数が多い。男性を対象とした「初心者の男の料理入門」や「ひな祭りのおやつ」・「手作りケーキでクリスマス」といった講座も開かれている。また、草花、野菜、果物の栽培の基礎的なことを学ぶ「楽しい園芸」、「楽しいガーデニング」等の講座が開講されている。各務原市全4地区（蘇原地区・那加地区・稲羽地区・鵜沼地区）のうち、比較的田畑の多い蘇原地区・稲羽地区では、広い庭を所有する家が多いので、「初歩の庭木の手入れと剪定」講座が行われている。このように時代に合わせたものや、地区独自の特性を捉えた内容の講座が開かれている。浴衣や羽織などをコートやワンピース、ブラウスにリフォームしてハンドメイドを楽しむ「着物で作るすてきな服」のようなユニークな講座や、「編み物」や「着物の着付け」に関する講座も開かれている。「乳幼児期子育て講座」や「お母さんの勉強会」というように子育てに関する不安や悩みなどを話し

合う講座、「親子読書教室」・「手づくり絵本講座」のように子育てに関する講座も多く開かれている。

「③郷土・歴史」では、各務原市の郷土・歴史にちなんだ講座が17講座開かれている。各務原市には、炉畑遺跡という縄文時代の遺跡があり、それに関連して「古代火おこし」・「石器づくり」・「まが玉づくり」・「古代土器づくり」・「縄文風クッキーづくり」といった体験講座が多く行われている。また、鵜沼地区は愛知県に近く、ベッドタウンとして愛知県や他の地域から移ってきた人が多く住んでいる。そのような人たちのために、自然、遺跡、史跡、施設などを探訪し、自分たちの住んでいる地域のことをよりよく知ってもらうことを目的とした「地域を探訪してみよう」という講座が開かれている。

「④健康・スポーツ」では、市内にある運動ができる広い会場やスポーツ施設を活用し、さまざまな講座が全部で71開かれている。市民プールでは温水プールを使って、1年中水泳教室が開設されている。成人を対象とした「成人水泳教室」、おおむね50歳以上の人を対象とした「ヘルシー水泳教室」、おおむね50歳未満の女性を対象とした「レディース水泳教室」等が開講されている。また、「水中エアロビクス」というユニークな講座もある。市の総合体育館では、広い会場と設備を活かして、「弓道」や「テニス」、「卓球」等の教室が開かれている。また、「ヨーガ」や「エアロビクス」、親子で行う「親子体操」、小学生対象の「トランポリン」、高校生対象の「高校生のエアロビクス」、「身近な薬草を利用した健康づくり」、「アロマセラピー」のような講座も開講されている。

「⑤ボランティア」は、実際のボランティア活動を通して福祉について考える講座や、ボランティア活動の基礎技術を学ぶ講座、今後ボランティア活動に関わっていくことを望んでいる人を養成する講座等、全部で9講座が開講されている。「手話奉仕員養成講座（入門課程）」・「手話奉仕員養成講座（基礎課程）」・「点訳ボランティア養成講座」・「音訳ボランティア養成講座（基礎編）」・「要約筆記ボランティア養成講座」等がある。

「⑥生涯学習まちづくり出前講座」は、市が進めている事業等について、市の職員が講師となって、地域に出向いて行う講座である。市内在住・在勤・在学している10名以上で構成された団体・グループ等でないと開講の申し込みができない。講師料は無料である。メニューには、例えば次のようなものがある。市の財政の仕

組みと現状について企画財政部財政課の職員が話す「各務原市の財政」。リサイクルの義務について市民生活部廃棄物対策課の職員が話す「容器包装リサイクル法と家電リサイクル法」。介護保険など高齢者福祉について健康福祉部高齢福祉課の職員が話す「高齢者福祉について」。各務原市の水道について水道部総務課の職員が話す「水道講座」。これからの都市環境と遺跡の保存活用について教育委員会埋蔵文化財調査センターの職員が話す「埋蔵文化財とまちづくり」。そのほかにも73講座あり、全部で78講座ある。

　木曽川アカデミーは、原則として市内在住または在勤が受講資格で、上に紹介したような講座の中から受講したい講座を選び、その講座の実施機関に講座受講の申し込みを行う。どのような講座が開かれるかは、毎年春（前期講座）と秋（後期講座）に各家庭に配布される市の広報誌『生涯学習情報かかみがはら』で知ることができる。前期講座は4月に、後期講座は9月に受講の申し込み期間が設けられており、受講したい講座を実施する機関に受講申込を行い、実施機関から受講申込が許可された時点で、木曽川アカデミー入学となり、生涯学習手帳というパスポートが交付される。

　講座に出席すると、1回受講するごとに実施機関で生涯学習手帳に受講証明として1回スタンプが押される（受講者が多い場合やスポーツスクールなどではスタンプの代わりに、受講シールというシールが渡される場合もある。）。このスタンプ（またはシール）1つが1単位となる。

　100単位修得し、生涯学習手帳の最終ページにある「学習歴認定申請書」に必要事項を記入し、受講中の実施機関を通じて、事務局のある市生涯学習スポーツ課に提出すると、「学習歴認定証書」が授与される。

（2）　クラブ・サークル活動

　市民が自主的に行うクラブ・サークル活動がある。木曽川アカデミーの各講座のうち、その講座終了後も引き続きその学習活動を継続したいという人がいる場合、そのような人たちが何人か集まって、クラブ・サークル発足の認定申請書を、活動拠点となる施設を管理・運営している部局に提出する。認定基準を満たしていればクラブ・サークル発足となる。認定基準は、会員が市内在住・在勤者で会員数が10名以上であることや、政治活動・宗教活動を行わないこと、団体の運営が民主

的になされていること、講師謝礼は、原則として一回につき6,000円以内（交通費を含む）であること等である。クラブ・サークルでは、自分たちで指導者を内部や外部から選定し、市内の施設を利用して自主的に活動を行う。市内に約650のクラブ・サークルがある。年に1回、クラブ・サークル発表会が開催され、多くのクラブ・サークルが、日頃の活動の成果を発表する。

3. 各務原市の高齢者大学・大学院

ライフカレッジとよばれる高齢者大学と、ハイカレッジとよばれる高齢者大学院が、高齢者を対象とした生涯学習事業として推進されている。

（1）ライフカレッジ

ライフカレッジは、1974年に始まった高齢者大学が、2000年に講座名を「ライフカレッジ」と改め、スタートしたものである。ライフカレッジは、高齢者の生涯学習ニーズの高まりに応え、「自ら学び生き甲斐ある」人生を過ごすために、より多くの学習機会の提供と社会参加の意識を高める目的で設置された。

市内在住の60歳以上の人に入学資格があり、定員に制限はなく、入学を希望すれば誰でも入学することができる。

蘇原地区・那加地区・稲羽地区・鵜沼地区の市内全4地区すべてで実施され、蘇原地区では「ライフカレッジ蘇原」という名称で開講されているが、そのほか3地区では人数の関係上、地区を東西2つに分けて、那加地区では「ライフカレッジ那加東」「ライフカレッジ那加西」、稲羽地区では「ライフカレッジ稲羽東」「ライフカレッジ稲羽西」、鵜沼地区では「ライフカレッジ鵜沼東」「ライフカレッジ鵜沼西」という名称で開講されている。毎年4月に受講者の募集があり、受講料として2,000円が必要となる。受講料の他に、各地区で親睦会費が徴収される。お茶やお弁当などを購入したり、会員がけがや病気をしたときのお見舞い金等に充てられる。なお、この親睦会費は、各地区によって金額が異なっている。カレッジの実施時間は、午前9時30分から始まり、間に少し休憩を入れて午前11時30分までの2時間である。

カレッジの在籍期間は4年であり、卒業後は引き続き聴講生としてライフカレッジに籍を置くことができる。

木曽川アカデミーの講座は、基本的に前期と後期の2つに分かれて実施されているが、ライフカレッジは1年間を通して15回行われる。1・2・3年生次には、年間15回の講座のうち9回以上出席すると修了証書が授与される。4年生時に修了規定を満たした者については卒業証書が授与される。

原則として、各地区のライフカレッジ、1・2・3年生の在籍生の中から、毎年学級役員が選出される。学級役員は、学級長1名、副学級長2名、書記2名、会計2名である。

蘇原地区には蘇原北福祉センター内に、稲羽地区では稲羽サービスセンター内に、鵜沼地区では鵜沼サービスセンター内に、それぞれ生涯学習推進室が設けられ、そこで、社会教育指導員が各地区のライフカレッジを企画・運営している。サービスセンターとは市役所市民生活部市民課の支所である。那加地区では、西生涯学習センターが那加地区のライフカレッジを企画・運営している。西生涯学習センターでは、社会教育指導員の他に西生涯学習センターの職員もライフカレッジの企画・運営に携わっている。

1）「ライフカレッジ蘇原」

「ライフカレッジ蘇原」は、水曜日に開講されている。2002年度において、97名（男性4名/女性93名）が在籍している。年齢構成は60歳代が32名、70歳代が49名、80歳代が16名で、平均年齢は73.8歳である。

蘇原地区担当の社会教育指導員がライフカレッジの学習計画を作成するうえで注意している点が2つある。1つ目は、講座内容についてである。講座内容は、在籍生へのアンケート結果を基に、できる限り在籍生の意向に添った、より楽しむことのできる学習内容となるよう努めている。2つ目は、学習形態についてである。ほとんど聴いているだけの講義形式では飽きてしまうので、講義形式よりも学習者自身ができる限り体を動かすことのできる形態を取り入れている。

以下は2002年度の「ライフカレッジ蘇原」の学習計画表である。

表15-1　2002年度ライフカレッジ蘇原学習計画

回	月　日（曜）	活　動　内　容
1	4・24（水）	開講式・組織づくり
2	5・8（水）	同和の映画と講話
3	5・22（水）	地域の歴史を学ぼう（中山道）
4	6・5（水）	介護の問題を理解しよう
5	7・3（水）	太鼓を味わい楽しく歌おう
6	7・24（水）	高齢者の生きがい
7	8・21（水）	このごろ思うこと
8	9・11（水）	外国人（英語）に直接触れよう
9	9・25（水）	手芸工作
10	10・5（土）	クラブ・サークル発表会「一日講座」講演・楽しいトークと懐かしい歌
11	10・30（水）	楽しく元気が出る健康体操
12	11・13（水）	「人形劇」鑑賞
13	12・4（水）	映画・歴史と旅の風景
14	1・22（水）	健康と仲間づくり（稲田園）
15	2・12（水）	卒業式・閉講式

（出典：『平成14年度元気なライフカレッジ蘇原』）

2)「ライフカレッジ稲羽東」・「ライフカレッジ稲羽西」

稲羽地区では、稲羽地区の東部で「ライフカレッジ稲羽東」、稲羽地区の西部で「ライフカレッジ稲羽西」という名称で開講されている。2002年度において、「ライフカレッジ稲羽東」では75名（男性7名／女性68名）、「ライフカレッジ稲羽西」では72名（男性3名／女性69名）が在籍している。「ライフカレッジ稲羽東」は火曜日に、「ライフカレッジ稲羽西」は金曜日に開講されている。「ライフカレッジ稲羽東」「ライフカレッジ稲羽西」ともに同じ学習内容で進められている。

以下は2002年度の「ライフカレッジ稲羽東」「ライフカレッジ稲羽西」の学習計画表である。

表 15-2　2002 年度ライフカレッジ稲羽東・西学習計画

回	期日	テーマ・内容
1	5月10・14日（金・火）	開講式・組織づくり
2	5月24・28日（金・火）	古文書からわかること（各務原市にかかわって）
3	6月14・18日（金・火）	川と大地と遺産
4	6月28日（金） 7月2日（火）	ふるさとが語れる社会づくり
5	7月12・16日（金・火）	私たちの交通安全
6	7月26・30日（金・火）	日本の心を歌う
7	8月23・27日（金・火）	歴史と旅の風景
8	9月13・17日（金・火）	大切な人と自分を守る
9	10月1・4日（火・金）	手芸作品づくり
10	10月19日（土）	一日講座 豊かな人生の五原則
11	11月15・19日（金・火）	健康と仲間づくり（稲田園）
12	11月29日（金） 12月3日（火）	ふれあいと温もりのあるまちづくり
13	12月13・17日（金・火）	楽しい歌唱
14	1月17・21日（金・火）	この頃思うこと
15	2月14・18日（金・火）	卒業式・終了式・閉講式

（出典：『平成14年度ライフカレッジ稲羽西学習計画表』）

3）「ライフカレッジ那加東」・「ライフカレッジ那加西」

　那加地区では、那加地区の東部で「ライフカレッジ那加東」、那加地区の西部で「ライフカレッジ那加西」という名称で開講されている。2002年度において、「ライフカレッジ那加東」には72名（男性13名／女性59名）、「ライフカレッジ那加西」には52名（男性15名／女性37名）が在籍している。「ライフカレッジ那加東」は60歳代が30名、70歳代が38名、80歳代が4名、「ライフカレッジ那加西」は60歳代が27名、70歳代が20名、80歳代が5名である。「ライフカレッジ那加東」は平均年齢71.8歳、「ライフカレッジ那加西」は平均年齢が70.3歳となっている。

「ライフカレッジ那加東」は火曜日に、「ライフカレッジ那加西」は水曜日に開講されている。講座は、「ライフカレッジ那加東」、「ライフカレッジ那加西」ともに同じ内容を行う。

以下は2002年度の「ライフカレッジ稲羽東」「ライフカレッジ稲羽西」の学習計画表である。

表15-3　ライフカレッジ稲羽東・西学習計画

回	月　日	講　座　内　容
1	4/24（水）	合同開講式（ハイカレッジ、ライフカレッジ）市長　教育長　職員
2	5/14・15（火・水）	ゴムバンド運動
3	5/29（水）	合同施設見学会　　岐阜地域保健所（健康科学センター）
4	6/4・5（火・水）	緑との対話（植物と話す方法）
5	6/19（水）	合同講話　神馬から絵馬へ
6	7/2・3（火・水）	円空仏を知る
7	7/16・17（火・水）	表具について
8	8/27・28（火・水）	音楽を楽しむ
9	9/17・18（火・水）	
10	10/22・23（火・水）	
11	10/26・27（土・日）	第10回　クラブ・サークル発表会
12	11/26・27（火・水）	住みよい街づくり（人権問題について）
13	12/10・11（火・水）	神社仏閣について
14	1/21・22（火・水）	円空仏を造ろう
15	2/18・19（火・水）	閉講式（卒業式、終了式）　　　　教育長・館長・職員

（出典：『平成14年度ライフカレッジ那加西』）

4）「ライフカレッジ鵜沼東」・「ライフカレッジ鵜沼西」

鵜沼地区では、鵜沼地区の東部で「ライフカレッジ鵜沼東」、鵜沼地区の西部で「ライフカレッジ鵜沼西」という名称で開講されている。2002年度において、「ライフカレッジ鵜沼東」では113名（男性42名/女性71名）、「ライフカレッジ鵜沼西」では97名（男性33名/女性64名）が在籍している。

「ライフカレッジ鵜沼東」は月曜日に、「ライフカレッジ鵜沼西」は火曜日に開講されている。講座は、「ライフカレッジ鵜沼東」「ライフカレッジ鵜沼西」ともに同

じ内容で進められる。学習形態について、鵜沼地区では講義形式を中心にしている。以下は 2002 年度の「ライフカレッジ鵜沼東」「ライフカレッジ鵜沼西」の学習計画表である。

表 15-4　2002 年度ライフカレッジ鵜沼東・西学習計画

回	月　日　曜	学　習　内　容
1	5月 13・14 日（月・火）	開講式
2	5月 20・21 日（月・火）	豊かな人生の五原則
3	6月 3・4 日（月・火）	母から学んだこと
4	6月 17・18 日（月・火）	民謡を唄おう　『おばば』を中心に
5	7月 1・2 日（月・火）	各務原と文学
6	7月 22・30 日（月・火）	仏教と民俗
7	8月 19・20 日（月・火）	暮らしの数学　「お盆の団子からインターネットまで」
8	9月 2・3 日（月・火）	星空の散歩　・プラネタリウム　・施設見学
9	9月 9・17 日（月・火）	人間講座　『芭蕉と蕪村』
10	10月 7・8 日（月・火）	自分でできる健康法。好循環の保持
11	10月 19・20 日（土・日）	クラブ・サークル発表会
12	11月 11・12 日（月・火）	漢方流　『食養生』
13	12月 2・3 日（月・火）	高齢化社会と福祉　≪奉仕活動≫
14	1月 14・20 日（火・月）	天狗について
15	2月 17・18 日（月・火）	閉講式　≪親睦会≫

（出典：『平成 14 年度開講式ライフカレッジ鵜沼西』）

（2）ハイカレッジ

ハイカレッジは那加地区の西生涯学習センターで実施されている。「ハイカレッジ各務原」という名称で開講されている。

ハイカレッジは、1977 年に始まった高齢者大学院が、2000 年に講座名を「ハイカレッジ」と改めスタートした講座である。ハイカレッジは、ライフカレッジと同様、高齢者の学習ニーズの高まりに応え「健康で楽しく生き甲斐をもって生活」できるように、より深く追求できる学習機会の提供と、社会参加の意識を高める目的

で設置された。

　ハイカレッジ各務原は、西生涯学習センターが企画・運営を行っている。

　各地区のライフカレッジ卒業が入学資格となり、こちらもライフカレッジと同様に、入学希望者は誰でも入学することができ、定員に制限はない。

　ハイカレッジ各務原は木曜日に開講されている。ライフカレッジと同様に年間を通して行われるが、こちらの場合年間20回と、ライフカレッジに比べて5回多く講座が実施される。毎年4月に入学希望者の募集があり、受講料として2,000円が必要となる。受講料の他に親睦会費が年間3,000円徴収される。親睦会費は、会員の病気見舞いや、会員相互の親睦を図るための行事等（旅行の補助・軽スポーツの際の飲み物代・お別れ会など）の費用に充てられる。

　在籍期間はライフカレッジより1年短く3年となっている。卒業後は、聴講生として、ハイカレッジに籍を置くこともできる。さらに、ハイカレッジとライフカレッジの聴講生を兼ねることもできる。

　1・2年次においては、年間20回の講座のうち12回以上出席すれば、ハイカレッジ最終回に行われる閉講式で修了証書が授与される。3年次生は年間20回の講座のうち12回以上出席すれば、ハイカレッジの修了条件を満たしたこととなり、閉講式に卒業証書が授与される。

　開講時間はライフカレッジと同様、午前9時30分に始まり、午前11時30分までの2時間となっている。

　学級の運営に当たっては、ライフカレッジと同様に役員（学級長・副学級長・書記・会計）が在学生の中から選出されるが、ハイカレッジでは会計1名に加え、さらに会計監査が1名選出される。会計監査は、会計を監督し検査する。

　ハイカレッジ各務原には、2002度において95名（男性26名／女性69名）が在籍し、そのうち、18名がライフカレッジ蘇原卒業生、6名がライフカレッジ稲羽東・西卒業生、38名がライフカレッジ那加東・西卒業生、33名がライフカレッジ鵜沼東・西卒業生となっている。年齢構成は、60歳代が27名、70歳代が49名、80歳代が19名で、平均年齢は73.8歳となっている。

　学習内容は、在籍生の希望をもとに決定され、ライフカレッジよりも高度な内容が選定される。以下は、2002年度の「ハイカレッジ各務原」の学習計画表である。

表15-5　2002年度ハイカレッジ各務原学習計画

回	月　日	講　座　内　容
1	4/24（水）	合同開講式　市長　教育長　職員　市長講話　組織作り
2	5/16（木）	健康維持について
3	5/30（木）	心とからだの健康
4	6/6（木）	ペタンク・グランドゴルフ
5	6/20（木）	講演　生と死を考える
6	7/4（木）	講演　諸外国見聞録
7	7/18（木）	選択①　*「　」と同じ
8	8/1（木）	音楽①
9	8/22（木）	選択②*「a 毛筆　　b ペン習字
10	8/29（木）	③　　　c 絵・絵手紙　　その他
11	9/19（木）	④　　　d ちぎり絵　　有志による課目」
12	9/26（木）	音楽②
13	10/3（木）	③
14	10/17（木）	④
15	10/26・27（土日）	クラブ・サークル発表会
16	11/7（木）	講演　京の都はくさかった
17	11/28（木）	講演　まちづくり
18	12/12（木）	講演　郷土史
19	1/16（木）	健康維持について
20	2/20（木）	閉講式

（出典：『平成14年度ライフカレッジ各務原』）

　学習内容については、ハイカレッジとライフカレッジの聴講生を兼ねている人もいるので、各地区のライフカレッジの内容と重なることのないよう配慮がなされている。ハイカレッジはライフカレッジよりも高齢の在籍生が多いということを考慮し、学習形態は、体を動かすものよりは、講義形式を多く取り入れるようにしている。

　ハイカレッジには、「選択コース」がある。例えば、2002年度においては、在籍生が、開講式の際に、「毛筆」「ペン習字」「絵・絵手紙」「ちぎり絵」の中から学習内容をひとつ選択し、7/18（木）・8/22（木）・8/29（木）・9/19（木）には、それぞれが選択した内容の学習を進める。「ハイカレッジ各務原」の学習計画表の、8/22

（木）・8/29（木）・9/19（木）の欄に「その他有志による課目」というものがあるが、これは、選択コースの中に自分のやりたい内容がない場合に、自分たちのやりたいことを学習するのである。この際、講師はとくに選定せず、在籍生の自主的な活動として進められる。例えば、2002年度は、「版画」・「木目込み」・「手芸」・「篆刻」の4課目が行われた。

4. 小　括

　各務原市においては、高齢者の学習ニーズを満たし、高齢者の生きがいづくりや新たな生活のあり方の模索、新たな人生の方向づけを支援するような講座を、「ライフカレッジ」・「ハイカレッジ」として開講していた。今後の展開としては、そこで学んだ高齢者が、「ライフカレッジ」・「ハイカレッジ」における学習の成果を生かすとともに、「ライフカレッジ」・「ハイカレッジ」における動機づけを基礎にして新たな組織や団体・グループを形成し、自主的な学習活動を継続していくことが望まれる。そして、さらには、そうした自主的な組織や団体・グループにおける学習活動を通じて、地域・まちにおける人間関係を再構築することで、地域・まちに安心と共生の価値観を創り出していくこと、そうした安心と共生の関係の中で生活を営む場を地域・まちに生み出していくことが、重要となってくるだろう。

注
　本稿は、大日向仁志・森田政裕・益川浩一『高齢者を対象とした生涯学習事業の現状と課題』（岐阜大学生涯学習教育研究センター、2003年）に基づいて執筆された。

第16章

大人（地域）と子ども（学校）の協働による環境学習の取り組み

1. NPO法人e-plus生涯学習研究所の設立

　環境問題に関わる市民活動を始めて知り合った仲間と一緒に、いつかは自分たちの環境学習活動をしたいと話し合っていた。それが実現したのが、NPO法人e-plus生涯学習研究所（岐阜県岐阜市）の設立である。NPOのメンバーは、環境カウンセラーや環境教育に熱心な学校教育関係者を中心に、私たちが考える、私たちがしてみたい環境教育・環境学習を企画・運営・実施するために集まった。メンバーは、水、ごみとリサイクル、エネルギー、森林教育、地球環境問題など　得意な分野で市民活動や学習活動を行い、環境関連のさまざまな分野の専門性を有している。また、クラフトや草木染、料理を得意として、公民館で活躍しているメンバーもいる。NPOの目的は、環境学習のスタッフや講師をしたいという人材を育成し、スキルアップをすること、そして、誰にでもわかりやすい環境学習講座を開催するとともに、様々な環境学習教材の開発をしていくことである。

　さて、私たちの多くは、自治体や岐阜県温暖化防止活動推進センターの推進員として、学校の出前講座や市民講座の場で出会った。環境活動をすでに始めている市民として、行政との協働がどうあるべきかを考えるよりも、協働するならどのような形態がふさわしいかを模索していた。学校が単独で、地域の参加や学校行事を取り入れながらの環境学習のプランを立てる際には、環境学習に精通したコーディネーターがいないと難しい。学校においては、活動方法や、地域への働きかけ、専門家や市民の参加の依頼をどうするかなど、環境問題に関する学習環境を整える際に、多くの課題を抱えていて、私たち市民の力が必要なことを知った。私たちは、

生涯学習の手法で、学校と地域が共に活動することが最も効果的な方法と考えている。生涯学習では、相手の能力、年齢に応じた講座をたてる。相手のリテラシーや時間に応じて講座のプランニングができるので、多様な環境問題をわかりやすく学ぶことができる。また、生涯学習の手法を使うと、知識、体験、実践活動、まとめなどの流れを作りやすく、楽しくわかりやすい環境学習ができる。e-plus生涯学習研究所のメンバーは、それぞれが、自分の得意分野についての知識を深め、人に伝える技術を磨いていき、環境学習における講師やコーディネーターになりたいと願っている。その思いを集めたのが私たちのNPOである。

筆者は、財団法人省エネルギーセンターの「省エネルギーモデル校専門員」になって、仕事として、学校における環境学習プランのアドバイスや審査をすることになった。ボランティアとして学校に関わってきた時より、ゆったりとした気持ちで学校にも環境学習プランにも向き合えるようになった。それは、環境学習の限られた時間の講師という立場で話す「この機会しかないから私の考えをできるだけ伝えたい」という焦りがなくなったからだと思う。常に学校と連絡がとれるようになり、気持ちに余裕を持って学校の先生に情報を伝えることができるようなったからである。

筆者は、自然や環境はお金で買うものではない、自分達で守る意識が大切だと考えていた。だから、環境を守りたいという純粋な気持ちやモラルを持った市民のボランティアが責任を持って行動することだけが、環境を守ることだという思い込みがあった。公害問題のあった時代のように、環境のことを考えて行動できる市民と、利潤のみを追求する企業という対立図式を無意識に頭の中に描いていた。力の無い市民と環境に配慮できない企業は相敵対するものと思っていた。しかし、今、持続可能な社会を構築していくためには、市民、企業等すべての人が手を取り合って進んでいかなければならない。今、それぞれの立場で、自分にできることを進めていくことが大切である。社会や経済も自然がなければ成り立ってはいかない。筆者は、長く責任をもって環境

図16-1　愛・地球博でのクラフト展示

学習を支えることの必要性を感じ、NPO法人格を取得して、環境に関する学習機会を提供できる組織を確保しようと考えた。

2. 学校における環境学習の実践

(1) 岐阜県岐阜市長森南中学校

図16-2 長森南中学校 川の探検

2003年に初めて、長森南中学校で1年生の環境学習プランを通年で組んだ。1年間の環境学習を終えて、驚いたことがある。地域の身近な環境を知る「ふるさと学習」を実施すると、子どもたちは活き活きと学習を始めたのである。1年間、地球の温暖化の出前講座、調べ学習、紙漉きなどの体験学習の後、仕上げとして3学期に、近くを流れる境川で、川探検・野鳥観察を行うと、子どもたちの姿は見る見る変わった。地域の川の環境状態を示す指標として、野鳥を選び、その観察に出かけた。望遠鏡をのぞき、鳥の名前や生態を講師に解説してもらう。そして、川で仕掛けをして魚を捕まえる。そんな体験授業を行った。毎日、見ている身近な自然を、野鳥や魚の立場で考えてみようとしたのである。川の中にはあまり魚は見られなかったが、その日見た野鳥は20数種類におよんだ。子どもたちは感激し、この体験授業の後、子どもたちは、通学途中に毎日川を見るようになり、また、毎日鳥の様子を話し合った。学習のまとめとして取り組まれた研究には、地域の自然から感じた疑問を大きく膨らませて地球の温暖化にまで言及したものや、川の汚れを見つめて水の浄化について調べたもの、地域の野鳥の名前から、野鳥の生息地と渡り鳥の話を調べたものなど、それぞれの興味から調べ学習を進めたすばらしいものになった。この学習の成果として、岐阜市の公民館講座「教育トーク21」で、生徒たちは、地域の人に川の様子・現状を発表し、境川を守りたいと宣言した。また、学校も子どもたちの熱心さに応え、環境学習を2年生の海の宿泊学習まで延ばした。海を学習するプログラムを組み、川が海を豊かにすることを地元の市民活動の人から教えられた子どもたちは、さらに川を観察する活動に力が入った。2年生になって、

第 16 章　大人（地域）と子ども（学校）の協働による環境学習の取り組み　241

有志がエコクラブを作り、次の年の 1 年生とともに、毎月の定点観測や野鳥観察を始めるまでになった。高校生になった 1 期生は、地域の公民館サークルとして、高校生エコクラブ L・S・Forest club を設立した。

図 16-3　エコクラブ　水生生物調査

（2）　岐阜県岐阜市長森南小学校

長森南小学校の 4 年生の総合学習の講師を務めたことが、環境学習の講師になるきっかけであった。この学校ではケナフを育て、環境学習を行っていた。育てたケナフを使ったクラフトを作って、学校の文化祭に出品したいと、「長森ケナフの会」に指導が依頼された。筆者は、「長森ケナフの会」会員で、ケナフの紙すきやクラフトを担当していたので、この学校の環境学習の講師を担当することになった。学校の担当教員は、ひとつのものを全員で作るのではなく、各クラス毎に 4 つのクラフトを作りたいと希望した。4 クラス 130 人近い子どもたちに、一度にクラフトを教えることは、講師一人では到底出来ないので、PTA と協力をして、お母さん講師を養成して、親子工作を実施する計画を立てた。メニューは、「ケナフの紙すき」、「ケナフの花の草木染」、「ケナフの繊維で作る花ろうそく」、「ケナフの茎を使った鉛筆立て」を、2 時間の授業参観の時間で、親子で協力して作るというものである。夏休みに、公民館に集まってお母さん講師養成の講座（お母さん工作講座）を行った。参観日には各クラス 6 人の「お母さん講師」が活躍して、作品ができた。文化祭で体育館に作品を飾ってみると、どれもが力作ですばらしい出来だった。クラフトの見学者も多く、初めてこのような指導体験をしたお母さん達にはとても充実感があったようだ。また、次回もやってみたいという声が多く聞かれた。今では、4 年生になると親子工作をするということ、夏休みにお母さん工作講座を受講して、参観日にお母さ

図 16-4　ケナフの花染め

ん自身がボランティア講師をすることが当たり前のようなってきている。年によっては、40人近いお母さん講師が誕生している。

（3） 岐阜県山県市高富小学校

図16-5 水の授業 プロジェクトワイルド「川を汚したのは誰？」

高富小学校では、2002年から、水と川のまとめの学習を依頼されている。この学校では、近くを流れる石田川の学習を行う。地域の人たちとの交流、遠足などのイベントにおいて、川にテーマを絞った学習を組み立てた。1学期には、地域の人たちを招いて昔の石田川の様子を聞く。5月には遠足で石田川に沿って上流部まで行き、川の様子を観察する。6月には、学校近くの川の掃除と鳥羽川との合流点の掃除を行う。それぞれの学習を壁新聞でまとめて掲示をしている。筆者の受け持ちは、水と川のまとめの授業である。事前の打ち合わせで、担当教員から、まとめのテーマである「どうすれば川がきれいになる？」を2時間話し合ったが、子どもたちからは、環境保全啓発のための「ポスターを作る」以外の提案が出ず、授業が進まなくなってしまったとの報告を受けた。子どもたちから「自分にできること」が出てこないのである。「子どもたちは川を汚したのは自分や自分の家族以外の人だと思っています。どうしたら汚しているのが自分自身だとわかりますか？」と、担当教員が悩んでいた。そこで、まとめの授業の前に、プロジェクトワイルド[1]で行う模擬水を使ったシミュレーションゲーム「水を汚したのは誰？」を一時間加えて行うことにした。

最初に、子どもたちに「川を汚したのは誰？」と聞くと「大人」・「工場」・「よその人」などの意見が出てきた。そこで、川に流れ入る水を想定して実験を始める。上流のキャンプの料理で使った水、道路の泥水、田んぼの水、近くのガソリンスタンドの溝の水などの汚れを想定した模擬水を用意した。川に流れ込む現実の生活排水の模擬水として、筆者が家で家事に使った洗濯の水、台所の汚水、食事の皿の汚れ、風呂のシャンプーや石鹸水を用意し、説明をした。大きな水槽に20リットル

のきれいな水を張り、どの模擬水かを確認しながら、きれいな水に模擬水を少しずつ加えていってもらう。生活排水の模擬水を注ぎ込む際には、自分の朝からの生活の様子をたどりながら入れていく。だんだん水が汚れていく。みんなの顔つきがかわってくる。汚れていく水を見ながら、「川を汚したのは誰？」と聞くと、「ぼくたちかな。」「わたしかも。」「家族全員。」などと声が上がった。「どうしたらいいか考えてみよう。」という呼びかけで、この日の授業は終わった。この日の授業の後、子どもたちは、ワークスペースにおいてあるこの水槽を、毎日、「どうなるだろう」と興味深げに眺めていたそうだ。1週間後、模擬水を入れた水槽にかぶせてあったガラスのふたを開けると、水槽は悪臭を放つ。「あ、うちの近くの溝のにおいと同じ。」「すごい臭い。」と子どもたち。この後の生活排水に関する授業では、「川を汚さないために自分にできること」の意見がたくさん出て、授業をまとめるのがたいへんなほどだった。これが、プロジェクトワイルド「水を汚したのは誰？」のゲームである。簡単な実験でも自分が参加すると、子どもたちの目は輝く。言葉を尽くして説明するより、ゲーム感覚で行える実験を通して学ぶとよく理解できる。

3. 学校における環境学習の方向性

多くの学校で環境学習の導入に、「地球の温暖化」や省エネルギーの授業を行っている。環境問題の中で、「地球の温暖化」と私たちの生活のつながりについて特に認識して欲しいからだ。「夜の地球」の地図を見せて、「夜なのに、なぜ、こんなに地球は明るいのか」を考え、調べ学習の糸口を作る授業を行うこともある。また、「地球の温暖化」の授業では、食品用のラップを体に巻いて、「薄いものでも余分に着ると暑い」ということを体験する「私は地球」や、法律で5つの道具しか使えない「遠い島の物語」・「もし、電気が2日間使えなかったら」などのプロジェクトワイルドが効果的である。自

図 16-6　地球の温暖化　プロジェクトワイルド「私は地球」

転車発電の体験、手回し発電機で発電をさせた後、1円分の電気を作るための時間を当てさせるなど（40w電球で4時間発電機を回す）、クイズやゲーム、体験活動を取り入れた授業も行っている。今、何を理解してほしいのか、大きな目標と各授業時間の目標を考えて、ワークシートで確認しながら行っている。様々な手法や実験を用いながら学校で授業を行っていくことは、座学だけの授業より、また、実験だけの授業より効果がある。普段の暮らしの中から発したわかりやすい視点を大切にした授業を展開したい。

注

1) 一人ひとりが、野生生物と自然資源に対し、責任ある行動をとれるようになることを目標とした環境教育プログラム。プログラムは幼稚園から高校まで、さまざまな教育現場で活用することができる。アメリカで開発されたプロジェクト・ワイルドは、日本での普及にともない、日本の野生生物や生態系に則した改訂がなされた。

第17章

岐阜県生涯学習コーディネーター養成講座事業

1. はじめに

(1) 生涯学習社会の構築

岐阜県では、「生涯学習社会づくり」を推進している。

生涯学習社会とは、以下のような社会ととらえている。
・いつでも、どこでも、誰でもが学習できる社会
・学習の成果が適切に評価される社会
・県民が主体となり生きがいをもって21世紀を生き抜くことができる社会

このような「生涯学習社会づくり」のために、多様な学習機会の充実を図り、学習支援の基盤整備を行っている。

生涯学習社会構築の過程では、現代社会が抱えている問題（とりわけ、地域における諸課題）に取り組み、解決していくことが求められる。しかし、諸課題（例えば、高齢化問題、環境問題等）に対して、行政がいかに立派な施設をつくったとしても、人々の意識と行動が変わらなければ何も解決しない。

では、何が意識と行動を変えるのか。それは、学習により達成されるものであると考える。この意識と行動の変容が、社会を変えることにつながっていく。

ここでいう学習とは、単に指導者から知識技能を授かるというものではなく、様々な人々との関わり合いの中で、自分自身で知恵を身につけていくものと考えるのが妥当である。したがって、学習においては「より多くの人たちが関わり合えるような場」が必要となる。

このように考えたとき、人と人とが関わり合えるような場をつくり、人と人を結びつけ、地域社会の未来を創造していけるような役割を担う人材（いわゆる「生涯

学習コーディネーター」といわれるような人材）が求められてくるのである。

(2) 生涯学習コーディネーターの養成
1) 生涯学習コーディネーター養成講座開設の経緯

　前述のように、生涯学習社会においては、健康で住みよい社会を目指し、人々の生活を充実させるための生涯学習に関する人材が必要となる。具体的には、地域の課題に取り組み、人々の生活を支援するために、学習情報を提供するとともに、講座や事業の企画・立案・実施などを行いながら、人々の間で積極的に社会との関わりを創り出していくような人材が求められるのである。

　地域での実態を見ても、生涯学習は地域に密着したテーマを、ニーズに合わせて提供することが求められている。しかし、行政のみで実施することは困難であり、生涯学習を提供できる団体・個人の育成が重要であると考えられる。生涯学習に関する人材養成は、岐阜県議会（2001年度9月）でも話題となり、県議会議員より、生涯学習のあらゆる分野で活躍する人材を「生涯学習士」等として認定し、指導者・支援者として活動できる仕組みの整備が提案された。

　このような経緯の中で、生涯学習に関する人材を養成するために、（財）岐阜県教育文化財団生涯学習センター（以下、生涯学習センターという）では、2002年度より「岐阜県生涯学習コーディネーター養成講座」（以下、コーディネーター養成講座という）を実施している。

2) 生涯学習コーディネーター

　生涯学習コーディネーターとしての活動は、「住民に身近な場所で、生涯学習に関する相談に応じたり、生涯学習講座を企画、提供したり、生涯学習の成果を発揮する場であるボランティアなどの活動についての相談に応じることで、住民の生涯学習の取り組みと、その成果を活かしたまちづくりをサポートする。」と整理することができる。

3) 生涯学習コーディネーターの資質・能力

　2)のような活動を行うにあたって、生涯学習コーディネーターとして次のような資質・能力が必要であると考えられる。

> - ビジョン・メイキングや企画立案に関係する構想力
> - カウンセリング的な相談・助言の能力
> - 人材の養成や開発に関係する人的資源の開発能力
> - 財源の開発や財務管理に関係する資金調達能力
> - 組織運営やグループ・ワークに関係する組織能力
> - 情報伝達の技法を用いた広報・広告・宣伝の能力
> - 多様な組織との連携や情報収集能力であるネットワーキング能力
> - 活動の検証に関係する評価力　等

2.　コーディネーター養成講座

(1)　コーディネーター養成講座の仕組み

1)　知事認定

岐阜県生涯学習コーディネーター（以下、生涯学習コーディネーターという）は、知事が認定をする。

知事認定としているのは、岐阜県独自の仕組みである。

> ── (認定申請)
> 第3条　(財)岐阜県教育文化財団生涯学習センターが主催する、別表に定める全ての科目を良好な成績で修了した者は、別紙様式1により知事に対し、生涯学習コーディネーター認定を申請することができる。

(岐阜県生涯学習コーディネーター認定要綱抜粋)

2)　カリキュラム

認定にあたっては、5科目（生涯学習概論・生涯学習企画論・生涯学習相談技術論及び情報論・マネジメント論・生涯学習コーディネート実習）を修了しなければならない（詳細は、表17-1、17-2のカリキュラム、日程を参照）。コーディネーター養成講座のカリキュラムの特徴は、座学による理論学習のみならず、受講生が小グループにわかれて、ワークショップ形式で具体的な学習プログラム（講座・学級）を企画・立案・設計し、さらにグループで企画した学習プログラムを実際に実施することとし、広報から当日の実施・運営までを受講生自身で行う「生涯学習コーディネート実習」をコーディネーター養成講座の集大成として盛り込んだ点にある（2005年度の受講生が企画・実施した学習プログラム及び広報用チラシは

表 17-1 岐阜県生涯学習コーディネーター養成講座カリキュラム

1 科目及び履修内容

科目	単位数		講義内容	形態
生涯学習概論 (4.5h)	2	1	社会構造の変化と生涯学習の変容 ・ヨーロッパの生涯学習 ・アメリカの生涯学習 ・日本の生涯学習	講義
		1	岐阜県の生涯学習 ・岐阜県の教育(夢おこし教育21) ・岐阜県の生涯学習施策 ・地方の行政組織(県及び市町村)	講義
生涯学習企画論 (9h)	4	1	課題の発見と生涯学習化Ⅰ ・岐阜県における生涯学習課題 ・課題の発見から企画へ	講義
		1	課題の発見と生涯学習化Ⅱ ・ライフステージ課題 ・地域社会課題	講義
		1	企画・立案・実施のプロセス ・講座型学習の企画・立案の実際 ・社会参加型学習の企画・立案の実際	講義
		1	企画・立案・実施の実際 ・社会参画型学習の企画・立案の実際	講義 演習
生涯学習相談技術論及び情報論 (6h)	3	1	学習相談技術(理論) ・学習情報提供、学習相談の意義 ・学習情報提供の方法と今後の方向	講義
		1	学習相談技術 ・相談への対応事例	講義 演習
		1	生涯学習情報の収集と提供 ・岐阜県における情報ネットワーク ・情報データベース ・情報検索技術(実習)	講義 実習
マネジメント論 (6.5h)	3	1	リーダーシップとマネジメント ・会議運営の技法 ・交渉の技法	講義
		1	広報と宣伝の技法 ・広報の種類、方法 ・広報と宣伝の技法	講義 演習
		1	ボランティア活動の現状と課題 ・ボランティア・NPO・NGO	講義 演習
生涯学習コーディネート実習 (8h)	4	2	生涯学習コーディネート実習Ⅰ・Ⅱ	実習
		2	実習交流会Ⅰ・Ⅱ	実習

表 17-2 講座日程（平成17年度講座）

2 講座日程

		9:30–10:00	10:00–12:00	12:00–13:00	13:00–15:00	15:00–15:30–16:30
1	6/11（土）	受付	開講式／オリエンテーション □センター職員（9:30–11:00）／岐阜県の生涯学習 □祖父江正博 氏（県民生活局長）（11:00–12:30）	昼食	13:30〜 社会構造の変化と生涯学習の変容 □小山田隆明 氏（岐阜大学名誉教授）	
2	7/9（土）		課題の発見と生涯学習化 I ・岐阜県の生涯学習課題 ・課題の発見から企画へ □益川 浩一 氏（岐阜大学総合情報メディアセンター助教授）	昼食	課題の発見と生涯学習化 II ・ライフステージ課題 ・地域社会（地域づくり）課題 □志田 直正 氏（静岡英和学院大学副学長）	実習オリエンテーション 実習準備1
3	8/20（土）		企画・立案・実施のプロセス ・講座型学習の企画・立案・実施 □益川 浩一 氏（岐阜大学総合情報メディアセンター助教授）	昼食	広報と宣伝の技法 □小山田隆明 氏（岐阜大学名誉教授）	実習準備2
4	9/17（土）		生涯学習情報の収集と提供 □加藤 直樹 氏（岐阜大学総合情報メディアセンター教授） ／ 学習相談技術・対応事例研究 □中家由紀子 氏（世田谷ボランティア協会）	昼食	学習相談技術・対応事例研究 □中家由紀子 氏（世田谷ボランティア協会） ／ 生涯学習情報の収集と提供 □加藤 直樹 氏（岐阜大学総合情報メディアセンター教授）	実習準備3
5	10/16（日）		学習相談技術（理論） ・理論 □益川 浩一 氏（岐阜大学総合情報メディアセンター助教授）	昼食	企画・立案・実施の実際・社会参画（現場）型 学習の企画・立案・実施 □丸山 英子 氏（特定非営利活動法人生涯学習理事）	実習準備4
6	11/12（土）		リーダーシップとマネジメント □小山田隆明 氏（岐阜大学名誉教授）	昼食	ボランティア活動の現状と課題 □竹内ゆみ子 氏（特定非営利活動法人ソムニード理事）	実習準備5
7	12/17（土）		生涯学習コーディネート実習 I ・実際の講座開催等 □センター職員	昼食	実習交流会 I □センター職員	実習準備6
8	1/14（土）		生涯学習コーディネート実習 II ・実際の講座開催等 □センター職員	昼食	実習交流会 II □センター職員	実習準備7
9	1/21（土）		生涯学習コーディネート実習 III ・実際の講座開催等 □センター職員	昼食	実習交流会 III □センター職員	閉講式

図17-1、17-2のとおり）。生涯学習コーディネーターに求められる力量はきわめて実践的なものであり、生涯学習に関する理論的な知識のみならず、現場においてすぐに活かすことのできる実践的な諸能力が必要とされている。そして、生涯学習コーディネーターにとって、一つひとつの事業を具体的な学習計画としてプログラム化する力量、すなわち、学習プログラムの立案・展開に関する力量は、きわめて実践的な能力であり、最小限必要な力量であるといえる。それにもかかわらず、従来の指導者養成のためのカリキュラムにおいては、生涯学習に関する理論学習があまりにも先行し、学習プログラム立案・展開に関する諸能力も含めて実践的な専門性を養成するためのカリキュラムが希薄であった。そのようなカリキュラムでは、生涯学習に関する理論が「わかること」はあっても、実際の場面で実践「できること」にはつながりにくい。それでは、きわめて実践的な諸能力が求められる生涯学習コーディネーターの役割を十分に果たすことはできないであろう。したがって、コーディネーター養成講座では、学習プログラムの立案・展開に関する基本的な理論の習得とともに、実践的な知識・技能を習得することを目的とした。とりわけ後者に力点を置いた授業展開を図ることとした。また、これまでの指導者養成講座の方法・形態の多くは、講師の一方的な講義方式が主流であり、受講生が主体的に参画できる授業展開がなされることは少なかった。一般的に言っても、受講生の主体的な活動や行動を促す学習の形態・方法、すなわち、受講生参画型の学習形態・方法は、学習意欲を喚起し、学習内容を着実に身につけさせる上で、きわめて効果的であるといわれている。また、受講生参画型学習は、現実の問題に向き合い、自らが課題解決の主体となり、自らの行動の変容を促し、学習した内容を実践することへ結びつけていく上でも、大きな効果を発揮するとされている。より実践的な知識・技能を必要とし、具体的な実践をコーディネイトする力量を必要とする生涯学習コーディネーターを養成する講座のカリキュラムにおいては、こうした受講生参画型の学習形態・方法が、一層重要視されなければならない。したがって、コーディネーター養成講座においては、受講生参画型の小グループによるワークショップを学習形態・方法として採り入れ、指導者として即実践できる力量形成に努めることとした。

生涯学習コーディネーター養成講座受講者による
ふれあい県民講座に参加しませんか
＝県民の方々が企画した講座に参加者募集中＝

1　日　　時　　平成17年12月17日（土）10時～12時
　　　　　　　平成18年　1月14日（土）10時～12時
　　　　　　　平成18年　1月21日（土）10時～12時
2　会　　場　　岐阜県県民ふれあい会館　第2棟各研修室・演習室
3　講座内容　＊参加申込方法等の詳細は各チラシのとおりです。
　　H17.12.17実施→7,10　　　H18.1.14実施→2,3,5,6,9　　　H18.1.21実施→1,4,8

グループ	講　座　名　・　会　場　・　講　師　・　対　象
1	世界から見た日本　―びっくりした日本の習慣―　□会場　6階6D演習室 　☆　講師　井戸　伽詩子　氏　他（日本在住の外国の方） 　☆　対象　外国の文化に興味のある方（50名）
2	百まで元気！生きがいづくり講座　□会場　7階7B研修室 　☆　講師　土屋　方人　氏（生涯学習アドバイザー） 　☆　対象　中・高年者（先着40名）
3	ワクワク生きる健康長寿　―習慣づけよう健康維持の歩き方―　□会場　6階6A研修室 　☆　講師　杉浦　春雄　氏（医学博士・岐阜薬科大学助手） 　☆　対象　健康に関心のある方（40名）
4	子どもの居場所づくり講座　□会場　7階7A研修室 　☆　講師　鬼頭　隆　氏（童話作家・詩人） 　☆　対象　どなたでも（先着50名）
5	あなたの子育て応援します　―色から学ぶこころの変化―　□会場　7階7A研修室 　☆　講師　木村　千尋　氏（(有)クリスKインターナショナル代表取締役） 　☆　対象　小学生以上の子どもとその保護者、子育てに関心をお持ちの方（50名）
6	ライフステージにおける健康と食育　□会場　6階6D演習室 　☆　講師　小川　宣子　氏（岐阜女子大学教授） 　☆　対象　健康と食育に関心のある方ならどなたでも（50名）
7	ヒーリング・ヨーガで心も体もすっきり　□会場　3階和室 　☆　講師　中野　比佐江　氏 　☆　対象　ヨーガで、全身リラックスを体験したい方（先着30名）
8	寒天のまち　山岡町のまちづくり　□会場　6階6A研修室 　☆　講師　後藤　健二　氏（特定非営利活動法人　まちづくり山岡理事長） 　☆　対象　自治会の関係者、まちづくりに興味のある方ならどなたでも（50名）
9	ジジババも学ぶIT講座　□会場　4階情報研修室 　☆　講師　小島　政喜　氏 　☆　対象　60歳以上　パソコンに初めて触れる人（30名）
10	パソコンで年賀状　□会場　4階情報研修室 　☆　講師　百田　則子　氏（ITボランティア講師会） 　☆　対象　文字入力のできる方（先着25名）

4　受講料　　　　無料　＊但し講座によって保険料をいただくものがあります。
　□　問い合わせ先　（財）岐阜県教育文化財団　生涯学習センター
　　　　　　　　　　岐阜市藪田5-14-53　県民ふれあい会館内
　　　　　　　　　　TEL（058）277-1149

図17-1　コーディネート実習（開催講座）

252　Ⅱ　岐阜県内の取り組み

図17-2　コーディネート実習（平成17年度各講座チラシ）

（2） 講座の様子

第1回講座

① 「岐阜県の生涯学習」

講師：祖父江正博氏（岐阜県県民生活局長）

- 岐阜県の教育
- 岐阜県の生涯学習施策
- 地方の行政組織

② 「社会構造の変化と生涯学習の変容」

講師：小山田隆明氏（岐阜大学名誉教授）

- ヨーロッパの生涯学習
- アメリカの生涯学習
- 日本の生涯学習

第2回講座

① 「課題の発見と生涯学習化Ⅰ」

講師：益川浩一氏（岐阜大学総合情報メディアセンター助教授）

- 岐阜県における生涯学習課題
- 課題の発見から企画へ

② 「課題の発見と生涯学習化Ⅱ」

講師：志田直正氏（静岡英和学院大学副学長）

- ライフステージの課題
- 地域社会の課題

第3回講座

① 「企画・立案・実施のプロセス」
講師：益川浩一氏(岐阜大学総合情報メディアセンター助教授)
- 講座型学習の企画・立案の実際
- 社会参加型学習の企画・立案の実際

② 「広報と宣伝の技法」
講師：小山田隆明氏（岐阜大学名誉教授）
- 広報の種類、方法
- 広報と宣伝の技法

第4回講座

① 「生涯学習情報の収集と提供」
講師：加藤直樹氏(岐阜大学総合情報メディアセンター教授)
- 岐阜県における情報ネットワーク
- 情報データベース

② 「学習相談技術」
講師：中家由紀子氏（世田谷ボランティア協会）
- 相談への対応事例
- ワークショップ

第 17 章　岐阜県生涯学習コーディネーター養成講座事業　255

─ 第 5 回講座 ─

① 「学習相談技術（理論）」
講師：益川浩一氏（岐阜大学総合情報メディアセンター
　　　助教授）
　・学習情報提供、学習相談の意義
　・学習情報提供の方法と今後の方向

② 「企画・立案・実施の実際」
講師：丸山英子氏（生涯学習コーディネーター 2 期生）
　・社会参加型学習の企画立案の実際

─ 第 6 回講座 ─

① 「リーダーシップとマネジメント」
講師：小山田隆明氏（岐阜大学名誉教授）
　・会議運営の技法
　・交渉の技法

② 「ボランティア活動の現状と課題」
講師：竹内ゆみ子氏（特定非営利活動法人ソムニード
　　　理事）
　・ボランティアと NPO
　・ボランティア活動の実際

256　Ⅱ　岐阜県内の取り組み

---「コーディネート実習」準備---

○第 7 回〜9 回に実施される「コーディネート実習」へ向けての実習準備が、第 2 回講座の講座終了後から開催。

地域課題の洗い出し　　　　地域課題を解決するために
　　　　　　　　　　　　　実施する講座案

第 3 回講座終了後から本格的にグループごとの実習打ち合わせがスタート

第17章　岐阜県生涯学習コーディネーター養成講座事業　257

コーディネート実習（講座の様子）

○講座開催以外のグループは、各講座を分担して参観し、実施状況を評価する。午後のグループ別交流会で意見交換を行う。

受付、講師案内も自分たちで

―― 開催講座の様子 ――

実習グループ別交流会　　　　　実習全体交流会

（3） 認定審査
1） レポート課題

コーディネーター養成講座では、毎回各講義ごとにレポート課題の提出が位置づけられている。提出は、出席した講義についてのみとする。評価は講義担当講師が行う。レポートは、A4判1～2枚程度にまとめる。

＜レポート課題＞

第1回
＜岐阜県の生涯学習＞
　○今、なぜ生涯学習が重要となってきているのか。
＜社会構造の変化と生涯学習の変容＞
　○超高齢化社会にあって、住みよい社会を維持・形成していくために、何を生涯学習の問題（テーマ）としたらよいか。

第2回
＜課題の発見と生涯学習化Ⅰ＞
　○課題の生涯学習化を進める上で留意すべき点について、自分なりの考え・意見をまとめよ。
＜課題の発見と生涯学習化Ⅱ＞
　○地域づくりは、なぜ生涯学習なのか。

第3回
＜企画・立案・実施のプロセス＞
　○講義資料の事例から2つ以上取り上げて、そのプログラムに対する批判・コメント・感想等を記述せよ。
＜広報と宣伝の技法＞
　○提示した3つのチラシ広告の中から1つを選び、別紙の設問観点から評価せよ。

第4回
＜生涯学習情報の収集と提供＞
　○コーディネーターとして「生涯学習情報」の収集と提供にどのように関わっていくべきかについて論ぜよ。
＜学習相談技術＞
　○私の「傾聴」体験または計画を記述せよ。

第5回
＜学習相談技術（理論）＞
　○「子育てサークルを紹介してほしい」という相談があったときの対応とその情報源は何かを記述せよ。また、そのときの留意点は何か記述せよ。
＜企画・立案・実施の実際＞
　○「私の企画したい講座」の学習プログラムを作成せよ。（学習目標・学習内容・学習方法を中心に）

> 第6回
> ＜リーダーシップとマネジメント＞
> 　○次のテーマから1つを選び、レポートせよ。（テーマ略）
> ＜ボランティア活動の現状と課題＞
> 　○町内会（自治会）活動とボランティア活動には、違いがあるのかないのか自分の考えを述べよ。
> 第7回
> ＜コーディネート実習＞
> 　○コーディネート実習を振り返り、どんなことを学んだのか。今後、自分が講座を企画・提供する際、どんなことに気をつけたいかを記述せよ。

2）認定審査

全講座が修了した後、「認定委員会」の審査を経て認定される。

認定審査基準は、各科目ごとに講義への出席と出席した講義のレポートをもって単位の認定を行う。修得単位の条件は、1講義1単位とし、13単位以上を修得しなければならない。ただし、特定の科目の単位がすべて未修得であってはならない。実習単位は、他の科目によって代替することはできない。

（4）生涯学習コーディネーターの実態

1）認定証の授与

ア　認定証授与式

図17-3　岐阜県知事より直接授与
　　　　（2004年3月授与式風景）

イ　交流会（授与式後実施）

図17-4　2003・2004年度交流会風景

2）　認定人数

2002年度から2004年度までに認定された生涯学習コーディネーターは、152名である。

152名の内訳は次のとおりである。

（年度ごとの人数）

　　2002年度…32名（受講者36名中）

　　2003年度…50名（受講者70名中）

　　2004年度…70名（受講者105名中）

（圏域ごとの人数）

　　岐阜圏域…65名、西濃圏域…28名、中濃圏域…42名、東濃圏域…13名、飛騨圏域…4名

（男女の人数）

　　男性…計70名　　女性…計82名

（職業別人数）

　　大学生…5名、会社員…15名、自営業…10名、公務員…13名、団体職員…11名、無　職…70名、その他…28名

3）　生涯学習コーディネーターの活動例

生涯学習コーディネーターは、個人やNPOでの活動の他、「行政」「小学校」「老人グループ」「子ども会」等様々な機関と連携し活動している。

以下に、活動例を紹介する。

[活動例1]
生涯学習に取り組むNPO法人に参加し、行政と協働で生涯学習を推進
- 住民から学習相談を受け、ニーズを直接把握することで、団塊世代を主な対象とした「生き活き創年ゼミ」を開講している。
- カリキュラムの作成、講師の選定、打ち合わせ、講座の運営等に取り組む。

[活動例2]
グループ化し、生涯学習情報の交流を行い、各地で活動するための準備
○「岐阜県生涯学習コーディネーター協会」
- 4、7、10、1月の講座の編成時期に間に合うように、年間4回を目標にメンバーが集い、「こんな講座を受けたい」「こんな講座を設けたい」等の生涯学習情報を交流し合い、情報を共有している。
- これら各地の生涯学習情報をもとに、会員が地元で活動できるための準備を進めている。

[活動例3]
グループ化し、生涯学習講座の企画・運営をしたり、地域課題を学び、学んだ成果を活かして地域で進んで実践・行動
○「岐阜県生涯学習コーディネーターの会」
- 2005年2月に大垣市で実施された「人生80年 どう生きるか」の企画・運営に携わる。今後の活動計画を策定中。
- 男女共同参画、防犯、災害復旧等の社会の動きを察知し、それら地域課題について進んで学ぶことで自らを高めている。地元では、子どもたちの安全誘導や、ふるさと地域探検等、ボランティアとして地域に参画している。

[活動例4]
「まちづくりIT学校」を開講し、IT学習をとおしたまちづくりを推進
- まちづくりIT学習のコーディネート、支援を行う。
- 講座開催、市民グループ企画講座の講師、市民活動グループのIT支援等に取り組む。

[活動例5]
青少年に学習機会を提供するための講座の企画や運営
- 高校に働きかけた「福祉活動に役立てるチェス講座」や、県主催の事業とタイアップした「小学生向けチェス講座」を行っている。

[活動例6]
地区公民館や、地元の生涯学習を支援するグループに参加し、講座の企画や運営
○地元の生涯学習支援グループ
- 美濃加茂市生涯学習アシスタント会、関市生涯学習推進ボランティア・アドバイザー協議会等

> 活動例7
> 老人グループや子ども会に生涯学習相談を実施
> - 園芸・絵画・書道などについて、地域住民が個人的に学びたいという相談にアドバイスする。
> - 家にこもりがちな老人たちに、いかに地域の活動や学ぶということに関心をもってもらうかを考え、交流の場を設けたり、学習相談を行ったりする。
> - 子ども会活動で、お年寄りと異世代交流ができるようにコーディネートする。
>
> 活動例8
> 自ら実施している講座の受講生をボランティアとして育成
> - 病院や施設で、音楽ボランティア活動のコーディネート及びアレンジを行う。
> - 音楽クラブの立ち上げとプロデュース。
> - 講座受講生を対象に、音楽ボランティアを育成している。
>
> 活動例9
> 自治会に掛け合い、自らの手で活動場所を確保し、講座教室を実施
> - 活動場所確保のために、自治会に掛け合い、折り紙教室を開催している。(活動の機会や活動場所について受け身ではなく、積極的に開拓した事例)
>
> 活動例10
> 生涯学習コーディネーターの存在をアピールし、行政と協働で生涯学習を推進
> - 「子どもの居場所づくり推進事業」における「居場所づくりコーディネーター」として子どもたちが豊かな心と体験を得る場を企画、提供している。
> - 「地域教育力再生運営協議会」「生涯学習推進協議会」等の各委員の委嘱を受けている。
> - 「花フェスタ2005ぎふ」ボランティアコーディネーターとして、ボランティアの研修プログラムの作成と実施。イベント期間中は、ボランティアのコーディネートを行う。
> (ボランティアコーディネーター及びボランティアを生涯学習コーディネーターが中心となって組織した。)

3. 今後の課題と展望

(1) 生涯学習コーディネーターが活躍できるために

今後、生涯学習コーディネーターが活躍するには、市町村行政との協働も大切になってくる。市町村の生涯学習担当課に対しては、次のような働きかけを行っている。

市町村においては、次の手順でコーディネーターと連携をとり、地域活動を豊かにすることができる。

① 「生涯学習コーディネータープロフィール集」の活用
　○毎年生涯学習担当課に送付されている「生涯学習コーディネータープロフィール集」によって、各コーディネーターの得意分野をつかみ、生かす方向で活動内容を検討する。

　＜掲載内容＞
　・私のプロフィール
　・生涯学習コーディネーターとして私ができること
　・私の生涯学習に対する思い、考えなど
　・活動可能な地域
　・主たる活動領域
　・連絡先

② 各市町村の生涯学習施策のうち、生涯学習コーディネーターに期待する事業内容を検討し、そのコーディネーターへ依頼する事業内容を明確にする。

　＜例えば＞
　・生涯学習相談
　・生涯学習講座の企画、提供
　・講座案内等の作成
　・住民のニーズをつかむための調査活動
　・ボランティアなどの活動についての相談、コーディネート
　・行政が提供できない地域課題及びニーズに合わせた講座の企画、提供　等

③ 生涯学習コーディネーターとどのような連携が可能なのかを協議
　○「生涯学習コーディネータープロフィール集」から判断できないことは、実際にコーディネーターと市町村担当者との面談等により、連携できることのすり合わせを行う。

④ 生涯学習コーディネーターは、よきパートナー
　○住民の身近なところで、生涯学習の相談に応じたり、生涯学習講座の企画・立案を行うことを目的としている。
　○生涯学習コーディネーターは、実践の中で経験を深めていく必要がある。各地域で活動の場を得たり、市町村行事で役割を担うことにより、実績を積み、力が伸びていく。

⑤ 生涯学習コーディネーターに対して配慮いただきたいこと
　○幅広い生涯学習の分野において、すべて即戦力となれない場合も考えられる。しかし、基礎的な学習を終え、意欲に満ちている方ばかりなので、実践の中で力をつけられるように長期的展望が必要である。
　○生涯学習担当職員や、公民館長、生涯学習担当課長等の異動があるので、生涯学習コーディネーターとの協働の仕方の継続性が保たれるよう配慮が必要である。

（2） 今後の発展のために

2005年度の認定者は70名以上となり、トータルで200名を超える生涯学習コーディネーターが、県内各地にくまなく分布することとなる。

現在は、年度ごとのいわゆる「横のネットワーク」を中心に連携を取り合いながら活動が行われているが、今後は、各地域ごとのネットワーク「縦と横のネットワーク」が機能していくことを期待している。

① 生涯学習コーディネーターの交流会

現在のネットワークをさらに強め、機能させていくために、生涯学習コーディネーター同士の情報交流を充実する必要がある。今後、事務局としても「生涯学習コーディネーター交流会」という形で、生涯学習コーディネーターが一堂に会し、各自の実践、地域としての実践を交流する場を設けていくことを考えている。

② スキルアップ研修

各地域でより質の高いコーディネートを行うためには、コーディネーターとしてのスキルを向上させる研修会の実施が必要である。研修にあたっては、前述した「生涯学習コーディネーターに必要な資質・能力」に磨きをかけられるプログラム開発が求められる。事務局・認定委員・コーディネーターが一体となってプログラムを開発することが望ましいと考える。

③ カリキュラムの見直し

2003年度より、現行カリキュラムで講座を実施してきたが、これまでの修了生の反応・県民のニーズ・県行政の意向をすり合わせながら、実践的な内容を盛り込んだカリキュラムの見直しを行わなければならない。

4. おわりに

岐阜県では、生涯学習によるまちづくりを推進しているが、「まちづくりは人づくり」といわれるように、そこには人と人とのつながりが求められる。

住民の中に、「このまちは、自分を必要としてくれる。自分を認めてくれている。たくさんの友達がいる。好きなことができる。楽しい時間がもてる。」など『ここに住んでいてよかった』という気持ちが沸き上がってくるようなまちづくりでなけ

ればならない。このようなまちづくりを支えていくのが生涯学習コーディネーターの役割ではないだろうか。

　現代の生涯学習は、生涯学習コーディネーターの活躍を期待している。

第18章

地域の生涯学習と大学開放
―岐阜大学生涯学習セミナーの取り組みをとおして―

1. 地域に開かれた大学

　日本の大学は、今日、大きな転機を迎えている。「象牙の塔」という言葉に象徴される、社会とは距離を置いたアカデミックな研究・教育の場というこれまでの大学像の見直しを迫られ、社会のニーズに柔軟に対応しうる開かれた存在であることが求められている[1]。これまで大学の主要な機能・役割は、もっぱら研究・教育とされており、少なくともこれらの二つの機能を果たすことにより、間接的ではあれ、社会的なサービス（貢献）を行うものと考えられてきた。しかしながら、これからの大学は、これら二つの機能に加えて、より直接的な社会（地域）への研究成果の積極的な還元が求められている[2]。これを大学の第三の機能と呼ぶならば、この第三の機能を十分に発揮することにより、科学の国民（住民）化と国民（住民）の科学化を、すなわち、真の意味で大学が国民（住民）の生活に根ざした科学研究を推進し、またそうした科学を国民（住民）の現実の生活に一層有効に役立たせていくことが可能となろう[3]。

　直接的な社会（地域）への研究成果の積極的な還元、より焦点化していえば、地域（社会）における住民（国民）の学習・教育機会の充実・拡充に大学が果たすべき役割については、国（文部科学省）の政策においても、議論がなされている。例えば、1996年の生涯学習審議会答申『地域における生涯学習機会の充実方策について』においては、おおよそ次のような点が指摘されている。すなわち、「大学をはじめとする高等教育機関」は、「高度で体系的かつ継続的な学習機会の提供者として、生涯学習社会の中で重要な役割を果たすことが期待されて」おり、「社会に開かれた高等教育機関」として、社会人特別選抜の推進・夜間大学院の拡充・科目等

履修生制度の積極的な活用等を通した「教育内容の多様化と履修形態の弾力化」や「公開講座の拡充」等による地域における学習・教育機会の充実等の方策を講じることが必要である[4]。

また、大学側においても、例えば、国立大学協会に生涯学習特別委員会が設置されて、1993年には『国立大学と生涯学習』と題する報告書が作成されたのをはじめ、日本私立大学協会は、同年に『大学教務運営事項・生涯学習対応の充実』という報告書をまとめている[5]。

さらに、国際的動向に目を向けてみると、例えば1997年の第五回ユネスコ成人教育推進会議では、「ハンブルグ宣言」を採択し、「成人教育は一つの権利以上のものとなり、21世紀の鍵となっている。それは能動的な市民性の帰結であるとともに、社会における十分な参加の条件である」と述べ、「持続的発展に向けて」、「人類的課題」の解決と「地球的市民」育成に資する「実際生活に密着した」成人教育・生涯学習の重要性を指摘したが、その具体的な公約を記した「未来へのアジェンダ」によると、「成人学習の条件と質の改善」を進める上で、「成人学習者に学校・カレッジ・大学を開放する」ことが必要であると指摘されている[6]。

地域や住民（国民）の中には、より人間的な生き方を求めて、より一層「知り」、「学び」たいという、いわば、「科学（的知見、認識）」への旺盛なニーズを看取することができる[7]。このような人びとの科学へのニーズや社会的要求、言い換えるならば、人びとの生涯学習への社会的、国民的（住民の）要求に大学はいかに応えるべきか。地域で展開されている生涯学習事業・活動への大学の参画・後援がさらに拡大されることが望まれるが、これに加えて、大学自身が生涯学習機関のひとつとして、より積極的に地域・住民に向けてその門戸を開放する体制と方策づくりが今後一層必要になろう。

2. 岐阜大学における取り組み

岐阜大学においては、生涯学習・社会教育に関する教育・研究を推進するとともに、生涯学習・社会教育にかかわる岐阜大学と地域との交流を進め、地域社会の発展に資することを目的として、2000年4月に、学内共同研究施設として、岐阜大学生涯学習教育研究センターが設置された。本センターは、現在、情報処理セン

ター、教育学部附属カリキュラム開発研究センターと有機的統合を図り、岐阜大学総合情報メディアセンター生涯学習システム開発研究部門（以下、生涯学習システム開発研究部門と記す。）となっている。とくに、生涯学習システム（生涯学習地域連携）に関する実証的調査研究、生涯学習に関わる情報提供及び相談、生涯学習指導者の養成・研修、社会人を対象としたリカレント教育の企画・運営、大学開放、大学間連携のための事業の企画・運営など、主に生涯学習にかかわる大学と地域との交流を推進することで地域社会の発展に資する研究を行うとともに、情報通信技術及び情報メディアを活用した地域における新たな生涯学習システム形成、とりわけ生涯学習機会の広域化・公平化を目指して、遠隔教育手法を用いたシステムの開発研究を行うことを、その目的としている。

まず、「生涯学習にかかる調査・研究」については、専任教官が岐阜県及び岐阜県内市町村の生涯学習推進施策の策定及び調査・研究に参画している。今後、部門として、地方公共団体と組織的に協働しながら、生涯学習に関する調査・研究を展開することが課題とされている。

「生涯学習に関わる情報提供及び相談」については、インターネットを通じた情報提供及び相談体制について、そのシステム構築を検討しているところである。

「生涯学習指導者の研修」については、社会教育主事講習会の開催を中心に、地方公共団体における生涯学習関係職員の研修機会の提供を行っている。

「社会人を対象としたリカレント教育の企画・運営」・「大学開放、大学間連携のための事業の企画・運営」については、例えば、次のような事業を実施してきている。

テレビ会議システムを用いて大垣市・各務原市・高山市等の遠隔会場を結んだ県民教育講座を、定期的（年3回程度）に開催している。

また、通信衛星（CS）を用いた一般社会人向けの連続公開講座を、岐阜女子大学文化情報研究センターと協力して開催した。本公開講座は岐阜大学教育学部を中心に各地の教育学部が連携して実施した現職教員向けの単位認定大学院公開講座において、通信衛星を通じて教材として配信された授業を、同時に一般市民向けの公開講座として開設したものである。今後も、こうした大学間連携による公開講座の可能性を追求する予定である。

さらには、文部科学省の教育情報衛星通信ネットワーク（el-Net）を用いて各大

学の公開講座を全国各地の公民館等で受講することができるオープン・カレッジ事業に、本部門も参加している。

3. 生涯学習セミナーの取り組み

生涯学習システム開発研究部門では、今後、とくに次のような取り組みを推進していこうとしている。

① 公開講座の開催にとどまらず、地域社会と連携した出前講座の開催を含め、一般社会人向けの生涯学習の機会として、生涯学習セミナー等の開催回数を増やす。
② 高度職業人教育（リカレント教育）の機会拡充に向けて、生涯学習並びに社会教育指導者養成を中心とした学習機会を、生涯学習・社会教育指導者養成セミナー等として試行的に実施する。
③ 総合情報メディアセンターで企画する公開講座において、テレビ会議システムを用いた遠隔教育手法を採り入れて実施する。

とくに①について、地域における生涯学習・教育機会の充実方策の一環として、「現代的課題と生涯学習」を大テーマとした生涯学習セミナーを開催している。その基本的理念と目的は、以下のようであった。

> 21世紀を迎えて、いま私たちはさまざまなくらしの課題に直面している。子育て、青少年問題、教育問題、介護・高齢化、女性問題、環境問題、情報化など。これらは、いずれも身近な暮らしの問題でありながら、人類の生存と地球の存続にかかわる、文字通りグローバルな課題である。こうした課題を解決していくために、私たちは、くらしに根ざして事柄の実態を知り、その本質を生涯にわたって不断に学び続けることがことのほか重要となってきている。生涯学習が果たすべき役割がこれまで以上に大きくなっているのはそのためである。
> 現在、生涯学習の重要性や意義は理解されてきたが、これまでの生涯学習は、どちらかといえば、個人の仕事や趣味に関わる学習が中心をしめ、社会全体として、少子・高齢化に伴う問題、環境問題、国際化・情報化に伴う問題などの、いわゆる「現代的課題」に関する学習活動が広く行われるというところまで定着していないといわれている。
> 将来を展望すると、現代的課題は、持続的発展の可能な社会を実現し、ひいては、真に豊か

で活力に満ちた個性輝く社会を創造するうえで、学習しておく必要のある極めて重要なテーマであると考えられる。特に地方分権の時代を迎え、地域の住民の一人ひとりが、今まで以上に自らの地域の将来に責任を負わなければならなくなっている今日、こうした現代的課題に関する学習に取り組むことは、地域づくり・まちづくりの視点からも、今後益々重要な柱になるといえる。

　本シリーズでは、現代的課題に関する基礎的・基本的な学習の取り組みの拡充、現代的課題に関する生涯学習機会の一層の充実を図るとともに、現代的課題と生涯学習・まち（地域）づくりの関わり、現代的課題の解決に資する生涯学習の役割等について考察することを目的とする。

　このように、生涯学習セミナーは、子育て、青少年問題、教育問題、介護・高齢化、女性問題、環境問題、情報化など、地域住民が直面しているさまざまな暮らしの課題について、比較的少人数の受講生と講師が、膝をつきあわせて、'face to face'で共に学び合うセミナーである。今、社会が抱えている現代的課題について、講義・講演を一方的に聴くだけでなく、受講生と講師が討論や意見交換をしながら、その課題解決の方途を探っていくことを目的としている。こうした基本的理念と目的にしたがいながら、2002年度、2003年度（6月まで）においては、以下に掲げるセミナーが開催された。その概要は、次のとおりである。

（1）「子育て支援ネットワークと生涯学習」
　少子化、核家族化などにより、益々子育てがしにくい時代になっています。また、子ども・青年の非行・問題行動が戦後4回目のピークに達しつつあると言われています。さらに、親（おとな）の子どもへの虐待も理解しがたいほどの惨状を呈しています。子ども・青年と子育てをめぐる問題は、いまや抜本的、かつ早急な解決が求められる最大の社会問題のひとつとなってきています。こうした問題解決のため、各地では、地域子育て支援事業が具体化されつつあり、生涯学習（行政）にも、家庭教育の補完と子育て支援を可能にするまち（地域）づくりの役割が期待されようとしています。

　こうした今日的状況をふまえた上で、本セミナーでは、地域における諸々の子育て支援活動や政策・事業の現状と問題の所在を検討し、それらの可能性と課題について、さらには、こうした問題の解決のために生涯学習に期待される役割等（生涯

学習に期待されること）について議論したいと考えます。

（２） 地域社会と生涯学習

　地域は、世代や立場を超えて、ともに持ち味を発揮し、協同する中で、社会の主人公にふさわしい知恵や力を身につけていく生活空間であり、すべての人びとが人間らしく共に成長し、自立し、支え合って生きていくうえでかけがえのない存在です。本セミナーでは、生涯学習による地域・まちづくりの意義と現状、課題と展望について考究していきたいと考えます。

（３） 男女共同参画セミナー　自分の人生設計図をかこう

　日本社会は高度成長以来、固定的な性別役割分業に基づく制度やしくみを作り上げてきました。税制・企業の雇用管理・社会保障制度はその例です。しかし、今、産業構造の変換、少子化、高齢化によってそのしくみの根底がゆらいでいます。本セミナーでは、参加した男女がそれぞれの人生設計図を描く中で、日本社会の変動の現実と方向を見極める機会を提供していきます。

（４） 少子高齢社会と生涯学習

　時代は激しく変化しています。少子高齢化もそうした変化のひとつであり、近年益々顕著となった少子化傾向は、いっそうの高齢化を促しています。その背景には、就労女性の増加、育児負担の増大、晩婚化、さらには、食生活や医療など健康の維持に欠かせない環境条件が改善されてきたことなどがあげられます。こうした状況のなかで、今、子育てや教育活動のいっそうの共同化・社会化が求められています。

　少子高齢社会は、生涯学習と共生の社会でもあります。幼児から高齢者まで世代・立場を超えて学び合い、ともに生きる社会です。本セミナーでは、少子高齢社会における学校・地域・家庭・職場等を含む生涯にわたる学習・教育のあり方について議論したいと考えます。

（５） 在日外国人の生活と学習―国際化と生涯学習―

　わが国では、戦後、長い間、外国人登録者の伸びはゆるやかで、8割以上は韓

国・朝鮮の方々でした。1980年代後半に入り、東南・西アジア、さらには、南米の諸国から専ら就労を目的に多くの人びとが来日しはじめました。こうした背景には、アジア・南米諸国といった送り出す側での経済的停滞や就労機会の貧しさという要因の他に、わが国での労働者不足の解消という受入側の要因が存在していたことが見のがせません。いずれにしても、外国人の多くは、日本の経済社会を担う労働者であり、地域の生活や文化を共有する住民です。しかし、わが国では、外国人の労働、生活、とりわけ、教育（子どもの教育、日本語教育、母語教育など）をめぐる環境条件は劣悪であり、早急に解決すべき課題が少なくないと思われます。

　本セミナーでは、とくに、地域にともに暮らす在日外国人とその子どもの学習・教育保障の取り組みの現状と課題について議論し、国際社会における外国人との共生について考えたいと思います。

（6）　子どもの虐待問題の現状とその社会的・教育的支援方策について

　子どもに対する虐待は、子どもの健やかな発育・発達を損ない、心身に深刻な影響を与えるものです。全国の児童相談所で受理した子どもの虐待に関する相談・処理件数は、2001年度において、24,792件であり、この5年間で約6倍に急増しています。虐待の問題は、子どもの発達をめぐる抜本的、かつ早急な解決が求められる最大の社会問題のひとつとなってきています。この課題解決に向けては、保健福祉・医療・警察・教育・司法・NPO等の関係機関、あるいは、総合行政としての生涯学習行政のもとでの家庭・学校・地域のより強力な連携のもと、いくつかの社会的・教育的な支援策が具体化されつつあります。

　こうした今日的状況をふまえ、本セミナーでは、地域における子どもの虐待防止に向けた諸々の活動や政策・事業の現状と問題の所在を検討し、それらの課題と今後の展望について、さらには、こうした問題の解決のため生涯学習に期待される役割等について議論したいと考えます。

（7）　子どもの虐待問題の現状とその社会的・教育的支援方策について―その2―

　子どもに対する虐待は、子どもの健やかな発育・発達を損ない、心身に深刻な影響を与えるものです。全国の児童相談所で受理した子どもの虐待に関する相談・処理件数は、2001年度において、24,792件であり、この5年間で約6倍に急増して

います。虐待の問題は、子どもの発達をめぐる抜本的、かつ早急な解決が求められる最大の社会問題のひとつとなってきています。この課題解決に向けては、保健福祉・医療・警察・教育・司法・NPO等の関係機関、あるいは、総合行政としての生涯学習行政のもとでの家庭・学校・地域のより強力な連携のもと、いくつかの社会的・教育的な支援策が具体化されつつあります。

こうした今日的状況をふまえ、本セミナーでは、地域における子どもの虐待防止に向けた諸々な活動や政策・事業の現状と問題の所在を検討し、それらの課題と今後の展望について、さらには、こうした問題の解決のため生涯学習に期待される役割等について議論したいと考えます。

今回は、昨年度開催のセミナー「子どもの虐待問題の現状とその社会的・教育的支援方策について」(「その(1)」)の成果を踏まえつつ、とくに、子どもの虐待の具体的事例を取り上げて、主にその対応方策等について検討したいと考えます。

セミナーには、一般住民、教職員、行政関係者、学生等含めて、総勢約300名の参加を得た。

4. 生涯学習セミナーの評価

2003年度6月までに実施した7つの生涯学習セミナーのうち、(4)「少子高齢社会と生涯学習」、(6)「子どもの虐待問題の現状とその社会的・教育的支援方策について」、(7)「子どもの虐待問題の現状とその社会的・教育的支援方策について(2)」の受講者に対して、セミナーの内容等に関するアンケート調査を実施した。本アンケートの単純集計の結果は、図18-1・18-2・18-3に示してある。

岐阜大学生涯学習セミナーのような大学の開放講座の成否の鍵を握るのは、講座修了後の受講者の「講座に対する納得度」であり、「講座に対する納得度」は、受講者の講座に対する「満足度」と「理解度」の総合評価として現れると考えられている[8]。問い「このセミナーはあなたにとって有意義でしたか」、「このセミナーの内容に興味がもてましたか」への回答結果で測定される受講者のセミナーに対する「満足度」については、「とても有意義だった」・「どちらかといえば有意義だった」・「とても興味がもてた」・「どちらかといえば興味がもてた」が高い数値を示してお

274　Ⅱ　岐阜県内の取り組み

実　施　日　平成15年2月15日　　　　　　　　　　　　　　　　参加人数　92人
セミナー名　少子高齢社会と生涯学習　　　　　　　　　　　　　回答者数　58人
講　　　師　愛知学院大学教授　新海英行先生

①このセミナーの開催を何によって知りましたか。（あてはまるものすべてに○）
　1．ちらし・ポスター
　2．友人・知人から聞いて
　3．生涯学習教育研究センターのホームページ
　4．その他（　　　　）

	1	2	3	4	無回答
人　数	17	21	3	19	3
割合(%)	29.3	36.2	5.2	32.8	5.2

②このセミナーはあなたにとって有意義でしたか。
　1．とても有意義だった
　2．どちらかといえば有意義だった
　3．どちらかといえば有意義でなかった
　4．まったく有意義でなかった

	1	2	3	4	無回答
人　数	39	14	2	0	3
割合(%)	67.2	24.1	3.4	0.0	5.2

③このセミナーはあなたにとってわかりやすかったですか。
　1．とてもわかりやすかった
　2．どちらかといえばわかりやすかった
　3．どちらかといえばわかりにくかった
　4．まったくわかりにくかった

	1	2	3	4	無回答
人　数	37	11	7	0	3
割合(%)	63.8	19.0	12.1	0.0	5.2

④このセミナーの内容に、興味がもてましたか。
　1．とても興味がもてた
　2．どちらかといえば興味がもてた
　3．どちらかといえば興味がもてなかった
　4．まったく興味がもてなかった

	1	2	3	4	無回答
人　数	30	22	3	0	3
割合(%)	51.7	37.9	5.2	0.0	5.2

⑤このセミナーの内容やレベルは適切でしたか。
　1．非常に適切だった
　2．どちらかといえば適切だった
　3．どちらかといえば適切でなかった
　4．まったく適切でなかった

	1	2	3	4	無回答
人　数	33	19	3	0	3
割合(%)	56.9	32.8	5.2	0.0	5.2

⑥今回のセミナーを、どのような目的で受講されましたか。（あてはまるものすべてに○）
　1．仕事に役立つから
　2．専門的な知識を身につけたいから
　3．内容に興味・関心があるから
　4．教養を高めたいから
　5．日常・家庭生活をよりよくしたいから
　6．その他（　　　　）

	1	2	3	4	5	6	無回答
人数	7	9	25	19	21	2	3
割合(%)	12.1	15.5	43.1	32.8	36.2	3.4	5.2

図18-1　生涯学習セミナーアンケート　1

第18章　地域の生涯学習と大学開放―岐阜大学生涯学習セミナーの取り組みをとおして―　275

実　施　日　平成15年3月9日　　　　　　　　　　　　　　　　　　参加人数　20人
セミナー名　子どもの虐待問題の現状とその社会的・教育的支援方策について　回答者数　16人
講　　　師　三重県中央児童相談所　西口　裕先生

① このセミナーの開催を何によって知りましたか。（あてはまるものすべてに○）
  1. チラシ・ポスターを見て
  2. 友人・知人から聞いて
  3. 生涯学習教育研究センターのホームページ
  4. その他（　　　　　　）

	1	2	3	4	無回答
人　数	10	3	0	3	0
割合(%)	62.5	18.8	0	18.8	0

② このセミナーはあなたにとって有意義でしたか。
  1. とても有意義だった
  2. どちらかといえば有意義だった
  3. どちらかといえば有意義でなかった
  4. まったく有意義でなかった

	1	2	3	4	無回答
人　数	10	3	0	3	0
割合(%)	62.5	18.8	0	18.8	0

③ このセミナーはあなたにとってわかりやすかったですか。
  1. とてもわかりやすかった
  2. どちらかといえばわかりやすかった
  3. どちらかといえばわかりにくかった
  4. まったくわかりにくかった

	1	2	3	4	無回答
人　数	16	0	0	0	0
割合(%)	100.0	0.0	0.0	0.0	0.0

④ このセミナーの内容に、興味が持てましたか。
  1. とても興味が持てた
  2. どちらかといえば興味が持てた
  3. どちらかといえば興味が持てなかった
  4. まったく興味が持てなかった

	1	2	3	4	無回答
人　数	14	2	0	0	0
割合(%)	87.5	12.5	0.0	0.0	0.0

⑤ このセミナーの内容やレベルは適切でしたか。
  1. 非常に適切だった
  2. どちらかといえば適切だった
  3. どちらかといえば適切でなかった
  4. 全く適切でなかった

	1	2	3	4	無回答
人　数	13	2	1	0	0
割合(%)	81.3	12.5	6.3	0.0	0.0

⑥ 今回のセミナーをどのような目的で受講されましたか。（あてはまるものすべてに○）
  1. 仕事に役立つから
  2. 専門的な知識を身につけたいから
  3. 内容に興味・関心があるから
  4. 教養を高めたいから
  5. 日常・家庭生活をよりよくしたいから
  6. その他（　　　　　　）

	1	2	3	4	5	6	無回答
人数	4	3	11	3	1	2	0
割合(%)	25.0	18.8	68.8	18.8	6.3	12.5	0.0

図18-2　生涯学習セミナーアンケート　2

276　Ⅱ　岐阜県内の取り組み

実　施　日　平成15年6月14日　　　　　　　　　　　　　　　　　　参加人数　31人
セミナー名　子どもの虐待問題の現状とその社会的・教育的支援方策について (2)　回答者数　27人
講　　師　三重県中央児童相談所　鈴木　聡　先生

①このセミナーの開催を何によって知りましたか。(あてはまるものすべてに○)
　　1.　ちらし・ポスター
　　2.　友人・知人から聞いて
　　3.　生涯学習教育研究センターのホームページ
　　4.　その他 (　　　　　　)

	1	2	3	4	無回答
人　数	19	8	1	2	0
割合 (%)	70.4	29.6	3.7	7.4	0.0

②このセミナーはあなたにとって有意義でしたか。
　　1.　とても有意義だった
　　2.　どちらかといえば有意義だった
　　3.　どちらかといえば有意義でなかった
　　4.　まったく有意義でなかった

	1	2	3	4	無回答
人　数	23	4	0	0	0
割合 (%)	85.2	14.8	0.0	0.0	0.0

③このセミナーはあなたにとってわかりやすかったですか。
　　1.　とてもわかりやすかった
　　2.　どちらかといえばわかりやすかった
　　3.　どちらかといえばわかりにくかった
　　4.　まったくわかりにくかった

	1	2	3	4	無回答
人　数	26	1	0	0	0
割合 (%)	96.3	3.7	0.0	0.0	0.0

④このセミナーの内容に、興味がもてましたか。
　　1.　とても興味がもてた
　　2.　どちらかといえば興味がもてた
　　3.　どちらかといえば興味がもてなかった
　　4.　まったく興味がもてなかった

	1	2	3	4	無回答
人　数	24	3	0	0	0
割合 (%)	88.9	11.1	0.0	0.0	0.0

⑤このセミナーの内容やレベルは適切でしたか。
　　1.　非常に適切だった
　　2.　どちらかといえば適切だった
　　3.　どちらかといえば適切でなかった
　　4.　まっく適切でなかった

	1	2	3	4	無回答
人　数	21	6	0	0	0
割合 (%)	77.8	22.2	0.0	0.0	0.0

⑥今回のセミナーを、どのような目的で受講されましたか。(あてはまるものすべてに○)
　　1.　仕事に役立つから
　　2.　専門的な知識を身につけたいから
　　3.　内容に興味・関心があるから
　　4.　教養を高めたいから
　　5.　日常・家庭生活をよりよくしたいから
　　6.　その他 (　　　　　　)

	1	2	3	4	5	6	無回答
人数	8	9	17	6	4	0	0
割合 (%)	29.6	33.3	63.0	22.2	14.8	0.0	0.0

図18-3　生涯学習セミナーアンケート　3

り、問い「このセミナーはあなたにとってわかりやすかったですか。」への回答結果で測定される受講者のセミナーに対する「理解度」についても、「とてもわかりやすかった」・「どちらかといえばわかりやすかった」が多く、岐阜大学生涯学習セミナーに対する受講者の「納得度」は比較的高かったと言える。

5. まとめ

　以上、これまで実施した岐阜大学生涯学習セミナーの展開と評価に関して概観を試みた。以下、生涯学習セミナーの現状と意義、課題と今後の展望等を示して、全体のまとめに代えたい。
　第一に、主に共同開催やセミナー開催場所の提供という形で、地域や行政（岐阜県岐阜市や岐阜県羽島市）、公民館や生涯学習・社会教育関連施設（羽島市中央公民館、羽島市竹鼻南地区公民館、羽島市竹鼻地区公民館、岐阜市ハートフルスクエアG）と連携を図ることにより、地域の生涯学習の発展に少なからず貴重な役割を果たすことができたという点である。今後は、地域住民、生涯学習関係者、民間・ボランテイア・NPO、大学関係者等で企画・実行委員会等を構成するなどし、セミナーの具体的な内容・方法についても地域住民や関係者と協働で検討し、その企画・運営・実施（提供）すべての面において、地域と連携する体制づくりや方策が一層必要となろう。その際、岐阜市の長良川大学や各務原市の木曽川アカデミー等、各地方公共団体等で従来から実施されている県民・市民カレッジ（大学）との協力体制も重要になってくると思われる。
　第二に、いくつかのセミナーについては、「出前講座」として、地域に「出かける」、アウトリーチ事業として実施したという点である。大学が生涯学習機関のひとつとしてより積極的に地域・住民に向けてその機能（知的・人的資源等）を開放する方策のひとつとして、全県的に拡充する等、今後一層必要となる取り組みであるといえる。
　第三に、今後セミナーが、単発のイベント主義に陥ることがないように留意する必要がある。すなわち、学習内容の重層構造化の視点が重要である。例えば、まず、身近なテーマについての課題発見学習（話し合い・サロン等）にはじまり、地域・社会的な次元で問題をとらえ、やや系統的な学習へと展開し、さらに課題を焦

点化し、より系統的・体系的な理論学習へと深めていく。こうした学習内容の系統的水路づけが必要であろう。また、学習方法についても、積極的なディスカッションや複数講師によるシンポジウム形式等参加型の形態を重視し、講師も含めて受講者相互の主体的関係、集団的思考をより一層創造・発展させることが大切である。

第四に、遠隔教育（e-Learning）の手法を用いた学習機会の広域化・公平化が検討されてよい。生涯学習セミナーは、本来、比較的少人数の受講生と講師の 'face to face' 型の展開を本旨としているが、どうしても実施場所が大学、あるいは、大学近郊の市町村に限られてしまうという限界がある。学習機会の広域化・公平化という観点に立てば、本セミナーのメリットである 'face to face' の視点を重視しつつも、改善の余地があるように思われる。例えば、テレビ会議システムを活用すれば、居住地や勤務地に（の近郊に）居ながら、遠隔地にある講義・講演を、双方向性を確保しつつリアルタイムで聴くことができる。

第五に、著作権・肖像権等に留意しながらも、セミナーの模様をディジタル・アーカイブ化して蓄積し、ストリーミング配信を行うなど、その積極的活用が望まれる。

岐阜大学において、地域の生涯学習に貢献しうる資源は、各学部等に豊富に蓄積されている。とするならば、生涯学習システム開発研究部門としては、各学部等の保有する生涯学習にかかわる資源をより有効に活用し、大学全体として生涯学習機能の高度化を図る方策を探る必要がある。各学部等との協力体制を確立する中で本部門の事業を企画・運営することが、今後の最重要課題であるといえる。

注
1) 森田政裕「研究室から大学は今　地域と大学を結ぶ窓口に」『岐阜新聞』2000年10月22日朝刊。
2) 新海英行「地域の生涯学習と大学の役割」名古屋大学教育学部『生涯学習ニーズに対応する大学教育の役割と課題』1992年。
3) 石川武男『地域と大学』教育文化出版、1986年。
4) 生涯学習審議会答申『地域における生涯学習機会の充実方策について』1996年。
5) 国立大学協会生涯学習特別委員会『国立大学と生涯学習』国立大学協会、1993年、日本私立大学協会教務研究委員会・生涯学習問題検討部会『大学教務運営要綱・生涯学習対応の充実』日本私立大学協会、1993年。
6) 社会教育推進全国協議会編『21世紀への鍵としての成人学習――社会教育の国際的動向――』

1998年を参照。
7) 例えば、輿英樹・森田政裕・益川浩一「地方都市（岐阜県関市）住民の生涯学習要求の分析（Ⅰ）——職業関連の学習要求を中心にして——」『岐阜大学生涯学習教育研究センター研究報告』第2巻、2003年などを参照のこと。
8) 新田照夫「社会教育と評価」（日本社会教育学会第50回研究大会自由研究発表、2003年9月13日、於：早稲田大学）。

資料1　生涯学習セミナー「少子高齢社会と生涯学習」広報用チラシ

シリーズ　現代的課題と生涯学習

少子高齢社会と生涯学習

生涯学習セミナー

時代は激しく変化しています。少子高齢化もそうした変化のひとつであり、近年益々顕著となった少子化傾向は、いっそうの高齢化を促しています。その背景には、就労女性の増大、育児負担の増大、晩婚化、さらには、食生活や医療など健康の維持に欠かせない環境条件が改善されてきたことなどがあげられます。こうした状況のなかで、今、子育てや教育活動のいっそうの共同化・社会化が求められています。

少子高齢社会は、生涯学習と共生の社会でもあります。幼児から高齢者まで世代・立場を超えて学び合い、ともに生きる社会です。本セミナーでは、少子高齢社会における学校・地域・家庭・職場等を含む生涯にわたる学習・教育のあり方について議論したいと考えます。

講師　新海英行氏

愛知学院大学教授　名古屋大学名誉教授
日時　平成15年2月15日（土）
　　　13時30分から15時30分

場　所　羽島市竹鼻南地区公民館集会室（1階）
参加費　無料
プログラム　13：00－13：30　受付
　　　　　　13：30－15：20　講演
　　　　　　15：20－15：30　質疑応答
問い合わせ先
岐阜大学生涯学習教育研究センター
　　　電話・ファックス　058-×××-××××
　　　e-mail　　　　　　××××@ercll.gifu-u.ac.jp

主催　岐阜大学生涯学習教育研究センター・羽島市立中央公民館・羽島市竹鼻南地区公民館

デザイン：岐阜大学総合情報メディアセンター　松原正也助教授

第18章 地域の生涯学習と大学開放―岐阜大学生涯学習セミナーの取り組みをとおして― 281

資料2 生涯学習セミナー「子どもの虐待問題の現状とその社会的・教育的支援方策について」広報用チラシ

生涯学習セミナー

●シリーズ 現代的課題と生涯学習

子どもの虐待問題の現状とその社会的・教育的支援方策について

子どもに対する虐待は、子どもの心身の健やかな発育・発達を損ない、深刻な影響を与えるものである。児童相談所で受理した子どもの虐待相談・処理件数は、二〇〇一年度に全国の児童相談所で二万四千七百九十二件であり、この5年間で約6倍に急増している。虐待の問題は、子どもの発達をめぐる最大の社会問題のひとつとなっている。この課題解決に向けては、早急な解決が求められる最も基本的、あるいは、総合的な支援のもとで教育的な支援が具体化されつつある。本セミナーでは、今日の地域における子ども虐待の諸問題の所在を検討し、生涯学習、家庭・学校・地域のより強力な連携、行政、警察・司法、医療機関、保健福祉、NPO等との関係機関行政、家庭・学校・地域の社会のより強力な連携のもと、虐待防止に向け、今後の展望をふまえた本セミナーにおける役割等について議論したいと期待し考えます。

講師 西口裕氏
　三重県伊賀県民局保健福祉部長、
　元三重県中央児童相談所長、小児科医

日時 平成15年3月9日（日）
　　　13時30分から15時30分

場所 岐阜大学教育学部B101教室
参加費 無料
プログラム　13：00－13：30　受付
　　　　　　13：30－15：20　講演
　　　　　　15：20－15：30　質疑応答
問い合わせ先
　岐阜大学生涯学習教育研究センター
　　電話・ファックス　058-×××-××××
　　e-mail　　　　　××××@ercll.gifu-u.ac.jp

主催 **岐阜大学生涯学習教育研究センター**

デザイン：岐阜大学総合情報メディアセンター　松原正也助教授

Ⅲ

愛知・三重県内の取り組み

第19章

愛知県瀬戸市における公民館活動

1. はじめに

愛知県瀬戸市においては、中央公民館と、原則として小学校区に1館の割合で19館の地区公民館が設置されている。中央公民館には、瀬戸市教育委員会生涯学習課の職員が兼務をしている。地区公民館には、いわゆる行政の職員は配置されておらず、地区公民館の管理と運営は、地域住民に委託されている。

2. 瀬戸市における公民館の沿革

1952年6月に深川小学校の空き校舎を改造して2階を中央公民館、1階を市図書館として公民館が開設された。館長には、当時の社会教育課長が兼務で任命された。専任職員は2名で市の社会教育課所属であった。

1952年9月には、社会教育活動の推進母体となる社会教育協力委員の選出が小学校長に依頼された。社会教育協力委員は、地域を把握し、総合的な社会教育計画を立案し実践する役割を担っていた。また、市の行う行事の広報・宣伝にも協力し、住民の文化的教養を高めるように努めることを、その任務としていた。委員の選出については、男7対女3の割合で必ず町内から1名、各社会教育関係団体から1名選出することとなった。

1953年2月には、小学校の空き校舎や体育館などを利用した形で、小学校区に1館ずつ9館（陶原・深川・祖母懐・道泉・東明・效範・古瀬戸・水野・水南）の公民館が設置され、小学校長に館長を委嘱した。4月には各館の社会教育協力委員（1954年10月名称を運営委員に改める）を147名、専任職員（主事）を教育委

会の嘱託職員（1987年4月名称を事務協力員に改める）として各公民館に配置した。嘱託職員には給与の一部を市が負担し、他に自治会・町内会からの助成金等から給与を支給した。また、この年に地区公民館の連絡調整の場となる瀬戸市公民館協議会が発足した。

1953年5月には、瀬戸市では初めて小学校から独立した地区公民館第1号の水野公民館が建設された。その後、1955年から1977年までの間に10館（幡山・下品野・掛川・上品野・山口・長根・原山・西陵・萩山・八幡）の公民館が設置され、19の地区公民館と中央公民館が、住民の生涯学習活動の拠点となっている。

3. 中央公民館の活動

現在の中央公民館は、2006年3月をもって、子育て支援のための施設に生まれ変わるため、閉館することになっている。市教育委員会の生涯学習課の職員は中央公民館の主事を兼務しているが、2005年2月、尾張瀬戸駅前に、学びと交流の拠点となる施設として「パルティせと」が建設され、生涯学習課の職員はそちらに事務所を移した。現在の中央公民館には、財団法人瀬戸市開発公社の嘱託職員が交替で、9時から21時まで常時2名配置され貸館業務などを行っている。

事業については、主に教養講座事業を行っている。書道・ペン習字・絵画・版画・彫金七宝・革工芸・キッチンルームなどの講座は、1年を通して開催され、1つの講座は3年間受講できる。講座受講後は、受講生同士でサークルを作り、活動を続けている場合が多く、現在は65の団体が中央公民館で活動を続けている。教養講座出身者以外にもいくつかの団体が公民館を利用し、中央公民館ではほとんど空きがない程活動が盛んに行われている。

4. 地区公民館の活動

（1）職員体制について―地域住民のボランティア―

19の地区公民館の職員体制は、館長と運営委員で構成されている。

館長は、運営委員で構成されている運営委員会において、地区の人望の厚い人が推薦され、各種団体の同意を得て、市教育委員会が非常勤特別職として任命する。

館長には、市から報酬として、年額7万2,900円が支給されている。

　運営委員は、公民館の対象区域の各種社会教育関係団体・公民館の利用者・自治会・町内会から、公民館活動への意欲のある人が選出される。各館80名程度選出され、教育委員会が運営委員として委嘱する。すべてボランティアで、公民館活動の企画・運営を行う。

　運営委員の中から各館1名ずつ選出される運営委員長は、地区の運営委員をまとめ、実際の地区公民館活動の事業実施責任者として公民館をまとめる役割を担い、瀬戸市公民館協議会の会議への出席や公民館協議会が主催する事業実施を行う。運営委員長には、市から報償費として、公民館長の報酬の半分に当たる年額3万6,450円が支給されている。

　また、1987年4月から、地区公民館4館（西陵・効範・古瀬戸・山口）に、事務協力員が配置され、1988年4月には、全公民館（掛川は2001年）に事務協力員が配置された。事務協力員は、運営委員の中から各館2名以内で選任され、1日4時間を基本とし、主に貸館の受付や館内の清掃業務、簡易な行政事務を行う。市は、「事務協力員の配置事務委託料」として、年額104万4,000円を支払っている。

（2）　地区公民館の運営について―地域主導の管理運営＝瀬戸方式―

　全国各地の公民館運営が地域住民による管理運営や地域との連携強化を目指して方向転換を始めている中にあって、瀬戸市では1953年の公民館開設当初から、公民館の維持管理や運営委員等の選出を地元主導で行うなど、公設民営方式による公民館運営を進め、先進的な事例として注目されてきた。

　教育委員会は、19の地区公民館の管理と運営のために、「地区公民館管理運営委託料」として、地区公民館長と委託契約し、年額100万円を館長に支払う。各公民館は、市からの委託金の他に、自治会・町内会からの地区助成金や、公民館利用の際の協力金などを収入とする。

　例として、地区公民館のひとつである長根公民館の運営組織を紹介する。

　管理運営については、公民館則や公民館使用規則等が定められている。80名程度の運営委員で構成される運営の組織については、総務部・体育部・婦人部・文化部・広報部などの専門部会に分かれて運営がなされている。

　各公民館には運営委員会があり、年間事業計画・予算などは、年度始めに総務部

図 19-1　長根公民館運営組織

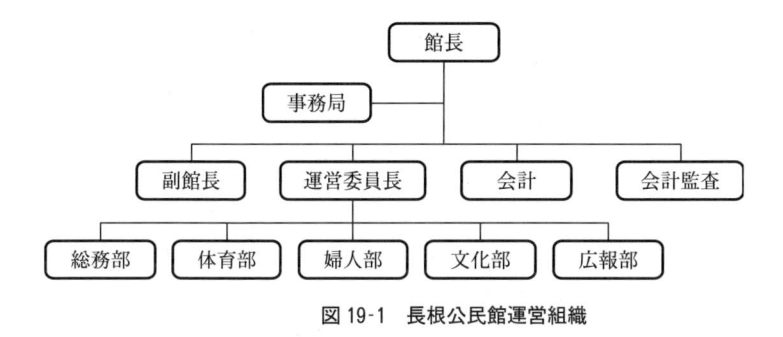

会（役員会）で立案・企画され、各館の運営委員会に諮り、承認を得て執行される。各事業は、担当部長（総務部・体育部・婦人部・文化部・広報部）が担当部員を召集して専門部会を開き、年間事業の運営、実施方法が検討され、事業を行う。

（3）地区公民館の活動

各公民館は、市からの委託金の他に、自治会・町内会からの地区助成金や、公民館利用の際の協力金などを収入とする。

以下は、長根公民館の2005年度の収支予算書である。

表 19-1　長根公民館収支予算書（2005年度）

収入		（単位千円）	支出		（単位千円）
市委託金	地区公民館管理運営委託料	1,000	事務費	事務協力員費	1,044
	事務協力員配置事務委託料	1,044		消耗品費・会議費等	155
	生涯学習補助事業	450		負担金・研修費等	376
	成人式実施委託料	232	管理費	光熱水費	193
	中学校区指導者研修会			修繕・備品・環境整備費	220
	研究集会実施委託料			広報・行事・体育活動費	730
	勤労青少年講座			生涯学習補助事業	600
助成金	地区助成金（自治会）	345	事業費	成人式委託料	350
協力金	協力金（使用料）	710		諸講座費等	490
その他	雑収入等	477		他団体助成金	100
収入合計		4,258	支出合計		4,258

運営委員の中から各館2名以内で選任される事務協力員は、1日4時間勤務を基本とする。公民館によって、1日4時間を越えて勤務した場合には、公民館費から超えた部分の賃金が支払われる公民館もある。

　市教育委員会では、市内各地での生涯学習の機会を増やし、生涯学習活動を促進するとともに、地区の公民館が、地域における生涯学習の中核施設としての役割を果たしていく事を推進するために、事業に要する経費に対し、市の予算の範囲内において、地区公民館に管理運営費の100万円の他に、地区公民館生涯学習補助事業として、地区公民館に補助金を交付している。地域のニーズに対応した内容の普通事業と、生涯学習課の設定するテーマの講座等の企画・開催に対する推奨事業に分かれている。推奨事業には、①パソコン、②学校週5日制対応、③総合学習、④子育て、⑤環境保護があり、2005年度は、生涯学習補助事業補助金として、総額760万円を地区公民館に交付した。

　また、瀬戸市の特徴のひとつに、成人式実施の地区公民館への委託がある。委託料は、新成人1人につき2,800円で、小学校区ごとに地区公民館や小学校の体育館などを会場として開催される。多くの地区公民館では、新成人の代表と、地区公民館の運営委員で構成された成人式実行委員会を作り、式典・記念講演・同窓会等について、企画から運営を行う。小学校区ごとの地域性を活かしながら、新成人たち中心で企画を練っているため、全国で問題になっているような荒れた成人式というのは全く無い。新成人たちを小さな頃から良く知る地域の大人と共に作る瀬戸市の成人式は、新成人にも本当に良い思い出となる、顔の見える成人式となっている。

　以下は、長根公民館の2005年度の主な事業の一覧である。

表19-2　長根公民館事業一覧（2005年度）

広報活動	公民館だより「通信長根」の発行
生涯学習事業	パソコン講習（ワードの初級講座）水彩画・油絵教室長根わくわくタイム（学校週5日制対応講座） 乳児の育て方教室（6ヶ月までの乳児と親）
クラブ活動	俳句・華道・読書・書道・料理・民謡・編物・和裁・日本画・民踊・陶芸クラブ
成人式	小学校区公民館等で開催（市からの委託）
体育・文化	グラウンドゴルフ大会・少年ティーボール大会・少年ドッジボール大会・ソフトバレーボール大会・体育祭・社交ダンス大会・公民館作品展
連区環境整備	ふん害防止パトロール・連区河川の清掃

地区公民館の事業内容は館によって多少の差があるが、多くは、社会教育の諸講座・中学校区交流会・運営委員の研修会・公民館祭り・公民館環境整備（大掃除）・成人式・新年の集い・球技大会・体育祭・納涼大会・広報誌の発行・使用者説明会・公民館作品展などを実施している。

5. 瀬戸市公民館協議会の活動

　19の地区公民館の公民館長と運営委員長で組織する瀬戸市公民館協議会の事務局は生涯学習課にある。公民館協議会の運営費は、市費や各公民館負担金の他に、館長の報酬と運営委員長の報償費を、館長・運営委員長の総意をもって組み入れ、公民館協議会事業費に充てている。月1回程度、夜間に公民館長会議や運営委員長会議等を開催し、公民館協議会主催の事業等について協議したり、公民館相互の連絡調整を図ったり、啓蒙・普及活動、指導者の養成、調査・研究など瀬戸市の社会教育の充実発展に寄与するため、様々な事業を行っている。

　以下は、瀬戸市公民館協議会の2005年度の事業の一覧である。

表19-3　瀬戸市公民館協議会事業一覧（2005年度）

NO	事業名・内容	目的・効果
1	公民館ソフトボール大会	公民館相互の交流を深め、親睦を図る
2	公民館先進都市視察研修会	公民館活動の活性化のため、先進事例を学ぶ
3	公民館トップセミナー	公民館活動について考える場とするセミナー
4	館長・運営委員長会議	地区公民館相互の連絡協調を図る
5	中学校区指導者研修会	中学校区公民館共通の問題点についての研究
6	公民館研究集会	年2館に研究委託し、今後の活動の方向を探る
7	公民館作品展	クラブ等の活動成果を発表し、文化の高揚に寄与
8	瀬戸市公民館大会	公民館の充実発展に資するため関係者の表彰を行う
9	公民館のあらまし発刊	地区公民館の活動概要をまとめる

　具体的な事業としては、公民館ソフトボール大会、公民館先進都市視察研修会、公民館トップセミナー、館長会議4回、運営委員長会議4回、館長・運営委員長合同会議4回、公民館研究集会、公民館作品展、瀬戸市公民館大会などを行ってい

る。事業ごとに実施委員会を開催し、公民館長が実施委員長、運営委員長が副実施委員長となり、地区公民館が主体となって事業を実施している。実施委員会は年間で40回程度行われており、市教育委員会の生涯学習課も事務局としてサポートしている。

　また、地区公民館における事業運営等の指導者となる運営委員の研修の機会として、「中学校区指導者研修会」がある。委託料は、1館につき1万5,000円で、市内に8つある中学校区の幹事となる中学校区の公民館長と委託契約をし、運営委員を対象として、適切な指導者により講演会等を開催している。8つある中学校区で、共通の問題点を提起し、研究を進め、今後の公民館活動の発展を図るべく、協議を行い、各館との交流を深めている。

6. 瀬戸市における公民館活動の意義と課題・問題点

　小学校区に1つ設置されている公民館には、地域の身近な社会教育施設として住民の生活・学習課題に応えていくという役割と、校区の自治会・町内会等地域団体と密着した地域の集会所的な役割とがある。地区住民である運営委員を中心として進められる公民館活動は、防犯の問題や、高齢社会問題など地域的な課題に対しても、普段からの住民との対話や交流の中で、きめ細かく対応でき、公民館が身近な学習の場、交流の場として人づくり、地域づくりに大きな役割を果たしている。

　また、地区公民館は市の建物ではあるが、管理運営費が市費からの管理運営委託料と自治会・町内会からの寄付金・負担金で賄われていることもあり、一部の公民館では「地域のもの」という意識も少なからず存在する。

　一方、地区公民館のかかえる課題・問題も少なくない。地域のボランティアとしての公民館長・運営委員は、他に仕事を持つ者も多く、公民館に常駐しているわけではない。また、事務協力員が勤務する4時間以外の時間帯での部屋の利用は、カギの受け渡しが発生することから、防犯上、地域外の者の利用は大幅に制約されてしまっている。さらに、中央公民館が廃止された後の、現在中央公民館で活動する65団体の活動場所を、中央公民館廃止後にどう確保するかといった問題もある。

7. 課題解決の方向性ないし必要な施策・取り組み

　2003年6月に「公民館の設置及び運営に関する基準」が全面改訂されたことを受け、瀬戸市では、2004年7月に、瀬戸市公民館協議会の会長を発起人として、「時代の急速な変化もあり、50年余り前から続いている現在の公民館活動について今一度考える時期だ。」との思いから、瀬戸市公民館協議会で特別委員会を立ち上げた。特別委員会は、瀬戸市の公民館活動を、今後ますます発展させていくために、公民館の役割を今一度再認識し、具体的にかかえている問題点を洗い出し、解決に向けての方向性を考えていく場とした。特別委員会のメンバーは、19館ある地区公民館長・運営委員長の中から、市内に8つある中学校区の代表者として、8名の委員を選出し、それに加え、公民館協議会会長と市教育委員会生涯学習課の課長・係長・主事で構成した。

　検討事項としては、「公民館協議会の事業の見直し」、「公民館のホームページの開設」、「地区公民館の利用拡大」、「災害時の職員体制」などがある。具体的に例をあげると、公民館の貸出基準の運用方針の統一である。今までは、地区ごとに地域の事情も違うため、公民館の運用方針がばらばらで、「公民館により利用条件が違う。」との苦情が多く寄せられていた。公民館は社会教育施設であるため、社会教育法の趣旨に合致する団体であれば、誰でも、どこでも利用できるように、貸出基準の統一を図ったのである。具体的には、社会教育法第23条の公民館の運用方針に関して、場面設定を数十項目明記し、6ヶ月間特別委員会での検討を重ねた。

　社会教育法第23条第1項第一号「営利」を目的とした事業に関する貸出運用方針として、例えば、会社等が営利・宣伝等を目的とせず行う進学相談など、利用目的・利用内容に着目して判断し、営利性と教育効果を比較考慮し、より教育効果が高いと判断される場合は限定条件を付して利用を許可することなど具体例を24項目盛り込んだ運用方針を定めた。社会教育法第23条第1項第二号「特定の政党の利害に関する事業」に関する貸出基準として、政治教育と政治活動との不明確な部分について、例えば、政党により国・県・市政報告会を行う場合、特定の政治団体の利害につながるものでないと判断される場合には利用を許可するなど、具体例を19項目盛り込んだ運用方針を定めた。社会教育法第23条第2項「特定の宗教活動」

などに関する貸出基準として、宗教教育と宗教活動との不明確な部分について、例えば、宗教団体の利用であっても、使用目的・内容・形態に着目して宗教行為や宗教活動に当たらないと判断される場合には利用を許可するなど、具体例を8項目盛り込んだ運用方針を定めた。また、「公民館における飲食」に関して、例えば、学習終了後軽食をとる場合、飲食が主たる目的でなく公民館の目的に沿っているかどうかという観点で考慮するなど、具体例を5項目盛り込んだ運用方針を定めた。そして、これらを2005年2月に「瀬戸市の地区公民館の運営方針」としてまとめ、2005年3月の公民館協議会の館長会議に議案を提出し、承認され、翌4月から瀬戸市の地区公民館で運用している。

このように様々な検討事項について、特別委員会で検討を重ねて作られた提案事項は、時には各地区公民館の運営委員会で再度検討・協議を行いながら、最終的に公民館協議会の館長会議で承認を受け、改善できるところから順次変更し、改革・改善を進めている。

8. おわりに

2005年9月に愛・地球博が終わり、2006年には瀬戸市の組織も大きく変わる。中央公民館が、2006年3月をもって廃止されることに伴い、生涯学習課（行政）主催講座の継続の要否も検討され、継続する講座として、現代的課題、啓発的なものなどに絞ることになり、それ以外の事業は2005年度をもって廃止されることになった。そして、2006年からは、「パルティせと」を会場とし、NPO団体が事務を担い、「教えたい人」と「学びたい人」をつなぎ、「市民相互の学びあいが盛んになる」・「学習指導者の数が増える」・「地区公民館の利用者が増える」ことを目指し、市民自らが学習者であると同時に学習指導者として、市民自らが学習プログラムを企画・実施する仕組み「（仮称）オープンキャンパス」を導入する予定である。

公民館の運営委員は、他に仕事を持ち、多忙の中でボランティアとして活動しているが、特別委員会で協議をしていくうちに、公民館事業について、積極的に改善していこうとする人が少しずつ増えてきた。中学校区指導者研修会の内容も、以前は中学校区内での公民館同士の交流会が中心であったが、事業のマンネリ化の打破に向けた学習会のような内容に変わってきた。公民館活動のあり方について、原点

に立ち返って様々な事業を検証する館が増えてきて、少しずつの改善ではあるが、確実に地区公民館の運営委員の意識が変わってきた。今後も、市民と行政が互いの役割を見直しながら良好な関係を築き、市民と行政がお互いに学びあい、様々な課題を研究しあい、時代のニーズを的確に把握しながら今後の公民館活動をより活発化させ、瀬戸市の教育が目指す方向性に向かって、一歩一歩着実に進んでいきたい。

第20章

愛知県瀬戸市における健康診断時を利用した親子ふれあい遊び事業

1. はじめに

　社会情勢の変化、少子化・核家族化など家族形態の変化に伴い、地域全体で親子の「学び」や「育ち」を支える環境が崩れ、子育てをめぐる環境が変わり、子育てに不安をもつ母親が増えてきている。母親の育児不安やストレスは、子どもの虐待に深く関係するとともに、子どもや母親の心の健康に影響し、心の問題は子どもの思春期やそのまた子どもの世代へとさらに影響し、引きずられていく。近年の子どもの虐待事件や子どもが引き起こした事件を耳にするたびに、家庭教育や子育て支援の重要性を感じずにはいられない。

　最近の国の主な動きでは、2001年の社会教育法改正により、「教育委員会の事務として家庭教育に関する学習機会を提供するための講座の開設等」が明記され、2003年中央教育審議会答申「新しい時代にふさわしい教育基本法と教育振興基本計画の在り方について」においては、「教育行政の役割に、家庭における教育の充実を図る重要性」が示され、同年7月には「少子化社会対策基本法」と「次世代育成支援対策推進法」が成立するなど、子育て支援や家庭教育の充実が求められている。

2. 瀬戸市の概要

(1) 地勢・地域条件等

　瀬戸市は愛知県の中央北部、名古屋市の北東20kmに位置する。人口は132,507人、世帯は50,700世帯（2005年6月1日現在）、市域面積は111.62kmと愛知県内では8番目の大きさの行政区域である。中心部には瀬戸川が流れ、「せともの」の語源の発祥地でもあり、平安時代より1,300年近く続く「やきもののまち」である。しかし、後継者不足と不景気により地場産業の自主廃業が年々増え、名古屋市のベットタウン化も年々進み、地域における人間関係が希薄になってきているといわれている。

(2) 瀬戸市の教育改革について

　瀬戸市教育委員会では、「すべての子ども達が瀬戸で学んでよかった」「すべての親達がわが子を瀬戸で育ててよかった」「すべての市民が瀬戸で生きてよかった」と感じることができるような教育の実現を目指し、約2年かけて「瀬戸の教育を創造する市民会議」を開催し、2003年3月に、「瀬戸の教育を創造する市民会議」から「瀬戸市の教育ビジョン」の答申を受けた。その後、各地区で「瀬戸の教育創造をすすめる会」などを開催し、地区住民からビジョンへの意見をもらい、2005年3月に、市民と行政の役割を見直しながら、瀬戸の教育の目指す方向性についてまとめた「行動計画（アクションプラン）」を作成した。「行動計画（アクションプラン）」の内容は、おおよそ以下のとおりである。

　学校教育分野では、「豊かな人間性と自ら学ぶ力のある子が育つ」ことを目指し、行政・学校と家庭・地域住民・企業等との協働により計画を推進している。

　生涯学習分野では、行政が、市民が「どこか」で「何か」に主体的に「参加」する、そして「創る」「行動する」主体に変革していくことを支え、市民・各種団体との協働により計画を推進することが示されている。

　2003年には、瀬戸市と近隣の高等教育機関6大学が協働して、瀬戸地域の新しい文化活動を創成していくための組織「大学コンソーシアムせと」を立ち上げた。これは市民に開かれた瀬戸市民のための総合大学としての役割を果たし、市民が自

ら学ぶ生涯学習の支援、大学の開放、市民と学生の交流、世界に誇りうる知性集団である各大学研究機能の提供や産学協同による事業化、大学と幼小中高教育の連携、そしてまちづくりの一端を担っている。

（3） 瀬戸市の行政目標

日本国際博覧会の開催会場の市として、博覧会開催のインパクトを生かしたまちづくり「せと・まるっとミュージアム」、デジタルリサーチ構想を始めとしたIT関連整備、中心市街地及び道路網の整備などが進められている。

また、行政に民間企業の経営理念や手法を取り入れた行政経営システムを導入し、「より良いサービスの提供」「より高い効率の追求」「より確かな信頼の獲得」と、組織全体が目標を共有し、役割分担と創意工夫によって行動できる組織になることを目指し、行政経営（行政改革）に取り組んでいる。

2006年度からスタートする第5次瀬戸市総合計画では、「自立し、助け合って、市民が力を発揮する社会」を目指し、その実現のために、市民と行政の役割分担を進め、使命を達成するための組織についても大きな改編が予定されている。

3. 瀬戸市の子育て支援の現状

瀬戸市では、2001年3月に子どもの育成のための初の個別計画として「瀬戸市児童育成計画」を策定し、安心して子育てができるまちづくり、子育てにやさしいまちづくり、安全に健やかに育つまちづくり、子育てを地域で支えるまちづくりの4つの基本目標を設定し、その実現に取り組んでいる。

また2002年3月には「すべての子どもが健やかに成長できる地域社会」をめざし、瀬戸市母子保健計画である「健やか計画」を策定した。また、2005年3月には、次世代育成支援対策推進法に基づき、「せとっ子未来計画」（瀬戸市次世代育成支援対策行動計画）を策定した。この計画は、市民と行政がともに知恵を出し合い、協力しあって、「子育ての喜びがあふれ、子どもの笑顔が輝くまち瀬戸」づくりを基本理念とし、①「人を思いやる気持ちを持ち、自分の存在を認め、夢と希望を持ちながら成長できる子ども」を育むために、②「子育てに喜びと自信を感じることができ、子どもを慈しみ大切にする親」を応援するために、③「子どもとの関

わりに喜びを感じる住民が増え、地域の子どもは地域で守り育てる風土が浸透している地域社会」を築くために、④「将来の自分の子育てに対して希望が持てる若者」を育むために、「子どものめざす姿」「親のめざす姿」「地域のめざす姿」を明らかにし、市民と行政が役割分担しながら、それぞれの「めざす姿」を実現していくために何ができるのかを示した具体的な行動計画を掲げている。母親が安心して子どもを産み、ゆとりを持って育てることのできる家庭や地域の環境づくりの実現に向けて、保健・医療・福祉・教育の各分野において以下の事業を行っている。

- 子育て支援センター「育児講座（会場は市内の保育園）」「育児サロン」
- ファミリーサポートセンター「育児の助け合い」
- 保育園　　　　　「園庭開放」「空き教室開放」「育児サロン」
  「絵本貸し出し」「異年齢交流」
- 健康推進課　　　「赤ちゃんサロン」「瀬戸市子育てガイドの作成」
  「検診時の相談」
- 社会福祉協議会　「育児講座」「親子お楽しみ会」
- 生涯学習課　　　「子育て冊子の配布」「親子ふれあい広場」
  「子育てママのリフレッシュ＆センスアップ講座」
  「子育てママの学習室」
- 地区公民館　　　「家庭教育学級」
- 相談業務の役割保健センター・・・・（妊婦の健康相談）
- 子育て支援センター・（子育てに関する相談）
- 家庭児童相談室・・・（育児不安・虐待防止）
- 保健所・・・・・・・（低出生体重児とその親の相談）

4. 子を持つ親の現状・課題

（1）子育ての不安感・負担感

瀬戸市次世代育成支援に関する基礎調査（2004年）によると、子育ての不安感・負担感を「時々感じる」人が5割を超え、「非常に感じる」人も1割いる。

また、同調査中、子育ての悩みの内容として、「子どもが様々な体験をする機会をつくれない」（26.5%）の割合が最も高く、「十分にしつけができていない」

|保護者| 8.7 | 56.9 | 30.2 | 3.5 |

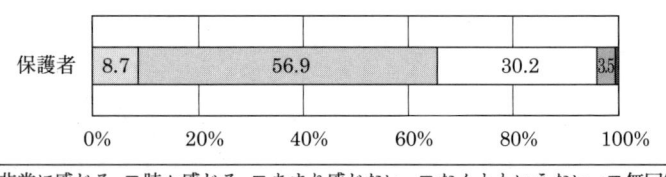

0%　　20%　　40%　　60%　　80%　　100%

□非常に感じる　□時々感じる　□あまり感じない　■なんともいえない　■無回答

図20-1　子育ての不安感・負担感
（資料）子育ての不安感・負担感「瀬戸市次世代育成
　　　　支援に関する基礎調査（2004年）」

(25.2％)「子どもと一緒の時間を十分にとれない」(19.3％)「子育てについて、地域で助け合いができていない」(17.1％)が続いている。

（2）　子育て中の親が参加できる講座が少ない

　行政は様々な学習の機会を提供しているが、子育て中の親が受講しやすい託児付きの講座は全体でも非常に少なく募集人員も少ない。ほんの一握りの参加者は、毎回同じメンバーであることが多く、いわば、これまで実施されてきた家庭教育・子育て支援に関わる学習機会への参加者の多くは、家庭教育に興味を持ち、自ら進んで学習機会を求める親が中心であった。

5.　問題解決の方向性ないし必要な施策・取り組み

（1）　解決の方向性

　子育てに関する事業をトータルに展開していくため、教育委員会生涯学習課と子育てに関するセクションである民生部の健康推進課・児童福祉課・子育て支援センターがそれぞれの方向性を出し合い、より効果的な事業にするためのすりあわせを行った。

　家庭教育・子育て支援は、自ら進んで学習機会を求める親だけでなく、「子育てに無関心の親」「一人で抱え込んで孤立している親」「離別や死別により一人で担っている親」「障害のある親」「障害のある子を持つ親」など周囲の支えをより必要としている親等、これまで行政の手の届きにくかった親も含めすべての親を対象とし、より効果的な手法で施策を実施していくことが望ましいと考えられる。

そこで、講座に参加しにくかった親等に、より多く参加してもらうために、健康推進課の主催する乳児の健康診断時における学習機会の提供を考えた。瀬戸市における乳児の健康診断の受診率は97%である。健康診断で集まるこの機会に、健康診断・発育指導等保健分野に関する学習機会の提供とともに、子育て・家庭教育に関する学習機会の提供や、親子でできる手遊びの習得、子育て・育児相談や母親同志の交流事業を実施できないかと考えた。そこで実施したのが、「親子ふれあい遊び事業」である。

(2) 健康診断に配慮する開催場所・時間

健康診断は午後から行われる。メインである健康診断に影響が出ないよう午前中の開催は避け、健康診断に影響が出ないところでの開催を考えた。

健康診断は受付から受診までに待ち時間がかなりある。待合室はじゅうたん敷きでおもちゃもあるため、待合時間を有効利用して行うこととした。

(3) 親子ふれあい遊びを提供する最も適した対象年齢

健康推進課の行う健康診断は3か月・6か月・1歳6か月・3歳と対象年齢ごとに年間を通して行っている。親子ふれあい遊び事業は、子どもが立って遊びを始める頃に、子どもとの遊び方がわからない親に、親子で楽しめる遊びをいくつか提供し、家庭での実践に活かしてもらえるよう、1歳6か月の健康診断時に行うこととした。

(4) 親同士の交流が生まれる内容へ

他地域から嫁いで来た人は、生活習慣の違いに戸惑い、周りに相談できる友人もいないため、孤独で引きこもりがちになる。そこで、参加後もお互いに連絡を取り合ったり集まったりすることができるよう、簡単で楽しい自己紹介なども取り入れ、皆で楽しく遊び、同年代の子を持つ親同士が交流できるような内容とした。

(5) 育児支援の情報を知り、相談できる人・居場所を見つける

指導する講師は、市内に2箇所ある子育て支援センター(深川地区・山口地区)の職員をローテーションで1名、保育資格のある臨時職員2名の計3名とした。

子育て支援センターの活動内容や育児講座などの情報を提供し、母親達に育児講座などを身近なものとして感じてもらい、育児講座への参加、子育て支援センターへの参加や相談、活動できる居場所を見つけるきっかけとなるような内容とした。

以上を考慮し、具体的に実施したのが、次節で述べる、教育委員会生涯学習課が主催し、民生部健康推進課・子育て支援センターと連携して取り組んだ「1歳6か月健康診断時を利用した親子ふれあい遊び」事業（2004年11月実施）である。

6. 1歳6か月健康診断時を利用した親子ふれあい遊び事業

（1） 学習プログラム

表20-1　1歳6か月健康診断時を利用した親子ふれあい遊び事業概要

①事業名	1歳6か月健康診断時を利用した親子ふれあい遊び事業
②目的	社会情勢の変化に伴い、地域全体で親子の「学び」や「育ち」を支える環境が崩れ、家庭の教育力が低下している。すべての親に親子でふれあいの持てる遊びなどの学習機会を提供し、家庭教育の充実を支援する。
③講師	保育士3名程度（臨時保育士も含む）
④参加対象定員	1歳6か月健康診断の子と親（各回30名～40名程度）年間30回程度
⑤期間時間	健康診断時・午後1時から4時（受付は0時30分・2時）健診の待合時間に実施するため、親はどんどん入れ替わる
⑥会場	福祉保健センター402待合室（おもちゃ・じゅうたん有り）
⑦内容	・健康診断の待合室での待機時間を利用し、保育士の指導による、親子で楽しくできる手遊びの実践を行う。 ・親同士が交流できる赤ちゃんサロン的な交流支援を行う。 ・支援センター等の情報PRを行う。
⑧目標	・親子でできる遊びをいくつか習得し、家庭での実践に活かす ・皆で楽しく遊び、親同士の交流が生まれる雰囲気をつくる ・様々な育児支援の情報を知り、参加・活用してもらう

（2） プログラムのポイント

1） 楽しく親子で遊ぶ

保育士による、「親子で楽しくできる遊び」をいくつか実践する。子どもだけでなく母親自身も気分転換になるような遊びや、家庭で親子のスキンシップがより図られるような内容とし、家庭の中で活かしてもらう。

2） 健康診断の待合室をサロンに

健康診断の待合室の壁に、花や動物などの飾り付けをし、子育て支援センターや保育園の活動の様子を写真や絵などで紹介し模造紙に貼る。1歳6か月の子どものために対象年齢のおもちゃを用意する。母親達に簡単で楽しい自己紹介をしてもらい、気軽に母親同士話ができ、保育士に気軽に相談できる雰囲気をつくる。

3） 子育て支援施策等のPRについて

育児講座案内・赤ちゃんサロンの案内等、子育て支援に関する情報のチラシを配布し、子育て支援に関する施策やインターネット上の子育て支援サイトを紹介する。

また、子育て支援センターに登録のある育児サークルを紹介したり、育児サークルのリーダーを呼び、サークルの活動内容を紹介してもらったりして母親達のニーズに合ったサークルに参加できるよう支援する。

保育士などの顔や名前を覚えてもらい、母親達に子育て支援センターや育児講座を身近なものとして感じてもらい、育児講座への参加や、子育て支援センターへの相談や、母親が活動できる居場所を見つけられるようなきっかけとなるように支援する。

7. おわりに

楽しく実践できるものを取り入れることで、今までの育児講座など、保育園を始め民生部や教育委員会が行っている学習の機会などには興味の無かった親たちにも、気軽に参加してもらうことができた。楽しい雰囲気で体験することにより自分自身の気分転換にもなり、同年代の子どもをもつ親同士の交流も深まり、相談できる友人もできた。この学びが単なる親子ふれあい遊びに終わるのではなく、実践を通して新たな発見をしたり、自分の課題を見つけたり、学習への興味を持ったりで

きるように発展させていきたい。

　2004年度は健康診断の待合時間という少しの時間を利用して実施したが、健康診断時にはあまり時間がなく、待合室での相談は内容によっては相談しにくい場合もある。

　将来的には、健康診断時にはとかく「自分の子どもの発育」に集中しがちであるが、育児相談の時間を取り、個別にすべての親を対象にできるような相談ブースを設けるなど育児に関する相談業務の充実も考えていきたい。

　また、未就園児とその親の手遊びの指導や相談は単に対象親子の支援だけでなく、指導する保育士自身の視野を広げる学びの場にもなっている。子育て支援センターからの提案で児童福祉課に働きかけ、2005年度からは保育園で勤務する保育士も、保育園の園児のみでなく未就園児とその親とかかわることは保育士自身の視野を広げる「研修」にもなるということで、1歳6か月の健康診断に指導者として、19ある保育園の主任クラスの保育士がローテーションに加わることになった。

　健康診断終了後は、保健師と保育士が集まり、参加した親子の様子について情報交換を行い、支援が必要な親子について、支援センターと保健師で総合的に今後の支援方法を検討したり、個別指導に活かしたりしている。

　今後は更に、保育士などの専門的知識を持った者や、子育て経験を持ち昔でいう「相談しやすい地域のおかあさん」を「子育てアドバイザー」として養成し、若い母親の"心のオアシス"となるような人や場所を提供するなど、次世代を担う子どもたちの親の家庭教育の充実・子育て支援を、関連するセクションでさらに連携を図りつつ、それぞれのセクションの強みを活かしながら積極的に推進し、多様な親のニーズに応えることのできる子育て支援に関する事業を組織の枠を超えてトータルに展開していきたい。

第21章

愛知県豊田市井郷地区交流館における「井郷子ども塾」の取り組み

1. 子ども・若者の変容と「居場所」

　近年、「居場所」という言葉が流行り言葉のように飛び交っている。一言に「居場所」といってもその意味や捉え方、必要性はさまざまである。例えば、しばしば耳にするもののなかには、子ども・若者の「居場所」や高齢者の「居場所」、そして、働く女性の「居場所」や夫の「居場所」、また、「居場所」としてのメディアや「居場所探し」といったものがある。このように、あらゆるところで問われている「居場所」の意味や捉え方、必要性は、その「居場所」を求める人の主観、意味づけによってそれぞれ異なるので、「居場所」について容易に定義づけすることはできないといえる。

　しかし、そうは言うものの、一般的に「居場所」というのは、本来は、文字通り人の居所、人が居るところという一定の物理的空間を意味する。ところが、近年の使われ方は、それに安心や安らぎやくつろぎ、あるいは他者の受容や承認という意味合いが付与されて、自分のありのままを受け入れてくれるところ、居心地のよいところ、心が落ち着けるところ、また、そこに居るとホッと安心して居ることができるところというような意味に用いられるようになってきた。本稿においては、「居場所」を、「他者との関係を基盤とし、自己を承認し確認し、自己肯定感や安心感、安らぎを覚え、ホッと安心して居られるところ」と捉えておく。

　子どもや若者についてみてみると、彼らの「居場所」が注目されるようになったその背景には、不登校問題がある[1]。1980年代に入ると、学校に「居場所」を見いだせず、学校に行かない、あるいは行くことのできない子どもたちが目立ち始

め、不登校現象として社会問題になった。1980年代半ば、「居場所」といえば学校に行くことのできない子どもたちのためのフリースクールやフリースペースを指していた。しかし、学校に「居場所がない」と訴える子どもは年々増えているといわれている。もはや学校に「居場所」を見いだせないのは不登校の子どもたちだけではなくなってきているのである。学校へは行っているが本当は行きたくないと思っている子どもたちにまで、「居場所の喪失感」は広がりをみせている。

　子ども・若者の「居場所の喪失感」は、学校社会のなかだけの問題にとどまらない。子どもや若者の「居場所」について長年研究している田中治彦は、子どもが大きく変化した状況をもっとも顕著に表しているのは、彼らの「集団離れ」現象であるとし、子ども会、ボーイスカウトなどの青少年団体は1980年代前半をピークに、その後会員数を減らしていると指摘している[2]。また、田中は、児童館、少年自然の家などの青少年教育施設についても、利用者が減少していることを明らかにしている。田中によれば、集団離れは不登校や学級崩壊といった現象をも引き起こしているという。ではなぜ1980年代以降、子どもの集団離れが起きたのだろうか。その大きな要因として、田中は、1970年代に日本社会が到達したといわれる物質的に「豊かな社会」を挙げている。「豊かな社会」は、それまでの日本の教育の主要目的であった「忍耐・団結・奉仕」といった価値観を無力化したと田中は述べている。「忍耐・団結・奉仕」といった価値観の無力化は、煩わしい人間関係や集団から逃れたいという「私」重視の価値観へとつながった[3]。それは、自分を犠牲にしてまで集団に尽くすことはあまりせず、人間関係や集団に対して適度な距離を置きつつ自分の私的な領域を確保したいという欲求の現れである。こうした現代社会の主要な動向を社会学では「プライバタイゼーション（privatization）」と呼び、「私化」または「私事化」という訳語をあてている。私事化という自分自身の価値観を大切にする考え方は新しく、それにより私的な領域を「居場所」とする傾向もみられるが、その一方で、人間関係や集団から距離を置く、つまり一人になるという孤独感を生み出すことにもなりかねない。そのとき、子ども・若者は「居場所の喪失感」に陥ってしまう。そして自分の存在すら見失ってしまうこともあるという。子ども・若者の間でこのような私事化が進むと、他者との関係や他者とのコミュニケーションを通した人間関係が築きにくくなってしまうこともある。そうした人間関係を含めて「居場所」と捉える場合、それを構築する場を創り出すことが、

子ども・若者の自己形成にとって重要となり、必要となってくるといえる。

こうした子ども・若者の「居場所の喪失感」をめぐる状況を受け、文部科学省では、放課後や休日に、地域の大人たちから指導ボランティアとしての協力を得て、子どもの居場所づくり、スポーツや文化活動など多彩な活動が展開されるよう、家庭、地域、学校が一体となって取り組む、子どもの居場所づくり新プラン「地域子ども教室推進事業」を2004年度予算に盛り込んだ[4]。その背景には、「家庭の教育力の低下」、「地域の教育力の低下」、「青少年の異年齢・異世代間交流の減少」、「青少年の問題行動の深刻化」が挙げられている。「地域子ども教室推進事業」では、学校の校庭や教室等に安全で安心して活動できる子どもたちの居場所（活動拠点）を3ヵ年計画（1年目7,000校、2年目14,000校、3年目全国定着）で緊急かつ計画的に用意し、地域子ども教室指導員を派遣する。子どもたちの放課後や週末の時間を利用して、スポーツや文化活動など様々な体験活動や、地域住民との交流活動などを実施し、思いやりや行動力、協調性、前向きに生きていく力など、子どもたちの「心の豊かさを育成」することが目指されている。

本稿では、以上のような子ども・若者の「居場所」をめぐる問題状況を視野にいれ、文部科学省が提唱した子どもの居場所づくり新プラン「地域子ども教室推進事業」の先駆的な事例と考えることができる愛知県豊田市井郷地区の交流館（社会教育法上の公民館。豊田市では中学校区に一館、交流館が設置されている。）の「井郷子ども塾」事業を紹介し、本事業への参与観察結果や本事業担当者へのインタビュー調査をもとに、そこで活動する子どもたちにとっての「居場所」の意義と課題について、若干の考察を試みたい。

2. 「週休2日制対応事業『井郷子ども塾』」の活動内容

2002年度より学校週5日制が完全に実施された。今日、不登校、いじめ等子どもをめぐるさまざまな問題が指摘されているが、そのなかで、子どもを取り巻く地域社会のあるべき姿を再構想し、それを実践化していくことは重要な課題である。例えば、文部省（現・文部科学省）は、1999年に「全国子どもプラン」を策定し、地域で子育てを行う際のさまざまな活動内容を提案している。そこでは、子どもセンターの設置などが謳われているが、実質的な業務を担う場所として公民館が注目

講座名：【週休2日制対応事業】井郷子ども塾
日時：4月～12月の土曜日か日曜日　10:00～12:00
対象者：地域内の小学4・5・6年生（20名程度）　　受講料・教材費：無料
PR：チラシ（小学校に配布依頼）　　講師：地域の方
受講者への連絡事項：次回の日時、内容などを伝える。
ねらい：・事業の企画・実施に携わるスタッフの育成をする。
　　　　・地域の子どもたちが交流館に集い、体験学習やボランティア活動を通して異年齢の
　　　　　子どもたちが交流を深める。
　　　　・実施に向けて話し合い、考え、工夫して作る楽しさと責任感を育む。
　　　　・役割を決め、責任をもって実施することにより、達成感、充実感を味わう。
留意点：・話しやすい雰囲気づくりをする。（アイスブレイクを取り入れる。）
　　　　・活動内容は子どもたちと話し合って決め、子どもたち主体の活動となるように心掛ける。
　　　　・打ち合わせ会は月に1回の予定で行う。（都合により変更する場合もある。）
評価の視点：・事業の企画、実施に携わるスタッフは育成できたか。
　　　　　　・話し合いや活動に意欲的に参加できたか。
　　　　　　・地域の子どもたちが交流館に集い、体験学習やボランティア活動を通して異年
　　　　　　　齢の子どもたちと交流することができたか。
　　　　　　・各自が役割をもち、責任をもって実施できたか。達成感・充実感を味わえたか。
活動計画：計16回

回	学習テーマ	学習内容
1	顔合わせ会	・自己紹介とゲーム遊び
2	活動計画を立てる	・2003年度の活動と内容について話し合う
3	活動内容の検討	・子供わくわくランド、お化け屋敷、ペットボトルを活用したクリスマスツリーについて話し合う
4	製作活動	・子供わくわくランドで行うゲームづくり
5	製作活動	・看板や値札などの製作
6	子供わくわくランドの準備	・子供わくわくランド開店準備をする
7	サマーフェスタ参加 子供わくわくランド開店	・子供わくわくランドを開店し、地域の子どもたちを楽しませる ・地域住民に依頼し、ペットボトルの回収をする
8	お化け屋敷・クリスマスツリーの話し合い	・内容やコースなどを話し合う ・ペットボトルを活用したクリスマスツリーの設計図づくり
9	設計図づくり	・コース、驚かすポイントなどを図面に書き込む
10	小道具づくり	・必要なものを書き出し、つくる
11	小道具づくり	・必要なものを書き出し、つくる
12	お化け屋敷の準備	・お化け屋敷をつくる
13	ふれあい祭り参加 お化け屋敷開店	・お化け屋敷を開店し、地域の子どもたちを楽しませる
14	クリスマスツリー準備	・ペットボトルの点検、整理、組み立て等の準備をする
15	クリスマスツリーづくり	・クリスマスツリーをロビーに飾る
16	一年を振り返って	・クリスマスツリーの片づけと反省会

図21-1　2003年度井郷子ども塾の活動計画

されている。豊田市の交流館（公民館）における子どもに関わる事業の比重が急激に高まっているのは、このような政策動向を受けてのことだと思われる。

　そのひとつとして、井郷交流館では、「週休2日制対応事業」として子どもを対象とした講座「井郷子ども塾」を企画し、子どもたちの「心の豊かさ」の育成に努めている[5]。「事業の企画・実施に携わるスタッフの育成をする」、「地域の子どもたちが交流館に集い、体験学習やボランティア活動を通して異年齢の子どもたちが交流を深める」、「実施に向けて話し合い、考え、工夫して作る楽しさと責任感を育む」、「役割を決め、責任をもって実施することにより、達成感、充実感を味わう」といったねらいのもと、2002年度から「井郷子ども塾」講座を開いている。2003年度も4月に地域の小学生を対象に募集をかけ、4月から12月まで活動をしてきた。以下、2003年度の本事業への参与観察結果や担当者へのインタビュー調査をふまえて、「週休2日制対応事業『井郷子ども塾』」の活動内容を紹介する。

　この講座では、取り組みの成果を発表する場が年に3回あり、それに向けて基本的には月に1回、子どもたちが主体となって話し合いや準備を行っている。子どもたちの発表の場は、地域の人びとが交流館に併設されているコミュニティセンターに集まって交流する「サマーフェスタ イン 井郷」（7月）、「ふれあい祭り」（11月）、そして「クリスマスのつどい」（12月）である。

　図21-1は、2003年度事業の企画の段階で、講座「井郷子ども塾」のねらいや活動計画、評価の視点などの詳細を「井郷子ども塾」の担当者が記したものである。

3.　「井郷子ども塾」のメンバー（参加者）と職員・地域講師

　2003年度の講座については、4月に募集をかけた結果、地区内の小学生男子3名、女子11名の計14名がこの講座に参加した。そのうち6名は2002年度も参加した経験者で、2003年度から新しく参加した子どもたちは8名だった。地区内には小学校が2校（四郷小学校と井上小学校）あり、四郷小学校からは2名、井上小学校からは12名の子どもたちが参加した。また、交流館では小学4・5・6年生を対象に募集をかけたが、実際に講座に参加したのはすべて小学5・6年生だった。その内訳は、5年生男子が2名、女子が9名、6年生男子が1名、女子が2名であっ

た。子どもたちの様子からは学校や学年の違いが感じられず、子どもたちのもつ仲間づくりの力は想像以上に大きなものであった。

活動の際に主に子どもたちと関わる大人として、交流館職員と地域講師（Ｉさん）がいる。主にＩさんが子どもたちにアドバイスをしたりサポートをしたりするが、大人の意見を子どもたちに押しつけることはしていない。子どもたちが主体となって活動していくことが目的であるので、すべてを子どもたちに任せるという形をとっているのである。大人に引っ張ってもらうことなく自分たちの力で成し遂げたときに、子どもたちは達成感や喜びを味わうことができ、そこに楽しさを見出すことができると担当職員は話す。

大人が引いたレールに子どもたちが乗っかり、教えられたままに活動をしていけば地域講師や職員も楽ができ、活動もスムーズに行われるが、それでは子どもたちの意欲を引き出すこともできないし、試行錯誤することや協調性を育むこともできない。また、その過程が充実していなければ発表の場で成功しても自分たちの力で成し遂げたときの半分しか喜びを感じることができなかっただろうとＩさんは話す。

4. 活動の様子

先述したように、活動は子どもたち主体で行われてきた。それでは実際に子どもたちはどのような活動を行ってきたのだろうか。作業の都合上、予定していた16回よりも多く活動をすることになったが、上記の活動計画の日程に即して、活動内容や子どもたちの様子を詳しくみていきたい。

（1） 顔合わせ会

担当職員と子どもたちがお互いに自己紹介をして、職員の指導のもと、アイスブレイクのためのゲームを行った。メンバーのほとんどが井上小学校の子どもたちであることと、年齢も一つしかかわらないことから、子どもたちはすぐに友達になることができた。

和やかな雰囲気に包まれるなか、2002度は「サマーフェスタ」と「ふれあい祭り」で何をしたのかを、経験者が新しく参加したメンバーに紹介し、2003年度は

何をしたいかを考えてくることを次回までの宿題とした。

（2）活動計画を立てる

　気のあった友達同士で4グループに分かれ、それぞれが考えてきたやりたいことを意見として出し合った。そしてたくさん出てきた案が現実にできそうなのかを考えるために、それらを「できること」・「できないこと」にグループ分けをした。

　前回成功したということもあって、2002年度参加した子どもたちからは、「ふれあい祭りではまたお化け屋敷をやりたい。」という意見が多く出た。新しく参加した子どもたちからも「ぜひやってみたい。」という声が上がり、全員一致でふれあい祭りではお化け屋敷を開店することが決まった。2002年度に参加して得た活動の楽しさや達成感が「またやりたい。」という子どもたちのさらなる意欲を掻き立てているのではないかと思われる。

　ふれあい祭りでの出し物はスムーズに決まったものの、サマーフェスタで出店する子供わくわくランドのゲームコーナーとお菓子コーナーについては意見がまとまらなかった。そのため、職員の案で、男子はゲームコーナーについて、女子はお菓子コーナーについて検討することになった。その結果、ゲームコーナーでは魚釣りゲームとトレイの船づくりを、お菓子コーナーではドーナツ・クレープ・きなこあめづくりをすることに決まった。

　クリスマスツリーづくりは、廃品を活用したものづくりをやってみないかと職員から提案された企画であったが、子どもたちの「ぜひやってみたい。」との声が多く、実施することとなった。

（3）活動内容の検討

　発表の場でそれぞれ何をやるかが決定すると、今後の活動を進めていくにあたって指導をしてくれる地域講師（Ｉさん）を招いた。

　Ｉさんは、ものづくりの楽しさと人に喜んでもらうというボランティアの楽しさについて子どもたちに語った。イベントで出店をするということに関しては、「お金をもらうということはそんなに簡単なことではない。それぞれが責任をもって自分たちの役割を果たすように。」と話した。Ｉさんの話の後、子どもたちは自主的に話し合いを行い、責任感と自覚をもって活動を進めることを確認しあったようであ

る。

(4) 製作活動1

サマーフェスタに向けての試作品をつくった。なかには家で練習をしてお菓子コーナーに出品するお菓子のレシピをもってきた子どももいた。失敗することもあったが、それによって子どもたちはさらに練習を重ね、本番に向けて意欲をみせた。職員は「失敗してもいいという考えで見守っていた。子どもたちのそういう姿を見ていると結果ばかりを評価するものではないということに気づかされた。」と話していた。最終的には「自分たちで考えたことを成し遂げた。」という達成感を味わってもらうことを職員は期待しているようである。そしてこの日はお菓子とゲームの値段、個数を決めた。

(5) 製作活動2

この日も製作活動に取り組んだ。主に看板・値札・備品づくりを行った。ここでも子どもたちが中心となって積極的に意見を出し合った。子どもたちが協力し合い、楽しみながら学習している様子がみられた。

(6) 子供わくわくランドの準備

サマーフェスタで出店する子供わくわくランドの開店を明日に控え、下準備をした。

(7) サマーフェスタ参加―子供わくわくランド開店―

サマーフェスタは交流館に併設されているコミュニティセンターのロビーと芝生広場で行われた。そこではミニコンサートや大道芸人のパフォーマンス、バザーなどが行われ、地域の人びとがたくさん訪れた。

子供わくわくランドのお菓子コーナーでは、「井郷子ども塾」のメンバーがドーナツ（20円）・クレープ（50円）・きなこあめ（20円）をつくった。それらは地域の人びと、そして小さな子どもたちにも好評だった。「きなこあめをもっとつくりたかった。」、「つくる量が多くて大変だった。」という子どもたちの感想からは充実感や達成感がうかがわれる。

一方ゲームコーナーでは、10円で魚釣りゲームができ、クリップとマグネットを使って釣り針と魚がくっつくようにすることによって、小さな子どもも釣ることができるように工夫されている。釣ることができたらアメを渡すことで地域のたくさんの子どもたちに喜ばれた。

　また、あらかじめ地域の人から回収したトレイを使って船をつくった。参加した地域の子どもたちはそれぞれ個性的な船をつくり、水槽に浮かべて楽しんだ。

　さらに、サマーフェスタでは地域住民からクリスマスツリーをつくるためのペットボトルを回収した。

（8）　お化け屋敷・クリスマスツリーの話し合い

　サマーフェスタでは、来場者の案内誘導やゲームがうまくできない小さな子どもの手助けをすすんで行う等、「井郷子ども塾」のメンバーそれぞれが、自分の役割を果たし、責任をもって行動することができた。その達成感と地域の人びとに楽しんでもらうことのできた喜びは、次の活動の意欲へとつながったのではないだろうか。ふれあい祭りに出店するお化け屋敷でのコースや飾り付けなどについても、子どもたちは楽しそうに話し合いをした。

　ペットボトルでつくるクリスマスツリーについては、サマーフェスタで回収したものだけでは足りなかったので、再度交流館が地域住民に呼びかけることになった。

（9）　設計図づくり

　お化け屋敷の具体的なコースの設計図をつくるために、Ｉさんが子どもたちを会場（コミュニティセンターの武道場）へ連れていった。Ｉさんがコンセントの位置を教えながらコースをつくるためのパネルの置き方を説明し、子どもたちは実際に会場の寸法を測って記録した。

　また、同じ日に豊田クリエイティブクラブ[6]の方を招いて、ペットボトルでつくるクリスマスツリーのつくり方について話し合いをした。ここでもクリエイティブクラブの方はつくり方のアウトラインをおおまかに説明するだけで、具体的な進め方等は子どもたち自身で話し合いながら考えることとした。ペットボトルのクリスマスツリーを見たことがない子どもたちにとって、それを想像することは大変困難

なことだった。しかし、子どもたちは子どもたちなりにペットボトルをツリーのように積み上げていく方法を考えた。子どもたちの案はいくつか出たが、そこにどうやって電飾を通すのかという問題にぶつかると、考えが行き詰ってしまって大人の力を借りなければいけない状態に陥った。それが唯一子どもたちの活動に大人の意見をとり入れた場面である。お化け屋敷の企画とクリスマスツリーの企画が同時進行となり十分な時間をとることができなかったので、子どもたちには負担がかかってしまったと職員は話す。

(10) 小道具づくり1

お化け屋敷の会場の寸法を測り、コースをつくるためのパネルが30枚使えるということがわかると、お化け役が隠れる場所を示したコースの設計図作成にはいった。そこで子どもたちはお客さんがもっと楽しめるようにと話し合いをして、スタンプラリー制をとり入れることに決めた。スタンプを全部集めたら最後にアメがもらえるというルールである。これは子どもたち独自のアイディアで、「もっと驚かせたい。」、「もっと楽しんでもらいたい。」という気持ちが自然に表れていることがみてわかる。

(11) 小道具づくり2

お化け屋敷開店に向けて、子どもたちは生き生きとした面持ちで活動に取り組んだ。それぞれが着るお化けの衣装をつくったり会場に置くリアルな飾りものをつくったりした。職員は子どもたちが必要とする材料や道具などを可能な限り用意した。楽しそうに活動する子どもたちの姿を見るのが楽しいといった様子である。また、同時にクリスマスツリーづくりの活動も行い、ペットボトルに穴をあけ、そこにテグスを通してつなげるという作業を行った。

(12) お化け屋敷の準備

ふれあい祭りの前日に、お化け屋敷の会場の準備に取り組んだ。会場が武道場であることから畳を取り外す作業を行わなければならない。そこで子どもたちの保護者がお手伝いとして参加し、パネルを並べる作業もスムーズに行うことできた。会場が整うと、子どもたちは飾りをつけ薄暗くし、まずは子どもたち自身がお化け屋

敷の雰囲気を味わった。当初の計画ではあまり暗くすると危険だということで真っ暗にはしなかったのだが、実際に自分たちが現場に入ると迫力が足りないことに気づき、窓全体を黒いビニールで覆って真っ暗な空間をつくった。自分自身が体験して「もっとこうしたい。」と思えるようになったことから、人に喜んでもらいたいという欲求が子どもたち自身の楽しみになっていると考えることができると担当職員は話す。

(13) ふれあい祭り参加―お化け屋敷開店―

コミュニティセンターにてふれあい祭りが行われた。ふれあい祭りでは、「井郷子ども塾」が参加したイベントのほか、各講座や自主グループの発表の場となる芸能発表の部・作品展示の部も設けられ、さらにバザーが行われた。たくさんの地域の人びとが集まった。

「井郷子ども塾」が企画したお化け屋敷はコミュニティセンターの武道場で行われたが、開店するにあたって、受付、会計、アメを渡す係の4人が外に出て、残りの子どもたちはお化け役に徹した。各係は交代で行われ、すべての子どもたちがお化けに扮した。当初、来店客は150人程度の予定だったが、実際には500人ものお客さんが訪れている。したがって、子どもたちの疲労は予想をはるかに超えるものである。その甲斐あってか、小さな子どものなかには泣き出す子もいて、それにはお化けに扮した子どもたちも満足げだった。

お化け屋敷が閉店すると、その日のうちに後片づけが行われた。パネルを片づけ、畳を元に戻す作業には、再度子どもたちの保護者の協力を得た。

(14) クリスマスツリー準備

お化け屋敷の活動が終わると、すぐに次の活動に取り掛かった。地域住民から集めたペットボトルは2リットル入りのもののみを使用し、穴を開け、そこにテグスを通してつなげていく作業を繰り返した。およそ500本ものペットボトルをつなげていくその作業は、想像以上に難しく、時間のかかる作業だった。クリスマスツリーづくりに関しては、お化け屋敷の活動と同時進行で行っていたが、それでも時間が足りないことから、何度か子どもたち同士で声を掛け合い、活動計画の回数よりも多く交流館に来て作業をしている。予定外のことだったので、職員が電話で子

どもたちの保護者に事情を説明すると、保護者からは、「子どもも楽しんで行っているので構わないですよ。」という返事が返ってきたという。保護者の目からも、子どもたちの楽しくて仕方がない様子と活動に対する意欲がみえていたのだろう。

(15) クリスマスツリーづくり

　テグスでつないだペットボトルをロビーで組み立てた。その高さはコミュニティセンターの２階まで届くほどである。そこには電飾が施され、クリスマスのつどいで点灯式が行われた。クリスマスのつどいでは、クリスマスリースづくりやスライムづくりも行われ、地域の子どもたちも楽しんだ。

(16) 一年を振り返って

　最後の活動となったこの日は、クリスマスツリーの片づけから始まった。苦労して組み立てたツリーも子どもたちの手によって約１時間で解体され、惜しげもなく楽しそうにペットボトルを踏み潰している子どもたちの姿が印象的だった。苦労を惜しむ間もなくツリーを解体することに楽しさを見出している子どもたちを見ていると、子どものもつ「楽しいことを見つけ出す能力」の高さに気づかされると担当職員は話す。その能力は４月からの活動を通して培われたものだと担当職員は言う。
　こうして潰されたペットボトルは資源ゴミとしてリサイクルされる。
　片づけが終わると反省会が行われた。反省会は、Ｉさんが子どもたちに問いかける形で進められた。Ｉさんが「今まで子ども塾をやってきてどうだった？」と尋ねると、「楽しかった。」という声が飛び交った。「では何が一番楽しかった？」と聞かれると、子どもたちは口を揃えて「お化け屋敷。」と答えた。そしてすべての活動に関して反省点を取り上げ、次年度はどうすればより楽しく達成感のある活動ができるかを話し合った。

5. 「週休２日制対応事業『井郷子ども塾』」の意義

　井郷地区内の小学４・５・６年生を対象に、学校週５日制の導入によって休日となった土・日曜日を利用して、子どもたちの力で活動を企画・実施していくという

「井郷子ども塾」講座の取り組みは、子どもたちの休日における生活を充実させ、ものづくりやボランティア活動の場を提供する等、子どもたちの成長を図るうえで大きな役割を果たしている。また、地域講師を活用する等、地域の教育力を積極的に活かした取り組みは、子どもたちに地域社会の一員としての自覚を促したり、各自の個性の伸長を図ったりするという観点からも、大変有意義なものであると思われる。毎回楽しみながら活動している子どもたちの姿がそのことを何よりも物語っている。

　子どもたちは「井郷子ども塾」に参加したことで確実に大きく成長した、と担当職員は言う。それは活動によって得られた「心の豊かさ」である。メンバー同士で話し合い、考え、工夫してつくることから楽しさや協調性が生まれた。そして各自が自分の役割を果たすことによって責任感が芽生え、それにより達成感や充実感を味わうことができた。また、地域の人びとに喜んでもらえたことも子どもたちの成長の糧になった。このような「心の豊かさ」は子どもたちが主体的に活動を進めたからこそ得られたものである。

　文部科学省も子どもの居場所づくり新プラン「地域子ども教室推進事業」のなかで指摘していたように、子どもたちの思いやりや行動力、協調性、前向きに生きていく力など、「心の豊かさ」は学校生活だけで身につくものではなく、家族や同じ地域で暮らす多くの人びととふれあいながら得られるものである。さまざまな課題に共同・協同して取り組んだという共同体験・成功（失敗）体験を積み上げるなかで[7]、こうした「心の豊かさ」はうみだされ、子ども同士、また、子どもと大人の安心感・信頼感に支えられた豊かな人間関係（「人間の絆」、「ソーシャル・キャピタル（social capital）」）[8] が構築されていくといえるだろう。

　以上のことを踏まえて考えると、「井郷子ども塾」（井郷交流館）は、子どもたちにとって物理的な「居場所」にとどまるものではないといえる。他者（ともに活動している子どもや支援してくれる大人）と関わることで得られた共感、そして自分たちの役割を果たし、人に喜んでもらうことができたという達成感や充実感は、自分が他人によって必要とされ、そこでは自分の資質や能力を社会的に発揮することができるという点から、自分が他人によって必要とされている場所、すなわち自分の資質や能力を社会的に発揮することができる「社会的居場所」[9] であるといえる。また、「井郷子ども塾」（井郷交流館）において仲間とともに活動できる楽しさや居

心地のよさは、そこにいると安らぎを感じたり、ホッとすることのできる場所であり、自分であることを取り戻すことのできる場所、すなわち「人間的居場所」[10]に当たるものと思われる。さらに、他者と関わり合い、ものづくりを行ったという経験は、まさに自己形成力を養うものであった。「居場所」のもつ意味は、子ども自身の主観によって決定づけられるものなのかもしれないが、「井郷子ども塾」に参加した子どもたちにとっては、講座で取り組んだ活動それ自体が、無意識のうちに「居場所」となっていたのではないだろうか。

また、子どもの参画という捉え方で子どもと大人との関係性を考えたときに、「井郷子ども塾」においては、子ども主体であることを大切にしていたため、子どもたちが中心となって企画や運営を行い、大人（職員や地域講師、保護者等）はそのバックアップとして仕掛けたり支援するという形で関係を築いていた。子どもの参画論を論じて近年注目を浴びているロジャー・ハート（Roger A.Hart）の「子どもたちの参画のはしご」[11]（図21-2）において、この事業がどこに位置づけられるかを考えてみると、「参画の段階」に入る4段目を越え、6段目の「大人がしかけ、子どもと一緒に決定する」段階にあるのではないかと思われる。それでは、なぜその上の段階には上ることができないのかというと、7段目の「子どもが主体的に取りかかり、子どもが指揮する」段階や8段目の「子どもが主体的に取りかかり、大人と一緒に決定する」段階では、子どもと大人とのパートナーシップが位置づけられており、「井郷子ども塾」においては大人との共同責任や共同決定にまでは十分に至っていないと考えられるからである。しかし、それは子どもたちにその力量がないというわけではない。2002年度から引き続き参加している子どもたちも多くいるし、2003年度に初めて参加した子どもたちも年間を通してさまざまな体験をしてきたから、今後、その子どもたちを中心に、「子どもたちの参画のはしご」でいう、さらに上の段階へと上っていく可能性は十分にあると思われる。そのためには、地域や社会を変えていくという「参画」のもつ力や可能性を子どもたち自身がもっと知ることと、大人側が支援の方法や力量形成を充実させることが必要である。適切な支援のもと、自分たちの活動が地域や社会をかえていくことにつながるという魅力を、多くの子どもたちが知ることができれば、より参加者が増えるだろう。

第21章　愛知県豊田市井郷地区交流館における「井郷子ども塾」の取り組み　317

8. 子どもが主体的に取りかかり、大人と一緒に決定する
7. 子どもが主体的に取りかかり、子どもが指揮する
6. 大人がしかけ、子どもと一緒に決定する
5. 子どもが大人から意見を求められ、情報を与えられる
4. 子どもは仕事を割り当てられるが、情報は与えられている
3. 形だけの参画
2. お飾り参画
1. 操り参画

参画の段階

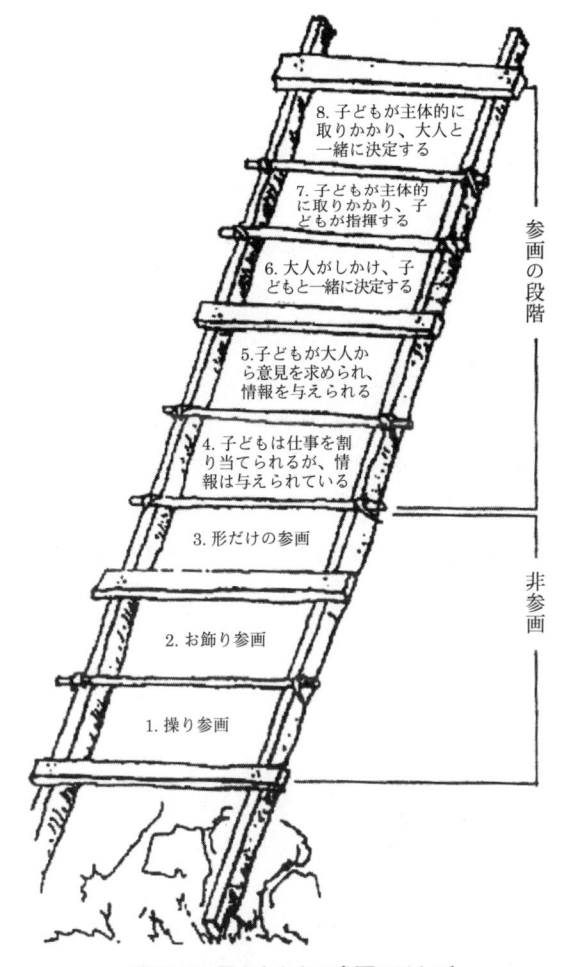

非参画

図 21-2　子どもたちの参画のはしご
（出典：子どもの参画情報センター編『子ども・若者の参画―R.ハートの問題提起に応えて』萌文社 2002年、p.30）

　以上の点を踏まえつつ、改めて、「井郷子ども塾」の特徴点と意義を再確認し、論を閉じることとしたい。第一に、本事業が単発の一過性のイベントではなく、継続性をもった事業として展開されている点をあげておきたい。話し合い学習からはじまって、さまざまな課題に共同・協同して取り組む共同体験・成功（失敗）体験をくぐりぬけ、それらの成果をイベントへの出展という形で活かす（還元する）、

という取り組みの系統的水路づけがなされている。第一の点と関わって、第二にあげておきたいのは、子どもたちは準備された企画に受身的に参加するのではなく、「自らやってみよう」という自主性・自発性に裏づけられた子どもたちの「参画」が重要視されている点である。日本各地の「居場所」づくりの取り組みの多くは、大人の側が用意した単発的なイベントに子どもたちが受身的に参加することにとどまっている。その場合、子どもたちは他の子どもたちや大人たちとその場に一緒に居合わすことにはなるが、双方のダイナミックな交流・相互ネットワークは築かれにくく、子ども同士、あるいは子どもと大人の人間関係（「人間の絆」、「ソーシャル・キャピタル（social capital）」）の構築、すなわち、他者との関係を基盤とした「居場所」づくりにはつながりにくい。「井郷子ども塾」は、その継続的な展開のなかで、自主性・自発性に裏づけられた子どもたちの「参画」（不十分な点がみられるとはいえ）にもとづく共同的・協同的な取り組みをとおして、人と人とがつながりあう関係を育んでおり、その公共的意義は大きいといえる。

注

1) 文部省編『登校拒否（不登校）問題について―児童生徒の「心の居場所」づくりを目指して 学校不適応対策研究協力者会議報告』1992年、苅谷剛彦・志水宏吉編著『学校臨床社会学―「教育問題」をどう考えるか―』放送大学教育振興会、2003年を参照。なお、以下の記述は、上記以外に、森田洋司「私事化社会の不登校問題」日本教育社会学会編『教育社会学研究　第49集』東洋館出版社、1991年、p.79、pp.85～86、pp.88～91、森田洋司『「不登校」現象の社会学』学文社、1991年、pp.63～65、p.213、森田洋司『不登校―その後』教育開発研究所、2003年、pp.6～7を主要参考書としてまとめる。
2) 以下の記述は、田中治彦「子ども・若者の変容と社会教育の課題」田中治彦編著『子ども・若者の居場所の構想』学陽書房、2001年、pp.15～19、p.24、pp.26～28を基本的参考書として論を構成した。
3) 以下の記述は、前掲森田『「不登校」現象の社会学』、p.213に基づく。
4) 文部科学省ホームページ http://www.mext.go.jp/『子どもの居場所づくり新プラン』(2004年9月1日閲覧)を参照しつつ論を進める。
5) 以下、「週休2日制対応事業『井郷子ども塾』」に関する記述は、猿投コミュニティセンターパンフレット「SANAGE COMMUNITY CENTER」、「週休2日制対応事業『井郷子ども塾』」の計画書及び実施報告書、当該事業への参与観察、豊田市生涯学習センター井郷交流館主事・S氏へのインタビュー調査結果に基づく。
6) 豊田クリエイティブクラブとは、豊田市及び近郊の高校生以上の学生を含め、地域の一般市民

に対して創造性を啓発し、創造的な作品の創作活動を支援することを目的として、1992年5月に設立された非営利団体のことである。

7) 高橋満「学びの共同性と公共性」『月刊社会教育』2001年10月号。
8) いわゆる「ソーシャル・キャピタル」論については、神野直彦『地域再生の経済学』中公新書、2002年や宇沢弘文『社会的共通資本』岩波新書、2000年などを参照。
9) 藤竹暁「居場所を考える」同編『現代人の居場所』至文堂、2000年、pp.48〜50。
10) 同前書。
11) ロジャー・ハート著、木下勇・田中治彦・南博文監修・IPA日本支部訳『子どもの参画―コミュニティづくりと身近な環境ケアへの参画のための理論と実際』萌文社、2002年。ニューヨーク市立大学で環境心理学を教えるロジャー・ハートはユニセフとの共同プロジェクトにおいて、子どもの参画を環境問題において実効的に実現している事例を世界中に求めて、その原理及び方法論をまとめて出版した。この本は『子どもの参画』と題して1997年に出版されて以来、世界各地で話題を呼んでいる。子どもの参加のレベルを「参画のはしご」として8段階にまとめたモデルは、度々関係者によって引用されている。このはしごは、子どもの参画を段階として示し、はじめの3段は「参画とは呼べない参画」、4段目からが「本物の参画」であるとしている（図21-2参照）。

第22章

地域住民が綴る郷土史―豊明市史総集編の取り組み―

1. はじめに

　市史刊行の目的は、単に地域の歴史を後世に伝えるだけでなく、その事業を推進していく中で、地域住民の参加を求め、地域の文化活動を発展させるという側面を持っている。こうしたことから『豊明市史　総集編』の刊行にあたっては、多くの地域住民の参加を得ながら協同して編集作業にあたり、地域に根ざした市史作りを行うことを大きなねらいとして取り組んでいる。内容については、すでに発刊されている本文編・資料編・資料編補に記述・未記述の人物、遺跡・遺物、歴史的事実などから重要事項を選び、事典体に編集する。また、これに地域の歴史を通覧できる詳細な年表、テーマごとに歴史を概覧できる図表を加え、地域史の学習・研究に便利なものとするものである。この報告は、2007年3月の発刊に向けて『豊明市史　総集編』を編集していくなかで、地域住民による活動の状況をまとめたものである。

2. 豊明市の概要

　豊明市は、愛知県の中央よりやや西部に位置し、東は境川を隔てて刈谷市、北は東郷町、西は名古屋市、南は大府市に接している。面積23.18km^2、周囲27kmで、国道1号、23号をはじめ、主要県道や名古屋鉄道本線などが縦横に通じ、名古屋から10km圏内の距離にある。地形は台地と低地からなり、北部の海抜約71.8mを最高に南へ向かって緩やかに傾斜している。

　本市は古くから鎌倉街道、東海道沿いの村としてひらけ、1560年（永禄3）5月

(旧暦)、戦国の武将織田信長と今川義元との戦いになった田楽狭間、世にいう歴史的に名高い「桶狭間の合戦」の古戦場伝説地が西端にある。また、北部には古墳時代に住民の生活の場であった名残をとどめる遺跡が多く存在し、土器が出土するなど学術的に貴重な地となっている。

　本市の平均気温は、概ね14～16℃程度と比較的温暖な気候である。水田、葡萄や柿などの果樹園、白菜や大根などの畑など、様々な作物を栽培する農耕地があり、また、河川敷、休耕地の草地、雑木林や造成地、竹林、ため池、湿地などが見られる。そして、これらの自然環境とともに住宅地が存在し、いわゆる里山的環境を気軽に楽しむことのできる地域ということができる。農業を主要産業として発展してきた地域であるが、近年、交通の便も良いことから丘陵地を中心に宅地化が進み、大都市近郊の住宅都市としての変貌を遂げている。

3. 豊明市史について

(1) 市史編さん事業の現状

　本市は、桶狭間古戦場をはじめとし、由緒ある文化遺産を保有しており市民へのPRに努めるとともに、学術的な調査、保存等を進めてきた。また、市内には、大脇梯子獅子など、古くから郷土に伝わる無形民俗文化財があり、各種保存会により、市民芸能祭や地域祭礼において披露されるなど民俗行事として伝承されている。

　また、古来より農業を主要産業として発展してきたことから、主に、江戸時代を中心に掘削された、ため池とともに水田や畑、果樹園が存在し、人工的な緑地ながらも住宅地と身近な自然が調和している地域である。そこには、人間生活と共生した様々な植物、昆虫、動物、野鳥などが見られ、さらに小規模ながらも雑木林や竹林、湿地などが存在し、豊かな自然環境を有している。

　このような歴史的文化遺産及び自然環境を今後とも保存・継承し、市民の文化財愛護意識の高揚に努めていく必要がある。そのため散在する歴史資料等の収集を行うとともに、郷土の歴史を後世へ伝える事業として、市史編さん事業を進めている。

　豊明市史は、主に市制施行周年記念事業の一つとして編さんされ、資料編、本文

編、資料編補などのシリーズに分かれており、平成18年現在で合計14冊を発刊している。

　散在しつつある貴重な資料を系統的に編集し、後世に歴史を伝える目的で発刊された市史であるが、市史の利用者は、一部の人に限られている傾向にあり、充分な利用がされているとはいえない。市史の利用対象者としては主に市民を想定しているため、今後は市民に親しまれる市史作りが課題であり、市民に「郷土への親しみ」を喚起する必要がある。

　これまで発刊された市史のなかで、市史を親しみ深いものとなるよう編集に工夫をした点として、「資料編補2　桶狭間の戦い」では、今川義元を主人公とした漫画、なぞに答えると題したQ＆A、各戦国武将の進軍地図など歴史に親しむことができるような内容としたことが挙げられる。また、「資料編補7　自然」は、本文、目録、植生図がオールカラーで構成されている。

（2）　総集編の目的
　『豊明市史　総集編』の内容は、主に本市に関する事柄を事典としてまとめたものを想定しており、単に歴史を伝えるだけでなく、編集を進めることによって地域の文化活動を発展させることを目的とするものである。そこで執筆の一部を地域住民に依頼することにより、住民が郷土への親しみを更に深め、市史を地域色豊かな本とするとともに、一般に広く親しまれる本となるよう研究を進めている。

4.　総集編の内容

（1）　総集編の構成
　『豊明市史　総集編』は、第1部を事典、第2部を年表、第3部を図表とする三部構成とする。
　1）　事典
　「豊明」に関する項目について記述し、五十音順に配列し編集する。約1400にわたる項目の拾い出しは、「豊明」という地域固有の内容について記述することを前提として行い、普通名詞や歴史的概念をあらわす項目については、「豊明」と関連づけて記述できるもののみを選定する。また、事典に本文編・資料編の関連する

第22章　地域住民が綴る郷土史―豊明市史総集編の取り組み―　　323

表22-1　豊明市史発刊実績

平成17年3月末現在

市史名	内　　　容	頒布価格等	発刊年度
本文編	・豊明の歴史を古代から現代まで解説	4,380円 A5判650頁	H4年度
資料編1	・江戸時代の古文書	完売 A5判1,047頁	S49年度
資料編2	・古窯調査報告 ・金石文化財、植物など	1,260円 A5判255頁	S49年度
資料編3	・江戸時代の村絵図など	2,100円 絵図等14枚	S52年度
資料編4	・市内社寺の由緒を紹介 ・市内銘木も写真付で紹介	2,100円 A5判527頁	S52年度
資料編5	・市内に伝わる風習・習慣をまとめた民俗編	3,670円 A5判450頁	S62年度
写真にみる豊明の歴史	・写真により豊明の歴史をわかりやすく紹介	2,100円 A5判525頁	S57年度
資料編補1 原始・古代・中世	・石器時代から戦国時代までの遺跡を網羅 ・市域に関連した古代・中世の文献史料を総括	2,100円 A5判542頁	H12年度
資料編補2 桶狭間の戦い	・桶狭間の戦いについて、各種の資料を収録 ・付録として「謎に答える」や「マンガ」を掲載 ・当時の城・砦分布など3種の図面付き	4,000円 A5判623頁 付録199頁	H13年度
資料編補3 近世1	・江戸時代の古文書 ・写真や解説を豊富に掲載	3,900円 A5判936頁	H10年度
資料編補4 近世2	・近世1の続編 ・紀行文、俳諧など多岐にわたる	3,900円 A5判954頁	H11年度
資料編補5 近代	・明治、大正、昭和初期の貴重な資料を掲載	3,400円 A5判968頁	H12年度
資料編補6 現代	・激動の戦後復興から現代にいたる資料を掲載 ・村・町・市の各時代の地図付	3,400円 A5判1,029頁	H13年度
資料編補7 自然	・豊明を形造る地形、地質や気象の特色、この地に生息する動物、植物、昆虫をこれまでにない精度で調査、解説。 ・カラー写真を豊富に使用。 ・本文、目録、現存植生図で構成。	4,500円 B5判 本文467頁 目録354頁 現存植生図	H14年度

ページ数を明記し、相互に対照しながら利用できるようにする。
- ひと…豊明にかかわった人びとのうち、特に重要な人物を取り上げて解説する。ただし、対象は原則として物故者。
- もの…遺跡・遺物、市指定文化財など。そのほか各時代の主要な政治経済、土木、生活、宗教などの諸施設、及び出土品、美術工芸品、民具、書跡、古文書などについて解説する。また、天然記念物、民俗慣行、芸能、信仰、言語などもその対象とする。
- こと…歴史的事実。地域で生起したあらゆる歴史的事件の中から、主要なものを選び説明する。

　2）　年表
　およその時代別配分に基づき事項を選んでカード化し、日本史全体の中で地域がどのように変化してきたかがわかるように編集する。

　3）　図表
　有益かつ作成可能なものを厳選し、関係分野において原稿化したものを調整して編集する。また、方言地図を作成する。

（2）　これまでの進行状況
　主に、執筆補助員の活動状況を中心とした報告である。
- 2002年12月　編集委員会（各部会）発足
「資料編補1～7」を担当した編集委員を中心に、編集委員会を組織した。
- 2003年1月～10月　編集委員会（各部会）において事典項目を選出
編集委員会を開催し、それぞれの担当となる時代から項目を選出した。方法は、これまで発刊された市史の内容を基本として、編集委員がそれぞれの専門分野から事典項目として相応しい事柄を選択、各部会にて意見交換を行うことにより決定した。
- 2003年3月～6月　執筆補助員の公募～委嘱
　一般市民より公募、19人の執筆補助員を面接により決定。
　第1回目の会議では、部会への希望を調査、それぞれの部会へ配属した。
　なお、市教員12人、市職員14人についても執筆補助員を委嘱し、現代担当とした。

第 22 章　地域住民が綴る郷土史―豊明市史総集編の取り組み―　325

☆事典総項目数　1,370 項目
（内訳）
・編集委員　670 項目
・執筆補助員　700 項目

☆監修　　　　1 名
☆編集委員　　27 名
☆執筆補助員　45 名

表 22-2　総集編の構成

構成	部会名	項目数	項目の一例または内容	執筆	担当項目数
事典項目	原始・古代・中世	70	青木地蔵、鎌倉街道、鷺之森、杏掛城遺跡、山新田窯遺跡群	編集委員 5 名	70
	近世	179	地概検地帳、三役銀、西運寺、尾張藩	編集委員 4 名執筆補助員 5 名	115 64
	近代	255	養蚕業、愛国婦人会、豊倉、賭博取締り、東南海地震	編集委員 5 名執筆補助員 4 名	212 43
	現代	453	名古屋市合併問題、市制施行、文化会館、とよあけマラソン	編集委員 5 名執筆補助員 35 名	73 380
	自然	52	ナガバノイシモチソウ、大狭間湿地、東海層群、水生植物、竹林	編集委員 5 名	52
	民俗	323	井戸、オコシモン、クド、水番、カイドリ、市、行商	編集委員 2 名（内 1 名兼務）執筆補助員 11 名（内 10 名兼務）	110 213
	地名	38	若王子、豊明、本郷、薬師ヶ根	編集委員 1 名（兼務）	38
年表	年表		おおよその時代別配分に基づき事項を選んでカード化し、日本史全体の中で地域などのように変化してきたかがわかるように編集する。	編集委員 1 名	
図表	図表		有益かつ作成可能なものを厳選し、関係分野において原稿化したものを調整して編集する。	編集委員 1 名執筆補助員 9 名（兼務）	
	方言		この地域の方言の特徴を解説するとともに、方言と標準語との対比の形態で編集する。	編集委員 1 名執筆補助員 6 名（兼務）	

・2003年11月　執筆補助員説明会

　第2回目の会議となる。担当項目の発表、執筆要領の説明、今後の日程の説明を行った。

・2003年11月〜　資料収集〜調査、執筆活動開始

　これまでの市史発刊に使用した資料（市史編さん室保管）を事務局において整理、配布した。その他に必要な資料については、各執筆者にて調査を行った。

・2004年7月〜2005年10月　会議において執筆原稿に関する意見交換会

　執筆者間での連絡、情報交換のため、定期的に会議を行うこととした。

　総集編には、70人以上の執筆者が関わっており、それぞれの執筆者で文章の綴りかたや雰囲気が異なる。それも一つの特色といえるが、一冊の本としてのまとまりを考慮すると、ある程度の調整は必要となる。また、執筆活動を進める上で他者の原稿を参考にする機会を設けることが、執筆の調子をつかむのに有効であると考えられる。こうした目的から、定期的に会議を開催することにより、お互いの執筆原稿を発表し、意見交換を行った。その効果として、執筆当初の原稿よりも洗練された文章となり、完成度が増すこととなった。また、一般市民の執筆補助員にとっては郷土史学習の場とすることができた。

・2005年8月〜　編集委員による校閲

5.　執筆補助員の活動

（1）　活動内容
1）　事典
●編集委員と執筆補助員との関係

　事典原稿の執筆方法は、既存の資料により事実を理解し、読者に分かり易いように工夫を加え、自分の言葉で説明したものを文章化するという手順である。執筆に関わる資料としては、市史発刊のために収集された書籍や資料、調査結果などを基本とした資料を配布した。執筆補助員は、その資料を読み、必要に応じて調査（図書館等での文献調査、地元住民への聞き取り調査など）を行うことにより執筆を進めた。編集委員は執筆補助員への助言や指導をする役割をするが、それぞれの部会によって進め方が異なるため、その関わり方に若干の相違がある。

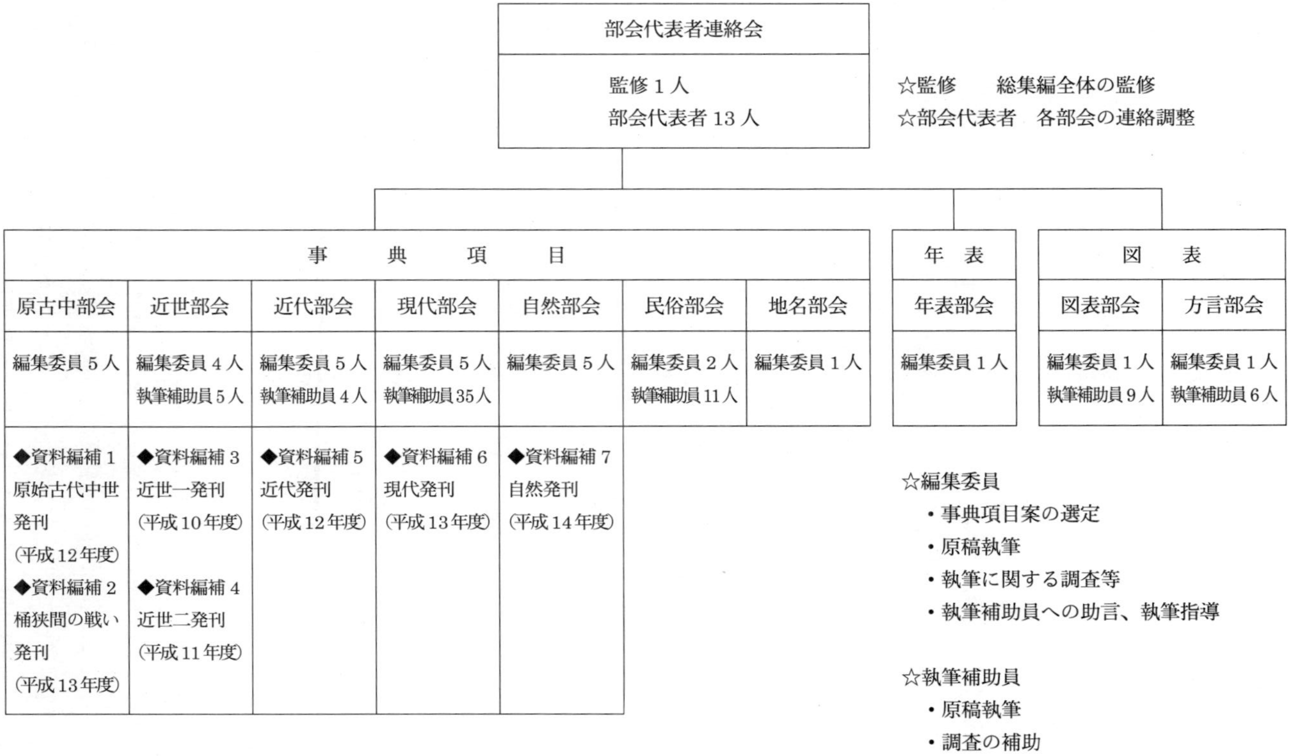

第22章 地域住民が綴る郷土史―豊明市史総集編の取り組み― *327*

部会代表者連絡会

監修 1人
部会代表者 13人

☆監修　総集編全体の監修
☆部会代表者　各部会の連絡調整

☆編集委員
・事典項目案の選定
・原稿執筆
・執筆に関する調査等
・執筆補助員への助言、執筆指導

☆執筆補助員
・原稿執筆
・調査の補助

事典項目

原古中部会
編集委員5人
- ◆資料編補1
  原始古代中世一発刊
  (平成12年度)
- ◆資料編補2
  桶狭間の戦い一発刊
  (平成13年度)

近世部会
編集委員4人
執筆補助員5人
- ◆資料編補3
  近世一発刊
  (平成10年度)
- ◆資料編補4
  近世二発刊
  (平成11年度)

近代部会
編集委員5人
執筆補助員4人
- ◆資料編補5
  近代発刊
  (平成12年度)

現代部会
編集委員5人
執筆補助員35人
- ◆資料編補6
  現代発刊
  (平成13年度)

自然部会
編集委員5人
- ◆資料編補7
  自然発刊
  (平成14年度)

民俗部会
編集委員2人
執筆補助員11人

地名部会
編集委員1人

年表
年表部会
編集委員1人

図表
図表部会
編集委員1人
執筆補助員9人

方言部会
編集委員1人
執筆補助員6人

図22-1　総集編組織図

「近世部会」
　執筆補助員は一般市民5人。編集委員が各自の担当する項目を執筆補助員に割り当てるという方法で担当項目を配分した。執筆補助員一人ひとりに対し、編集委員が個別に指導を行うことにより執筆を進める。定期的（1月に1度の割合）に会議を開催し、執筆原稿を発表することにより意見交換や編集委員からのアドバイスを受ける。
「近代部会」
　執筆補助員は一般市民4人。主な担当項目は、地元で功績のあった人物に関するものを配分した。地元の編集委員1人が執筆補助員の指導に当たる。定期的（2月に1度の割合）に会議を開催し、執筆原稿を発表することにより意見交換や編集委員からのアドバイスを受ける。会議では、地元の編集委員が座長を務める。
「現代部会」
　執筆補助員は、一般市民9人、市教員12人、市職員14人。項目を性質別に分類し、それらの項目のかたまりを各執筆補助員に配分した。定期的（1月に1度の割合、一般市民のみ参加）に会議を開催し、執筆原稿を発表することにより意見交換を行う。会議には編集委員は出席せず、事務局が取り回しを行う。事務局は、総集編全体を見渡せる立場から参考意見を述べる。
「民俗部会」
　担当執筆補助員は、一般市民11人。資料に基づき執筆し、必要に応じて現地調査を行った。作成した原稿については、編集委員が添削を行い、完成原稿とした。
●執筆原稿の特徴及び意見交換の内容について―現代担当項目から―
　執筆者ごとに文章の雰囲気が変わることは、やむを得ないことであり、むしろ多くの人の手で作った本としての特徴と考えられる。しかし、性質の類似した項目で書き方にバラツキが生じることは一冊の本としてのまとまりを考えるとバランスの点で問題である。そこで、項目を性質別に分類し、ジャンルの似た項目をなるべく一人の執筆者で担当することとした。執筆者にとっては、文章のトーンを整えやすいというメリットがある。反面、文章化の容易な項目のグループと困難な項目のグループとができたため、執筆の難易度に差ができてしまった。資料が少なく調査が困難な項目を担当した人は、執筆も難航することが予想された。
　現代部会の執筆補助員活動から、性質別に分類された項目のグループごとに、執

筆の内容などを報告する。
・ため池
　例：「三崎池」
　ため池については、掘削時期や面積、地番などデータの記述などが中心と思われたが、池の周囲を取り巻く自然環境を執筆することにより、豊明の自然をPRする文章とすることができた。本市には、主に江戸時代に開発された農業用のため池が、今でも多く残っている。池の周囲には、さまざまな植物が生育し、水を求めて多くの飛来する野鳥など多くの自然が存在している。そのような自然の状況を描写するため、執筆補助員は１年を通じてため池を訪れ調査を行ってきた。
　会議での主な意見は次のとおりである。
　桜の名所である「三崎池」には、水生植物園やショウブ園などの整備計画があるが、発刊の頃は完成していることが確実であるため、「整備されている」という表現が良い（三崎池）。隣接する４つの池を合わせて、地元では「四つ池」という通称がある池がある。その名称があることやいわれを記載できると良い。また、トンボが多く見られるとの情報があることから、その種類についても記載できると良い（長間地池・権田池・蓮池・道池）。江戸時代の絵図に「鳴き田」と示されており、地元では現在でも、その名前が受け継がれている（鶴根北池）。
・商工業関連
　例：「工場誘致」、「愛知豊明花き地方卸売市場」、「プレミアム商品券」
　商工業関連の各施設。資料としては、当時の新聞記事などが用いられたが、ドキュメントタッチな記事の文章に影響された表現となる傾向があった。事典の文章に相応しい表現に改めることに努力を要した。
　会議での主な意見は次のとおりである。
　当時の新聞を資料とした部分は、「○○新聞によれば…」としてはどうか。また、「地方財政の窮乏に…」は、誇張表現と思われるため表現を改めてはどうか（工場誘致）。
・地域の活動
　例：「落合街づくり懇話会」、「大脇歴史の会」、「中川土曜会」
　地域の自主活動グループの項目である。活動の成果としては、歴史観光マップ発行などの文化活動や草花の苗を公共施設へ配布するなどのボランティア活動であ

る。
- 民俗の伝承

    例：「とよあけ音頭」、「豊明郷土絵図」

    市域の民俗文化の様子を伝承するために出版されたものなど。
- 行政施策関連

    例：「交通安全の町宣言」、「総合計画」、「広報とよあけ」

    市の施策に関する項目であるため、事業の過大評価にならぬよう事実のみの記述とした。
- 警察、消防

    例：「豊明幹部交番」、「全国消防操法大会優勝」

    警察関係は、所在地と管轄区域、所在地の移り変わりなどの事実のみを記載した。消防関係については歴史及び功績などについて記述した。
- 農業関連

    例：「土地改良事業」、「苺組合」、「豊明牛」

    農業関連団体などの中には、現在その役割を終え実態がほぼ消滅したものもある。また、豊明牛は、かつてブランド化を目指した時期があったということであるが、資料としては写真が存在するのみなど、資料の少ないものについては十分な記述ができなかった。
- 電気ガス水道関連

    例：「中部電力東名古屋変電所」、「境川流域下水道」、「愛知中部水道企業団」

    広域的関連から、一般的な記述は可能であるが、本市との関わりについては、供給区域や実績などのデータ的な記述が中心となった。
- 教育施設関連

    例：「豊明中学校野球部全国大会出場」、「豊明中プラネタリウム」、「屋根付きプール」
- 行政関連の団体等

    例：「文化協会」、「国際交流協会」、「社会福祉協議会」

    自治体に共通な団体であり、設置要綱を資料としたため、活動内容が漠然としたものとなってしまった。

- 公共施設関連
  例：「文化会館」、「野外教育センター」、「福祉体育館落成記念式典」
  主にパンフレットを資料とし、施設の紹介、設立の経緯、利用状況などが中心の記述となった。
- 社会福祉施設関連
  例：「老人憩いの家」、「総合福祉会館」
- 市内金融機関
  例：「愛知銀行豊明支店」、「碧海信用金庫豊明支店」
- 保育園、幼稚園、児童館
  例：「二村台保育園」、「ひまわり児童館」
  市立の保育園については、所在地、設立年、程度の記述にとどまった。児童館については、年間イベントなどを記載した。
- 寺院・宗教関連
  例：「照栄寺」、「高徳院」、「中京聖泉基督教会」
- 郵便局・電話局
  例：「豊明電報電話局」、「豊明郵便局」、「沓掛簡易郵便局」
- 市指定文化財
  例：「諏訪社虫送り」、「二村山峠地蔵尊」、「伊藤両村先生画像」
  市指定文化財の項目。文化財関係パンフレットを資料としたほか、現地へ取材、調査を行った。
- 公園広場
  例：「中央公園」、「大蔵池公園」、「西川遊歩道」
  都市公園のうち特徴のあるものが事典項目として選択された。グラウンドや相撲の土俵がありスポーツを楽しむことのできる中央公園、古窯と親水をテーマとした大蔵池公園。
- 地域の祭
  例：「桶狭間古戦場まつり」、「きゅうり祭」、「大根たき祭り」
  各地に伝わる祭などの項目である。
- 神社
  例：「大久伝八幡社」、「吉池八剣社」、「大脇神明社」

表 22-3　執筆補

部会名		近世部会（市民）	近代部会（市民）	現代部会（市民）	現代部会（教員）
開催日（○囲み数字は通算回数）	平成15年度	①5月18日（日） ・総集編の概要説明 ・所属部会希望調査 ②11月9日（日） ・担当項目の配布 ・執筆要領の説明 ③12月8日（月） ・執筆のポイント指導 ④1月20日（火） ・執筆原稿の検討 ・以降同様 ⑤2月17日（火）	①5月18日（日） ・総集編の概要説明 ・所属部会希望調査 ②11月9日（日） ・担当項目の配布 ・執筆要領の説明 ③2月24日（火） ・執筆のポイント指導	①5月18日（日） ・総集編の概要説明 ・所属部会希望調査 ②11月7日（金） ・担当項目の配布 ・執筆要領の説明 ③2月12日（木） ・執筆のポイント指導	①6月28日（土） ・総集編の概要説明 ②11月3日（月・祝） ・担当項目の配布 ・執筆要領の説明 ③3月25日（木） ・執筆のポイント指導
	平成16年度	⑥4月30日（金） ⑦5月20日（木） ⑧6月17日（木） ⑨7月16日（金） ⑩8月17日（火） ⑪9月21日（火） ⑫10月26日（火） ⑬11月16日（火） ⑭12月10日（金） ⑮1月20日（木） ⑯2月18日（金） ⑰3月18日（金）	 ④5月18日（火） ・執筆原稿の検討 ・以降同様 ⑤7月21日（水） ⑥9月15日（水） ⑦10月29日（金） ⑧11月24日（水） ⑨12月22日（水） ⑩2月10日（木）	 ④7月9日（金） ・執筆原稿の検討 ・以降同様 ⑤9月10日（金） ⑥10月7日（木） ⑦11月11日（木） ⑧12月9日（木） ⑨1月27日（木） ⑩2月16日（水） ⑪3月16日（水）	 ④8月30日（月） ・執筆原稿の検討 ⑤1月6日（木） ・執筆原稿の検討
	平成17年度	⑱4月15日（金） ⑲5月17日（火） ⑳6月7日（火） ㉑7月12日（火） ㉒8月12日（金） ㉓9月13日（火） ㉔10月18日（火）	⑪4月8日（金） ⑫6月3日（金） ⑬7月22日（金）	⑫4月12日（水） ⑬5月26日（木） ⑭6月16日（木） ⑮7月21日（木） ⑯8月19日（金） ⑰9月22日（木） ⑱10月20日（木）	

第22章　地域住民が綴る郷土史―豊明市史総集編の取り組み―　　*333*

助員会開催状況

現代部会（職員）	図表部会	方言部会	備考
①6月18日（水） ・総集編の概要説明 ②11月12日（水） ・担当項目の配布 ・執筆要領の説明 ③2月24日（火） ・執筆のポイント指導			・編集委員会各部会にて事典項目を選考。 ・近世部会は、編集委員会と合同開催。
④8月30日（月） ・執筆原稿の検討 ⑤11月4日（木） ・執筆原稿の検討 ⑥1月7日（金） ・執筆原稿の検討	①9月28日（火） ・豊明歴史散歩道の作成 ・以降同様 ②11月16日（火） ③12月25日（土） ④3月28日（月）	①12月2日（木） ・調査要領の説明 ②1月20日（木） ・調査地区の決定	・豊明歴史散歩道活動開始。 ・方言部会活動開始。 ・市教員、市職員については原稿の検討会を終了。
	⑤8月30日（火）		・2006年3～5月　方言に関する地元調査を実施。 ・10月末が原稿提出期限。市民の原稿の検討会を終了。

神社の創建年や祭神などについては、資料によって記述が異なるものが多く、どの内容を記載するかは思案中である。なお、地元神社を訪問し、取材を行うとともに、神社所蔵の文化財である狛犬や棟札の調査を行った。
・記念行事関連
　例：「村制50周年記念」、「市制施行」、「市の花」
・医療・診療関連
　例：「東名古屋医師会豊明支部」、「保健センター」
・交通機関関連
　例：「豊明駅」、「地下鉄誘致」、「ひまわりバス」
・第2次世界大戦関連
　例：「非戦災者特別税」、「配給制度」
　戦後の税制度などの項目である。全国的な出来事であり豊明限定の事実に関する資料が少ないため執筆は難しいと思われる。
・自然災害
　例：「伊勢湾台風」、「東海豪雨」、「異常渇水」
　2）　図表
　各部会において、掲載する図表の候補を検討し、「市指定文化財一覧」、「社寺一覧」など25の図表を作成することとした。事典項目の執筆を優先的に進めているため、現在は原案を考案中の段階である。従って、検討などについてはこれからの取り組みとなる。総集編の特徴として企画された次の2点の図表について、活動内容を報告する。
・豊明歴史散歩道
　本市の由緒ある歴史文化遺産や豊かな自然については、事典の部においてそれぞれ項目として取り上げ、解説しているが、それらを散歩コースとして結び付け、楽しく学びながら歴史探索できること目的としたものである。固いイメージになりがちな市史のなかで、遊び心を交え、気軽に読めるコーナーとなるよう親しみのある文章を心がけている。市教員3人の執筆補助員が担当となって進めている。
・方言
　本市は、三河地域と尾張地域の境にある特性に注目し、周辺地域との関連も含めながら、方言地図を作成する。それに、音声・アクセント・文法等の体系的記述に

よる解説を加えるものである。編集委員が調査方法を考案し、地元で生まれ育った高齢者の住民を対象に、方言に関する調査を実施した。調査対象者の紹介については、地元老人クラブに依頼した。市域を適当な地区に分割し、各地区へ執筆補助員（一般市民6人）を派遣し聞き取り調査を行った。現在、調査は完了し、編集委員により執筆を進めている。

（2） その他の活動―豊明市史だより―

　市史編集の活動報告及び市史のPRのため、年1回刊行の市史だよりを発行している。平成17年4月1日発行の市史だより14号では、市民による総集編の執筆活動を広報するため、執筆補助員の自己紹介を行った。現代担当を中心に6人の執筆補助員に依頼した。寄稿文のタイトルと添付図版は次のとおり。

「ため池に学ぶ豊明の歴史と自然」
　　ため池にいる野鳥、花見でにぎわう三崎水辺公園
「ふるさと　豊明」
　　高鴨山から沓掛新田を見る（豊明郷土絵図より）、田耕し（沓掛町）
「遺跡発掘とともに」
　　大脇城発掘、発掘の仲間達と
「歴史文化探訪をお勧めします」
　　シニアクラブ歴史文化探訪（二村山）
「地域の伝統行事にふれて」
　　虫送りをする子ども達、のぼり作成風景
「絵本を通しての出会い」

6. 今後の展望

　地域住民によって編集された『豊明市史　総集編』が、地域住民にとって親しみのある本とすることが今のところの大きな目標であるが、編集に携わった人びとの経験を活かし、発刊後、次のような活動に発展させていきたい。

① 住民による歴史論文や歴史小説の執筆・発表

　これまでは、歴史書は研究者や学者などの専門家が執筆するものという考え方が一般的であったのではないかと思われる。今回、地域住民による調査活動や執筆活動を通して、自分達の住む地域の歴史を身近に感じる機会となり、地域の歴史は地域の人びとで語り継ぐものという認識を深めることができた。また、会議を通して得られた交流は、学習仲間を広げるきっかけとなった。今回のプロジェクトでは事典原稿の性格から客観的記述という制約が課されていたが、これからは自主的な活動として調査研究を継続し、各々の解釈、推測、仮説、創作などを自由に交えた歴史論文や歴史小説として表現していくことが期待される。研究成果の発表の場を設定するなど多くの人びとが参加できるような事業を企画していきたい。

② 市史ビジュアル版、子ども向け歴史書の作成

　市史「桶狭間の戦い」に取り入れられた漫画のようなビジュアル的な工夫は、歴史書を身近な読み物とする効果がある。また、子どもが見て分かりやすい本は大人がみても分かりやすい本となるため、歴史書を子ども向けにアレンジすることにより、歴史に対する親しみが増すと考えられる。住民からの視点で郷土史を執筆した経験を活かしこれらの課題にも取り組んでいきたい。

③ 歴史講座の講師や郷土史ガイドの養成

　歴史関係の市民講座は、桶狭間の戦いをテーマとした講座などが開催され、その講師は主に文化財保護委員が担当している。現在の課題は、講座の回数を増やすために講師の人数を増やすこと、将来も講座を継続していくための講師を養成することである。地域史に関心を持ち調査や研究を続けている人びとは、地域史を語るための基礎知識が備わっていると考えられる。このような人びとが文化財保護委員の指導を受け、実際の講座で講師経験を重ねることで後継者が養成される。また、小中学生の社会見学、市内外からの歴史探訪者や学習者のための史蹟ガイドの活動などにも発展させていきたい。

第23章

愛知県犬山市における全市博物館構想

1. はじめに

　愛知県の最北端、名古屋市から25kmに位置する犬山市は、明治初年からの数々の合併を経て1954年4月1日に誕生した。2006年1月31日現在で、市域面積74.97km に7万4,820人、2万7,110世帯が暮らしている。市の西部は木曽川扇状地の頂上部にあって濃尾平野の一部をなしており、市街地、農地、工業地として利用されている。東部は標高130～200mの丘陵地で豊かな自然が残されており、国の天然記念物に指定されているヒトツバタゴ（通称：ナンジャモンジャ）の自生地もみられる。また市の位置する地域は、大和時代には皇族領、平安時代には藤原氏荘園、室町時代以降は斯波氏や織田氏の領地であったため、国宝犬山城をはじめ多くの有形・無形文化財が所在し、これらに対する人為的保存の努力もなされている。
　犬山市の生涯学習では、それら犬山市の持つ歴史や文化、自然といった特性を生かし、住民主体で地域と生活に根ざした新しい「犬山らしさ」を創り出すことを目標とし、次の4つの犬山づくりを掲げて各般にわたる事業が展開されている。
① 生涯学習のまちづくり―歴史・文化のまち犬山―
② 生涯学習のひとづくり―教育のまち犬山―
③ 生涯学習の体力づくり―生涯スポーツのまち犬山―
④ 生涯学習のこころづくり―図書館のまち犬山―
　このうち「生涯学習のまちづくり―歴史・文化のまち犬山―」では、犬山市の持つ豊富な歴史・文化遺産を、住民の生活の中に積極的に取り込み活用を図ることにより、住民の誰もが、郷土に愛着を感じ、学習を通じて人と人とのふれあいが生まれるまちづくりが目指されている。さらに2001年度には、こうした考えを具体化

する「全市博物館構想」が発表された。本章ではこの全市博物館構想を取り上げ、犬山市における「生涯学習のまちづくり」に向けた考えや展開方法、人びとの学びの様子をみていく。

2. 全市博物館構想の考えと展開

犬山市教育委員会文化財課（2002）は、全市博物館構想の背景を次のように述べている。

「犬山市には、先人の残した数多くの有形・無形文化財が所在し、これらに対する人為的保存の努力もなされており、また緑の宝庫ともいうべき豊かな自然に恵まれるなど、歴史や文化、自然という文化的な潜在能力が非常に高い。しかしそれら地域資源が持つ意義や魅力は、住民にとっては空気のようなものとなり、気づかない存在になっているのではないか。まちが息づき輝くためには、住民が生活の場である地域に心から愛着と誇りを持ち、地域資源の持つ潜在能力を最大限に引き出し、「犬山らしさ」を創り出すことが重要である。「犬山らしさ」を創り出すとは、地域を見つめ直し、地域が持つアイデンティティを知ることに他ならない。そのために、地域資源である歴史や文化、自然を理解でき、生涯学習として活用できる環境をつくることが、今強く求められている。」

こうした背景のもと、全市博物館構想では、住民が地域資源を教材として学んだ成果を生かして、犬山市のまちづくりの担い手となることを目標とし、地域資源を学習できる仕組み（場・機会）の整備が図られている。場の整備では、図23-1のようにコミュニティ単位を考慮した地域特性によって市内を7地区にゾーニングし、それぞれを「天井のない博物館」と見立て、地域に散在する資源を学習・研究・調査できるように整備が進められている。また機会の整備では、犬山市民総合大学歴史文化学部での地域資源を教材とした豊富な講座を中核に据え、住民が、地域資源に対して、まちづくりを意識した積極的な働きかけが自発的にできるまでに成長することを目指している。全市博物館構想は、このような手法のもとに地域資源を基礎とした生涯学習環境を整え、それぞれの地区が持つ魅力を効率よく引き出し、犬山市全体が1つの大きな「天井のない博物館」として個性豊かに輝くことを基本的な考えとするものである。（図23-2参照）

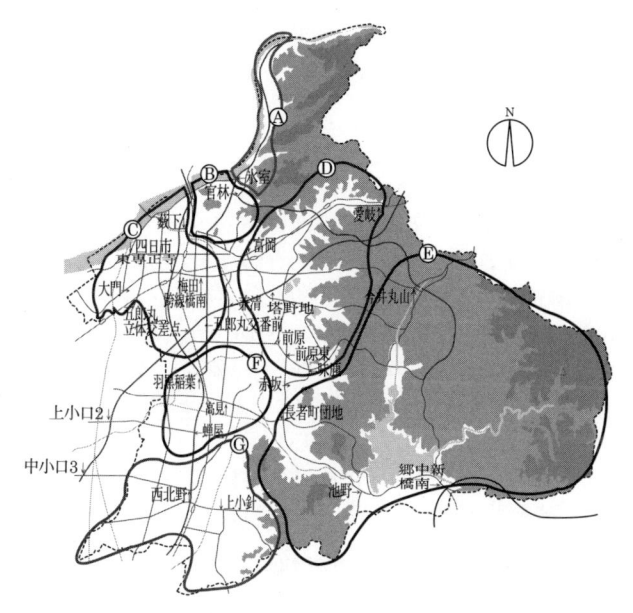

第 23 章　愛知県犬山市における全市博物館構想　339

図 23-1　地区別ゾーニング地図
（犬山市教育委員会文化財課　2002、p6）

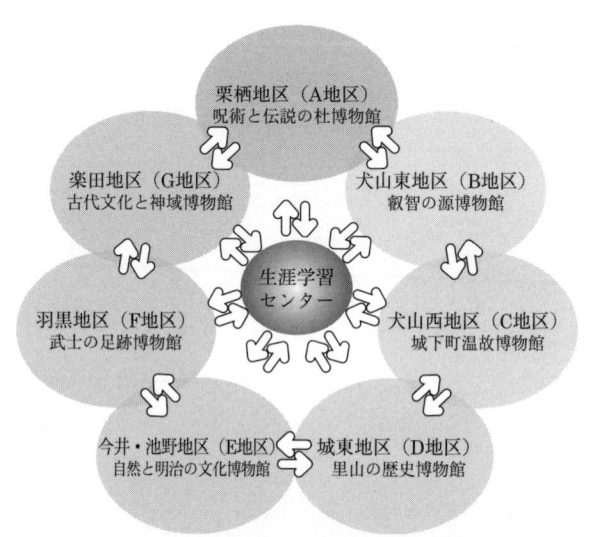

図 23-2　全市博物館構想イメージ図
（犬山市教育委員会文化財課　2002、p91）

全市博物館構想は、犬山市教育委員会生涯学習部文化財課が策定を担当し、中心となって展開している。文化財課職員からは、全市博物館構想の展開にあたる留意点として次のような声が聞かれた[1]。

> 『生涯学習』とか『生涯学習のまちづくり』とか、一見耳ざわりの良い、時流に乗った言葉だけが1人歩きしたんじゃ何にもならんよね。行政のやることは、もっと地道、ベーシックな部分だと思うんですよ。住民の意識が醸成される前に行政主導で進んじゃうと、どんどん住民の意識と行政の動きとが乖離して、計画倒れに終わってしまうと思うんですね。しかし、生涯学習で十分に住民の意識が醸成していれば、行政が進めるときに、むしろ住民が『遅いんじゃないの？』ということでついて来る。したがって、全市博物館構想においては、住民の意識を醸成することを第1に考えて進めていきたいと思っています。

このように、まちづくりと生涯学習の推進において、行政がその構想を打ち立てたり、かけ声をかけること自体は難しいことではない。それを住民と行政とが協働して創り上げることが重要であり、全市博物館構想への「住民意識の醸成」が展開にあたる留意点とされている。

3. 犬山市民総合大学歴史文化学部

（1） 歴史文化学部の概要

前述の通り全市博物館構想では、学習機会の整備として、犬山市民総合大学歴史文化学部での地域資源を教材とした豊富な講座を中核に据え、住民が、地域資源に対して、まちづくりを意識した積極的な働きかけが自発的にできるまでに成長することを目指している。犬山市民総合大学は、1990年度から2001年度まで開催された犬山市民大学講座を母体とし、全市博物館構想が発表された翌年度、2002年度に開設された。2005年度現在、いつでも・どこでも・誰でも自ら学ぶことができる生涯学習の場として「一般教養学部」と、犬山市の特色を学ぶ専門学部として「歴史文化学部」・「環境学部」・「教育学部」・「スポーツ学部」の5学部が設置されている。

このうち文化財課が主催する歴史文化学部は、①犬山祭、からくり文化といった「犬山固有の文化に着目した学科」、②古代史として東之宮古墳や青塚古墳、中世史として梶原一族の栄枯盛衰といった「時代区分に着目した学科」、③犬山西地区の

近世初期の町割、今井・池野地区の博物館明治村といった「地域の文化資源に着目した学科」の3学科で構成され、各学科とも4から5回の講座が開催されている。2002年度からの各学科のテーマは次の通りである。

①　犬山固有の文化に着目した学科
　2002年度　からくり文化学科　―犬山のからくり文化を考える―
　2003年度　祭り文化学科　―犬山祭を考える―
　2004年度　祭り文化学科　―祭りと人々の暮らし―
　2005年度　祭り文化学科　―祭の魅力―
②　時代区分に着目した学科
　2002年度　古代史学科　―東之宮古墳の時代を考える―
　2003年度　古代史学科　―犬山の古墳文化を考える―
　2004年度　古代史学科　―古代豪族の権力（ちから）―
　2005年度　古代史学科　―旧跡東之宮古墳を考える―
③　地域の文化資源に着目した学科
　2002年度　地域歴史学科　―城下町を考える―
　2003年度　地域歴史学科　―犬山城を考える―
　2004年度　明治モダン史学科　―文化遺産は未来への扉―
　2005年度　ハイカラ明治史学科　―今に伝える明治の心―

　これらの学科によって、犬山市全域に広がる豊富な歴史や文化、自然といった地域資源を学習できる機会が整備されている。また歴史文化学部では、出席日数が7割以上の受講生に対し、全学部共通の卒業証書に加えて独自の「市民学芸員書」を授与し、学習への評価を行っている。

（2）　講座の様子

　筆者は、歴史文化学部における講座の様子や受講生の意識を調査するため、2003年度から2005年度の3年間にわたって計26回の講座を調査し、さらに、3年間とも各学科の最終回には受講生へのアンケート調査[2]を行った。これらの調査から、歴史文化学部における講座の様子をみていく。

　歴史文化学部の3学科では、2003年度から2005年度までに延べ562名（2003年度183名・2004年度196名・2005年度183名）が学び、出席日数が7割以上

の受講生に授与される市民学芸員証の授与者数（率）は、3年間で延べ400名（71.2%）となっている。受講生の属性には、毎年各学科とも似通った傾向がみられ、アンケート調査からは次のような延べ集計結果が得られた。性別は、男性247名（71.2%）、女性100名（28.8%）と、男性の方が多い。全体の年齢層は、20歳代2名（0.6%）、30歳代5名（1.4%）、40歳代11名（3.2%）、50歳代63名（18.2%）、60歳代172名（49.6%）、70歳代以上94名（27.1%）と、60歳代以上の高齢者が多い。男女別でみると、男性は60歳代が132名（53.4%）と最も多く、次いで70歳代以上が86名（34.8%）である。一方、女性は50歳代が44名（44.0%）と最も多く、次いで60歳代が40名（40.0%）である。次に、受講生の居住地区をみると、講座会場の位置する犬山西地区が92名（26.5%）と最も多く、次いで羽黒地区が77名（22.2%）であるが、テーマが一定の地区に深く関わる場合、そこに居住する受講生が増加する傾向にある。また受講生の職業は、定年後もしくは無職の者が273名（78.7%）と最も多い。

次に、2005年度を例として各学科の様子をみていく。

① 祭り文化学科

講座内容　第1回　名古屋型山車の成立と発展
　　　　　第2回　犬山祭の魅力─犬山祭総合調査から─
　　　　　第3回　先人の技術と伝統に学ぶ
　　　　　第4回　犬山の民族芸能

犬山固有の文化に着目した学科として設けられた祭り文化学科では、2005年度、「祭の魅力」をテーマに講座が開催された。犬山祭は、寛永12年（1635年）に始まる市内針綱神社の祭礼で、4月の第1土・日曜日に行われる。愛知県の有形民俗文化財に指定されている3層の車山（やま）が13台くり出して、笛、太鼓に合わせからくり人形を披露し、夜は各車山に365個もの提灯が灯され、満開の桜並木を縫って練り歩く様は錦絵をみるようだといわれる。2002年度から2004年度には、文化財課を中心として犬山祭総合調査が行われるなど、まさに犬山固有の重要な文化である。

調査した第1・2・3回を中心として、講座の様子をみていく。祭り文化学科の会場では、講師の演題と向き合う形で受講生用の机と椅子が並べられていた。参加者たちは開始時刻の30分前頃から集まり始め、会場入り口横に設置された受付で名

前と受講番号の確認を済ませた後、自由に席に着き、机上に置かれた当日の資料に目を通していた。なお、第1回では、当日の資料に加え、各担当講師のプロフィールとメモ欄つきの冊子も配布された。午後1時半から3時までの1時間半にわたる講座は、担当スタッフによる挨拶と講師紹介から始まり、続いて一斉学習の形態による講義に移った。

　第1回「名古屋型山車の成立と発展」では、山鉾祭りの多彩な形態が示された後、名古屋型（犬山型）山車の成立と、その本質について説明がなされた。講義では、配布資料に加え、書画カメラやビデオによって実際の画像・映像も示された。第2回「犬山祭の魅力―犬山祭総合調査から―」では、2002年度から2004年度に行われた犬山祭総合調査の結果を基にして、犬山祭の歴史とその謎、古くから伝わる祭礼図等について説明がなされた。講義は、配布資料と板書による説明であったが、資料には祭礼図等、多彩な絵図が載せられていた。第3回「先人の技術と伝統に学ぶ」では、現場で祭を支える技術者の声を受講生に届けたいとの趣旨から、岐阜県飛騨地方を中心に全国の山車・屋台の修復に携わる宮大工が講師を務めた。2004年度までは、犬山祭の保存・調査に関わる学識者が講師を務めており、新しい試みである。講義は、事前に配布・回収した講師への質問カードに答える形で進められ、山車を形づくる木の組み方等について説明がなされた。また、書画カメラによる写真の提示に加え、木組みの模型も用意された。各回とも、講義中の受講生には、資料を見ながら話を聞きメモをとる姿が多くみられた。

　講義は、講座終了時刻の約10分前に終了し、続く質疑応答では、時間の許す限り活発な質疑応答が行われた。質疑応答終了後、担当スタッフによる挨拶と講師への拍手で講座は終了した。その後、第2回では、質疑応答の時間に質問できなった受講生が、講師に直接質問する姿がみられ、第3回では、大勢の受講生が木組みの模型を手にし、講師や付き添いの弟子らから再度説明を受けていた。

　② 古代史学科
　　講座内容　第1回　古墳時代と東之宮古墳
　　　　　　　第2回　東之宮古墳の特徴とその意味
　　　　　　　第3回　古墳遺跡を訪ねる　現地研修（長塚古墳・東之宮古墳）
　　　　　　　第4回　東之宮古墳と倭王権

時代区分に着目した学科として設けられた古代史学科では、2005年度、「史跡東之宮古墳を考える」をテーマに講座が開催された。犬山市内には13余りの古墳が点在し、県内で2位の大きさを誇る青塚古墳や、最古の分類に属する東之宮古墳は国の文化財に指定されている。犬山市の古代史を語る上で、重要な地域資源である。なお、東之宮古墳の再発掘調査・整備が2004年度から開始されたことを受け、2005年度は東之宮古墳に焦点をあてた講座内容となった。

調査した全4回について、講座の様子をみていく。第1・2・4回は、午前10時から11時半の1時間半にわたって、祭り文化学科と同じ進行、同じ一斉学習の形態で行われた。第3回は他の講座と異なり、午前10時から午後3時の5時間にわたって、現地研修として現地（長塚古墳・東之宮古墳）での講義が行われた。これは、犬山市民総合大学初年度にあたる2002年度受講生からの要望により、2003年度から取り入れられたものである。

第1回「古墳時代と東之宮古墳」では、弥生終末期の墳丘をもつ首長墓から前方後円墳の出現まで、長きにわたる古墳時代において、東之宮古墳がつくられた時期やその歴史的背景について説明がなされた。講義は、多彩な絵図が載せられた配布資料に加え、プロジェクターによって古墳の測量図や地図等も示された。第2回「東之宮古墳の特徴とその意味」では、東之宮古墳から出土した三角縁神獣鏡や石製品、鉄製品の特徴とその意味について説明がなされた。講義は、多彩な絵図が載せられた配布資料に加え、プロジェクターによって実物の画像も示された。

第3回「古墳遺跡を訪ねる　現地研修（長塚古墳・東之宮古墳）」では、現地での講義が行われた。当日は、講座会場の一階フロアで受付と資料配布を行った後、バスで長塚古墳（岐阜県可児市）へ向かい、犬山市内の施設で昼食を済ませた後、東之宮古墳へ向かった。現地に向かう車内で、筆者は隣り合わせた受講生と当日が晴天に恵まれた嬉しさを話し、これから向かう古墳はどのような様子なのかと会話を楽しむことができた。長塚古墳及び東之宮古墳では、普段一般の人が入ることのできない古墳頂上部に入り、講師による説明が行われた後、講師や同行した学芸員の説明を受けながら各自古墳を見学し、写真を撮る受講生も多くみられた。また東之宮古墳では、当日も発掘調査が行われており、その様子を間近でみることができた。高齢の受講生が多いなか、古墳頂上部までの道のりは険しく、駐車場から古墳までの移動も交通量が多かったため、安全確保には十分な留意がなされた。高齢の

受講生のなかには、スタッフや他の受講生の手を借りながらゆっくりではあるが着実に進み、古墳を嬉しそうに眺める姿もみられた。

　第4回「東之宮古墳と倭王権」では、第3回の現地研修も踏まえて、東之宮古墳の意義や調査・整備の必要性について説明がなされた。講義では、多彩な絵図が載せられた配布資料に加え、プロジェクターによって、整備が進められている東之宮古墳の復元図が多角度から見渡せる形で示された。祭り文化学科と同じく、各回とも講義終了後には質疑応答の時間が設けられ、時間の許す限り活発な質疑応答が行われた。また第4回の講座終了後には、自主グループで活動する数人の受講生が活動について話をしていた際、興味を示した他の受講生が話しかける姿がみられた。

　③　ハイカラ明治史学科
　講座内容　第1回　明治村について
　　　　　　第2回　明治村の楽しみ方
　　　　　　第3回　再見　明治のゆとりと美
　　　　　　第4回　今、役立つ　近代建築の勘どころ

　地域の文化資源に着目した学科では、2003年度まで「地域歴史学科」として犬山西地区にある犬山城やその城下町を取り上げた講座が開催された。そして2004年度からは、今井・池野地区にある博物館明治村（以下、明治村）の協力を得て「明治モダン史学科（2004年度）・ハイカラ明治史学科（2005年度）」とし、2005年度は、「今に伝える明治の心」をテーマに講座が開催された。明治村は、1965年の開村から、明治時代の建築を移築・復元・保存・展示するとともに、歴史資料を収集・保存・管理する博物館として運営展開され、2006年3月現在で国指定重要文化財10件、愛知県指定有形文化財1件を含む、67件の建物・施設物を有している。最近では、単に文化財を展示するだけでなく、各種イベントを開催し、実際に体験できる催しを多く取り入れるなど、明治の新しい形と心を発見し体験する生涯学習の場としての機能を果たしている。犬山市にとって、重要な地域文化資源である。

　調査した第2・4回を中心として、講座の様子をみていく。ハイカラ明治史学科では、明治村の第4高等学校物理化学教室を会場とし、講師は、館長や所長、学芸員、建築担当部長など、明治村職員が務めた。進行、学習形態は、先にみた2学科と同じであった。

第2回「明治村の楽しみ方」では、現在の明治村は、単に文化財を展示するだけでなく、各種イベントを開催し、実際に体験できる催しを多く開催しているとのPRがなされ、より楽しみ、学ぶための方法について説明がなされた。第4回「今、役立つ近代建築の勘どころ」では、一級建築士であり、建造物の明治村への移築に携わる建築担当部長が講師を務め、近代建築の特色と現在に生かすべきに点ついて説明がなされた。講義は、配布資料はなく、スライドによって実物の画像を示しながら進められた。

　先にみた2学科と同じく、各回とも講義終了後には質疑応答の時間が設けられ、時間の許す限り活発な質疑応答が行われた。なお、2004年度の講座では、明治村内の建物を廻りながらの説明も行われたが、移動に時間がかかるため2005年度は行われなかった。そのため、講義時間を午後（午後1時半から3時）から午前（午前10時から11時半）に変更し、講義終了後にゆっくりと館内を見学できるようにとの配慮がなされた。

（3）　受講生の意識
　次に、アンケート調査の延べ集計結果から、受講生の講座や全市博物館構想、犬山市のまちづくりに対する意識をみていく。

　まず、講座に対する意識をみる。受講生の前年度の犬山市民総合大学への参加状況（2003年度受講生は2002年度、2004年度受講生は2003年度、2005年度は2004年度の参加状況）は、学部を問わず何らかの学部に参加していた者が全体の61.4%（213名）、いずれの学部にも参加していなかった者が38.6%（134名）であった。何らかの学部に参加していた者の内、歴史文化学部に参加していた者が最も多く、213名中73.7%にあたる157名であった。ここから、対前年度における歴史文化学部の再受講率を求めると45.2%となり、約半数が2年以上受講を続けていることが明らかとなった。

　次に、受講動機・目的について複数回答可で尋ねたところ、「自分の楽しみ」とした者が45.9%と最も多く、次いで「教養を身につける」とした者が42.9%と多かった。一方、「特技を得るため」とした者は0.3%、「仲間づくり」とした者は4.6%、「社会や人のために役立てる」とした者は6.9%と低い数値をみせた。なお、「まちづくりに役立てるため」とした者は15.0%と、11項目中6位であった。

次に、受講後の感想としては、「大変満足である」もしくは「満足である」とした者が78.1%を占め、「満足でない」とした者（5.8%）に大差をつけた。さらに、受講を通して新しい仲間が出来たかを尋ねたところ、70.9%（246名）が「出来なかった」とし、「出来た」とした者は19.3%（67名）に留まった。また、「その他」とした37名の内10名からは、仲間づくりのための受講ではない、特に求めなかった等の声が聞かれた。また、歴史文化学部3学科のテーマは、それぞれ犬山祭・古墳・犬山城・明治史であったが、各テーマへの日頃の関わりを複数回答可で尋ねたところ、「興味があった」とした者が66.0%と最も多く、次いで「よく訪れる」とした者が50.4%であった。他は、「学習・研究してきた」とした者が13.5%、「全く関わっていない」が11.8%であり、先の2項目に大差をつけた。さらに、受講を通してテーマへの関心が「大変高まった」もしくは「高まった」とした者は、85.3%（296名）を占めた。

　次に、今回の学習成果を生かして自主的な活動を始めたいか否かを尋ねたところ、始める意思のある者は65.7%（228名）を占め、その内「機会があれば始めたい」とした者が56.5%（196名）と最も多かった。また、「既に始めている」とした者も9.5%（33名）みられた。さらに、始める意思のある者の希望する活動形態は、「自ら学習を深める」とした者が70.5%（160名）を占め、「既存団体に加入する」とした者は30.4%（69名）、「自ら団体を発足する」とした者は0.4%（1名）であった。また、希望する活動内容は、「犬山の歴史に関わる活動」とした者が65.3%（149名）を占め、「各テーマに関わる活動」とした者は29.5%（67名）、「犬山のまちづくりに関わる活動」とした者は18.9%（43名）であった。

　さらに自由記述からは、「日頃近づけない研究者の話を聞けるので、大変嬉しい。このような機会を有効に活かして勉強したいと思っている。」・「非常に分かりやすく身近なテーマを取り上げていただき、理解を深めることができました。」といった講座を評価する記述が最も多くみられ、古代史学科の受講生からは現地研修を評価する記述もみられた。また、「若い頃から興味があって、この講座はとても役に立った。その結果、地域の方々を青塚古墳に連れて行っていろいろとお話して喜ばれたこともあり、更に学習していきたいと思っている。」・「町内の人に呼びかけて、尾張地方各地の歴史散歩をボランティアでやっています。受講の成果を案内説明の中身に反映していきたい。」といった更なる学習・活動への意欲や、「自分の住むま

ちには、すごいものがまだまだあるんだという楽しみを抱くことができました。」といったテーマ・犬山市への見直し、関心の高まりを示す記述も多くみられた。一方、「内容的にもう少し専門的な分野に突っ込んだものが少し足りなかった感があった。レベルアップを期待したい。」・「4回だけでは物足りない気分です。時間をもっと増やしてほしい。」といった講座への意見や要望をする記述もみられた。

続いて、全市博物館構想や犬山市のまちづくりに対する意識をみる。受講生の全市博物館構想に対する認知度は、「よく知っている」とした者が47.3％（167名）、「よく知らないが聞いたことはある」とした者が45.5％（158名）、「全く知らない」とした者が6.9％（24名）となり、高い認知度を示した。

次に、まちづくりへの現在の関わり方を尋ねたところ、「行政任せ」とした者が49.3％（171名）と最も多く、次いで「行政支援」とした者が36.9％（128名）であり、「主体的関与」とした者は8.6％（30名）に留まった。このような現状のなかで、今後はまちづくりにどう関わっていきたいかを尋ねたところ、「行政支援」とした者が47.0％（163名）と最も多かった。一方、現状で1位であった「行政任せ」とした者は38.6％低下して10.7％（37名）となり、「主体的関与」とした者は21.1％上昇して29.7％（103名）となった。また、受講を通してまちづくりへの関心が「大変高まった」もしくは「高まった」とした者は、61.1％（212名）を占め、以前と変わらないとしたものは37.8％（131名）であった。このように、現状では「行政任せ」としている者が多いものの今後は「主体的関与」を望む者も多く、受講を通してまちづくりへの関心が高まったことも影響していると推測される。

さらに自由記述からは、「犬山市は歴史あるまちです。したがって、この歴史を生かしたまちづくりがなされるといいと思っています。」・「犬山市のまちづくりについて、歴史的基盤があり、意見の集約ができやすいように見られるが、古いものと新しいものをどう調和するかが難しいと思うし、犬山のまちづくりにとって重要ではないかと思われる。」といった地域資源を生かしたまちづくりへの期待や提言をする記述が最も多くみられた。また、「行政・企業・住民がもっと話し合い、手をつなぎ合えることはさらに手を取り合って、効果ある活動が進められるよう努力されたい。住民の興味・関心を持っている層には、活動の場があれば積極的に出てくる人があるものと思う。」といった住民と行政、企業等の協働の必要性や、それに向けた住民の意識改革を求める記述も多くみられた。

このように、地域資源を生かしたまちづくりや、住民と行政、企業等の協働に対する意識の高さがみられた一方、全市博物館構想については、「構想への意気込みは解るが、実際的にどこが窓口で、どの様に行動を行っているのか伝わってこず、どう関わっていいのか糸口がつかめぬ。」といった関わり方に対する困惑を示す記述がみられた。住民意識の醸成において、住民が全市博物館構想へ関わる糸口を明確にする必要を示すものともいえよう。

受講生が講座や全市博物館構想、犬山市のまちづくりに対してこのような意識を示すなか、主催者である文化財課職員からは、歴史文化学部への評価と今後の方向性について次のような声が聞かれた。

> モニタリングをみて、受講生に偏りがあるということであれば、ごく限られた人の満足に応えてるだけですよね。全市民学芸員を目指してるもんだから、年齢層と対象者をどんどん拡大していかないかんね。これからは、もっと重層化を図って、犬山市の目指す方向は市民の皆さんが考えることで、行政が道を引いても何にもならないから、皆の思いは何じゃということを聴いていきたいと思います。それから、地域資源を教えるということに関して、今は著名な講師にお願いしてるんだけども、地域の教育力を引き出して、地域の教育力によって地域が育っていかないかんよね。地域の人たちに生涯学習で学んだことを教えられるようなシステムを考えたいなと思っている。ただ受け身だけじゃなくして、その人たちが能動的に教える立場になって、さらには、実際に働きかけるところまでになっていただけることを期待しているんですよ。そうじゃないと、本物じゃないよね。今はその第1歩で、過渡期にあると思います。

このように、学習機会の整備である歴史文化学部においても「住民意識の醸成」に重点を置き、受講生が地域における活動者としての主体性を育むことを目指して、重層化に向けた方策を模索する過渡期にあるとの評価が聞かれた。

4. 全市博物館構想の意義

全市博物館構想は、地域資源を基礎とした生涯学習環境を整え、それぞれの地区が持つ魅力を効率よく引き出し、犬山市全体が1つの大きな「天井のない博物館」として個性豊かに輝くことを基本的な考えとするものである。住民が地域資源を教材として学んだ成果を生かして、犬山市のまちづくりの担い手となることを目標とし、場の整備と機会の整備の2本柱によって展開されている。

ここでは、犬山市全体を、特徴ある各地区が集まった1つの大きな「天井のない博物館」と見立てることで、まちの将来像が明確化されている。また、地域特性により市内をゾーニングすることで、地域資源の発掘とその利活用が進められている。それらを通して、歴史や文化、自然が豊かな犬山市の「犬山らしさ」という、まちの独自性を生かした生涯学習の創造が図られているのである。独自性は、住民にとってまちへの愛着や誇り、より良くしていこうという意欲の原動力となり得、全市博物館構想の意義といえよう。さらにその目標を、住民が地域資源を教材として学んだ成果を生かして、犬山市のまちづくりの担い手となること、つまりまちづくりを担う「人づくり」とし、文化財課や歴史文化学部への調査でもそれを強調する結果が得られた。まちは、それが受け継いできた歴史や文化、自然といった歴史的環境と、現在そこに暮らす住民が創り出す社会的環境とで構成される。歴史的環境を生かすも殺すも社会的環境、つまりそこに暮らす住民、「人」しだいである。したがって、まちづくりを担う「人づくり」を地域資源を教材とした生涯学習に求め、その仕組みを整備しようとすることは、全市博物館構想の大きな意義といえよう。

　この全市博物館構想は、行政からの動きであるため住民意識の醸成が最大の課題とされるが、学習機会の中核に位置づく歴史文化学部では、多くの住民が地域資源を教材として学び、その意義や魅力を再認識しつつある。現段階では、それを趣味・教養ととらえ、学習成果を生かす場も自らの内に見出す住民が多いが、そうした趣味・教養としての学びをも相互に認め合う関係を築いたり、まちづくりへ参画する糸口を見出す場・機会として、発展の可能性を持っている。住民意識の醸成という重要な一過程を乗り越え、今後は、住民主体による更なる発展が期待される。

　末尾になったが、調査にご協力いただいた犬山市教育委員会生涯学習部文化財課、犬山市民総合大学歴史文化学部受講生の皆様方に厚く御礼申し上げる。

注
1）　文化財課職員からの声は、筆者が、2003年5月から10月に4回にわたり行った文化財課職員へのインタビュー調査によるものである。
2）　歴史文化学部受講生の講座や全市博物館構想、犬山市のまちづくりに対する意識を調査するため、各学科の最終回に、集合回収調査方法で無記名によるアンケートを行った。3年間で、配布数延べ378部、回収数延べ356部、有効回答数（率）延べ347部（97.5％）であった。アンケー

トでは、属性（質問1）の他、大別して2項目を尋ねた。一方は、各学科の講座に関することであり、質問2①-⑩がそれにあたる。もう一方は、全市博物館構想や犬山市のまちづくりに関することであり、質問2⑪-質問3③がそれにあたる。なお、文化財課独自のアンケート調査は行われていない。（次頁資料参照）

参考・引用文献
犬山市教育委員会文化財課編『全市博物館構想』愛知県犬山市・犬山市教育委員会、2002
犬山市教育委員会生涯学習課編『平成14年度犬山の生涯学習』犬山市教育委員会、2002
　　──『平成15年度犬山の生涯学習』犬山市教育委員会、2003
　　──『平成16年度犬山の生涯学習』犬山市教育委員会、2004
　　──『平成17年度犬山の生涯学習』犬山市教育委員会、2005
犬山市生涯学習推進本部編『犬山市生涯学習基本構想・基本計画』犬山市教育委員会、1998
犬山市総務部企画課編『新総合計画（第4次犬山市総合計画）概要版』愛知県犬山市、1999

資料 アンケート用紙

1・3p は全学科共通、2p（質問2⑤⑦⑩）は各テーマに沿う質問とした。

1p

犬山市民総合大学・歴史文化学部　受講生へのアンケート

1. まず、あなた自身についてお聞きします。当てはまる項目に「○」をつけてください。

　　性別：　（　男　・　女　）　　年齢：〔 20歳代　・　30歳代　・　40歳代 〕
　　　　　　　　　　　　　　　　　　　　〔 50歳代　・　60歳代　・　70歳代以上 〕

　　居住地区：　1．栗栖地区　　　2．犬山駅東地区　　　3．犬山駅西地区
　　　　　　　　4．城東地区　　　5．今井・池野地区　　6．羽黒地区
　　　　　　　　7．楽田地区　　　8．市外

　　職業：（　有職　・　定年後　・　無職　・　学生　）

　　職業分野：　1．会社員　　2．公務員　　3．自営業　　4．パート・アルバイト
　　　　　　　　5．その他（　　　）
　　　　　　　　　　　　　　　　　　※定年後の方は、就いていた職業分野をお答え下さい。

2. 以下の質問に対し、当てはまる項目に「○」をつけてください。

　① 一昨年度（平成15年度）も、犬山市民総合大学に参加していましたか？

　　　1．「歴史文化 ・ 一般教養 ・ 環境 ・ 教育 ・ スポーツ」学部に参加していた

　　　2．参加していなかった

　② 昨年度（平成16年度）も、犬山市民総合大学に参加していましたか？

　　　1．「歴史文化 ・ 一般教養 ・ 環境 ・ 教育 ・ スポーツ ・ 文学 ・ 観光」学部
　　　　　　　　　　　　　　　　　　　　　　　　　　　　　　　　　　に参加していた

　　　2．参加していなかった

　③ 受講の動機・目的はなんですか？当てはまるもの全てに「○」をつけてください。

　　　1．趣味　　2．自分の楽しみ　　3．余暇時間を活かす　　4．仲間づくり
　　　5．教養を身につける　　6．特技を得る　　7．生きがいづくり
　　　8．社会変化への対応　　9．社会や人の役に立てる
　　　10．まちづくりに役立てる　　11．その他（　　　　　　　　　　　　）

　④ 受講後の感想はどうですか？　当てはまるもの全てに「○」をつけてください。

　　　1．大変満足である　　2．満足である　　3．満足していない
　　　4．目的を達成出来た　　5．新たな目的が出来た　　6．目的を達成出来なかった
　　　7．その他（　　　　　　　　　　　　）

　　　　　　　　　　　　　　　　　　　　　　　次のページへお進みください。

2p （祭り文化学科）

⑤ 受講を通して、新しい仲間が出来ましたか？

　1.　出来た　　　2.　出来なかった　　　3.　その他（　　　　　　　　　　　）

⑥ テーマであった"犬山祭"に、これまでどう関わってきましたか？
　当てはまるもの全てに「○」をつけてください。

　1.　運営者・参加者として関わってきた　　2.　犬山祭をよく見学している
　3.　犬山祭について研究・学習してきた　　4.　犬山祭に興味があった
　5.　全く関わっていない　　　　　　　　　6.　その他（　　　　　　　　　　）

⑦ 受講を通して、犬山祭への興味・関心は高まりましたか？

　1.　大変高まった　　　2.　高まった　　　3.　以前と変らない
　4.　以前より興味・関心がなくなった　　　5.　その他（　　　　　　　　　　）

⑧ 来年も、犬山市民総合大学・歴史文化学部への参加を希望しますか？

　1.　ぜひ希望する　　　　　2.　出来れば希望する
　3.　希望しない　　　　　　4.　その他（　　　　　　　　　　　）

⑨ 今回の学習を生かして、自主的な活動を始めたいと思いますか？

　1.　始める予定である　　2.　ぜひ始めたい　　3.　機会があれば始めたい
　4.　始めるつもりはない　5.　既に始めている　6.　その他（　　　　　　　　）

⑩ 始める予定、もしくは始めたい活動はどのようなものですか？

　形態：　1.　自ら活動団体・サークルを発足する　2.　既存の団体・サークルに加入する
　　　　　3.　自ら学習を深める　　　　　　　　　4.　その他（　　　　　　　　　）
　内容：　1.　犬山祭に関わる活動　　　　2.　犬山の歴史に関わる活動
　　　　　3.　まちづくりに関わる活動　　4.　その他（　　　　　　　　　　　　）

⑪ 犬山市から発表された『全市博物館構想』をご存知ですか？

　1.　よく知っている　　2.　よく知らないが、聞いたことはある
　3.　全く知らない　　　4.　その他（　　　　　　　　　　　　）

次のページへお進みください。

3p

3. 質問2-⑪でお聞きした『全市博物館構想』は、犬山市の際立った歴史・文化・自然を切り口とした"まちづくり"を、生涯学習という手法により、住民主体で行なうことを目指すものです。
そこで、ここでは、あなたの"まちづくり"に対する意識についてお聞きします。
以下の質問に対し、当てはまる項目に「○」をつけてください。

① 日頃、犬山市のまちづくりにどう関わっていますか？

　　1. 主体的に関わっている　　　2. 主体的な関わりはないが、行政支援をしている

　　3. 行政に任せ、自分は関わっていない　　4. その他（　　　　　　　）

② 受講を通して、犬山市のまちづくりへの関心は高まりましかた？

　　1. 大変高まった　　2. 高まった　　3. 以前と変らない

　　4. 以前より関心がなくなった　　5. その他（　　　　　　　）

③ 今後、犬山市のまちづくりにどう関わっていきたいとお考えですか？

　　1. 主体的に関わりたい　　　2. 行政支援はするが、主体的には関わりたくない

　　3. 行政に任せ、自分は関わりたくない　　4. その他（　　　　　　　）

4. 受講した感想や、犬山市のまちづくりに関して思うことを、ご自由にお書きください。

アンケートは以上です。ご協力ありがとうございました。

第24章

自治体史編纂と社会教育
―三重県多度町史編纂をとおして―

1. はじめに

　2006年1月10日、新「紀宝町」と新「大台町」が誕生した。三重県内での市町村合併は、これによりひとまず収束した。この一連の動きは、言うまでもなく平成の大合併と呼ばれ全国的に進められている市町村の再編である。それまで、三重県内には69市町村が存在したが、29市町へと半分以下にまでなり、「村」はなくなった。筆者が勤めていた多度町も、2004年12月に桑名市・長島町と合併し、新「桑名市」となった。この合併を前に自治体史を編纂したところがいくつかあり、そこには合併してなくなる自治体のアイデンティティを後世まで残そうという意図が見える。

　1990年に"ふるさと創生事業"の一環として始められた多度町史編纂事業は、2004年3月までに自然編、民俗編、資料編1考古・古代・中世、資料編2近世、資料編3近代・現代の全5巻が刊行され、編纂を終了した。現在は、収集した史資料の整理と目録の作成を中心に作業を進めているところである。編纂した本は、それ自体社会教育に有用な素材であるが、編纂のために集めた史資料も同様であろう。そして、これらの史資料は税金を使って集められたものであり、住民共有の財産としてどのように保存し、活用していくかが課題となる。

　本稿では三重県内の自治体史編纂の動向、そして多度町史編纂の過程で行った講座や教室といった諸々の学習活動の実施例を紹介し、編纂終了後の課題について見ていくこととする。

356　Ⅲ　愛知・三重県内の取り組み

表24-1　三重県内の自治体史一覧

現市町村名	旧市町村名	戦前	戦後～1970年代	1980年代以降
桑名市	桑名市		『桑名市史』全3巻（1959～1987）	
	多度町		『多度町史』(1963)	『多度町史』全5巻（1995～2004）
木曽岬町	長島町		『長島町誌』全2巻（1974・1978）	
	木曽岬町		『木曽岬村史』全2巻（1969・1985）	『木曽岬町史』(1998) 前2巻の改題改訂版
いなべ市	員弁町			『員弁町史』(1991)
	北勢町		『治田村誌』(1953)	『北勢町史』(2000)
	大安町			『大安町史』全2巻（1986・1993）
	藤原町			『藤原町史』(1992)
東員町	東員町			『東員町史』全2巻（1989）※2003年に全28巻の点字版刊行
朝日町	朝日町		『朝日町史』(1974)	
川越町	川越町		『川越町史』(1971)	『川越町史』(1998)
四日市市	四日市市	『四日市市史』(1930)	『四日市市史』全2巻（1961）	『四日市市史』全20巻（1988～2001）
	楠町		『楠町史』(1978)	『楠町史』(2005)
菰野町	菰野町	『菰野町史』(1941)		『菰野町史』全3巻（1987～1997）
鈴鹿市	鈴鹿市			『鈴鹿市史』全5巻（1980～1989）
亀山市	亀山市			『亀山市史』編纂中
	関町		『鈴鹿関町史』全2巻（1977・1984）	
津市	津市		『大里村史』(1959)『伊勢片田村史』(1959)『津市史』全5巻（1959～1969）	
	久居市		『久居市史』全2巻（1972）	
	河芸町		『河芸町郷土誌』(1978)	『河芸町史』全5巻（2000～2001）
	芸濃町			『芸濃町史』全2巻（1986）
	美里村			『美里村史』全2巻（1994）
	安濃町			『安濃町史』全2巻（1994・1999）
	香良洲町			『香良洲町史』(1993)
	一志町			『一志町史』全2巻（1981）
	白山町		『一志郡白山町文化誌』(1973)	
	美杉村			『美杉村史』全2巻（1981）
松阪市	松阪市		『松阪市史』全16巻＋別巻2（1977～1985）	
	嬉野町			『嬉野町史』(1981)『嬉野史』全6巻編纂中
	三雲町		『三雲庶民史』(1958)	『三雲町史』全3巻（1999～2003）
	飯南町			『飯南町史』(1984)
	飯高町			『飯高町郷土誌』(1986)
明和町	明和町		『明和町史』(1972)	『明和町郷土史』全5巻編纂中
多気町	多気町			『多気町史』全2巻（1991・1992）

第24章 自治体史編纂と社会教育―三重県多度町史編纂をとおして― 357

玉城町	勢和村			『勢和村史』全3巻（1999〜2001）
度会町	玉城町			『玉城町史』全3巻（1995〜2005）
大台町	度会町			『度会町史』（1981）
	大台町			『大台町史』（1996）
伊勢市	宮川村			『宮川村史』（1994）
	伊勢市	『宇治山田市史』全2巻（1929）	『伊勢市史』（1968）	『伊勢市史』全18巻編纂中
	二見町			『二見町史』全2巻（1988・1992）
	小俣町			『小俣町史』全2巻（1988）
	御薗村			『御薗村誌』（1989）
大紀町	大宮町			『大宮町史』全2巻（1986・1987）
	紀勢町			『紀勢町史』全2巻（2001）
	大内山村			『大内山村史』全2巻（2004）
南伊勢町	南勢町			『南勢町誌』（1985）『改訂増補南勢町誌』全2巻（2004）
	南島町			『南島町誌』（1985）
鳥羽市	鳥羽市			『鳥羽市史』全2巻（1991）
志摩市	浜島町	『浜島町史』（1978）		『浜島町史』（1989）『浜島町史追録』（2004）
	大王町			『大王町史』（1994）
	志摩町	『志摩町史』（1977）		『志摩町史』改訂版（2004）
	阿児町			『阿児町史』（2000）
	磯部町			『磯部町史』全2巻（1997）
伊賀市	上野市	『上野市史』（1961）		『上野市史』全14巻（2001〜）編纂中
	伊賀町	『伊賀町史』（1979）		『伊賀町のあゆみ』（2004）
	島ヶ原村			『故さとの歩み阿山町』（1980）
	阿山町			『島ヶ原村史』（1983）
	大山田村			『大山田村史』全2巻（1982）
	青山町	『青山町史』（1979）		
名張市	名張市	『名張市史』（1974）		『名張市史』全11巻編纂中
紀北町	紀伊長島町			『紀伊長島町史』（1985）
	海山町			『海山町史』（1984）
尾鷲市	尾鷲市	『尾鷲市史』全2巻（1969・1971）		
熊野市	熊野市			『熊野市史』全3巻（1983）
紀和町	紀和町	『北牟婁郡相賀村誌』（1930）		『紀和町誌』（1984）『紀和町史』全2巻＋別巻1（1991〜1994）
御浜町	御浜町			『御浜町誌』（1982）
紀宝町	紀宝町			『紀宝町誌』（2004）
	鵜殿村			『鵜殿村史』全2巻（1991・1994）
三重県			『三重県史』（1964）	『三重県史』全30巻36冊（1987〜）編纂中

※刊行年を基準としており、全体の編纂期間ではない。

2. 三重県内における自治体史編纂

これまでに三重県内で刊行されている自治体史の一覧が表24-1である。早いところでは戦前に作成されたところもあるが、多くは1980年代以降である。最も早いのが、1929年に刊行された『宇治山田市史』（現伊勢市）である。このほか、戦前の刊行には『四日市市史』・『菰野町史』などがある。戦後、最初のピークは、昭和の大合併が行われた前後で、『桑名市史』・『津市史』などが刊行された。多度町も1955年に1町4村が合併して誕生した町であり、それを機に編纂が計画されて1963年に『多度町史』が刊行された。したがって、今回が二度目の町史刊行であった。

次に多く刊行されたのが1970年代で、これは明治維新から100年が経過したことを受けて全国的に自治体史が多くまとめられたことによる。そして、1980年代以降では市制・町制施行○○周年に合わせてそれぞれの自治体の記念事業として編纂が行われることが多かった。この中には近隣市町村が刊行したのを受けて、隣が作るならうちも、ということで編纂されたところもあったのではないだろうか。そして、現在は『上野市史』や『亀山市史』などの編纂が進められている。

では、これまで編纂された自治体史はどんなものであっただろうか。初期の自治体史の多くは、本文編（通史編）のみの刊行がほとんどであり、記述の素となる史資料が提示されていなかったり、江戸時代に編纂された地誌類などを厳密な史料批判もせずに典拠としていたりすることも多く、旧『多度町史』も同様であった。そんな中、1977年から刊行が始まった『松阪市史』は、全16巻＋別巻2という構成で史料編を中心としたものであった。その後、『三重県史』・『四日市市史』も資料（史料）編を含む刊行をはじめ、資料編を含めた自治体史が定着していった。ただ、近年刊行された自治体史でも旧来の自治体史からさほど変化のない刊行もあった。阿児町では旧町史をもとに新しい町史を作成したため内容に不備があり（誤植なども多く）、刊行後に指摘を受けすぐに改訂版を出すという事態になってしまい、新聞に取り上げられるなどした。資料編は、なかなか一般の人に分かりにくいものと捉えられがちであるが、記述された内容を再度検証するためにも必要なものである。

3. 多度町史における史資料の収集

　三重県桑名郡多度町（現桑名市多度町）は、西側は養老山系の南端にあたり山地が多く、東側は揖斐川沿いの輪中地帯という自然豊かな地域である。歴史的には、伊勢国の最北部に位置し美濃・尾張との国境にあり、古代から交通の要衝として栄えていた。また、多度大社が鎮座し信仰の中心でもあり、町内には多くの遺跡がある。そして、三重県指定無形民俗文化財である多度大社上げ馬神事などがあり、民俗の宝庫でもある。こうした多度の特色を生かし、新しい『多度町史』の編纂にあたっては、まず史資料を基本とした町史を目指すことが当初から考えられ、刊行にあたって以下のような史資料が収集された。

　自然編では、四季折々の多度の自然を写した写真のほか、採集された化石の標本類や気象などの観測データなどが残されている。民俗編でも、町内の祭りや普段の暮らしの様子を撮影した写真、そして聞き取り調査の記録などがある。

　資料編 1 では、まず考古の分野において町内遺跡の実態把握ができていなかったため、1996 〜 98 年度にかけて遺跡詳細分布調査を実施し、それにより 97 ヶ所の遺跡があることがわかった（町史編さん時には数が増えて、102 ヶ所として報告）。分布調査で採集された土器類などの資料は、コンテナ数十箱にものぼる。古代・中世は、町外に所在する史料がほとんどで、原本の確認のために収集した写真やマイクロフィルムの複写物などが残るだけである。

　資料編 2・3 では、町内自治会や個人から多数の近世・近現代文書を提供いただき、中には町へ寄贈・寄託されたものもある。これらは、仮目録を作成し刊行に必要な史資料の抽出を行った。他の自治体で行っているように、先に目録の作成・刊行を進めていくだけの余裕がなかったため、現在その作業を行っている。町外に所在する史資料については資料編 1 と同様に、マイクロフィルムなどで撮影した。資料編 3 では、多度町が所蔵する行政文書も多く利用した。特に、旧多度村時代からの議会史料が明治 22 年から残されており、たいへん貴重な史料である。

4. これまで行ってきた諸活動

こうして収集した史資料が、『多度町史』全5巻というかたちで実を結んだわけである。この他町史編纂で得られた成果を広く知ってもらうための事業として、多度町歴史講座を2002年度から2004年度まで、たどれきし発見教室を2004年度に実施した。以下、これまでの実施状況を概観してみたい。

○ 2002度多度町歴史講座

9月から月1回のペースで資料編1・2を執筆した委員の方に講師をお願いして実施した。第1回「考古学から見た多度」36人、第2回「古代の多度大社」35人、第3回「多度社祠官小串氏と奉公衆」26人、第4回「多度と長島一向一揆」35人（のべ参加者132人、一回平均33人）という参加者数であった。事前に参加者を募集し申込書を提出していただく方式をとり、当初は62人の参加申込みがあった。4回すべて参加した人が13人（21.0%）、3回が12人（19.3%）、2回が15人（24.2%）、1回が14人（22.6%）、申込みはあったが一度も来なかった人が8人（12.9%）であった。初めての年であったため、当初の参加申込みの数が比較的多いのに対して出席率が低いことにとても驚いた。

○ 2003年度多度町歴史講座

前年度と同じく9月から月1回行った。「三重県の考古学」というテーマで県内の考古学の研究者を招いて、多度町の事例を交えて講義してもらった。第1回「伊勢湾と古墳─多度・桑名について─」49人、第2回「古代の煮炊具から見た三重県─土師器の生産と流通─」38人、第3回「考古学でみる古代の北伊勢と美濃」61人、第4回「中世の城と多度」30人（のべ参加者178人、平均44.5人）という参加者数であった。4回出席が12人（13.6%）、3回が21人（23.9%）、2回が18人（20.4%）、1回が30人（34.1%）、0回が7人（8.0%）であった。この年は前年の反省もふまえ、事前の参加申込み以外にも開催日の1週間前に新聞での告知を行って、当日参加も可とした。そのため、1回だけの参加者が増えたが、その人たちはあまり継続参加しない傾向がある。前年度も参加した人が29人であった。

○2004年度多度町歴史講座

　この年は、前年度に刊行した資料編2・3を執筆した担当委員に講師を依頼して行った。第1回「村明細帳にみる多度町域の近世村落」56人、第2回「史料からみた江戸時代の人々のくらし」は台風のため中止、第3回「多度を訪れ詠った詩歌人たち―芭蕉・一藻・夏晶・秀真―」49人、第4回「明治から平成にかけての自治体の変遷―多度町が歩んできた道―」46人（のべ参加者数151人、平均50.3人）という参加者数であった。3回すべてに参加した人が29人（34.1%）、2回が16人（18.8%）、1回が32人（37.6%）、0回が8人（9.4%）であった。前年度と同じように広報で参加者を募集し、新聞での告知も行った。

○れきし発見教室

　2004年度は、歴史講座だけでなく子ども向けのれきし発見教室も実施した。主催は、多度町中央公民館で、「なつやすみジュニアチャレンジ教室」のひとつとして行った。講師は、町史編纂委員の方が行い小学校高学年を対象とし、マイクロバスで町内を3日間巡るスケジュールであった。24人の申込みがあり、3日とも参加したのが18人、2日参加したのが4人、都合により参加できなかったのが2人であった。

　歴史講座は、刊行した町史の成果をひろく公開すること、町史の刊行をPRすることを目的としていた。自治体史は、内容が難しいと批判されることが多いだけに、このようにわかりやすく町史の中身を解説する場を設けることも大切であろう。3年間つづけた歴史講座は、比較的多くの人に出席していただくことができ、今まで知っているようで知らなかった地域の歴史について、より身近に感じていただけたのではないかと考えている。2004年度の第4回は、合併二日前ということもあり、まさに多度町の最後をしめくくる内容の講演となった。

5. おわりにかえて

　これまでの自治体史は、つくったら終わりということが多かったのでないだろうか。そのため、集めた史資料を活用するという意味では十分ではなかった。保管がしっかりと行われず、散逸してしまっているところもあると聞いており、残ってい

ても書庫などに眠っている例がほとんどのようである。近世・近現代文書や行政文書などの活用では、公文書館という施設が活用の場となるが、残念ながら、三重県内では県も含めて公文書館と名のつく施設はひとつもないのが現状である。公文書館法が制定されてからかなりの時間が経っているが、社会教育施設としての公文書館の知名度はまだ低い。新しい施設を設置することには批判もあるだろうが、ひとつの案として検討すべきであろう。合併によって、公文書がいたずらに破棄されることを防止することにもなり、自治体の規模が大きくなることで設置しやすくなる面もあるのではないだろうか。

昭和の大合併では、旧自治体が所蔵していた公文書の大半が廃棄処分となった。多度町内では、旧多度村の文書以外はほとんど残されていなかった。元職員からは数日間かけて燃やしたという証言も出たほどであった。今回の合併では同じことが起こらないようにすべきであろう。そして、収集された史資料も含めて地域住民の財産であり、どのように活用していくかさらに検討すべきと考えている。

参考文献

我孫子麟 1992「今日の自治体史編纂をめぐって」『歴史評論』506号

西垣晴次 1994「自治体史編纂の現状と問題点」『岩波講座日本通史』別巻2　岩波書店

酒井　一 1994「地域史と資料館活動—尼崎の場合」　同上

羽田博昭 1997「自治体史における近・現代資料の収集と活用—『北区史』の経験をもとに—」『地方史・研究と方法の最前線』地方史研究協議会編　雄山閣出版

新井浩文 2001「地域社会と文書館—近年の文書館をめぐる動向—」『21世紀の文化行政—地域史料の保存と活用』地方史研究協議会編　名著出版

白井哲哉 2005「民間史料から文書館・公文書館をとらえ直す—問題提起として—」『地方史研究』314号

エピローグ

人びとの学びと人間的・地域的紐帯の構築

1. 人びとの学びをめぐる現状・問題点

　今日のわが国の地域・まちにおいては、雑駁に区分して、①個人の楽しみ・喜びとしての趣味・教養学習や個人の生きがいづくりに主眼をおいた学習等、個人志向性の強い学習（以下、趣味・教養学習と記す。）と、②まちづくりや環境問題、少子高齢化・国際化等の地域課題・現代的課題に対応し、課題の解決・克服を目指す学習（以下、現代的課題学習と記す。）の双方が、幅広く実践され、展開されている。

　ここで問題となるのは、趣味・教養学習と現代的課題学習が、二極化の様相を呈してきており、両者が「つながりのない二兎」として把握され、展開されている点である。しかも、両者は、「つながりのない二兎」として二項対立的・二分法的に把握・展開されているばかりでなく、価値序列を含んだ序列的・対立的なものとして理解されている。すなわち、一方で、趣味・教養学習は、あくまで個人的な楽しみ・喜びのために行われる学習であり、したがって、いわばレベルの低い「低次」の学びとしてとかく否定的に捉えられ、他方現代的課題学習は、大きくいえば、地球の存続や人類の存亡に関わる「重要」な課題についての学習であり、レベルの高い「高次」の学び、あるいは、必要性が高く、公共度の高い「重要」な学びとして位置づけられているのである[1]。

　このように、趣味・教養学習と現代的課題学習を、価値序列を含んだ「つながりのない二兎」としてとらえる見方には、次に示すような問題点があると思われる。

2. 趣味・教養学習と現代的課題学習をめぐって

　第一に、「高次」な学びであるか、「低次」な学びであるか、あるいは、「重要」な学びであるか、「重要」ではないかという形で、人びとの学びに価値序列をつけること自体に、そもそも問題があると考えられる。パリで行われた第4回ユネスコ国際成人教育会議において採択された、人にとってなぜ学び・学習という営みが必要かを説いたユネスコ「学習権宣言」(1985年)にも明確に述べられていたように、学びとは、人びとが自己を取り巻く問題状況に対して、どのように行動すればそうした状況を切り拓くことができるか、その実現のための力量(知識や技能等)を内面化する主体的な行為であり、人びとは、学びをとおして、自分を確認し、生きがいを見つけ出し、「孤独」や「疎外」から抜け出し、共同的な人間関係の中で、自らの「生きる」意味・実感を確認するといわれている[2]。学びとは、ユネスコ「学習権宣言」が言うように、「学習権は未来のためにとっておかれる文化的ぜいたく品」ではなく、「生き残るという問題が解決されてから生じる権利で」もなく、「基礎的な欲求が満たされたあとに行使されるようなもので」もなく、「人間の生存にとって不可欠な手段である」。人びとを、「なりゆきまかせの客体から、自らの歴史をつくる主体へと」成長させ(ユネスコ「学習権宣言」)、人びとの能動的・主体的な生き方を支えるのは、「知」の獲得であり、そのために「学び」は必要不可欠な営みである。こうした意義をもつ学びという営みに、「高次」・「低次」の価値序列があろうはずがない。しかも、「財産、知識、社会的地位などを所有する」ために行われる「持つための学習」(Learning to have)、すなわち学習を「手段・道具」として捉えるインストゥルメンタルな学びの意義のみならず、趣味・教養学習にみられるように学習すること自体に楽しみ・喜びを見出し、学習することそのものを「目的」とするコンサマトリーな学び、すなわち、「自己の能力を能動的に発揮し、生きることの喜びを確信する」「あるための学習」(Leaning to be)の意義・重要性は、R・ハッチンスによる「学習社会論」やユネスコ教育開発国際委員会のレポート「ラーニング・トゥ・ビー」(Learning to be)、さらには、E・フロムの著書『生きるということ』やユネスコ21世紀教育国際委員会『学習:秘められた宝』の中でもすでに示されているところである[3]。個人にとっては、本来、学習すること

自体が楽しいものである。加えて、学習の成果が社会的に認められることで、自己の成長や向上が確認できる。さらに、学習した成果を社会に還元することで社会に関わり、様々な活動に参加することが進めば、自己の充実・向上、自己実現だけでなく、新たな学習課題もみつかると同時に、新たな人のつながりが生まれ、学びの輪が広がっていくのである。

　第二に、現代的課題学習は、行政から共通性が高いと認定された公共度の高い「重要」な学びであり（したがって、行政的・公共的課題として公費により（無料で）学習の場が設定される。）、趣味・教養学習はそうでない（したがって、受益者負担・有料化を基本とする自己決定・自己責任・自助努力で進められることが奨励される。）とする見解にも抵抗を禁じえない。趣味・教養学習も、人びとの内面を豊かにし、そこで培われた視野や特技、人間関係やネットワークをもとに、二次的、三次的に学習者の生きがいや自己実現・自己開発、社会参加・社会貢献活動を生み出し[4]、さらには、趣味・教養学習を通した人と人とのふれあい（「ふれあい、育ちあい、分かちあい」）の中で、他者と交流し、相互のつながり・ネットワークを生み出して信頼感と安心感に支えられた人間関係を構築する、きわめて公共度の高い学びであるといえる。趣味・教養学習は、一人ひとりが学びたいことを学び生活を充実させることで、個人の活力を生み、新しい出会いをつくり、人間関係を深めて人びとの間に安心感・信頼感をつくりだし、住みよい地域・まちを生み出していくものである。趣味・教養学習がさかんになることで、地域住民の連帯感の形成や互いに支え合う温かいコミュニティの形成が期待できる。さらに、趣味・教養学習で得られた知識・技能・経験を、自分自身が講師等になって教え指導することで、生涯学習の成果を地域社会に還元していくことが期待できる（趣味・教養講座の受講→自主グループでの活動→講師・指導者としての活動へ）。

　もちろん、ここでは、現代的課題学習の公共性及びそれが持つ意義・重要性それ自体を否定しているわけではない。また、趣味・教養学習の意義を強調することは、人びとの学びを個人の嗜好に近いものとして捉えることを意味するものではなく、学びの「個別化」（孤立した学び）を肯定するものでもない。さらに言うならば、人びとの「自主性」・「自発性」（自己決定・自己責任・自助努力）や「参画」（いわゆる「行政参画論」・"参加封じ込め論"）に基づく学びの自由化論（受益者負担論）や、「サービス商品」として人びとの学習をとらえる学びの自由市場化、行

政の主要な役割を「データベース」からの学習情報提供や学習相談事業に限定し、目的意識的・価値志向的な「教育」概念の解体を進める学びの個別化政策等、近年の新自由主義的改革を受けた生涯学習振興施策を支持するものではない[5]。生活の基盤である地域・まちどころか、その基礎単位である家族でさえも人間関係の成り立ちにくさ・分断が指摘されるほど「個人の孤立」が進んできている中[6]、人と人とを結び合わせ、地域・まちに人間関係を蓄えていく上で趣味・教養学習が有効であることを、改めて強調しておきたい。また、趣味・教養学習をとおして個人が高まることで、社会全体も高まっていくというプロセスも確認しておきたい。

　第三に、趣味・教養学習と現代的課題学習とを、まったく「つながりのない二兎」として分断して捉える見方にも問題があると考えられる。やや結論的に言えば、両者は相互に作用しあいながら融合していくものと思われる。このことを説明するために、「茶道」を例にしてみよう[7]。

　ある人が、自らの趣味の世界を広げ、自らの内面を豊かにすることを志向して、ある学習・教育施設で開講されている「茶道」の講座を受講したとする。「茶道」の講座では、従来のように、お茶の作法を学び、お茶を点てることができるようになることを基本として、学習活動が展開される（趣味・教養学習）。そこで、その人が、例えば、「せっかく、お茶の作法を学び、お茶を点てることができるようになったのだから、今度は、それを家族の者にもふるまいたい。せっかくだから、家庭でもおいしいお茶を点てて飲みたい。」と考えたならば、どうだろうか。その人は、家庭でおいしくお茶を点てて家族にふるまうために、さまざまな工夫をするだろう。その際、お茶を点てる「水」に着目したとする。家庭でおいしいお茶を点て、家族にふるまうために、その人は、まず、水道水で試行的にお茶を点て、さらには、浄水器を通した水とそうでない水の比較、各地の名水の比較等、さまざまな工夫を試みることだろう。ここで、例えば、水道水で点てたお茶が、名水といわれる水で点てたお茶に較べておいしくなかった（カルキ臭い。塩素臭がする。）とするならば、なぜ、水道水で点てたお茶はおいしくないのかという素朴な疑問をもつことが考えられる。そこで、水道水の塩素問題が捉えられる可能性が出てくるだろう。さらに、水道水の塩素問題を発展させて、なぜ、大量の塩素を使って水を消毒しないと水道水（飲み水）として使用できないのか、それほど、水の供給源は汚染されているのかという点に思いを馳せたとするならば、水源汚染の問題、地球環境

の問題が捉えられることとなる。このように、お茶の作法を学び、お茶の点て方を学ぶことからもう一歩進めて、「お茶をおいしく頂く」というところに踏み込めば、それは「水」の問題へと展開し、さらには環境問題とも関わりをもち、そちらへ学びを展開することが可能となるのである（現代的課題学習）。しかし、ここで注意すべきは、お茶の問題を「発展」させて、環境問題を論じるように仕向けるのではなく、あくまでも、「お茶をおいしく頂く」という一点を堅持することである。あくまで、おいしいお茶を点てるために、水を問い、環境問題を問うのであって、環境問題を告発するために、お茶を習い、環境学習を行うのではない。その人の思いは、あくまで、「せっかく、茶道の作法を学び、お茶を点てることができるようになったのだから、今度は、それを家族の者にもふるまいたい。せっかくだから、家庭でもおいしいお茶を点てて飲みたい。」という素朴なものであり、おいしいお茶を突き詰めていくことで、各地の名水の比較、浄水器を通した水とそうでない水の比較等から、水道水の塩素問題、水源汚染の問題、地球環境の問題等が捉えられ、それらの知識を総動員して、わが家でおいしいお茶を点てるにはどうすればよいかを考え、実践することへと結びつけていくのである。

　また、学習を進める中で、水源汚染の主な原因が家庭排水によることが突き止められたとするならば、例えば、自らの家庭排水に今後気を払う（環境にやさしい洗剤を使用する、合成洗剤を使用しない等。）といった具合に、学習がその人自身の行動の変容につながっていくことが期待できる。さらには、家庭排水の浄化運動（例えば、合成洗剤追放を掲げての不織布ふきんの普及運動や生ごみを排水溝に流さないためのストレーナーの配布運動等）に展開していく可能性もあり得る。すなわち、長期的にみれば、素朴な思いからはじめた学習が、広い意味でのまちづくり運動につながっていく可能性もあるのである。

　さらに、「水」を媒介項としながら、学びをとおして、「水」に興味を示す他者との関係・つながりを構築することも期待できる。例えば、アレルギーの子どもをもつ保護者は、子どもの食べ物や飲み物に非常に気を遣う。「水」にも当然、興味を示すことだろう。おいしいお茶を追求する人とアレルギーの子どもを抱える親との共感関係を、「水」を媒介として形成することが可能となる。この関係の中で、その人は、お茶だけでなく、自分の子どもや自分自身の健康問題、さらには環境問題そのものへと興味・関心または課題意識を広げていくことが期待できる。

このように見てくると、趣味・教養学習と現代的課題学習は、「つながりのない二兎」ではなく、相互に作用しあう関係態としてみることができるだろう。しかも、上記の例から、次に示すような学びの積極的な特質・意義がうかびあがってくる。

① 学びとは無限の「広がり」、内容の「広がり」をもつ可能性を秘めている。一見すると結びつきようもない「茶道」の学習（趣味・教養学習）と水道水の塩素問題や水源汚染問題等の「環境問題」学習（現代的課題学習）が、「水」を媒介にして結びついていく。さらには、「水」を媒介にして、自分の子どもや自分自身の健康問題等にも、学びが広がっていくのである。

② 学びをとおして、人と人との関係を構築することが可能である。学びには、人と人とをつなぐ力、人と人とのネットワーク・人間関係を構築する可能性がある。一見すると接点のない、「茶道」を楽しむ人とアレルギーの子どもを持つ保護者とが、共通に興味を持つ「水」を媒介に、共感関係を構築していくのである。こうした人間関係をもとに、さらに学びを広げていくことが可能である。

③ 学びとは、人びとのちょっとした思い、興味、関心、楽しみ、喜び、おもしろみ、疑問、不安、悩み、苦悩、問題、必要等を出発点・起点として展開されるものである。上記の例の場合、学習の出発点ないし基底は、自らの趣味の世界を広げ、自らの内面を豊かにしたいというちょっとした思い、「せっかく、お茶の作法を学び、お茶を点てることができるようになったのだから、今度は、それを家族の者にもふるまいたい。せっかくだから、家庭でもおいしいお茶を点てて飲みたい。」という素朴な思いであった。こうした人びとのちょっとした素朴な思い、興味、関心、楽しみ、喜び、おもしろみ、疑問、不安、悩み、苦悩、必要性等を、個々人の個別・具体的な私的問題であって必要性や公共度の低い問題として、あるいは、非「科学」的なものとして切り捨ててしまうのではなく、大事にしてくことが重要である。ただし、このことは、学びの内容が、人びとの個別・具体的な思い・疑問・問題や興味・関心等の「寄せ集め」のみで構成されてよいということを主張しているわけではない点に留意すべきである。そのことを説明するためには、知識・学力についての考え方を検討する必要があると思われる[8]。従来、知識・学力についての考え方、すなわ

ち、知識観・学力観には、以下のような２つの大きな考え方があるという。第一の知識観・学力観においては、学力をいわゆる客観テストによって測定できるものに限定しようとし、各個人の私的かつ個別・具体的なちょっとした思い・疑問・問題や興味・関心等とそこから導かれる知識は、気まぐれで、数量化できず、主観的かつ非「科学」的なものとして否定される。万人から支持される客観的な数量化・記号化された「科学」的概念が知識体系のすべてであるとする考え方である。第二の知識観・学力観は、日常生活のありとあらゆる経験をこの中に含めようとする立場であり、その立場からは、各個人の諸経験や個別・具体的な思い・疑問・興味・関心等の集成が知識・学力であると捉えられる。そして、そこから得られた学力は、客観テストによっては測定できないものとされる。この立場においては、各個人の日常の生活経験や各個人の思い・疑問や興味・関心等は重視されても、それらが互いに何の脈絡ももたない、ばらばらな個別経験・個別の思い等の寄せ集めとなり、そのため他者との解釈の共有による相互性の構築・相互作用が軽視される恐れがある。前者の知識観・学力観は普遍性・抽象性を重視し、個別性・具体性を排除しており、後者のそれは個別性・具体性を重視し、普遍性・抽象性を排除しているといえるだろう。このような二項対立的な知識観・学力観ではなく、両者を止揚した知識観・学力観が求められているといえる。すなわち、知識や学力を、個別を基礎とした、個と普遍の関係態として捉えること、より具体的に言い換えるならば、ある個人の個別・具体的な経験や思い・疑問・興味・関心等から抽出された知識・学力が、他者の個別・具体的な経験や思い・疑問・興味・関心等を通過することで共有化され変容しつつ主体である個人に還り、ひとつの関係性を形成すること、そして、その関係性が再生産されることによって、きわめて個別・具体的な経験や思い・疑問・興味・関心等から得られた知識・学力が、各個人の個別・具体的な経験や思い・疑問・興味・関心等に支えられて個別・具体性を保持しながらも（「実感」を伴いながらも）、普遍化し客観化され得るという筋道をたどるという考え方である。そこでは、学習活動は、おおむね次のようなプロセスをたどると考えられている。①人びとの日常生活におけるちょっとした思い・疑問さらには興味・関心等を基礎に、それらをより深いところからつかみ返し得るような、またはそれらに説明を与え得るような、「科

学」的・原理的理解を進める。②「科学」的・原理的理解をもとに、個々人が思い・疑問または興味・関心等を抱いた対象を解釈し、また解決する。③この作業の過程で、これまでの自らの生活体験から得られた知識や他者から学んだ知識を解釈し、かつ相互に脈絡をつけ、自らの価値世界を形成する。④この価値世界を基礎として、自らを取り巻く客観世界＝環境をとらえ、解釈し、かつその過程で、自らの価値世界を組み換えることで、自らの生活を変え、さらに環境の再構成に向かう。⑤この時、すでに、他者との価値世界との交流が成立しており、相互に自らの問題や関心を保持しながら、価値世界を組み換え、共有する＝共感することへと向かう。

このように考えてくると、次に示すような山本健慈の学びの捉え方は、的を得ているといえるだろう[9]。

「人は生活のなかで、いまの自分の力では解けない疑問、解決できない不安、苦悩（課題）を抱え込む。疑問、不安、苦悩を孤立して抱え込むとき、精神的・身体的症状にすら追い込まれていく。子育て最前線の母親の場合、子どもの虐待にまで至ることもある。しかし、一人が直面する課題は、同じ時代、同じ社会に生きる他者によって共有される。

共有された課題を協働の努力で解いていこうとする意思がうまれるとき、そのひとつの道として共同学習がはじまる。」

④　例えば「環境問題」といったいわば「小難しい」地域課題・現代的課題を無理やり掘り起こし、大上段に振りかぶって直接的に正面きって学習課題として提示し、抽象論を述べて、その課題に人びとを「あくせく」と駆り立てて[10]学習活動を展開したとしても、学習者にとって具体性が付与され（「実感」を伴い、個別・具体性を保持しながら）、その課題を学習者が自身の問題として捉えることができなければ、その学習は実質をともなったものとはならない。地域課題・現代的課題は、普遍的・客観的・抽象的な課題として、あるいは、行政的課題として、所与・自明のものとして先験的・外在的に「上から」提示され（学習者や地域・まちにおける人びとの生活の「外から」持ち込まれ）当為として措かれるものではなく、また、その解決のために（行政目的の実現・達成のために）、人びとが「無理やり」に「あくせく」と学習活動に駆り立てられるものでもない[11]。また、地域課題・現代的課題に関わる学習・学びは、

抽象論を述べて、単に人びとに知識を受け渡すだけの営みではなく、「一般的な物知りをつくる」営みでもない。地域課題・現代的課題は、そもそも人びとの個別・具体的な身近な暮らしの中で自らの課題・問題として見定められ、日常の生活の中から自生的・自己形成的に抽出され、発見されていくものである。地域課題・現代的課題は、人びとの個別・具体的な身近な暮らしにおいて自身によって見定められ具体化されてはじめて意味をもつ。地域課題・現代的課題は、人びとの個別・具体的な身近な暮らしから離れてはあり得ない。

　自らの課題・問題として見定められた地域課題・現代的課題の解決のために学習活動が展開されていく。すなわち、人びとの日常の生活の中から抽出され、自らが見定めた課題は、他者との共同的な人間関係の中で共有化され、各個人の個別・具体的な経験や思い・疑問・興味・関心等に支えられて個別・具体性を保持しながらも、普遍化し客観化されるという筋道をたどり、地域課題・現代的課題として認識されていく。このような場合においてはじめて、地域課題・現代的課題は、一方で普遍的・客観的・抽象的課題でありながら、他方で個別・具体性を保持した学習者自身の課題・問題として認識され、その課題解決を目指した学習者の「実感」をともなった学習活動が展開されていくのである。

⑤　さらに、「実感」をともなった学習でなければ、上記の「茶道」の事例で、自らの家庭排水に気を配るようになったように、学びをとおして学習意欲を喚起し、学習内容を着実に身につけさせ、あるいは、現実の問題に向き合い、自らが課題解決の主体となり、自らの行動の変容と生活の改善・向上そして社会参加を促し、学習内容を実践することへと結び付ける（ユネスコ21世紀教育国際委員会『学習：秘められた宝』に言う、Learning to do：「為すことを学ぶ」）ことはできないといえる。とりわけ、環境問題や少子高齢化問題等の地域課題・現代的課題は、いずれも社会から必要とされている学習課題であり、学習のプロセスの中で、一人ひとりの行動の変容によってのみ解決・克服の展望が示される課題であり[12]、こうした課題を解決・克服するには、「実感」を伴った学習が求められているといえる。「実感」を伴った学習によって、習得した知識が具体的なものとなり、学んだ知識を生活（経験）に即して具体化し、生活（経験）の裏づけをもった知識を形成していく中で、その知識が日々

の生活実践の中で表出され、自らの行動の変容と生活の改善・向上へとつながっていく。

⑥ 地域課題・現代的課題は、いずれも人の「生きる」という問題と密接な関わりをもっており、身近な暮らしの課題でありながら人類の生存と地球の存続に関わるグローバルな課題であることが多く、その意味でとかく曖昧になりがちな課題である。その曖昧な課題に具体性を付与し、学習者にとって確かな「実感」をともなうものへと練り上げる媒介項に、地域・まちを位置づけることができる[13]。地域・まちは、外から持ち込まれた普遍的・客観的・抽象的な地域課題・現代的課題解決のための学び・学習が実践される単なる手段あるいは「手段的場」ではないのである。

3. 学びをとおして人間関係を地域・まちに蓄える

人びとの学びの積極的な特質・意義として、学びには、人と人とをつなぐ力、人と人とのネットワーク・人間関係を構築する可能性があることを提示した。生活の基盤である地域・まちどころか、その基礎単位である家族でさえも人間関係の成り立ちにくさ・分断が指摘されるほど「個人の孤立」が進んできているといわれる中[14]、学びをとおして、人と人とを結び合わせ、地域・まちに人間関係を蓄えていくこと、人と人との関係を高めていくことが、ことのほか重要になってきている。今日、こうした人間関係は、地域・まちに装備・搭載されなければならない「資本」、すなわち、"social capital"（ソーシャル・キャピタル）とされている[15]。

地域・まちにおける人間関係の構築の必要性について、例えば、ポスト工業社会である「知識社会」への移行課題を明らかにしている財政学者・神野直彦は、次のような論を展開している[16]。

神野によると、従来の工業社会では、全国統一的に整備される必要のある交通手段、通信手段、エネルギー手段が生産の前提条件をなしており、そのため中央政府がそれらを集権的に整備せざるをえなかったが、今日の「知識社会」では、人的投資が生産条件、つまり社会的インストラクチュアとなり、「人間の育成」を社会の共同作業として実施していかなくてはならない。「知識社会」実現のためには、「学びの社会」を確立して「人間の育成」を進めることが不可欠であるというのであ

る。すなわち、「人間の育成」、つまり人びとの能力を高めるには、学びが重要な役割を果たし、①個々人が学び、個々人が知的能力や資質を積極的に獲得するとともに（ユネスコ 21 世紀教育国際委員会『学習：秘められた宝』に言う、Learning to know：「知ることを学ぶ」）、②人びとが相互に動機づけ、お互いに知識や知的能力を与え合わなければならないとする。そして、一人ひとりの個々人が能力・資質を高めることはもとより、「個人と個人の間にあるものの質を高める意義を知り、そのための力をつけ」[17]、人と「協働」し、他の人とつながることが重要であるという（ユネスコ 21 世紀教育国際委員会『学習：秘められた宝』に言う、Learning to live together, Learning to live with others：「ともに生きることを学ぶ」）。こうした学びを進めていく上では、安心感・信頼感、相互承認、相互信頼、共同価値、連帯、市民精神、互酬性といった「人間の絆」（ソーシャル・キャピタル）、すなわち、あてにしあてにされる人間関係の構築、地域的・人間的紐帯の形成が決定的な意味をもつようになるという。すなわち、「知識社会」において、人びとが能動性を高めていくためには、学びをとおして「知」の獲得条件を手厚く保障していくことが必要であるが、ここで言う「知」には、①個々人の知的能力だけではなく、②安心感・信頼感、相互承認、相互信頼、共同価値、連帯、市民精神、互酬性といった、知的能力を相互に与え合う「人間の絆」（ソーシャル・キャピタル）が含まれるというのである[18]。

　現に、ソーシャル・キャピタルの蓄積が豊かな地域・まちは、社会の健康状態が良好で、経済成長も良好であり、犯罪率や子ども・若者の非行率、高齢者の寝たきりや認知症の率も低いだけでなく、教育達成度が高いといわれている[19]。

　地域・まちにおける学びを支え、創造する基盤は、こうしたあてにしあてにされる人間関係、すなわち安心感・信頼感、相互承認、相互信頼、共同価値、連帯、市民精神、互酬性といった、知的能力を相互に与え合う寛容の精神に支えられたソーシャル・キャピタルの蓄積である。それと同時に、こうしたソーシャル・キャピタルは、学びをとおして、顔の見える距離における、すなわち地域・まちにおいて、様々な事柄に一緒になって共同・協同して取り組んだ、共同・協同して取り組み成果を得ることができた（あるいは、うまくいかなかった）という共同体験・共有体験・成功（失敗）体験と具体的交流を積み上げる中で蓄積されていくといえる[20]。この意味で、学びの推進とソーシャル・キャピタルの蓄積は、相互促進・循環の関

係にあるといえる。

　学びをとおして、地域・まちでの具体的な交流をし、共同体験・共有体験、成功（失敗）体験を積み上げる中で、地域・まちの人びとが結び合わされ、信頼感と安心感、相互承認、寛容の精神に支えられた人間関係を地域・まちにいかに蓄えていくか、いいかえれば、顔の見える距離（地域・まち）における他者とのあてにしあてにされる関係をいかに構築し、人びとの共同性を高めていくか、相互作用によって人びとの間にコミュニティを生み出し、相互にかかわりを持ち、社会的な網を紡ぐことができるか、所属意識や生きていること・期待されていること・あてにされていることの実感をつかみ、お互いに結びつき、気にかけ（気にとめ）・気にかけられている（気にとめられている）という具体的な経験とその中に含まれる信頼と寛容の関係をいかに構築していくか、他者との関係の中で自分が認められ、あてにされ、大事にされていることを感じ、自らの存在意義を確認すること、すなわち、学びをとおして、地域・まちを面識のある「親密公共圏」・「面識共同体」[21]としていかに再生していくかが、重要な課題となってくるのである。そして、人びとは、こうして蓄えられた人間関係を基礎に、他者を通して自己を主体として価値化し、肯定し、自らの尊厳・自己実現・生きがい・存在感・「生きている」という実感を獲得していくのである[22]。学びは、まさに、人間関係を基礎にした「相互承認」（他者受容→共感→相互交換→相互承認）と「自己実現」（自己受容→自己信頼→自己表現→自己実現）の「意識的編成過程」であるといえる[23]。一人ひとりが個々人の知的能力や資質を高めるとともに、生きがいと尊厳を獲得する、そして、そうした人びとが共同体験・共有体験・成功（失敗）体験を幾重にもくぐりぬけることを通して"つながり合い"、人と人との「絆」（人間関係）を構築し、蓄え、さらに、そうした人間関係の中で、人びとが生きていること・期待されていること・あてにされていること・気にかけられていることを実感しつつ、自らの生きがいと尊厳を再確認していく。その過程が、人びとの学びであると思われる。

4. 地域・まちづくりと生涯学習・社会教育

　地方分権の時代を迎え、まちに住み、働く私たち一人ひとりが今まで以上に自らのまちの将来に責任を負わなければならなくなっている今日、まち固有の特色ある

社会的・経済的・歴史的・文化的基盤を活かして魅力あるまちづくりを推進していくことが、私たちの暮らしにおいて、さらには行政施策上も大きな課題となってきている。まちづくりの推進にとって一番大切なことは何か。それはそこに住み、働く人である。まさに、まちづくりの基本には人づくりがあり、人づくりと結びつくことなしに、まちづくりはありえないと思われる。

このような中、人びとの「学び」や生涯学習の成果を積極的にまちづくりの諸活動に活かしていくことが求められている。以下、これまでの検討をふまえ、やや概括的にまちづくりと人びとの「学び」・生涯学習の関係を構造的に捉え、まちづくりに果たす生涯学習、人びとの「学び」の営みの役割を示すとするならば、次のように整理することができよう。

① 住民がまちのことを知る。

生涯学習・「学び」をとおして、まちのこと、すなわち、まちの伝統・文化、歴史・風習・自然・風土等を知り、探求し、じっくりと見つめ直すとともに、それぞれのまちで長年かけて培われてきたまち独自の活動や自助的・互助的な営みの実態をきちんと把握する（いわゆる地域学の取り組み）。そこに住み、働く人がまちのことを知ること、このことがまちづくりへの第一歩になると思われる。

② まちへの愛着と誇りが生まれる（そのまちで生きることの肯定感を醸成）。

さらに、そこに住み、働く人がまちのことを深く知ることで、まちに愛着と誇りをもつ。まちに愛着と誇りをもった人びとが知恵と力を寄せ合い、世代や立場を超えて、お互いに支え合って働き、生きている。そういう人びとが住んでいるまちには、明るい未来が約束されているといえる。

③ 住民が生きがい・尊厳をもって活き活きと輝く（まちに住み、働く人びと一人ひとりの活力を生み出す）。

生涯学習・「学び」をとおして、まちに住み、働く人びとが生きがい・尊厳をもって生活し活き活きと輝く。人は、「まちづくり」と聞いてどのようなことをイメージするだろうか。例えば、都市計画に関係する人は、「まちづくり」といえば道路の整備や駅前の広場の整備、施設の建設などをイメージするだろう。これが、教育委員会やPTAの人であったりすると、そのイメージは「地域の教育力の向上」というようなものに変わるだろう。あるいは観光業者から見れば、観光客がたくさん来るような町おこし・村おこし的なものをイメージするであろ

う[24]。このように、まちづくりといってもたくさんの意味があり、人それぞれにとらえ方が異なる。ただし、これまでまちづくりといった場合、一般的には、道路の整備や駅前の広場の整備、施設の建設など、ハード整備の側面を指すことが多かったといえる。しかし、いくら立派な道路を整備しても、いくらデラックスな施設を建設しても、そのまちに住み、働き、道路や施設を活用する人びとが生きがい・尊厳をもって活き活きとして輝いていなければ、まちづくりは進まない。一人ひとりが学びたいことを学び「楽しさ」や「喜び」、「満足感」を得、生活を充実させることで、個人の活力が生み出され、住みよいまちをつくり出していくのである。

④　互いにあてにしあてにされ、認め、支え合う人間関係を構築する。

　生涯学習・「学び」をとおして、他者と交流し、相互のつながりをうみだし、そこに住み、働く人と人とが、「触れ合い、育ち合い、分かち合う」。生涯学習・「学び」をとおして、まちに住み、働く人と人とを「つなぐ」、すなわち、顔の見える距離における、あてにしあてにされる人間関係＝ソーシャル・キャピタル（「人間の絆」、人間的・地域的紐帯）[25]を構築し、地域に蓄えることで、まちづくりは推進されていく。まちづくりには、相互に認め合う人びとの関係を構築することが不可欠であり、まちづくりを支え、創造する基盤は、そうした人びとの相互信頼、互酬性の規範に支えられたまちにおける人びとの関係に他ならない。生涯学習・「学び」をとおして、様々な事柄に共同・協同して取り組んだという共同体験・成功（失敗）体験を積み上げることで[26]、まちづくりの基盤となる人びとの関係は構築されていくものである。学ぶことによってまちの人間関係が醸成され、学んだ成果が地域に活かされることによって活力ある住民が生まれ、そうした住民のネットワークが地域・まちに張り巡らされることで、まちづくりは推進されていくのである。

⑤　まちづくりに関わる知識・技能・力量を習得し、人びとの能動性を高め、まちづくりへの積極的・主体的参画を創り出す（まちづくりを支える「人」づくり／まちづくりの担い手の育成／まちづくりを支える「知」の獲得）。

　まちづくりは行政主導で進められるものではなく、そこには、「市民自治の思想」がある[27]。そこに住み、働く人びとがまちづくりを自分たちの問題としてとらえ、まちづくりに主体的・積極的に参画し、行政と住民と民間とが協働（コラ

ボレーション）を幾重にもくぐりぬけること、そしてそこに住み、働く人びとが実質的にまちづくりを担っていくことが重要である。「市民自治の思想」を基本にしたまちづくりを進める場合、「人」の問題を抜きにするわけにはいかない。「市民自治の思想」を基本としたまちづくりを目指すとき、どのような意識をもった人たちが、どのようにしてまちづくりを進めていくかが重要な課題となってくる。そこに個人を重視する個人の自己形成に関わる教育の論理が組み込まれなくてはならない。そして、この「人」の形成は常日頃の人びとの生涯学習・「学び」の積み重ねによるものであり、その「人」が、まちの課題・問題を十分認識すると同時に、基本的な教養を身につけていなければならない。まちの課題・問題は、いずれも身近な暮らしの課題・問題でありながら、人類の生存と地球の存続に関わる、文字通りグローバルな課題・問題である。そうしたいわばグローカルな、個人の生活の課題やまちの問題を主体的に判断できるような「教養」が必要である。生涯学習・「学び」によって、まちづくりに関わる知識・教養・技能・力量・主体的判断力・行動力を身につけた住民が育成・養成されることにより、そうした人びとがまちづくりの基盤となり得る。そのように自立（自律）した人たちの積極的・主体的参画と連帯によって創造されるまちづくりでなければ、本物のまちづくりとはなりえない。まちづくりを支える人づくりとしての人びとの学び、すなわち生涯学習の役割が重要視される。まちづくりに関わる知識・教養・技能・力量・主体的判断力・行動力を身につけ、まちづくりに積極的・主体的に参画する「人」の育成を進めるのが、人びとの学び、生涯学習である。

⑥　地域課題の発見・共有と解決・克服。

　21世紀を迎えて、いま私たちはさまざまな暮らしの課題・まちの課題に直面している。子育て、青少年問題、教育問題、介護・高齢化、女性問題、環境問題、情報化、国際化（内なる国際化）など現代的課題といわれる課題がそれである。これらは、一方でいずれも身近な暮らし・まちの問題でありながら、他方で人類の生存と地球の存続にかかわる、文字通りグローバルな課題である。こうした現代的課題が、同じまちに住み、働く人びとによって発見・共有され、共有された課題を共同の努力で解いていこうとするとき、そのひとつの道として人びとの学び・共同学習がはじまる[28]。こうした現代的課題を解決していくために、私

たちは、暮らしに根ざして事柄の実態を知り、その本質を生涯にわたって不断に学び続けることがことのほか重要となってきているのである。生涯学習が果たすべき役割がこれまで以上に大きくなっているのはそのためである。まちに住み、働く人びとの力によって地域課題を解決し、地域・まちを再生させるためにも、人びとの学習や学習成果を活かす方策が欠かせないのである。こうしたまちの抱える課題を、まちに住み、働く人びとが共有し、共に「学び」（生涯学習し）、共同の努力で解決・克服していくことをとおして、そのまちの「質」は高まっていき、そうした課題の共有、共同の学び・努力、互助的な営みを通じて人と人とがつながっていく。よりよいまちづくりは、こうして一層推進されていくものと思われる。学びの成果を現代的課題解決のための活動に活かしていく。またその活動の中で生まれた新たな疑問を解決するために再度学びに戻っていく。こうした学びと現代的課題解決のための活動の循環の過程を築いていくことが重要となるのである。

注

1) 高橋満「学びの共同性と公共性」『月刊社会教育』2001年10月号。
2) 浅野俊和「看護学生が『教育学』を学ぶこと」名古屋大学教育学部社会教育研究室『社会教育文献研究』第11号、1995年を参照。
3) これらの論については、例えば新井郁男編集・解説『現代のエスプリ　ラーニング・ソサエティ　明日の学習をめざして』至文堂、1971年などを参照。
4) 第28期静岡県社会教育委員会中間報告『地方分権下における社会教育の在り方と県の役割』2003年。
5) 牧野篤『＜わたし＞の再構築と社会・生涯教育』大学教育出版、2005年及び高橋満「学びの共同性と公共性」『月刊社会教育』2001年10月号等を参照。
6) 第28期静岡県社会教育委員会中間報告『地方分権下における社会教育の在り方と県の役割』2003年。
7) 新海英行・牧野篤・益川浩一他『現代的課題に対応する学習プログラム』名古屋市生涯教育センター、1994年における牧野篤の論を引用・参照。
8) 同前。
9) 山本健慈「子育て・地域・大学と社会教育の視点から―『共同学習』の原理の再発見―」『月刊社会教育』2001年4月号。
10) 前掲、高橋「学びの共同性と公共性」。
11) 前掲、高橋「学びの共同性と公共性」を参照。

12）　廣瀬隆人他『生涯学習支援のための参加型学習のすすめ方』ぎょうせい、2000 年。
13）　前掲、『現代的課題に対応する学習プログラム』名古屋市生涯教育センター、1994 年の牧野篤執筆箇所を参照。
14）　前掲、『地方分権下における社会教育の在り方と県の役割』2003 年。例えば、「個人の孤立」の例として、孤食（個食）化傾向（これに呼応するかのような、「お惣菜」などのいわゆる「中食」産業の急成長）に顕著に見られるような家庭の「ホテル家族」化・「コンビニ家族」化、子どもの虐待や育児ノイローゼの増加等社会的な子育て支援を必要とするほどの子育て不安・育児ストレスの増大傾向（ある母親から、自分の子ども（乳児）が「紙おむつのテレビコマーシャルのようなブルーのおしっこをしないが大丈夫だろうか」という質問が寄せられたという、いわゆる「青いおしっこ事件」等。財団法人日本女性学習財団編集・発行『男女共同参画時代における子育て支援養成ガイド』2003 年。）、商店街のシャッター通り化（商店街の衰退）、社会の事件を他人事のようにして鑑賞・消費する「ホラーハウス社会」化、間接体験・疑似体験の著しい増加など、情報化の「影」の部分に関する懸念等の現象をあげることができよう。前掲、牧野『＜わたし＞の再構築と社会・生涯教育』を参照。また、読売新聞社が実施した全国世論調査（面接方式：2006 年 5 月 13 日、14 日に実施。2006 年 6 月 12 日付け朝刊にて結果公表。）によると、社会の人付き合いや人間関係が希薄になっていると思う人は、2000 年 7 月の前回調査よりも 7 ポイント増え、80％に達したという。記事によると、人間関係が希薄になっていると思う人は、大都市よりも、中小都市や町村で急激に増えており、人とのつながりの喪失感が大都市部だけでなく、全国的に広がっていることが浮き彫りとなった。人間関係が希薄になりつつあると思うかとの質問に、80％の人が「そう思う」と答え、「そうは思わない」という人は 19％だった。「そう思う」人を都市規模別にみると、中都市（東京 23 区と政令市を除く人口 10 万人以上の市）が 81％で最も高く、次いで、小都市（人口 10 万人未満の市）80％、大都市（東京 23 区と政令市）78％、町村 75％の順。前回調査と比較すると、大都市は 3 ポイント増だったのに対し、中都市と町村が 6 ポイント、小都市は 10 ポイントと、大幅に増加した。
15）　周知のとおり、R・パットナムは、イタリアをフィールドに、同じように民主主義を担保する制度が張り巡らされているにもかかわらず、コミュニティの力が高い地域とそうでない地域が生まれるのはなぜかという調査を行った。結論的には、地域にソーシャル・キャピタルが蓄えられているか否かが、決定的な意味をもつとした。Making Democracy Work: Civic Traditions in Modern Italy, (Princeton University Press, 1993)。（河田潤一訳『哲学する民主主義――伝統と改革の市民的構造』NTT 出版、2001 年）。
16）　神野直彦『地域再生の経済学』中公新書、2002 年、同『二兎を得る経済学』講談社新書、2001 年等を参照。
17）　石井山竜平「社会教育行政の再編とボランタリーセクター」佐藤一子編『NPO の教育力』東京大学出版会、2004 年。
18）　石井山竜平「指定管理者制度等と公民館」日本公民館学会編『公民館・コミュニティ施設ハンドブック』エイデル研究所、2006 年。

19) 宇沢弘文『社会的共通資本』岩波新書、2000年、前掲、神野『地域再生の経済学』、神野『二兎を得る経済学』、前掲、牧野『＜わたし＞の再構築と社会・生涯教育』及びhttp://www.infed.org/biblio/social_capital.html（2005年4月13日閲覧）等を参照。仄聞によれば、大人の子ども・若者に対する「声かけ運動」により、子ども・若者の非行率や青少年犯罪（軽犯罪）を減少させた地域もあるという。
20) 前掲、高橋「学びの共同性と公共性」を参照。
21) 例えば、齋藤純一『公共性』岩波書店、2000年、佐々木毅・金泰昌編『公共哲学』全10巻、東京大学出版会、山脇直司『公共哲学とは何か』ちくま新書、2004年等の「公共哲学」をめぐる議論、及び、金子勝『思考のフロンティア　市場』岩波書店、1999年等のいわゆる「顔の見える市場・顔の見えない市場」論等を参照。

　　例えば、次のような話がある（前掲、『現代的課題に対応する学習プログラム』名古屋市生涯教育センター、1994年の牧野篤執筆箇所を参照）。高齢者のアイドルであったきんさん・ぎんさんのうち、きんさんは、マスコミに登場する以前は、半ば寝たきりの状態であったという。それが「100歳をこえる双子のおばあちゃん」ということで、マスコミに騒がれ、人びとに注目されるようになって、元気になってきたのだそうだ。人びとに認められ、期待されているというお気持ちが、お二人を支えていたのではないだろうか。同様のエピソードが、あるデイサービスセンターの高齢者の姿にも見られた（益川浩一の講演記録「生涯学習とまちづくり活動」（2004年1月27日　於：スインク推進協議会委員会　岐阜県大垣市ソフトピアジャパン『西濃ふれあいフォーラム　研修のあゆみ』に所収）等を参照）。加齢学の研究によれば、70歳以上の人は60歳未満の人と比べて、肉体的な衰えは否めないが、「ある条件」が保障されれば、精神的な衰弱は全くなく、それまでの経験や知識が肉体的な衰えを補うため、ほとんど何の差もなく労働などの社会的活動に参加できるという。この「ある条件」とは、その人が生きがいをもっていること、他人から認められ、期待されていることを自ら感じていることだという（前掲『現代的課題に対応する学習プログラム』の牧野篤執筆箇所を参照）。

　　阪神・淡路大震災の時に、多数の人命を救ったのは、警察でも自衛隊でもなく、日常的にふれあう近所づきあい、「顔のある」つきあいに基づく情報を元に素手で人を掘りおこした人びとの助け合いだったともいわれている（酒井道雄編『神戸発阪神大震災以後』岩波新書、1995年及び野元弘幸「全国各地での多文化共生地域づくり」（講演）静岡大学生涯学習教育研究センター公開シンポジウム、2001年12月2日）。
22) 前掲、牧野『＜わたし＞の再構築と社会・生涯教育』。牧野は、「自らを自己の主体として立ち上げるためには」、次のようなことが必要だと論じている（『＜わたし＞の再構築と社会・生涯教育』pp.423-424）。「再度、自己に＜外部＞を創り出すこと、言い換えれば、自己を他者を通して自己と認識するような＜象徴界＞を再構築することが求められる。それはつまり、つながりを生きながら、自己をつながりとして作り上げることの他はない。それは、関係性としての自己ではなく、関係態としての自己であり、自己の内部に＜外部＞を立ち上げつつ、社会システムに解消できない自己の根拠としての存在の実態をとらえ返すことである。それは、つまり、自己

を他者という存在とともに価値化し、その価値を実現するように志向して、実践することそのものである。この意味では、私たちは、他者を通した自己肯定、つまり他者の身になって考えつつ、他者の利益を考えることで自己の利益が実現するような関係としての自己を創り出すことが求められているのであり、それはすぐれて価値志向的つまり教育的な営みである他はないのである。」

23) 鈴木敏正の諸論を参照。例えば、『自己教育の論理』筑波書房、1992年、『生涯学習の構造化』北樹出版、2001年、編著『社会的排除と「協同の教育」』御茶の水書房、2002年、『教育学をひらく』青木書店、2003年、『教育の公共化と社会的協同』北樹出版、2006年。
24) 生涯学習と地域づくり研究会『全国市区町村における生涯学習による地域づくり事業の推進方策に関する調査研究』生涯学習と地域づくり研究会、2000年。
25) いわゆる「ソーシャル・キャピタル」論については、神野直彦『地域再生の経済学』中公新書、2002年や宇沢弘文『社会的共通資本』岩波新書、2000年などを参照。
26) 高橋満「学びの共同性と公共性」『月刊社会教育』2001年10月号。
27) 田村明『まちづくりの発想』岩波新書、1980年、同『まちづくりの実践』岩波新書、1999年を参照。
28) 山本健慈「子育て・地域・大学と社会教育の視点から─『共同学習』の原理の再発見─」、『月刊社会教育』2001年4月号を参照。

●執筆者一覧（執筆順　所属・役職は原稿執筆時のもの）

- 益川　浩一（岐阜大学准教授）
- 水谷　　正（（元）長野県中野市中央公民館館長/三重県公民館連絡協議会会長）
- 加藤　良治（（元）名古屋市熱田社会教育センター社会教育主事/愛知大学非常勤講師）
- 大平　橘夫（岐阜県羽島市教育長）
- 奥田　玲子（岐阜県羽島市江吉良地区公民館社会教育指導員）
- 加藤　英治（財団法人岐阜県多治見市文化振興事業団事務局長）
- 丸山　英子（NPO法人生涯学習かに副理事長）
- 内田　晴代（岐阜県岐阜市子どもの居場所づくりコーディネーター/日韓生涯学習交流の会事務局長）
- 中山　治喜（NPO法人ふれあいネット理事長）
- 宮嶋　靖之（岐阜県羽島郡三町教育委員会事務局柳津町派遣社会教育主事・柳津町中央公民館）
- 林　明彦（岐阜県羽島郡三町教育委員会事務局岐南町派遣社会教育主事・岐南町中央公民館）
- 小田　松尚（岐阜県可児市立今渡南小学校教頭）
- 奥田　圭子（岐阜県郡上市教育委員会大和地域教育課職員）
- 輿　英樹（（元）岐阜県立岐阜工業高等学校教頭）
- 小林由紀子（NPO法人 e－plus 生涯学習研究所代表理事/NPO法人環境カウンセラー協会理事）
- 苅谷　孝弘（財団法人岐阜県教育文化財団生涯学習センター課長）
- 熊谷　由美（愛知県瀬戸市教育委員会学び課社会教育主事）
- 粂　和広（愛知県豊明市教育委員会事務局職員）
- 兼松　佳代（岐阜大学大学院教育学研究科院生）
- 石神　教親（三重県桑名市教育委員会事務局多度支局職員）

■編著者略歴

益川　浩一　（ますかわ　こういち）

1970年、三重県生まれ。
名古屋大学大学院教育学研究科博士（前期）課程修了。
1995年、三重県庁に入庁（国際課、出納局、中央児童相談所に勤務）。
2001年から岐阜大学助教授（現在、岐阜大学准教授）

主な著作・論文
- 『戦後初期公民館の実像』（単著、大学教育出版、2005年）
- 『生涯学習・社会教育の理念と施策』（単著、大学教育出版、2005年）
- 「戦後初期愛知県における公民館の設立・運営過程に関する研究」（日本教育学会『教育学研究』第69巻第2号、2002年）
- 「戦後初期公民館の研究」（日本社会教育学会『日本社会教育学会紀要』No.37、2001年）

人びとの学びと人間的・地域的紐帯の構築
―地域・まちづくりと生涯学習・社会教育―

2007年10月12日　初版第1刷発行

- ■編 著 者────益川浩一
- ■発 行 者────佐藤　守
- ■発 行 所────株式会社　大学教育出版
  〒700-0953　岡山市西市855-4
  電話（086）244-1268　FAX（086）246-0294
- ■印刷製本────モリモト印刷㈱
- ■装　　丁────原　美穂

© Koichi Masukawa 2007, Printed in Japan
検印省略　　落丁・乱丁本はお取り替えいたします。
無断で本書の一部または全部を複写・複製することは禁じられています。
ISBN978-4-88730-772-8